工业和信息化高职高专"十三五"规划教材立项项目

高等职业教育**财经类**"十三五"规划教材

CUSTOMS DECLARATION
THEORY AND PRACTICE

报关实务 与操作

钟飞燕 主编

雷兰 戴丽萍 朱桥艳 副主编

人民邮电出版社

北京

图书在版编目（CIP）数据

报关实务与操作 / 钟飞燕主编. —— 北京 ：人民邮
电出版社，2017.11
高等职业教育财经类"十三五"规划教材
ISBN 978-7-115-46395-1

Ⅰ．①报… Ⅱ．①钟… Ⅲ．①进出口贸易－海关手续
－中国－高等职业教育－教材 Ⅳ．①F752.5

中国版本图书馆CIP数据核字(2017)第190148号

内 容 提 要

本书根据报关知识与业务的性质、特点编写，全书分为报关认知篇、报关技能篇与报关业务篇三大模块。其中报关认知篇主要包括认知外贸管制措施、认知海关、认知报关三个项目；报关技能篇主要包括进出口商品归类、进出口报关单的填制、进出口税费计算三个项目；报关业务篇主要包括一般进出口货物报关业务操作、保税加工货物报关业务操作、减免税货物报关业务操作、暂准进出境货物报关业务操作、跨境电商货物报关业务操作 5 个项目。

本书可作为高等职业院校报关与国际货运专业、国际经济与贸易专业、物流专业、商务英语专业及其他相关专业的教材，可作为报关员考证培训用书，也可作为涉外型企事业单位从事报关业务的管理人员、操作人员的参考用书。

◆ 主　　编　钟飞燕
　　副 主 编　雷 兰　戴丽萍　朱桥艳
　　责任编辑　刘 琦
　　责任印制　焦志炜

◆ 人民邮电出版社出版发行　　北京市丰台区成寿寺路 11 号
　　邮编　100164　　电子邮件　315@ptpress.com.cn
　　网址　http://www.ptpress.com.cn
　　三河市祥达印刷包装有限公司印刷

◆ 开本：787×1092　1/16
　　印张：18.5　　　　　　　　2017 年 11 月第 1 版
　　字数：542 千字　　　　　　2017 年 11 月河北第 1 次印刷

定价：49.80 元
读者服务热线：(010)81055256　印装质量热线：(010)81055316
反盗版热线：(010)81055315
广告经营许可证：京东工商广登字 20170147 号

前 言

报关是进出口贸易的环节之一，是国家对外经济贸易活动和国际贸易链条中的重要组成部分。报关业务的质量直接关系着进出口货物的通关速度，企业的经营成本、经济效益和海关的行政效率。由于报关活动与国家对外经济贸易政策法规的实施密切相关，因此报关业务有着较强的政策性、专业性、技术性和操作性。

"报关实务"是高等院校国际商务专业的专业课程，是为培养学生掌握报关业务基本理论知识、基本操作技能而设置的一门专业技能课。通过本课程的学习，学生可熟悉报关与海关管理的制度与法规，掌握商品归类、进出口报关单填制、税费的计算方法以及有关海关监管货物的报关程序等基础知识与操作技能，具备报关行业的综合素质和职业素质，适应报关专业基层岗位的需要。

本书立足于我国高等职业教育应用型职业技术人才培养的目标，根据我国法律法规以及对外经济贸易政策的最新变化和对外经济贸易行业的发展趋势编写。我们在教材中引入海关报关的最新政策内容及跨境电商货物报关业务操作规范等新内容，结合报关员考证的内容，以编者多年积累的教学与企业工作经验，联合几所高职院校的专业教师与多家外贸公司、报关企业等行业企业专家，校企合作共同开发了《报关实务与操作》工学结合教材。本书以"实用、够用"为原则，"基于工作过程，以职业活动为导向，以职业能力为核心，以项目为载体，以任务进行驱动"，全面系统地介绍了报关业务操作中所涉及的相关理论知识与操作技能，以突出教材"理实一体、校企合作，工学结合，课证融通"的四大特色。

全书包括报关认知、报关技能和报关业务三大模块，共分为11个项目28个任务。其中，每个项目分别包括学习目标、项目简介、理论知识与操作方法的介绍、关键术语（中英文对照）、职业技能训练等内容。以适应教师讲练结合，理论与实践结合、教学做一体化的教学要求以及满足社会自学者的需求。

本书由广州城建职业学院教学名师钟飞燕老师担任主编，负责项目三、项目六、项目八至项目十一共6个项目的编写以及全书的结构内容策划及统稿工作；广东女子职业技术学院的雷兰老师、广东机电职业技术学院的戴丽萍老师、广州城建职业学院朱桥艳担任副主编，其中，雷兰老师负责编写项目四、项目五和项目七；戴丽萍老师负责编写项目一和项目二。跨境电商课程专任教师朱桥艳对项目十一进行修改与审核。编者在编写教材的过程中，有幸得到了广州报关协会、广州市从化区口岸报关公司等的帮助及业务指导，编者在此一并对他们表示衷心的感谢。

由于编者水平所限，书中难免疏漏和不妥之处，敬请广大读者和专家批评指正，以期不断改进。

模块一

报关认知篇

项目一

认知外贸管制措施

学习目标

【能力目标】

能根据对外贸易管制制度采取相应的贸易管制措施。

【知识目标】

1. 熟悉我国对外贸易政策与管理制度；
2. 掌握各项对外贸易管理的主要措施。

项目简介

对外贸易管理制度是指一国政府从国家的宏观经济利益和国家内外政策的需要出发，在遵循国际贸易有关规则的基础上，对本国的对外贸易活动实施有效管理而实行的各种贸易政策、制度或者措施的总称，简称"贸易管制"。受管制的货物在进出境时需要提交授权部门批准的有关证件。因此，报关单位和报关人员应了解进出口货物国家管制的内容，熟悉进出口货物管制的手段，鉴别进出口货物管制的程度，从而更好地使进出口货物顺利进出境。

任务一　认知对外贸易管理制度

一、对外贸易管制概述

（一）对外贸易管制的目的

对外贸易管制已成为各国不可或缺的一项重要政府职能，也是一个国家对外经济和外交政策的具体体现。尽管各国所实行的对外贸易管制措施在形式和内容上有许多差异，但管制的目的往往是相同的，主要表现为。

1. 保护本国经济利益，发展本国经济。
2. 推行本国的外交政策。
3. 行使国家职能。

（二）对外贸易管制的特点

为了实现对外贸易管制的上述目的，贸易管制政策形成了以下基本特点。

1. 对外贸易管制政策是一国对外政策的体现。
2. 对外贸易管制政策是因时间、形势而变化的。
3. 对外贸易管制政策是以对进口的管制为重点的。

（三）对外贸易管制与海关监管

国家对外贸易管制的目标是以对外贸易管制法律、法规为保障，依靠有效的政府行政管理手段来最终实现的。

1. 海关监管是实现贸易管制的重要手段

海关通过对进出口货物的监管来实现其执行国家贸易管制政策的职能。而这些进出口货物贸易最终都是要通过进出境行为来实现的。海关作为进出境监督管理机关，依据《海关法》所赋予的权力，代表国家在口岸行使进出境监督管理职能，这种特殊的管理职能决定了海关监管是实现贸易管制目标的有效行政管理手段。

2. 报关是海关确认进出口货物合法性的先决条件

海关通过审核"单据""证件""货物"这三要素来确认货物进出口的合法性，而这三要素中的"单据"和"证件"正是通过报关活动中的申报环节向海关递交的，又通过收发货人或其代理人配合海关查验货物，确认"单""证""货"是否相符。因此，报关不仅是进出口货物收发货人或其代理人必须履行的手续，也是海关确认进出口货物合法性的先决条件。

知识链接

海关贸易管制执法手段

海关 H2010 通关系统对禁止进出口及大部分许可证件设定了相应的证件代码，并与监管方式相对应。H2010 通关系统根据"监管方式证件表"中监管方式及监管证件的对应关系，在通关过程中对所需的监管证件进行提示；对暂无监管证件提示的其他贸易管制商品，根据贸易管制相关规定执行。

近年来，海关逐步探索、实现通关无纸化，并实现了部分有代码许可证件的联网核销，即海关与相关主管部门可以直接联网交换进出口货物许可证件信息，减少了因申报、审核纸质报关单及许可证件而带来的通关效率低等问题。截至 2016 年 4 月，实现海关与各发证机关联网的许可证件共计 9 类 13 种，即进出口许可证、两用物项和技术进出口许可证、自动进口许可证、出入境货物通关单、合法捕捞产品通关证明、农药进出口登记管理放行通知单、密码产品和设备进口许可证、固体废物进口许可证、有毒化学品环境管理放行通知单。

（四）我国对外贸易管制的基本框架和法律体系

1. 基本框架

我国对外贸易管制制度是一种综合管理制度，主要由下列制度构成。

（1）海关监管制度。

（2）关税制度。

（3）对外贸易经营者管理制度。

（4）进出口许可制度。

（5）出入境检验检疫制度。

（6）进出口货物收付汇管理制度。

（7）贸易救济制度。

2. 法律体系

（1）对外贸易管制涉及的法律渊源只限于：①宪法；②法律；③行政法规；④部门规章；⑤国际条约。

（2）对外贸易管制的法律渊源不包括：①地方性法规；②地方性规章；③各民族自治区政府的地方条例和单行条例。

二、对外贸易经营资格管理制度

根据 2004 年 7 月 1 日开始实施的《对外贸易经营者备案登记办法》的规定，我国对外贸易经营者的管理，实行备案登记制，即法人、其他组织或者个人只有在商务主管部门备案登记，取得对外贸易经营资格后，方可在国家允许的范围内从事对外贸易经营活动。对外贸易经营者未按规定办理备案登记的，海关不予办理进出口货物的相关验放手续。对外贸易经营者可以接受他人的委托，在经营范围内代办对外贸易业务。

应注意的是，国家对某些关系国计民生的重要进出口商品实行国有贸易管理，即这些货物的进出口业务只能由经国家授权的企业经营。目前，我国实行国有贸易管理的商品主要包括玉米、大米、煤炭、原油、成品油、棉花、锑及锑制品、钨及钨制品、白银等。图 1-1 是我国对外贸易经营资格管理制度变革的图示。

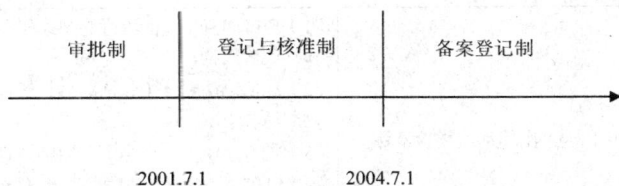

| 审批制 | 登记与核准制 | 备案登记制 |

2001.7.1   2004.7.1

图 1-1 我国对外贸易经营资格管理制度变革

三、货物与技术进出口许可管理制度

进出口许可是国家对进出口的一种行政管理制度，也是一项非关税措施，它是世界各国管理进出口贸易的一种常见手段，在国际贸易中长期存在，并广泛运用。货物、技术进出口许可管理制度是我国进出口许可管理制度的主体，其管理范围包括禁止进出口的货物和技术、限制进出口的货物和技术、自由进出口的技术以及自由进出口中部分实行自动许可管理的货物。

扫一扫

对外贸易经营者办理
备案登记的规定

（一）禁止进出口管理

禁止进出口管理分类如下。

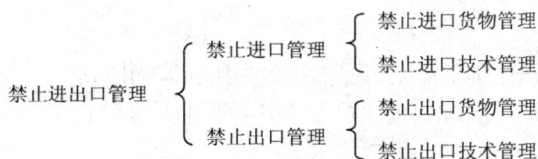

禁止进出口管理
- 禁止进口管理
  - 禁止进口货物管理
  - 禁止进口技术管理
- 禁止出口管理
  - 禁止出口货物管理
  - 禁止出口技术管理

1. 禁止进口管理

对列入国家公布的禁止进口目录以及国家法律法规明令禁止或停止进口的货物、技术，任何对外贸易经营者不得经营进口。我国目前（截至 2014 年 4 月）禁止进口的货物和技术的主要内容，如表 1-1 所示。

表 1-1 禁止进口货物、技术列表

类别	目录	具体商品和技术
货物	1. 列入《禁止进口货物目录》和《禁止进口固体废物目录》	
	《禁止进口货物目录》第一批： （1）保护我国自然生态环境和生态资源； （2）为履行我国所缔结或者参加的与保护世界自然生态环境相关的国际条约和协定而发布的	（1）属于破坏臭氧层物质的四氯化碳； （2）犀牛角、麝香、虎骨（世界濒危物种）
	《禁止进口货物目录》第二批： 涉及生产安全、人身安全和环境保护的旧机电产品类	（1）旧压力容器类； （2）电器、医疗设备类； （3）汽车、工程及车船机械类
	《禁止进口固体废物目录》： 由原《禁止进口货物目录》第三、四、五批合并修订而成，涉及对环境有污染的 12 大项 84 类固体废物	包括废动植物产品、矿渣、废药物、废橡胶及皮革、废特种纸、废纺织原料及制品、废玻璃、废电池、化学品废物、金属和金属化合物废物、废弃机电产品和设备及其未经分拣处理的零部件、拆散件、破碎件等
	《禁止进口货物目录》第六批： （1）保护人的健康，维护环境安全； （2）履行《关于在国际贸易中对某些危险化学品和农药采用事先知情同意程序的鹿特丹公约》和《有机污染物斯德哥尔摩公约》	（1）长纤维青石棉（属于须淘汰的落后产品）； （2）二噁英等
	2. 明令禁止进口商品	
	依据《中华人民共和国进出境动植物检疫法》禁止进境货物	（1）来自动植物疫情流行的国家和地区的有关动植物及其产品和其他检疫物； （2）动植物病原体（包括菌种、毒种等）及其他有害生物、动物尸体、土壤； （3）带有违反"一个中国"原则内容的货物及其包装； （4）以氯氟烃物质为制冷剂、发泡剂的家用电器产品和以氯氟烃物质为制冷工质的家用电器用压缩机； （5）滴滴涕、氯丹等； （6）莱克多巴胺和盐酸莱克多巴胺
	3. 其他	
	依据海关规章停止进口或不得进口的货物	（1）以 CFC-12 为制冷工质的汽车及以 CFC-12 为制冷工质的汽车空调压缩机（含汽车空调器）； （2）旧服装； （3）Ⅷ因子制剂等血液制品； （4）氯酸钾、硝酸铵； （5）禁止进口和销售的 100 瓦及以上普通照明白炽灯
技术	依据《禁止进口限制进口技术管理办法目录》有关规定，不得进口的技术	钢铁冶金、有色金属冶金、化工、石油炼制、石油化工、消防、电工、轻工、印刷、医药、建筑材料生产等技术

2. 禁止出口管理

对列入国家公布的禁止出口目录以及国家法律法规明令禁止或停止出口的货物、技术，任何对外贸易经营者不得经营出口。我国目前（截至 2014 年 4 月）禁止出口的货物和技术的主要内容如表 1-2 所示。

表 1-2　　　　　　　　　　　　　禁止出口货物、技术列表

类别	目录	具体商品和技术
货物	1. 列入《禁止出口货物目录》的五批商品	
	第一批： （1）保护我国自然生态环境和生态资源； （2）为履行我国所缔结或者参加的与保护世界自然生态环境相关的国际条约和协定而发布的	（1）属于破坏臭氧层物质的四氯化碳； （2）犀牛角、麝香、虎骨（世界濒危物种）； （3）发菜、麻黄草（有防风固沙作用）
	第二批： 保护我国匮乏的森林资源	木炭
	第三批： （1）保护人的健康，维护环境安全； （2）履行《关于在国际贸易中对某些危险化学品和农药采用事先知情同意程序的鹿特丹公约》和《有机污染物斯德哥尔摩公约》	（1）长纤维青石棉（属于须淘汰的落后产品）； （2）二噁英等
	第四批： 天然砂	硅砂、石英砂及其他天然砂（对港澳台地区出口天然砂实行出口许可证管理）
	第五批： 森林凋落物和泥炭（无论是否经化学处理）	（1）腐叶、腐根、树皮、树根等森林凋落物； （2）沼泽（湿地）中，地上植物枯死、腐烂堆积而成的有机矿体
	2. 明令禁止出口商品	
	依据《中华人民共和国进出境动植物检疫法》禁止出境货物	（1）未定名的或者新发现并有重要价值的野生植物； （2）原料血浆； （3）商业性出口的野生红豆杉及其部分产品； （4）劳改产品； （5）以氯氟烃物质为制冷剂、发泡剂的家用电器产品和以氯氟烃物质为制冷工质的家用电器用压缩机； （6）滴滴涕、氯丹等； （7）莱克多巴胺和盐酸莱克多巴胺
	3. 其他	
	依据我国相关法规，以及我国缔结或者参加的国际条约、协定的规定，不得出口的货物	（1）以 CFC-12 为制冷工质的汽车及以 CFC-12 为制冷工质的汽车空调压缩机（含汽车空调器）； （2）旧服装； （3）Ⅷ因子制剂等血液制品； （4）氯酸钾、硝酸铵； （5）禁止进口和销售的 100 瓦及以上普通照明白炽灯
技术	依据《禁止出口限制出口技术管理办法目录》有关规定，不得出口的技术	涉及渔牧农副食品加工、工业制造 、测绘、集成电路制造、机器人制造、卫星应用、计算机网络、空间数据传输、中医医疗等几十项技术

（二）限制进出口管理

限制进出口管理制度汇总如下（见表 1-3）：

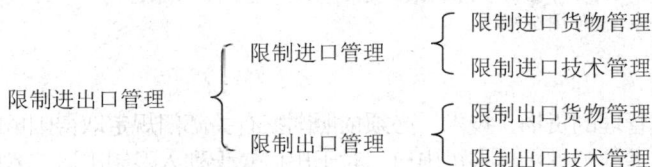

限制进出口管理 ┤

　限制进口管理 ┤
　　限制进口货物管理
　　限制进口技术管理

　限制出口管理 ┤
　　限制出口货物管理
　　限制出口技术管理

表 1-3 限制进出口管理制度汇总

限制进出口管理	进口	货物	许可证（件）管理	
			关税配额管理	
		技术	许可证管理	
	出口	货物	出口配额限制	出口配额许可证管理（直接分配方式）
				出口配额招标管理（招标分配方式）
			出口非配额限制	
		技术	许可证管理	

1. 限制进口管理

目前，我国限制进口货物管理按照其限制方式划分为进口许可证管理和进口关税配额管理。其中，进口许可证管理中，针对进口消耗臭氧层物质实行进口配额许可证管理。具体内容如表 1-4 所示。

表 1-4 限制进口货物的管理

限制方式	限制措施	适用范围	有效期	监管代码	管理
进口许可证管理	须申领进口许可证方可进口。注：进口消耗臭氧层物质实行进口配额许可证管理。首先，进口单位须获取配额指标；其次，获取审批单；最后，申领许可证	1. 重点旧机电产品；2. 消耗臭氧层物质	1 年，跨年度使用可延至次年 3 月底	1	一批一证，一证一关；非一批一证使用不超过 12 次
进口关税配额管理	须申领农产品关税配额证或化肥进口关税配额证明	1. 农产品：糖、羊毛、毛条（商务部）；小麦、玉米、大米、棉花（发改委）；2. 工业品：化肥（商务部）	具体规定	t	"一证多批"制
其他进口许可证件管理	须申领进口许可证件方可进口	濒危物种、废物、药品、音像制品、黄金及其制品等		除许可证（代码为"1"和"4"）以外的其他监管证件	"一证一关"制（一批一证或非一批一证）

注：

① 许可证（包括纺织品临时出口许可证）的主管部门一般是商务部，但许可证件的主管部门则有可能是其他职能部门，如文化部、农业部、环境保护部等。

② 许可证管理不等同于许可证件管理。"许可证管理"是狭义上的，只包括"进口许可证"（代码为"1"）和"出口许可证"（代码为"4"）。而"许可证件管理"是广泛意义上的，指除许可证以外的其他监管证件，如"两用物项和技术进出口许可证""固体废物进口许可证""进口音像制品批准单""黄金及其制品进出口准许证"等。

③ "一证一关""一批一证"和"非一批一证"管理

"一证一关"指进出口许可证只能在一个海关报关。

"一批一证"指进出口许可证在有效期内一次报关使用。

"非一批一证"指进出口许可证在有效期内可多次报关使用。实行"非一批一证制"的，一般情况下进出口许可证在有效期内可使用 12 次，而许可证件只能使用 6 次。

2. 限制出口管理

国家实行限制出口管理的货物、技术，必须依照国家有关部门规定取得国务院商务部主管部门或者由其会同国务院有关部门许可，方可出口。对于出口属于列入限制出口技术的，应当向商务主管部门提出技术出口申请，获得审核批准后取得技术出口许可证件，凭此向海关办理通关手续。对于限制出口货物管理则分为两种情况：国家规定有数量限制的出口货物，实行配额管理；其他限制出口货物，实行许可证件管理（非配额管理）。其中，我国出口配额管理又分为出口配额许可证管理和出口配额招标管理。具体限制出口货物的管理方式如表1-5所示。

表1-5　　限制出口货物的管理

限制方式	限制措施	适用范围	有效期	代码	管理
出口许可证	须申领出口许可证方可出口 注：出口消耗臭氧层物质，首先出口单位须获取配额指标；其次，获取审批单；最后，申领许可证	部分农、禽、畜产品；资源性产品；贵金属；消耗臭氧层物质等	6个月内，公历年度内使用	4	一批一证，一证一关；非一批一证使用不超过12次；出口大宗散装溢装5%以内（原油、成品油3%以内）免证
出口配额许可证	须先申领配额证明，再凭此证明获取出口许可证	1.部分农产品出口 2.部分活禽、畜出口； 3.部分资源性产品、贵金属出口； 4.消耗臭氧层物质	配额为1年；许可证为6个月		
出口配额招标	须先申领配额证明，再凭此证明获取出口许可证	部分我国出产且国际需求量较大的农副产品及资源性产品出口	配额为1年；许可证为6个月		
出口许可证件	须申领出口许可证方可出口	濒危物种、敏感物项、军品等			

知识链接

许可证的作用

在对各类限制进出口的货物进行管理时，由主管部门签发的各种形式的许可证、准许证等，都是我国进出口许可管理制度中具有法律效力、用来证明对外贸易经营者经营相关货物合法进出口的证明文件，是海关验放该类货物的重要依据，也体现了其他一些职能部门即这些证件的发证机关，如商务部、农业部、文化部等，和海关协同对进出口货物进行管理。关于各类许可证可参看报关单填制项目中的"监管证件代码表"。

3. 自由进出口管理

除上述国家禁止、限制进出口货物和技术外的其他货物、技术，均属于自由进出口范围。也就是说，办理自由类货物、技术的进出口行为，无须获得有关主管部门的审批。但基于统计和监测进出口情况的需要，国家对部分属于自由进出口的货物实行自动进口许可管理；对自由进出口的技术实行技术进出口合同登记管理。

（1）货物自动进口许可管理

自动进口许可管理是在任何情况下对进口申请一律予以批准的进口许可制度。这种进口许可实际上是一种在进口前的自动登记性质的许可制度，通常国家用于对部分自由进出口货物的统计和监督，是我国进出口许可管理制度中的重要组成部分，也是目前各国普遍使用的一种进口管理制度。

进口属于自动进口许可管理的货物，进口经营者应当在办理海关报关手续前，向国务院商务主管部门或者国务院有关经济管理部门提交自动进口许可申请，凭相关部门发放的自动进口许可证，向海关办理报关手续。

（2）技术进出口合同登记管理

进出口属于自由进出口的技术，应当向国务院外经贸主管部门或者其委托的机构办理合同备案登记。国务院外经贸主管部门应当自收到规定的文件之日起3个工作日内，对技术进出口合同进行登记，颁发技术进出口合同登记证，申请人凭技术进出口合同登记证办理外汇、银行、税务、海关等相关手续。

四、出入境检验检疫制度

出入境检验检疫制度是由国家出入境检验检疫部门依据我国有关法律和行政法规以及我国政府所缔结或者参加的国际条约、协定，对出入境的货物、物品及其包装物、交通运输工具、运输设备和出入境人员实施检验检疫监督管理的法律依据和行政手段的总和。

知识链接

检疫一词是怎么来的

现在国际通用的"检疫"一词源于意大利文 Quarante，原意为"40"。14世纪初，欧洲鼠疫（黑死病）流行。为防止通过商船传入鼠疫，1348年，意大利威尼斯首先对来往商船实行卫生检疫，当时规定禁止患者入境；对来自疫区的船只及疑似患者，在远离港口地设立登陆处，隔离30天，之后又延长至40天；对患者的用品及钱币等用冷冻、火烧、醋浸等方法消毒，从而有效地避免了鼠疫的传入。后来就用阻隔鼠疫的周期"40"天来表示阻隔鼠疫的有效措施"检疫"。

（一）出入境检验检疫职责范围

1.《法检目录》列名的商品称为法定检验商品，即国家规定实施强制性检验的进出境商品。

2. 法定检验以外的进出境商品是否需要检验，由外贸当事人决定，可以不检，也可以通过委托检验、合同约定检验以及公证鉴定的方式提出检验申请，实施检验并制发证书。但检验检疫机构对法检以外的进出口商品，可以以抽查的方式予以监督管理。

（二）出入境检验检疫制度的组成

我国出入境检验检疫制度的内容包括进出口商品检验制度（简称"商检"）、进出境动植物检疫制度（简称"动植检"）以及国境卫生监督制度（简称"卫检"）。其主管部门是国家质量监督检验检疫总局。

1. 进出口商品检验制度

我国实行进出口商品检验制度的目的是为了保证进出口商品的质量，维护对外贸易有关各方的合法权益，促进对外经济贸易关系的顺利发展。商品检验机构实施进出口商品检验的内容包括商品的质量、规格、数量、重量、包装以及是否符合安全、卫生的要求。我国商品检验的种类分为四种，即法定检验、合同检验、公证鉴定和委托检验。

2. 进出境动植物检疫制度

我国实行进出境动植物检疫制度的目的是为了防止动物传染病、寄生虫病和植物危险性病、虫、杂草以及其他有害生物传入、传出国境，保护农、林、牧、渔业生产和人体健康，促进对外经济贸易的发展。口岸出入境检验检疫机构实施动植物检疫监督管理的方式有：实行注册登记、疫情调查、检测和防疫指导等。其内容主要包括进境检疫、出境检疫、过境检疫、进出境携带和邮寄物检疫以及出入境运输工具检疫等。

3. 国境卫生监督制度

我国实行国境卫生监督制度是为了防止传染病由国外传入或者由国内传出，实施国境卫生检疫，保护人体健康。其监督职能主要包括进出境检疫、国境传染病检测、进出境卫生监督。

知识链接

进出口商品检验、动植物检疫和国境卫生检疫三者的区别			
	进出口商品检验	动植物检疫	国境卫生检疫
范围和检查重点不同	检验进出口商品的质量、规格、重量、包装以及是否符合安全、卫生要求	检查发现进出境的动植物可能具有或具有的各种传染性疾病和可能携带的各种有害生物	对出入境的运输工具、货物、运输容器以及口岸的公共场所、环境、生活设施、生产设备进行卫生检查、鉴定、评价和采样检验
检查要求不同	列入《法检目录》实施法定检验；其他的是否检验由货主自行决定	属法定检验检疫性质，不存在自行决定检验检疫与否的情况	
	检验主体可以是国家商检部门，也可以是许可的商检机构	检验主体只能是国家卫生检疫或国家动植物检疫部门	检验主体只能是国家卫生检疫部门
依据不同	《中华人民共和国进出口商品检验法》	《中华人民共和国进出境动植物检疫法》及其相关的行政法规	《中华人民共和国国境卫生检疫法》《中华人民共和国食品卫生法》
方式不同	法定检验、合同检验、公证鉴定和委托检验	进境检疫、出境检疫、国境检疫、进出境携带和邮寄物检疫以及出入境运输工具检疫	进出境检疫、国境传染病检测、进出境卫生监督

（三）出入境货物通关单的适用范围

对列入《法检目录》以及其他法律、法规规定需要检验检疫的货物进出口时，在通关手续前，必须向口岸检验检疫机构报检。海关凭口岸出入境检验检疫机构签发的"出/入境货物通关单"验放。

目前，国家实行出入境货物通关单电子数据联网，出入境检验检疫机构对法检商品签发通关单，实时将通关单电子数据传输至海关，海关凭以验放法检商品，办结海关手续后将通关单使用情况反馈给检验检疫部门。出入境货物通关单的适用范围如表1-6所示。

表1-6　　　　　　　　　　　出入境货物通关单的适用范围

	入境货物通关单（一批一证制）	出境货物通关单（一批一证制）
适用范围	① 列入《法检目录》的商品； ② 外商投资财产价值鉴定（受国家委托，为防止外商瞒骗对华投资额而对其以实物投资形式进口的投资设备的价值进行的鉴定）； ③ 进口可用作原料的废物； ④ 进口旧机电产品； ⑤ 进口货物发生短少、残损或其他质量问题需对外索赔时，其赔偿的进境货物； ⑥ 进口捐赠的医疗器械； ⑦ 其他国家有关法律、法规明确规定	① 列入《法检目录》的货物； ② 出口纺织品标志； ③ 对外经济技术援助物资及人道主义紧急救灾援助物资； ④ 其他国家有关法律、法规明确规定

五、货物贸易外汇管理制度

（一）我国货物贸易外汇管理制度概述

为完善货物贸易外汇管理，大力推进贸易便利化，进一步改进货物贸易外汇服务和管理，我国自2012年8月1日起在全国实施货物贸易外汇管理制度改革，国家外汇管理局对企业的贸易外汇管理方式由现场逐笔核销改为非现场总量核查。也就是国家外汇管理局通过货物贸易外汇监测系统，全面采集企业货物进出口和贸易外汇收支逐笔数据，定期比对、评估企业货物流与资金流总体匹配情况，一方面便利合规企业贸易外汇收支，另一方面对存在异常的企业进行重点监测，必要时实施现场核查。

国家对贸易项下国际收支不限制，出口收入可按规定调回境内或存于境外。从事对外贸易机构（以下简称"企业"）的贸易外汇收支应当具有真实、合法的交易背景，与货物进出口应当一致。企业应当根据贸易方式、结算方式及资金来源或流向，凭海关进出口报关单外汇核销专用联等在相关金融机构办理贸易外汇收支。海关进出口报关单外汇核销专用联可在进出口货物海关放行后向海关申请取得。金融机构应当对企业提交的交易单证的真实性及其贸易外汇收支的一致性进行合理审查。国家外汇管理局及其分支机构，依法对企业及经营结汇、售汇业务的金融机构进行监督检查。由此可见，我国货物贸易外汇管理制度的落实主要靠三方面来完成，即企业自律、金融机构专业审查及国家外汇管理局的监管。

（二）国家外汇管理局对货物外汇的主要监管方式

1. 企业名录登记管理

企业依法取得对外贸易经营权后，应当持有关材料到国家外汇管理局办理名录登记手续后，才能在金融机构办理贸易外汇收支业务。国家外汇管理局将登记备案的企业统一向金融机构发布名录，金融机构不得为不在名录内的企业办理外汇收支业务。国家外汇管理局可根据企业的外汇收支业务状况及其合规情况注销企业名录。

2. 非现场核查

国家外汇管理局对企业在一定期限内的进出口数据和贸易外汇收支数据进行总量比对，核查企业贸易外汇的真实性及其与进出口的一致性。非现场核查是国家外汇管理局的常规监管方式。

3. 现场核查

国家外汇管理局可对企业非现场核查中发现的异常或可疑的贸易外汇收支业务实施现场核查，也可以对金融机构办理贸易外汇业务的合规性与报送信息的及时性、完整性和准确性实施现场核查。国家外汇管理局实施现场核查时，被核查单位应当配合，如实说明情况，并提供有关文件、资料，不得拒绝、阻碍和隐瞒。

4. 分类管理

国家外汇管理局根据企业贸易外汇收支的合规性及其货物进出口的一致性，将企业分为A、B、C三类。A类企业进口付汇单证简化，可以凭报挂单、合同或发票等任何一种能够证明交易真实性的单证在银行直接办理付汇，出口收汇，无须联网核查，银行办理收付汇手续相应简化。对B、C类企业在贸易外汇收支单证审核、业务类型、结算方式等方面实施严格监管，B类企业贸易外汇收支由银行实施电子数据核查；C类企业贸易外汇收支须经国家外汇管理局逐笔登记后办理。国家外汇管理局根据企业在分类监管期内遵守外汇管理规定的情况，对企业类别进行动态调整。

六、对外贸易救济制度

对外贸易救济制度主要包括三大救济措施：反倾销、反补贴和保障措施。其基本的目的是要限制外国进口产品在本国市场上的恶意竞争或所谓的"不公平贸易或不公平竞争"，防止本国经济和本国市场受到进一步损害。

反倾销和反补贴针对的是价格歧视这种不公平贸易行为，保障措施针对的则是公平条件下进口产品激增的情况。

三大救济措施的实施条件不同。反倾销实施条件是客观上的确存在低价倾销并已经达到相当的幅度，对于进口国造成了实质性损害，以及倾销与损害之间存在着因果关系；反补贴实施条件是进口产品因为得到政府经济性补贴或者财政性支持而具有价格上的竞争优势，导致进口国家的同类产品及其生产行业受到损害，并且事实证明的确存在着这样或那样的损害；保障措施的实施条件是进口的数量激增，极大地挤占了进口国家国内同类产品的市场份额，并且对于进口国家的相关生产行业造成了不利影响。三大救济措施的对比如表 1-7 所示。

表 1-7　　　　　　　　　　　　　三大救济措施的对比

	反倾销	反补贴	保障措施
适用对象	① 出口商的个人行为造成低于正常价格的低价； ② 对国内同类产业造成损害	① 出口国的政府补贴造成低于正常价格的低价； ② 对国内同类产业造成损害	① 进口产品数量增加； ② 对国内产业造成难以补救的损害
临时阶段	① 征收临时反倾销税； ② 要求提供保证金、保函或者其他形式的担保 （此期间不超过 4 个月，可延至 9 个月）	① 征收临时反补贴税； ② 要求提供保证金、保函或者其他形式的担保 （此期间不超过 4 个月，不能延长）	采取提高关税的形式 （此期间不超过 200 天）
最终阶段	征收反倾销税	征收反补贴税	采取提高关税、数量限制等形式 （一般不超过 4 年，特殊情况可延长至 10 年）

思考题

2005 年 1 月 1 日，按照中国入世的进程表，美国和欧盟相继取消了对来自中国的纺织品配额的限制。但好景不长，没过多少时日，美国和欧盟就以大量的中国纺织品涌入、对美国和欧盟成员国行业造成冲击为由，采取了措施，实施了救济。请问美国和欧盟当时采取的是哪种救济措施？为什么？

任务二　认知对外贸易管理措施

对外贸易管制作为一项综合制度，所涉及的管理规定繁多。了解我国贸易管制各项措施所涉及的具体规定，是报关从业人员应当具备的专业知识。

一、进出口许可证管理措施

进出口许可证管理是指由商务部或者由商务部会同国务院其他有关部门，依法制定并调整进出口许可证管理目录，以签发进出口许可证的方式对进出口许可证管理目录中的商品实行的行政许可管理。

进出口许可证管理属于国家限制进出口管理范畴，分为进口许可证管理和出口许可证管理。商务部是全国进出口许可证的归口管理部门，负责制定进出口许可证管理办法及规章制度，监督、检查进出口许可证管理办法的执行情况，处罚违规行为。

（一）管理范围

1. 实施进口许可证管理的货物

2016 年实施进口许可证管理的货物有重点旧机电产品和消耗臭氧层物质。

（1）重点旧机电产品属于我国限制进口许可证件管理商品，其进口许可证由商务部配额许可证事务局负责签发工作。

（2）消耗臭氧层物质属于我国限制进口配额管理商品，其进口许可证由各地外经贸委（厅、局）、商务厅（局）签发；在京中央管理企业的进口，由商务部配额许可证事务局签发。

2. 实施出口许可证管理的货物

《2016 年出口许可证管理货物目录》中共有 48 种货物，分别实行出口配额管理（包括出口配额许可证及出口配额招标两种形式）和出口许可证管理。

（1）实行出口配额许可证管理的货物有玉米、大米、小麦、玉米粉、大米粉、小麦粉、棉花、锯材、活牛（对港澳地区）、活猪（对港澳地区）、活鸡（对港澳地区）、煤炭、原油、成品油（不含润滑油、润滑脂、润滑油基础油）、稀土、锑及锑制品、锡及锡制品、白银、钢及钢制品、钼、磷矿石。出口上述货物的，需按规定申请取得配额（全球或国别、地区配额），凭配额证明文件申领出口许可证。

（2）实行出口配额招标的货物有蔺草及蔺草制品、滑石块（粉）、镁砂、甘草及甘草制品。出口上述货物的，需凭配额招标中标证明文件申领出口许可证。

（3）实行出口许可证管理的货物有活牛（对港澳地区以外市场）、活猪（对港澳地区以外市场）、活鸡（对港澳地区以外市场）、冰鲜牛肉、冻牛肉、冰鲜猪肉、冻猪肉、冰鲜鸡肉、冻鸡肉等。

（二）办理程序

1. 进口许可证的办理

（1）向发证机关提交的申请材料

① 中华人民共和国进出口企业资格证书或备案登记表，或者外商投资企业批准证书（年度内初次申领者提交）。

② 进口许可证申请表。

③ 进口合同正本。

④ 属于委托代理进口的，应提交委托代理进口协议，如收货人（配额持有单位）与进口商签订的委托代理进口协议。

⑤ 相关主管部门的审批文件。如放射性同位素进口，提供环保部核批的《放射性同位素进口审批单》。

⑥ 进口经营者公函（介绍信）原件。

⑦ 进口经营者领证人员的有效身份证明。

⑧ 如因异地申领等特殊情况，需要委托他人申领许可证的，被委托人应提供进口经营者出具的委托公函原件和被委托人的有效身份证明。

（2）申领程序

进口许可证的申领可以分为网上申领和书面申领。以网上申领为例介绍如下。

① 进口经营者在网上申领前，应先申领用于企业身份认证的电子钥匙。申领时，登录商务部配额许可证事务局网站（http://www.licence.org.cn），进入相关申领系统。

② 根据当年《进口许可证管理货物目录》和《进口许可证管理货物分级发证目录》，按要求如实在线填写并上报《进口许可证申请表》等资料。

③ 在线查看《进口许可证申请表》状态，待复审通过后打印《进口许可证申请表》并加盖公章。

④ 持《进口许可证申请表》及相关材料到商务部行政事务服务中心或者地方商务主管部门领取进口许可证。

2. 进口重点旧机电产品进口许可证的申领

在组织进口列入《重点旧机电产品进口目录》的旧机电产品前，经营者应事先向主管部门申领进口许可证，可通过网上和书面两种形式申领。进口许可证应由旧机电产品进口的最终用户提出申请，并且申请企业应具备从事重点旧机电产品用于翻新（含再制造）的资质。商务部应在正式受理后 20 日内决定是否批准进口申请；如需征求相关部门或行业协会意见的，商务部应在正式受理后 35 日内决定是否批准进口申请。

3. 出口许可证及消耗臭氧层物质进口许可证的申领

在组织该类进出口应证商品前，经营者应事先向主管部门申领进（出）口许可证，可通过网上和书面两种形式申领。发证机构自收到符合规定的申请之日起 3 个工作日内发放进（出）口许可证。

特殊情况下，进口许可证最多不超过 10 个工作日发放。

（三）报关规范

1. 进口许可证的有效期为 1 年，当年有效。特殊情况需要跨年度使用时，有效期最长不得超过次年 3 月 31 日，逾期自行失效。

2. 出口许可证的有效期最长不得超过 6 个月，且有效期截止时间不得超过当年 12 月 31 日。商务部可视具体情况，调整某些货物出口许可证的有效期。出口许可证应当在有效期内使用，逾期自行失效。

3. 进出口许可证一经签发，不得擅自更改许可证证面内容。

4. 进出口许可证实行"一证一关"（指进出口许可证只能在一个海关报关，下同）管理。一般情况下，进出口许可证实行"一批一证"（指进出口许可证在有效期内一次报关使用，下同）管理，如要实行"非一批一证"（指进出口许可证在有效期内可多次报关使用，下同），发证机关在签发许可证时在许可证的备注栏中注明"非一批一证"字样，但最多不超过 12 次。由海关在许可证背面"海关验放签注栏"内逐批签注核减进出口数量。

5. 对实行"一批一证"进出口许可证管理的大宗、散装货物，以出口为例，其溢装数量在货物总量 3%以内的原油、成品油予以免证，其他货物溢装数量在货物总量 5%以内予以免证；对实行"非一批一证"制的大宗、散装货物，在每批货物出口时，按其实际出口数量进行许可证证面数量核扣，在最后一批货物出口时，其溢装数量应按该许可证实际剩余数量溢装上限，即 5%（原油、成品油在溢装上限 3%）以内计算免证数额。

6. 为维护正常的经营秩序，国家对部分出口货物实行指定发证机构发证或指定口岸报关出口。企业出口此类货物，均须向指定发证机构申领出口许可证，并到指定的口岸报关出口。发证机构须按指定口岸签发出口许可证。部分出口货物指定报关口岸如下。

锑及锑制品指定黄埔海关、北海海关、天津海关为出口报关口岸。

轻（重）烧镁出口许可证由大连特办签发，指定大连海关、青岛海关、天津海关、满洲里海关为出口报关口岸。

甘草指定天津海关、上海海关、大连海关为出口报关口岸；甘草制品指定天津海关、上海海关为出口报关口岸。

二、进口关税配额管理措施

关税配额管理属限制进口，实行关税配额证管理。对外贸易经营者经国家批准取得关税配额证后允许按照关税配额税率征税进口，如超出限额则按照配额外税率征税进口。

2015 年我国实施进口关税配额管理的农产品有小麦、玉米、稻谷和大米、糖、羊毛及羊毛条、棉花；实施进口关税配额管理的工业品为化肥。

（一）实行关税配额管理的农产品

1. 农产品进口关税配额为全球配额，主管部门为商务部及国家发展和改革委员会（以下简称"发展改革委"）。海关凭加盖"商务部农产品进口关税配额证专用章"或"国家发展和改革委员会农产品进口关税配额证专用章"的"农产品进口关税配额证"办理验放手续。

2. "农产品进口关税配额证"实行"一证多批"制，最终用户需分多批进口的，凭"农产品进口关税配额证"可多次办理通关手续，直至海关核注栏填满为止。农产品进口关税配额证有效期为每年 1 月 1 日起至当年 12 月 31 日，如需延期，应向原发证机关申请办理换证，但延期最迟不得超过下一年 2 月底。

3. 农产品进口关税配额的申请期为每年 10 月 15 日至 30 日，商务部、发展改革委分别于申请期前 1 个月在《国际商报》《中国经济导报》以及商务部和发展改革委网站上公布每种农产品下一年度进口关税配额总量、关税配额申请条件及国务院关税税则委员会确定的关税配额农产品税则号列和适用税率。其中食糖、羊毛、毛条由商务部公布并由商务部授权机构负责受理本地区内的申请；小麦、玉米、大米、棉花由发展改革委公布，并由发展改革委授权机构负责受理本地区内的申请。

（二）实施关税配额管理的工业品

化肥进口关税配额为全球配额，商务部负责全国化肥关税配额管理工作。关税配额内化肥进口时，海关凭进口单位提交的"化肥进口关税配额证明"，按配额内税率征税，并验放货物。商务部于每年的 9 月 15 日至 10 月 14 日公布下一年度的关税配额数量。申请单位应当在每年的 10 月 15 日至 10 月 30 日向商务部提出化肥关税配额的申请，商务部于每年 12 月 31 日前将化肥关税配额分配到进口用户。

三、两用物项和技术进出口许可证管理措施

为维护国家安全和社会公共利益，履行我国在缔结或者参加的国际条约、协定中所承担的义务，国家限制两用物项和技术进出口，对两用物项和技术实行进出口许可证管理。商务部是全国两用物项和技术进出口许可证的归口管理部门，负责制定两用物项和技术进出口许可证管理办法及规章制度，监督、检查两用物项和技术进出口许可证管理办法的执行情况，处罚违规行为。

（一）管理范围

国家对两用物项和技术实行目录管理。对列入《两用物项和技术进出口许可证管理目录》的物项和技术统一实行两用物项和技术进出口许可证管理。商务部指导全国各发证机构的两用物项和技术进出口许可证发证工作。2015 年两用物项和技术进出口许可证管理范围如表 1-8 所示。

表 1-8　　　　　　　　　　两用物项和技术进出口许可证管理范围表

进口	出口
3 类： （1）监控化学品管理条例名录所列物项（65 种）； （2）易制毒化学品（45 种）； （3）放射性同位素（8 种）。	8 类： （1）核出口管制清单所列物项和技术（153 种）； （2）核两用品及相关技术出口管制清单所列物项和技术（174 种）； （3）生物两用品及相关技术出口管制清单所列物项和技术（144 种）； （4）监控化学品管理条例名录所列物项（65 种）； （5）有关化学品及相关设备和技术出口管制清单所列物项和技术（37 种）； （6）导弹及相关物项和技术出口管制清单所列物项和技术（185 种）； （7）易制毒化学品（62 种）； （8）计算机（6 种）。 说明： 如果出口经营者拟出口的物项和技术存在被用于大规模杀伤性武器及其运载工具风险的，无论该物项和技术是否列入《两用物项和技术进出口许可证管理目录》，都应当办理两用物项和技术出口许可。出口经营者在出口过程中，如发现拟出口的物项和技术存在被用于大规模杀伤性武器及其运载工具风险的，应及时向国务院相关行政主管部门报告，并积极配合采取措施中止合同的执行

（二）办理程序

经营者在进出口前获相关行政主管部门批准文件后，凭批准文件到所在地发证机构申领两用物项和技术进出口许可证（在京的中央企业向许可证局申领）。两用物项和技术进出口许可证实行网上申领。发证机构收到相关行政主管部门批准文件（含电子文本、数据）和相关材料并经核对无误后，应在 3 个工作日内签发两用物项和技术进口或者出口许可证。

（三）报关规范

1. 对以任何方式进口或出口，以及过境、转运、通运列入《两用物项和技术进出口许可证管理目录》的商品，两用物项和技术的进出口经营者应当主动向海关出具有效的两用物项和技术进出口许可证，进出口经营者未向海关出具两用物项和技术进出口许可证而产生的相关法律责任由其自行承担。

2. 海关有权对进出口经营者进出口的货物是否属于两用物项和技术提出质疑，经营者应按规定向主管部门申请进口或者出口许可，或者向商务主管部门申请办理不属于管制范围的相关证明。

3. 两用物项和技术进口许可证实行"非一批一证"制和"一证一关"制，并在其备注栏内打印"非一批一证"字样；两用物项和技术出口许可证实行"一批一证"制和"一证一关"制。

4. 两用物项和技术进出口许可证有效期一般不超过 1 年。跨年度使用时，在有效期内只能使用到次年 3 月 31 日，逾期发证机构将根据原许可证有效期换发许可证。

5. 麻黄素类易制毒化学品的出口限定在北京、天津、上海、深圳口岸报关，并于同口岸实际离境。其他海关一律不予受理此类产品的出口报关业务。

四、自动进口许可证管理措施

商务部根据监测货物进口情况的需要，对部分自由进口货物实行自动许可管理。商务部配额许可证事务局、商务部驻各地特派员办事处和各省、自治区、直辖市、计划单列市商务主管部门以及地方机电产品进出口机构负责自动进口许可货物管理和自动进口许可证的签发工作。目前涉及的管理目录是商务部公布的《自动进口许可管理货物目录》，对应的许可证件为"中华人民共和国自动进口许可证"（以下简称"自动进口许可证"）。

（一）管理范围

1. 自动进口许可证管理的商品范围

2016 年实施自动进口许可证管理的商品包括机电产品、非机电产品两大类，分为两个管理目录。

（1）目录一（非机电产品）：

牛肉、猪肉、羊肉、肉鸡、鲜奶、奶粉、木薯、大麦、高粱、大豆、油菜籽、植物油、玉米酒精、食糖、豆粕、烟草、二醋酸纤维丝束、铜精矿、煤、铁矿石、铝土矿、原油、成品油、氧化铝、化肥、钢材，共 26 类。

（2）目录二（机电产品）：

① 由商务部发证的机电产品涉及烟草机械、移动通信产品、卫星广播电视设备及关键部件、汽车产品、飞机、船舶、游戏机 7 类商品。

② 地方、部门机电产品进出口办公室发证的机电产品涉及汽轮机、发动机（非第八十七章车辆用）及关键部件、水轮机及其他动力装置、化工装置、食品机械、工程机械、造纸机械、纺织机械、金属冶炼及加工设备、金属加工机床、电气设备、铁路机车、汽车产品、飞机、船舶、医疗设备等 16 类商品。

2. 免予交验自动进口许可证的情形

进口列入《自动进口许可管理货物目录》的商品，有关单位在办理报关手续时须向海关提交自动进口许可证，但下列情形免交。

（1）加工贸易项下进口并复出口的（原油、成品油除外）。

（2）外商投资企业作为投资进口或者投资额内生产自用的（旧机电产品除外）。

（3）货样广告品、实验品进口，每批次价值不超过 5 000 元人民币的。

（4）暂时进口的海关监管货物。

（5）从境外进入保税区、出口加工区、保税仓库、保税物流中心等海关特殊监管区域、保税监管场所属自动进口许可证管理的货物。

（6）加工贸易项下进口的不作价设备监管期满后留在原企业使用的。

（7）国家法律法规规定其他免领自动进口许可证的。

（二）办理程序

进口属于自动进口许可管理的货物，收货人在办理海关报关手续前，应向所在地或相应的发证机构提交自动进口许可证申请，并取得自动进口许可证。收货人可以通过书面申请，也可以通过网上申请。发证机构自收到符合规定的申请后，应当予以签发自动进口许可证，最多不超过 10 个工作日。对于已申领的自动进口许可证，如未使用，应当在有效期内交回原发证机构，并说明原因。自动进口许可证如有遗失，应当书面报告挂失。原发证机构经核实无不良后果的，予以重新补发。对于自动进口许可证自签发之日起 1 个月后未领证的，发证机构可予以收回并撤销。

（三）报关规范

自 2016 年 2 月 1 日起，在全国范围内实施自动进口许可证通关作业无纸化。有效范围为实施自动进口许可"一批一证"管理的货物（原油、燃料油除外），且每份进口货物报关单仅适用一份自动进口许可证；对满足条件的，企业可依法申请电子许可证，根据海关相关规定采用无纸方式向海关申报，免予交验纸质自动进口许可证。海关将通过自动进口许可证联网核查方式验核电子许可证，不再进行纸面签注；因海关和商务部门审核需要、计算机管理系统故障、其他管理部门需要验凭纸质自动进口许可证等原因，可以转为有纸报关作业或补充提交纸质自动进口许可证。

1. 自动进口许可证有效期为 6 个月，但仅限公历年度内有效。

2. 自动进口许可证项下货物原则上实行"一批一证"管理，对部分货物也可实行"非一批一证"管理。对实行"非一批一证"管理的，在有效期内可以分批次累计报关使用，但累计使用不得超过 6 次。同一进口合同项下，收货人可以申请并领取多份自动进口许可证。

3. 对实行"一批一证"自动进口许可证管理的大宗、散装货物，其溢装数量在货物总量 3% 以内的原油、成品油、化肥、钢材 4 种大宗、散装货物予以免证验放，其他货物溢装数量在货物总量 5% 以内的予以免证验放；对实行"非一批一证"自动进口许可证管理的大宗、散装商品，每批货物进口时，按其实际进口数量核扣自动进口许可证额度数量；最后一批货物进口时，其溢装数量应按该自动进口许可证实际剩余数量的允许溢装上限，即 5%（原油、成品油、化肥、钢材在溢装上限 3%）以内计算免证数额。

五、固体废物进口管理措施

为了防止固体废物污染环境，保障人体健康，促进社会主义现代化建设的发展，环境保护部根据《中华人民共和国固体废物污染环境防治法》和《废物进口环境保护管理暂行规定》等法律法规，对进口固体废物实施禁止、限制以及自动许可管理。

（一）管理范围

废物系指《中华人民共和国固体废物污染环境防治法》管理范围内的废物，包括工业固体废物、城市生活垃圾、危险废物以及液态废物和置于容器中的气态废物。

目前，我国对进口废物实施分类目录管理，分别实施禁止进口、限制进口和非限制进口 3 类管理。国家禁止进口不能用作原料的固体废物，对进口可以用作原料的固体废物实行限制管理。环境保护部是进口废物的国家主管部门，会同国务院商务主管部门制定、调整并公布《限制进口类可用作原料的废物目录》及《非限制进口类可用作原料的废物目录》，对未列入上述两目录的固体废物禁止进口。

（二）办理程序

国家对进口可用作原料的固体废物的国内收货人以及国外供货商实行注册登记制度。向中国出口可用作原料的固体废物的国外供货商，应当取得国务院质量检验检疫部门颁发的注册登记证书。

固体废物利用单位在组织进口列入限制进口目录和自动许可进口目录的固体废物前，应当直接向环境保护部提出固体废物进口申请，经审查批准，取得废物进口许可证之后才可组织进口。进口固体废物境外启运前，应当由国务院质量检验检疫部门指定的装运前检验机构实施装运前检验，检验合格的，出具装运前检验证书；进口的固体废物运抵口岸后，口岸检验检疫机构凭环境保护部签发的废物进口许可证、装运前检验证书以及其他必要单证受理报验，合格的，向报验人出具入境货物通关单。海关凭有效废物进口许可证和入境货物通关单办理通关手续。

（三）报关规范

无论以何种方式进口列入上述管理范围的废物，均须事先申领废物进口许可证。

1. 向海关申报进口列入《限制进口类可用作原料的废物目录》的废物，报关单位应主动向海关提交有效的废物进口许可证、口岸检验检疫机构出具的入境货物通关单及其他有关单据。

2. 向海关申报进口列入《非限制进口类可用作原料的废物目录》的废物，报关单位应主动向海关提交口岸检验检疫机构出具的入境货物通关单。

3. 废物进口许可证当年有效，因故在有效期内未使用完的，使用企业应当在有效期届满30日前向发证机关提出延期申请。发证机关扣除已使用的数量后，重新签发固体废物进口相关许可证，并在备注栏注明"延期使用"和原证证号，且只能延期一次，延期最长不超过60日。

4. 固体废物进口许可证实行"一证一关"管理。一般情况下，固体废物进口相关许可证为"非一批一证"制。如要实行"一批一证"，应当同时在固体废物进口相关许可证备注栏内打印"一批一证"字样。

5. 对废金属、废塑料、废纸等重点管理废物的进口，实施分类管理。

6. 海关怀疑进口货物的收货人申报的进口货物为固体废物时，可以要求收货人送口岸检验检疫部门进行固体废物属性检验；必要时，海关可以直接送口岸检验检疫部门进行固体废物属性检验，并按照检验结果处理。

7. 固体废物从海关特殊监管区域和场所进口到境内区或者在海关特殊监管区域和场所之间进出的，无须办理固体废物进口相关许可证。

8. 海关特殊监管区域和场所内的单位不得以转口货物为名存放进口固体废物。

六、其他货物进出口管理措施

10种其他进出口货物管理措施如表1-9所示。

表1-9　　　　　　　　　　　　　其他进出口货物管理措施

管理类别	通关凭证	主管部门	备注
密码产品和含有密码技术的设备进口许可证管理	密码产品和设备进口许可证	国家密码管理局	实行"一批一证"制
野生动植物种进出口管理	公约证明、非公约证明、物种证明	濒危物种进出口管理办公室	公约证明、非公约证明实行"一批一证"制；物种证明分为"一次使用"和"多次使用"两种
进出口药品管理	麻醉药品进出口准许证、精神药品进出口准许证、进/出口准许证、进口药品通关单	国家食品药品监督管理总局	1. 实行"一批一证"制 2. 仅限在注明的口岸海关使用
美术品进出口管理	美术品进出口批准文件	文化部	实行"一批一证"制
音像制品进口管理	音像制品发行许可证	文化部	实行一次报关使用
黄金及其制品进出口管理	黄金及其制品进出口准许证	中国人民银行	实行"一批一证"制
农药进出口管理	农药进出口登记管理放行通知单	农业部	实行"一批一证"制
有毒化学品管理	有毒化学品环境管理放行通知单	环境保护部	实行"一批一证"制
兽药进口管理	进口兽药通关单	农业部	实行"一单一关"，一次使用
民用爆炸物品进出口管理	民用爆炸物品进/出口审批单	工业和信息化部	实行"一批一单""一单一关"制

关键术语

扫一扫

职业技能训练

一、单选题

1. 某报关企业接到客户关于以一般贸易方式进口旧汽车有关政策的咨询，下列答复正确的是（　　）。

    A. 申领进口许可证和入境货物通关单　　B. 申领自动进口许可证和入境货物通关单

    C. 只需申领入境货物通关单　　　　　　D. 禁止进口

2. 我国目前对对外贸易经营者的管理实行（　　）。

    A. 自由进出制　　　B. 登记和核准制　　　C. 审批制　　　D. 备案登记制

3. 下列列入自动进口许可管理货物目录的货物，可免交自动进口许可证的是（　　）。

    A. 参加 F1 上海站比赛进口后需复出口的赛车

    B. 加工贸易项下进口并复出口的成品油

    C. 外商投资企业作为投资进口的旧机电产品

    D. 每批次价值超过 5 000 元人民币的进口货样广告品

4. WTO 规则允许成员方使用贸易救济手段来保护国内产业不受损害。其中（　　）既可以采取提高关税的形式，也可以采取数量限制的形式。

    A. 反倾销　　　B. 反补贴　　　　C. 保障措施　　　D. 关税配额

5. 实行"非一批一证"管理的出口许可证，其使用次数最多不超过（　　）。

    A. 3 次　　　B. 6 次　　　　C. 5 次　　　　D. 12 次

6. 某企业持一份证面数量为 200 吨的小麦出口许可证（"一批一证"），以海运散装形式出口，该企业凭该份出口许可证总共最多可出口（　　）小麦。

    A. 210 吨　　　B. 205 吨　　　C. 203 吨　　　D. 206 吨

7. 某企业持一份证面数量为 200 吨的小麦出口许可证（"非一批一证"），以海运散装形式分两批出口。在第一批实际出口数量 100 吨的情况下，该企业凭该份出口许可证总共最多可出口（　　）小麦。

    A. 210 吨　　　B. 205 吨　　　C. 203 吨　　　D. 206 吨

8. 某企业持一份证面数量为 200 吨的原油出口许可证（"非一批一证"），以海运散装形式分两批出口。在第一批实际出口数量 100 吨的情况下，该企业凭该份出口许可证总共最多可出口（　　）原油。

    A. 210 吨　　　B. 205 吨　　　C. 203 吨　　　D. 206 吨

9. 某企业持一份证面数量为 200 吨的化肥自动进口许可证（"一批一证"），以海运散装形式进口，该企业凭该份自动进口许可证总共最多可进口（　　）化肥。

  A. 210 吨   B. 205 吨   C. 203 吨   D. 206 吨

10. 发证机关根据企业申请，于 2009 年 9 月 30 日向企业签发了自动进口许可证，该证截至（　　）有效。

  A. 2010 年 3 月 31 日   B. 2009 年 12 月 31 日

  C. 2010 年 6 月 30 日   D. 2010 年 9 月 30 日

二、多选题

1. 我国对外贸易管制制度是由一系列管理制度构成的综合管理制度，其中包括（　　）。

  A. 进出口许可制度   B. 海关监管制度

  C. 出入境检验检疫制度   D. 出口退税制度

2. 我国对外贸易管制的法律渊源包括（　　）。

  A. 由国家最高权力机关制定并由国家主席颁布实施的规范性文件

  B. 由国家最高行政机关制定并由国务院总理颁布实施的规范性文件

  C. 由我国各民族自治区政府制定的地方条例和单行条例

  D. 我国加入或缔结的相关国际条约

3. 国家禁止进口（　　）。

  A. 犀牛角   B. 天然砂   C. 木炭   D. 旧服装

4. 目前，列入我国《禁止出口货物目录》的商品有（　　）。

  A. 麝香   B. 麻黄草   C. 木炭   D. 硅砂

5. 2015 年实施"中华人民共和国进口许可证"管理的货物种类包括（　　）。

  A. 配额机电产品 B. 重点旧机电产品 C. 消耗臭氧层物质 D. 监控化学品

6. 货物、技术进出口许可管理制度是我国进出口许可管理制度的主体，其管理范围包括（　　）。

  A. 禁止进出口货物和技术管理

  B. 限制进出口货物和技术

  C. 自由进出口技术

  D. 自由进出口中部分实行自动许可管理的货物

7. 下列关于关税配额管理的表述，正确的是（　　）。

  A. 关税配额管理是一种绝对数量的限制

  B. 关税配额管理以关税为杠杆限制进口

  C. 配额内进口的，按照关税配额税率征税

  D. 配额外进口的，按照配额外税率征税

8. 对下列（　　）实行自动进口许可管理的大宗、散装货物，溢装数量在货物总量 3% 以内约，免予另行申领自动进口许可证。

  A. 原油   B. 成品油   C. 化肥   D. 钢材

9. 下列废物中，属于我国《固体废物污染环境防治法》管理范围的有（　　）。

  A. 城市生活垃圾 B. 工业固体废物 C. 液态废物   D. 置于容器中的气态废物

10. 下列商品类别中，既属于两用物项和技术进口许可证管理又属于两用物项和技术出口许可证管理的是（　　）。

  A. 监控化学品 B. 放射性同位素 C. 生物两用品 D. 易制毒化学品

三、判断题

1. 国家禁止进出口滴滴涕。

2. 目前，我国对属于世界濒危物种管理范畴的犀牛角和虎骨仍列入禁止进出口的商品范围。

3. 关税配额管理是指以国家各主管部门签发许可证件的方式来实现各类限制进口的措施。

4. 自动进口许可管理是在任何情况下对进口申请一律予以批准的进口许可制度。

5. 进口属于进口许可证管理的货物，收货人在货物进境后，办理海关报关手续前，应向相应的发证机构提交进口许可证申请，并取得进口许可证。

6. 出口许可证的有效期不得超过 6 个月，需要跨年度使用的，其有效期的截止日期不得超过次年 2 月底。

7. 我国固体废物管理范围中不包括液态废物。

8. 列入《自动进口许可管理类可用作原料的废物目录》的废物，不论以何种方式进口，均应申领废物进口许可证。

9. 我国目前所签订生效的各类国际条约，虽然不属于我国国内法的范畴，但就其效力而言可视为我国的法律渊源之一。

10. 对外贸易管制是政府一种强制性行政管理行为。我国对外贸易管制按管制对象可分为货物进出口贸易管制、技术进出口贸易管制和国际服务贸易管制。

四、实务操作题

（一）江西某地造纸厂从韩国进口用作造纸原料的废纸一批。废纸于 2015 年 9 月 16 日在上海口岸进境，并于 10 月 10 日在上海吴淞海关办理了进口转关手续，10 月 13 日通过转关运输运抵江西某地，该造纸厂于 11 月 1 日向江西某地海关办理申报进口。

操作要求：

根据业务背景分析，该公司在向海关办理废纸进口申报手续前，应向海关提交哪些必备材料？

（二）请查询以下商品属于哪一类进出口管制或管理，企业能否经营其进出口或需要向海关提交什么许可证？

税则号	商品名称	进出口状态
51051000	粗梳羊毛	进口
11031100	小麦的粗粒及粗粉	进口
10064010	籼米碎米	出口
02022000	冻藏的去骨牛肉	出口
26090000	锡矿砂	出口
87112020	排气量 120cc 的小马力摩托车	出口
27030000	泥炭	出口
25059000	天然砂	出口
61034200	棉制针织男长裤	出口
60052300	色织棉制经编织物	出口美国
29394100	麻黄碱	进口
51000010	牛黄	进口
31021000	尿素	进口
85238011	已录制的唱片	进口

项目二

认知海关

学习目标

【能力目标】

1. 能够对海关的管理体制与组织机构有初步的认知；
2. 能够根据海关监管制度要求为各类型的监管货物办理通关手续。

【知识目标】

1. 熟悉我国海关的性质、任务及海关的权力等；
2. 掌握海关对各类进出境货物的监管制度；
3. 了解海关统计制度、稽查制度、行政制度、知识产权制度以及担保制度等。

项目简介

作为一名报关工作人员，如果想顺利地融入该行业，需尽快熟悉报关行业的主管机构——海关及其管理制度。因此，该项目主要介绍海关的性质与任务、海关的权力、海关的管理体制与机构，以及海关的监管制度、海关税收征管制度、海关统计制度、海关稽查制度、海关行政处罚制度、知识产权保护制度、海关事务担保制度等内容。学生通过该项目的学习，应该掌握上述相关知识，为实际业务操作奠定良好的基础。

任务一 认知海关体制机构

一、海关的性质与任务

国家以立法的形式明确规定了中国海关的性质与任务。《海关法》规定："中华人民共和国海关是国家的进出关境监督管理机关。海关依照本法和其他有关法律、行政法规，监管进出境的运输工具、货物、行李物品、邮递物品和其他物品，征收关税和其他税、费，查缉走私，并编制海关统计和办理其他海关业务。"

（一）海关的性质

1. 海关是国家行政机关，是国务院直属机构。其从属于国家行政管理体制，代表国家依法独立行使行政管理权。

2. 海关是国家进出境监督管理机关。其监督管理的对象是所有进出关境的运输工具、货物、物品。实施监督管理的范围是进出关境及与之有关的活动。

> **┃知识链接┃**
>
> ### 关境与国境的区别
>
> （1）关境和国境的含义
>
> 关境是海关专用词，指适用于同一海关法或实行同一关税制度的领域。国境是指一个国家疆域的范围。
>
> （2）我国关境和国境的关系
>
> 一般情况下，关境等于国境。我国国境（关境+单独关税区）大于关境。我国单独关税区有香港、澳门和台澎金马单独关税区。本教材所称的"进出境"除特指外均指进出我国关境。

3. 海关的监督管理是保证国家有关法律、法规实施的行政执法活动，依据如下。

（1）一级：《海关法》和其他有关法律、行政法规，是海关的执法依据。

（2）二级：行政法规。国务院根据《宪法》和法律，制定行政法规。海关管理方面的行政法规有《关税条例》《海关稽查条例》《海关行政处罚实施条例》《海关统计条例》《进出口货物原产地条例》等。

（3）三级：海关规章及规范性文件。海关总署根据法律和国务院的法规、决定和命令制定规章，作为执法依据的补充。

各省、自治区、直辖市人民代表大会和人民政府不得制定海关法律规范。地方法规、地方规章不是海关执法的依据。

（二）海关的任务

海关的四项基本任务包括监管、征税、缉私和统计。这四者之间是一个统一的有机联系的整体。其中，海关监管是四项基本任务中最基本的任务。监管是基础，其他任务是在此基础上的延伸，同时它们反过来为海关监管服务。除了这四项基本任务外，海关任务还包括知识产权海关保护、海关对反倾销及反补贴的调查等。下面主要介绍海关四大基本任务。

1. 监管

海关监管是指海关运用国家赋予的权力，通过一系列管理制度与管理程序，依法对进出境运输工具、货物、物品的进出境活动所实施的一种行政管理。海关监管和海关监督管理的关系如下：（1）海关监管是海关最基本的任务，是一项国家职能。（2）海关监管不是海关监督管理的简称。海关监督管理是海关全部行政执法活动的统称。（3）海关监管分为运输工具监管、货物监管和物品监管三大体系，且每个体系都有一整套规范的管理程序与方法。

海关监管除了通过备案、审单、查验、放行、后续管理等方式对进出境运输工具、货物、物品的进出境活动实施监管外，还要执行或监督执行国家其他对外贸易管理制度的实施，如进出口许可制度、外汇管理制度、进出口商品检验检疫制度、文物管理制度等。

2. 征税

海关征税工作的基本法律依据是《海关法》《关税条例》。关税的征收主体是国家，海关代表国家征收关税和进口环节税。关税的果税对象为进出口货物、进出境物品。

3. 缉私

查缉走私是海关为保证顺利完成监管和征税等任务而采取的保障措施。查缉走私是指海关依照法律赋予的权力，在海关监管场所和海关附近的沿海沿边规定地区，为发现、制止、打击、综合治理走私活动而进行的一种调查和惩处活动。

国家实行联合缉私、统一处理、综合治理的缉私体制。海关是打击走私的主管机关，海关缉私警察负责对走私犯罪案件的侦查、拘留、执行逮捕和预审工作。公安、工商、税务、烟草专卖等部门也有缉私权力，它们查获的案件要行政处罚的，统一移交海关处理。

4. 统计

凡是实际进出境并引起境内物质存量增加或者减少的货物以及进出境物品超过自用、合理数量的，均列入海关统计。对于部分不列入海关统计的货物和物品，则根据我国对外贸易管理和海关管理的需要，实施单项统计。

近年来，国家通过有关法律、行政法规赋予了海关一些新的职责，如知识产权海关保护、对反倾销反补贴的调查、环保、社会安全、缉毒、反偷渡、战略武器控制等也是海关的任务。

> **知识链接**
>
> ### 海关关徽的内涵
>
> 海关关徽是象征海关的职业标志。我国海关关徽由金黄色钥匙与商神手杖交叉组成。其中两蛇相缠的商神手杖源于古希腊神话，是商神赫尔墨斯手持之物，被世人视为商业及国际贸易的象征，而钥匙则具有海关掌管国家经济大门的含义，象征海关为祖国把关。中国海关关徽寓意中国海关依法实施进出境监督管理，维护国家的主权和利益，促进对外经济贸易发展和科技、文化交往，保障社会主义现代化建设。钥匙上的三个齿，分别代表海关的监管、征税、查缉走私三大任务（1987年7月1日起实施的《海关法》确定，海关任务改为监管、征税、查缉走私、统计四项）。

二、海关的权力

（一）海关权力的内容

1. 行政许可权

行政许可权是指海关根据《中华人民共和国行政许可法》《海关法》及《海关实施〈中华人民共和国行政许可法〉办法》的规定，对公民、法人或者其他组织的申请，经依法审查，准予其从事与海关进出境监督管理相关的特定活动的权力。海关总署行政审批事项公开目录如表2-1所示。

表2-1　　　　海关总署行政审批事项公开目录（截至2015年5月）

项目编码	审批部门	项目名称	子项	巨批类别	设定依据	共同审批部门	审批对象	备注
23001	海关总署	报关企业注册登记	无	行政许可	《中华人民共和国海关法》（2013年12月28日第十二届全国人民代表大会常务委员会第六次会议修订）第十一条："进出口货物收发货人、报关企业办理报关手续，必须依法经海关注册登记……未依法经海关注册登记的企业……不得从事报关业务。"	无	企业	直属海关审批

项目编码	审批部门	项目名称	子项	审批类别	设定依据	共同审批部门	审批对象	备注
23001	海关总署	报关企业注册登记	无	行政许可	《中华人民共和国海关对报关单位注册登记管理规定》(海关总署令第127号,自2005年6月1日起施行)第五条第二款:"报关企业应当经直属海关注册登记许可后,方能办理注册登记。"	无	企业	直属海关审批
23002	海关总署	暂时进出口货物的核准	无	行政许可	《中华人民共和国海关法》(2013年12月28日第十二届全国人民代表大会常务委员会第六次会议修订)第三十一条:"经海关批准暂时进口或者暂时出口的货物,应当在六个月内复运出境或者复运进境;在特殊情况下,经海关同意,可以延期。"《中华人民共和国海关暂时进出境货物管理办法》(海关总署令第157号,自2007年5月1日起施行)第七条第三款:"国家重点工程、国家科研项目使用的暂时进出境货物以及参加展期在24个月以上展览会的展品,在18个月延长期届满后仍需要延期的,由主管地直属海关报海关总署审批。"第十二条:"货物暂时进出境申请应当向主管地海关提出。"第十三条:"海关就ATA单证册(使用货物暂准进口单证册)项下暂时进出境货物的暂时进出境申请批准同意的,应当在ATA单证册上予以签注,否则不予签注。"	无	机关、事业单位、企业、社团组织或公民个人	海关总署、直属海关审批
23003	海关总署	出口监管仓库、保税仓库设立审批	1. 出口监管仓库设立审批	行政许可	《中华人民共和国海关法》(2013年12月28日第十二届全国人民代表大会常务委员会第六次会议修订)第三十二条:"经营保税货物的储存、加工、装配、展示、运输、寄售业务和经营免税商店,应当符合海关监管要求,经海关批准,并办理注册手续。"《中华人民共和国海关对出口监管仓库及所存货物的管理办法》(海关总署令第133号,自2006年1月1日起施行)第二条:"本办法所称出口监管仓库,是指经海关批准设立,对已办结海关出口手续的货物进行存储、保税物流配送、提供流通性增值服务的海关专用监管仓库。"第六条:"出口监管仓库的设立,由出口监管仓库所在地主管海关受理,报直属海关审批。"	无	企业	直属海关审批
			2. 保税仓库设立审批	行政许可	《中华人民共和国海关对保税仓库及所存货物的管理规定》(海关总署令第105号,自2004年2月1日起施行)第二条:"本规定所称保税仓库,是指经海关批准设立的专门存放保税货物及其他未办结海关手续货物的仓库。"第十条:"保税仓库由直属海关审批,报海关总署备案。"	无	企业	直属海关审批

项目编码	审批部门	项目名称	子项	审批类别	设定依据	共同审批部门	审批对象	备注
23004	海关总署	免税商店设立审批	无	行政许可	《中华人民共和国海关法》（2013 年 12 月 28 日第十二届全国人民代表大会常务委员会第六次会议修订）第三十二条："……经营免税商店，应当符合海关监管要求，经海关批准，并办理注册手续。"《中华人民共和国海关对免税商店及免税品监管办法》（海关总署令第 132 号，自 2006 年 1 月 1 日起施行）第八条："海关总署按照《中华人民共和国行政许可法》及《中华人民共和国海关实施〈中华人民共和国行政许可法〉办法》规定的程序和期限办理免税商店的审批事项。"	无	企业	海关总署审批
23005	海关总署	海关监管货物仓储审批	无	行政许可	《中华人民共和国海关法》（2013 年 12 月 28 日第十二届全国人民代表大会常务委员会第六次会议修订）第三十八条："经营海关监管货物仓储业务的企业，应当经海关注册，并按照海关规定，办理收存、交付手续。在海关监管区外存放海关监管货物，应当经海关同意，并接受海关监管。"	无	企业	直属海关审批
23006	海关总署	常驻机构及非居民长期旅客公私用物品进出境核准	无	行政许可	《国务院对确需保留的行政审批项目设定行政许可的决定》（国务院令第 412 号，自 2004 年 7 月 1 日起施行）第 226 项"常驻机构及非居民长期旅客公私用物品进出境核准"，实施机关为"海关总署各直属海关"	无	常驻机构和非居民长期旅客	直属海关审批
23007	海关总署	小型船舶往来香港、澳门进行货物运输备案	无	行政许可	《国务院对确需保留的行政审批项目设定行政许可的决定》（国务院令第 412 号，自 2004 年 7 月 1 日起施行）第 227 项"小型船舶往来香港、澳门进行货物运输备案"，实施机关为"海关总署各直属海关"	无	企业或公民个人	直属海关审批
23008	海关总署	承运境内海关监管货物的运输企业、车辆注册	无	行政许可	《国务院对确需保留的行政审批项目设定行政许可的决定》（国务院令第 412 号，自 2004 年 7 月 1 日起施行）第 228 项"承运境内海关监管货物的运输企业、车辆注册"，实施机关为"海关总署各直属海关"	无	企业	直属海关审批
23009	海关总署	获准入境定居旅客安家物品审批	无	行政许可	《国务院对确需保留的行政审批项目设定行政许可的决定》（国务院令第 412 号，自 2004 年 7 月 1 日起施行）第 231 项"获准入境定居旅客安家物品审批"，实施机关为"海关总署各直属海关"	无	入境定居旅客	直属海关审批

项目编码	审批部门	项目名称	子项	审批类别	设定依据	共同审批部门	审批对象	备注
23010	海关总署	长江驳运船舶转运海关监管的进出口货物审批	无	行政许可	《国务院对确需保留的行政审批项目设定行政许可的决定》(国务院令第412号,自2004年7月1日起施行)第234项"长江驳运船舶转运海关监管的进出口货物审批",实施机关为"海关总署各直属海关"	无	企业或公民个人	直属海关审批
23017	海关总署	保税物流中心(A型)设立审批	无	行政许可	《中华人民共和国海关法》(2013年12月28日第十二届全国人民代表大会常务委员会第六次会议修订)第三十二条:"经营保税货物的储存、加工、装配、展示、运输、寄售业务和经营免税商店,应当符合海关监管要求,经海关批准,并办理注册手续。"《中华人民共和国海关对保税物流中心(A型)的暂行管理办法》(海关总署令第129号,自2005年7月1日起施行)第二条:"本办法所称保税物流中心(A型),是指经海关批准,由中国境内企业法人经营、专门从事保税仓储物流业务的海关监管场所。"第九条:"设立物流中心的申请由直属海关受理,报海关总署审批。"	无	企业	海关总署审批
23018	海关总署	保税物流中心(B型)设立审批	无	行政许可	《中华人民共和国海关法》(2013年12月28日第十二届全国人民代表大会常务委员会第六次会议修订)第三十二条:"经营保税货物的储存、加工、装配、展示、运输、寄售业务和经营免税商店,应当符合海关监管要求,经海关批准,并办理注册手续。"《中华人民共和国海关对保税物流中心(B型)的暂行管理办法》(海关总署令第130号,自2005年7月1日起施行)第二条:"本办法所称保税物流中心(B型),是指经海关批准,由中国境内一家企业法人经营、多家企业进入并从事保税仓储物流业务的海关集中监管场所。"第九条:"设立物流中心的申请由直属海关受理,报海关总署审批。"	财政部、税务总局、外汇局	企业	海关总署审批

2. 税费征收权

税费征收权是指海关代表国家依法对进出境货物、物品和运输工具行使征收税费的职权。具体内容如表2-2所示。

表2-2 海关税费征收权具体内容列表

序号	名称	内容
1	价格审定	海关有权依据关税法则对进出口货物的价格进行审查，以确定完税价格，制止价格瞒骗、偷逃关税行为
2	化验鉴定	根据海关总署的规定，海关在监管过程中如果对申报进出口货物、物品的属性有疑问，经现场查验不能确认的，有权提取货样进行化验鉴定，以正确地进行商品归类，并为揭露、证实伪报货物品名，涉嫌价格瞒骗的案件提供监督证据
3	补征、追征	在法定期限内，对海关放行后的有关进出口货物、物品发现少征或者漏征税款的，海关有权依法进行补征、追征税款
4	减征或免征	海关有权依法对特定的进出口货物、物品减征或免征关税

3. 进出境监管权

进出境监管权是指海关依据《海关法》及有关法律、行政法规的规定，所具有的对货物、物品、运输工具进出境活动实施监管的职权。海关进出境监管权具体内容如表2-3所示。

表2-3 海关进出境监管权具体内容列表

序号	名称	内容
1	检查权	有权检查进出境运输工具；海关对进出境运输工具的检查不受海关监管区域的限制
		检查有走私嫌疑的运输工具和有藏匿走私货物、物品嫌疑的场所。对于有走私嫌疑的运输工具和有藏匿走私货物、物品嫌疑的场所，在海关监管区和海关附近沿海沿边规定地区内，海关人员可直接检查；超出这个范围，在调查走私案件时，应经直属海关关长或者其授权的隶属海关关长批准，才能进行检查，但不能检查公民住宅
		检查走私嫌疑人的身体。对走私嫌疑人身体的检查，应在海关监管区和海关附近沿海沿边规定地区内进行，并应得到直属海关关长或者其授权的隶属海关关长批准
2	查阅、复制权	查阅进出境人员的证件，查阅、复制与进出境运输工具、货物、物品有关的合同、发票、账册、单据、记录、文件、业务函电、录音录像制品和其他有关数据
3	查问权	海关有权对违反《海关法》或者其他有关法律、行政法规的嫌疑人进行查问，调查其违法行为
4	查验权	海关有权查验进出境货物、个人携带进出境的行李物品、邮寄进出境的物品。海关查验货物认为必要时，经直属海关关长或其授权的隶属海关关长批准，可以径行提取货样
5	查询权	海关在调查走私案件时，经直属海关关长或者其授权的隶属海关关长批准，可以查询案件涉嫌单位和涉嫌人员在金融机构、邮政企业的存款、汇款
6	稽查权	海关在法律规定的年限内，对企业进出境活动及与进出口货物有关的账务、记账凭证、单证资料等有权进行稽查
7	扣留权	海关有权扣留违反《海关法》或者其他有关法律法规的进出境运输工具、货物、物品。扣留与走私违规行为有关的合同、发票、账册、单据、记录、文件、业务函电、录音录像制品，海关还有权扣留犯罪嫌疑人

4. 行政强制权

海关行政强制权，包括海关行政强制措施和海关行政强制执行。

（1）海关行政强制措施，是指海关在行政管理过程中，为制止违法行为、防止证据损毁、避免危害发生、控制危险扩大等情形，依法对公民的人身自由实施暂时性限制，或者对公民、法人或者其他组织的财物实施暂时性控制的行为。海关行政强制措施具体内容如表2-4所示。

表 2-4　　　　　　　　　　　　海关行政强制措施具体内容列表

类别	序号	名称	内容
海关行政强制措施	1	限制公民人身自由	在海关监管区和海关附近沿海沿边规定地区，对走私犯罪嫌疑人，经直属海关关长或者其授权的隶属海关关长批准，可以扣留，扣留时间不得超过 24 小时，在特殊情况下可以延长至 48 小时
			个人违抗海关监管逃逸的，海关可以连续追至海关监管区和海关附近沿海沿边规定地区以外，将其带回
			受海关处罚的当事人或者法定代表人、主要负责人在出境前未缴清罚款、违法所得和依法追缴的货物、物品、走私运输工具的等值价款，又未提供担保的，海关可以通知出境机关阻止其出境
	2	扣留财物	对违反《海关法》的进出境运输工具、货物、物品以及与之有牵连的合同、发票、账册、单据、记录、文件、业务函电、录音录像制品和其他资料，可以扣留
			在海关监管区和海关附近沿海沿边规定地区，对有走私嫌疑的运输工具、货物、物品和走私犯罪嫌疑人，经直属海关关长或者其授权的隶属海关关长批准，可以扣留
			在海关监管区和海关附近沿海沿边规定地区以外，对其中有证据证明有走私嫌疑的运输工具、货物、物品，可以扣留
			有违法嫌疑的货物、物品、运输工具无法或不便扣留的，当事人或者运输工具负责人未提供等值担保的，海关可以扣留当事人等值的其他财产
			海关不能以暂停支付方式实施税收保全措施时，可以扣留纳税人其他价值相当于应纳税款的货物或者其他财产
			进出口货物的纳税义务人、担保人自规定的纳税期限届满之日起超过 3 个月未缴纳税款的，经直属海关关长或者其授权的隶属海关关长批准，海关可以扣留其价值相当于应纳税款的货物或者其他财产
			对涉嫌侵犯知识产权的货物，海关可以依申请扣留
	3	冻结存款、汇款	进出口货物的纳税义务人在规定的纳税期限内有明显的转移、藏匿其应税货物及其他财产迹象，不能提供纳税担保的，经直属海关关长或者其授权的隶属海关关长批准，海关可以通知纳税义务人开户银行或者其他金融机构暂停支付纳税义务人相当于应纳税款的存款
	4	封存货物或者账簿、单证	海关进行稽查时，发现被稽查人的进出口货物有违反《海关法》和其他法律法规嫌疑的，经直属海关关长或者其授权的隶属海关关长批准，可以封存有关进出口货物
	5	其他强制措施	进出境运输工具违抗海关监管逃逸的，海关可以连续追至海关监管区和海关附近沿海沿边规定地区以外，将其带回

（2）海关行政强制执行，是指海关在有关当事人不依法履行义务的前提下，为实现监督职能，依法强制当事人履行法定义务的行为。海关行政强制执行具体内容如表 2-5 所示。

表 2-5　　　　　　　　　　　　海关行政强制执行具体内容列表

类别	序号	名称	内容
海关行政强制执行	1	加收滞纳金	进出口货物的纳税义务人逾期缴纳税款的，由海关依法征收滞纳金
			进出口货物和海关监管货物因纳税义务人违反规定造成少征或者漏征税款的，海关可予追征并加收滞纳金
	2	加收滞报金	进口货物收货人未按照规定期限向海关申报产生滞报的，由海关依法征收滞报金
			进口货物收货人向海关传送报关单电子数据申报的，未在规定期限内或者核准期限内递交纸质报关单及随附单证，海关予以撤销报关单电子数据处理。进口货物收货人重新向海关申报，产生滞报的，由海关依法征收滞报金
			滞报金应当由进口货物收货人于当次申报时缴清。进口货物收货人要求在缴清滞报金前先行放货的，海关可以在其提供与应缴滞报金等额的保证金后放行

续表

类别	序号	名称	内容
海关行政强制执行	3	扣缴税款	进出口货物的纳税义务人、担保人自规定的纳税期限届满之日起超过3个月未缴纳税款的，经直属海关关长或者其授权的隶属海关关长批准，海关可以书面通知其开户银行或者其他金融机构从其存款内扣缴税款
	4	抵缴、变价抵缴	当事人逾期不履行海关处罚决定又不申请复议或者向人民法院提起诉讼的，海关可以将其保证金抵缴罚款或者将其被扣留的货物、物品、运输工具依法变价抵缴
			进出口货物的纳税义务人、担保人自规定的纳税期限届满之日起超过3个月未缴纳税款的，经直属海关关长或者其授权的隶属海关关长批准，海关可以依法变卖应税货物，或者依法变卖其价值相当于应纳税款的货物或者其他财产，以变卖所得抵缴税款
			海关以扣留方式实施税收保全措施，进出口货物的纳税义务人在规定期限内未缴纳税款的，经直属海关关长或者其授权的隶属海关关长批准，海关可以依法变卖所扣留的货物或者其他财产，以变卖所得抵缴税款
			进口货物的收货人自运输工具申报进境之日起超过3个月未向海关申报的，其进口货物由海关提取依法变卖处理
			确属误卸或者溢卸的进境货物，原运输工具负责人或者货物的收发货人逾期未办理退运或者进口手续的，由海关提取依法变卖处理

5. 行政处罚权

海关有权对不予追究刑事责任的走私行为和违反海关监管规定行为，以及法律、行政法规规定由海关实施行政处罚的行为进行处罚。主要包括对走私货物、物品及违法所得处以没收，对有走私行为和违反海关监管规定行为的当事人处以罚款，对有违法情事的报关企业和报关员处以罚款或者暂停从事有关业务，直至撤销报关注册登记等。

6. 走私犯罪侦查权

海关走私犯罪侦查权具体内容如表2-6所示。

表2-6　　　　　　　　　　　海关走私犯罪侦查权具体内容列表

序号	名称	内容
1	侦查权	海关缉私部门有权侦查有走私犯罪嫌疑的人员、货物、物品和行为，包括扣留有关货物、物品、运输工具及人员。侦查这类案件，一是根据举报或者其他有关线索直接开展侦查；二是接受有关执法单位移送的案件，继续侦查，以初步认定案件的性质和有关证据
2	扣留权	对有走私犯罪嫌疑的人员予以拘留，进行审查
3	执行逮捕权	对经确认有重大走私犯罪嫌疑的当事人执行逮捕，以进一步审查其行为
4	预审权	对走私犯罪嫌疑人进行初步审讯，确定有关犯罪事实与证据，为移送检察机关提供诉讼做准备

7. 佩带和使用武器权

海关为履行职责，可以配备武器。

使用范围：执行缉私任务时。

使用对象：走私分子和走私嫌疑人。

使用条件：不能制服被追缉逃逸的走私团体或遭遇武装掩护走私，不能制止走私分子或者走私嫌疑人以暴力劫夺查扣的走私货物、物品和其他物品，以及以暴力抗拒检查、抢夺武器和警械、威胁海关工作人员生命安全非开枪不能自卫时。

8. 连续追缉权

进出境运输工具或者个人违抗海关监管逃逸的,海关可以连续追至海关监管区和海关附近沿海沿边规定地区以外,将其带回处理。

9. 海关其他权力

除上述海关权力外,海关还有行政裁定权、行政复议权、行政命令权、行政奖励权、对知识产权实施边境海关保护权等权力。

(二)海关权力行使的原则

1. 合法原则

海关行使权力时的主体资格合法,必须有法律规范为依据,行使权力的方法、手段、步骤、时限等程序应合法,同时,一切行政违法主体都应承担相应的法律责任。

2. 合理原则

合理原则是指权力的行使应该以公平性、合理性为基础,以正义性为目标。

3. 独立行使原则

海关实行高度集中统一的管理体制和垂直领导方式,地方各级海关只对海关总署负责。《海关法》规定:"各地方、各部门应当支持海关依法行使职权,不得非法干预海关的执法活动。"

4. 程序法定原则

程序法定原则是指海关的职权、海关行政执法的权力及海关调查相对人违法行为、处理相对人的程序,都只能由法律法规明确规定,法律法规没有明确赋予的职权,海关不得行使;即使是法律法规授予的职权,也必须在法定的授权范围内,依照法定的条件和程序行使。

三、海关的管理体制与机构

(一)海关的管理体制

《海关法》规定,"国务院设立海关总署,统一管理全国海关","海关依法独立行使职权,向海关总署负责","海关的隶属关系不受行政区划的限制"。这种领导体制称为"集中统一的垂直领导体制"。

(二)海关的设关原则

《海关法》第三条规定:"国家在对外开放的口岸和海关监管业务集中的地点设立海关。海关的隶属关系,不受行政区划的限制。"习惯上把在对外开放口岸设立的海关称为口岸海关,把在海关监管业务集中的地点设立的海关称为区域海关。

这一设关原则为海关管理从口岸向内地、进而向全关境的转化奠定了基础,同时也为海关业务制度的发展预留了空间。

(三)海关的组织机构

目前,海关组织机构分为海关总署、直属海关和隶属海关3个层级。

第一层级为海关总署(国务院直属机构,正部级),以及作为总署派出机构的广东分署,天津、上海两个特派员办事处。海关总署机关内设16个部门,并管理6个直属企事业单位、4个社会团体和3个驻外机构。中纪委、监察部在海关总署派驻纪检组、监察局。具体组织机构如图2-1所示。海关总署的基本任务是在国务院领导下,组织和领导全国海关贯彻执行《海关法》和国家的有关政策、法律、行政法规,积极履行依法行政、为国把关的职能,促进和保障社会主义现代化建设。

第二层级为42个直属海关。目前全国各省、自治区、直辖市都设有直属海关,其中广东省有7

个直属海关（广州海关、深圳海关、拱北海关、汕头海关、黄埔海关、江门海关、湛江海关），福建（福州海关、厦门海关）、内蒙古（呼和浩特海关、满洲里海关），辽宁（沈阳海关、大连海关）、浙江（杭州海关、宁波海关）、山东（济南海关、青岛海关）均2个直属海关，其他直属海关介绍见海关总署网站列表。直属海关的地域管辖范围称为关区。直属海关由海关总署领导，向海关总署负责。直属海关承担着在关区内组织开展海关各项业务和关区集中审单作业，全面有效地贯彻执行海关各项政策、法律、法规、管理制度和作业规范的重要职责，在海关三级业务职能管理中发挥着承上启下的作用。

第三层级是各直属海关下辖的隶属海关机构。隶属海关机构由直属海关领导，向直属海关负责。目前全国有500多个隶属海关机构。隶属海关是负责办理具体海关业务的海关，是海关进出境监督管理职能的基本执行单位。一般设在口岸和海关业务集中的地点。

（四）海关缉私警察

海关缉私警察是专司打击走私犯罪活动的警察队伍。为了更好地适应反走私斗争新形势的要求，充分发挥海关打击走私的整体效能，根据党中央、国务院的决定，由海关总署、公安部联合组建走私犯罪侦查局（后更名为缉私局），设在海关总署。缉私局既是海关总署的一个内设局，又是公安部的一个序列局，实行海关总署和公安部双重领导，以海关领导为主的体制。海关总署缉私局下辖广东分署缉私局、各直属海关缉私局，直属海关缉私局下辖隶属海关缉私分局。

任务二 认知海关管理制度

海关监管制度

海关监管制度是规定和调整海关在对进出境的货物、物品、运输工具及监管场所进行实际的监督管理过程中发生的，海关与进出境货物、物品、运输工具的当事人和他们的代理人、担保人之间发生的管理与被管理的关系，以及海关与其他行政部门或者企业、事业单位之间业务合作、配合关系的法律规范的总称。它是海关实施进出境监管活动的基本制度保障，同时，也是监督海关依法行政的主要依据。

海关监管制度可分为进出境货物监管制度、进出境运输工具监管制度、进出境旅客行李物品监管制度、进出境邮递物品监管制度、海关监管场所监管制度等。其中，进出境货物监管制度中的通关监管、保税监管等程序性管理制度具有海关监管"证实进出境实际状态"及"全过程监控"的基本要素，且能为海关开展其他业务提供主要依据，应属进出境货物海关监管制度中的基础性制度，并与本教材的其他业务内容关联度最大。

（一）海关监管货物概述

1. 海关监管货物的含义

简单来说，海关监管货物是指以各种贸易或非贸易形态进出境，在尚未办结海关手续的情形下，其处置及物流应受海关监督控制的商品。

《海关法》第二十三条规定："进口货物自进境起到办结海关手续止，出口货物自向海关申报起到出境止，过境、转运和通运货物自进境起到出境止，应当接受海关监管。"它明确了海关对进出境货物实施监管的时间和范围，是海关对进出境货物实施监管的基础。

2. 海关监管货物的分类

（1）按货物是否复运进出境分类

① 实际进出口货物：货物进境或出境后不再复运出境或进境的货物，我们称为实际进出口货

物（单边进出口），实际进出口会引起国内货物的存量变化也称为正式进出口。

②非实际进出口货物：货物进境或出境后还将复运出境或进境的货物（双边进出口）或者是在关境内流转报关的海关监管货物，我们称为非实际进出口货物。

（2）按是否跨越关境分类

海关监管货物按是否跨越关境分为实际进出境货物和形式进出口货物，即在关境内流转报关的海关监管货物。

（3）按海关进出口监管制度分类

根据海关进出口监管制度划分，海关监管货物可分成五大类，即一般进出口货物、保税货物（保税加工货物和保税物流货物）、特定减免税货物、暂准进出境货物（原状复运进出境）和其他进出境货物。

3. 海关监管货物报关程序

（1）报关程序含义

报关程序是指进出口货物收发货人、运输工具负责人、物品所有人或其代理人按照海关规定，办理货物、运输工具、物品进出境及相关海关事务的手续和步骤。

（2）基本程序

不同类别进出境货物的报关程序对比如表 2-7 所示。

表 2-7　　　　　　　　　　　　不同类别进出境货物的报关程序对比

报关程序 货物类别	前期阶段 （货物在进出境前办理）	进出境阶段 （货物在进出境时办理的报关四环节）	后续阶段（进出关境后需要办理才能结关）
一般进出口货物	无须办理	申报（海关审查） ↓ 配合查验（查验） ↓ 缴纳税费（征税） ↓ 提取货物（放行）	无须办理
保税进出口货物	备案、申请登记手册		办理核销手续
特定减免税货物	特定减免税备案登记和申领减免税证明		办理解除海关监管手续
暂准进出境货物	暂准进出境备案申请		办理销案手续

注：从海关对进出境货物进行监管的全过程来看，报关程序按时间先后可以分为：前期阶段、进出境阶段、后续阶段。

4. 电子报关与电子通关系统

（1）电子报关

电子报关是指进出口货物收发货人或其代理人通过计算机系统，向海关传送报关单电子数据，并备齐随附单证的申报方式。

一般情况下，进出口货物收发货人或其代理人应当采用纸质报关单形式和电子数据报关单形式向海关申报，即先向海关发送电子数据报关单，收到海关计算机系统返回的表示接受申报的信息后，凭此打印向海关提交的纸质报关单，并准备必需的随附单证。

特殊情况下，经海关同意，允许先采用纸质报关单形式申报，后电子数据补报。

特定条件下，进出口货物收发货人或其代理人还可以单独使用电子数据报关单向海关申报，保存纸质报关单证。

（2）电子通关系统

电子通关系统包括海关 H883／EDI 通关系统、海关 H2000 通关系统和中国电子口岸系统。

（二）一般进出口货物

1. 一般进出口货物的含义

一般进出口货物是一般进口货物和一般出口货物的合称，是指在进出口环节缴纳了应征的进出口税费并办结了所有必要的海关手续，海关放行后不再进行监管，可以直接进入生产和消费领域或流通的进出口货物。

┃知识链接┃

一般进出口货物与一般贸易货物的区别

一般进出口货物并不完全等同于一般贸易货物，两者划分角度不同。

一般贸易货物是按照国际贸易方式划分的货物。一般贸易是国际贸易中的一种交易方式，是指中国境内有进出口经营权的企业单边进口或单边出口的贸易。按一般贸易交易方式进出口的货物即为一般贸易货物。

一般进出口货物是按海关监管方式划分的进出口货物，是海关的一种监管制度的体现。是指按照海关一般进出口监管制度监管的进出口货物。

一般贸易货物在进出口时如按一般进出口监管制度办理海关手续，此时则为一般进出口货物；符合条件的可以享受特定减免税优惠，按特定减免税监管制度办理海关手续，此时则为特定减免税货物；经海关批准保税，按保税监管制度办理海关手续，此时则为保税货物。

2. 一般进出口货物的管理制度

（1）进出境时缴纳进出口税费

一般进出口货物的收发货人应当按照《海关法》和其他有关法律、行政法规的规定，在货物进出境时向海关缴纳进出口关税、进口环节海关代征税。

（2）进出境时提交国家实施贸易管制许可证件和其他相关证件

适用一般进出口监管制度的进出境货物，涉及国家贸易管制的，进出口货物收发货人或其代理人应当向海关提交相关的进出口许可证件。

（3）进出境海关放行即办结了海关手续

放行是指海关对进出口货物做出结束海关进出境现场监管，允许其离开海关监管现场。

结关是指进出境货物达到完全履行海关监管义务、办清海关手续的状态。

适用一般进出口监管制度的进出境货物，经申报、海关审验相关的进出口许可证件、查验、征税、签章放行后，进口货物可以提离海关监管场所，出口货物可以安排装运。进口货物提离海关监管场所、出口货物运离关境后，不再接受海关监管，海关手续全部办结。

（4）监管程序由申报、查验、征税和放行4个步骤组成

适用一般进出口监管制度的进出境货物，经过申报、查验、征税和放行4个步骤，办结相关手续后，才能完成全部监管过程。其中货物进出境前无须审批，货物进出境后也无须办理核销、销案等。

3. 一般进出口货物的适用范围

（1）适用原则

通常情况下，一般进出口监管制度适用于进口经海关放行、出口运离关境后海关不再监管的进出境货物。保税、暂时进境、特定减免税等货物经批准转为内销通关时，也须按一般进出口监管制度办理通关手续。

（2）适用的货物种类

下列货物适用一般进出口监管制度办理进出口海关手续。

① 以一般贸易方式进出口的货物（享受特定减免税优惠的除外）。

② 以易货贸易、补偿贸易方式进出口的货物。

③ 不予保税的寄售代销贸易货物。

④ 其他方式进出口的货物，如随展览品进境的小卖品、超过限额的经贸往来赠送品、进料加工贸易中对方有价提供的机器设备等。

注：一般进出口货物有关内容将在项目七进行详细介绍。

（三）保税货物

1. 保税货物的含义

所谓保税货物是指经海关批准未办理纳税手续进境，在境内储存、加工、装配后复运出境的货物。

2. 保税货物的分类

在实践中，保税货物可分为保税加工货物和保税物流货物（具体分类如图 2-1 所示）。保税加工过程属产业链过程，保税物流过程属供应链过程，海关对二者在管理要求上有较大区别。

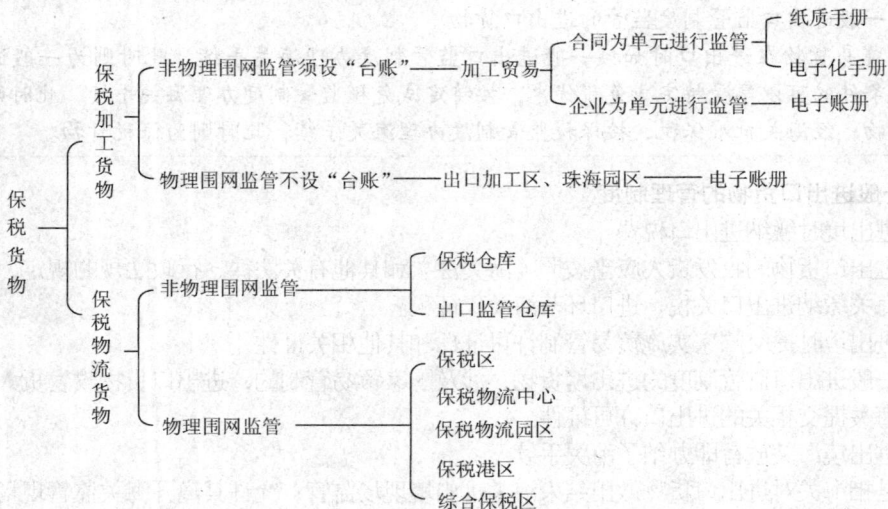

图 2-1　保税货物的分类

（1）保税加工货物

① 含义及分类

含义：保税加工货物是指经海关批准未办理纳税手续进境，在境内加工、装配后复运出境的货物。

分类：适用保税加工货物一般以在境内加工增值为目的，主要包括进料加工货物、来料加工货物。

② 适用范围

A. 专为加工、装配出口产品而从国外进口且海关准予保税的原材料、零部件、元器件、包装物料、辅助材料（简称料件）。

B. 用进口保税料件生产的成品、半成品。

C. 在保税加工生产过程中产生的副产品、残次品、边角料和剩余料件。

③ 海关对保税加工货物的监管模式

海关对保税加工货物的监管模式有两大类，分别是物理围网的监管模式和非物理围网的监管模式。

注：保税加工货物有关内容将在项目八进行详细介绍。

（2）保税物流货物

① 含义及分类

含义：保税物流货物是指经海关批准未办理纳税手续进境，在境内储存后复运出境的货物，也称作保税仓储货物。已办结海关出口手续尚未离境，经海关批准存放在海关保税监管场所或特殊监管区域的货物，带有保税物流货物的性质。

分类：保税物流货物以在境内储存与流转为目的，主要包括在海关保税监管场所和海关特殊监管区域储存、流转的保税货物。

② 保税物流货物的适用范围

A. 进境经海关批准进入海关保税监管场所或特殊监管区域，保税储存后转口境外的货物。

B. 已经办理出口报关手续尚未离境，经海关批准进入海关保税监管场所或特殊监管区域储存的货物。

C. 经海关批准进入海关保税监管场所或特殊监管区域保税储存的加工贸易货物，供应国际航行船舶和航空器的油料、物料和维修用零部件，供维修外国产品所进口寄售的零配件，外商进境暂存货物。

D. 经海关批准进入海关保税监管场所或特殊监管区域保税的其他未办结海关手续的进境货物。

③ 保税物流货物管理制度

由于保税物流货物以在保税状态下储存、流转为目的，保税物流进出口监管制度包括对保税物流储存场所（区域）的管理规范和对货物的进出境管理规范两部分内容。其主要内容如下。

A. 海关保税监管场所或者特殊监管区域必须经过法定程序审批设立。

目前，海关保税监管场所主要包括保税仓库、出口监管仓库、保税物流中心（A型）等；特殊监管区域主要包括保税物流中心（B型）、保税物流园区、保税区、保税港区等。无论是海关保税监管场所，还是特殊监管区域，都必须经法定程序审批才能设立。其中，保税仓库、出口监管仓库由直属海关审批；保税物流中心（A型）、保税物流中心（B型）由海关总署审批；保税物流园区、保税区、保税港区由国务院审批。具体内容如图2-2所示。

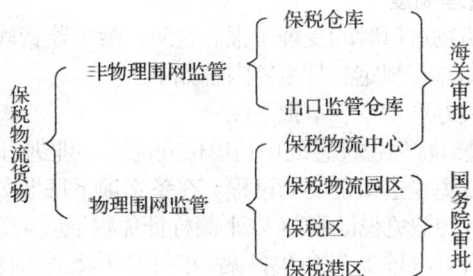

图2-2 保税物流货物的分类

B. 海关保税监管场所或者特殊监管区域须按海关规定开展保税物流业务。

不同类型的海关保税监管场所或者特殊监管区域在服务功能上各不相同，在开展保税物流业务时必须按照规定的经营范围开展保税物流服务，保税货物的储存、流转、处置等活动也须按海关管理要求办理相应手续。

C. 保税物流货物进境时暂缓缴纳进口关税及进口环节海关代征税，复运出境免税，内销应当缴纳进口关税和进口环节海关代征税，不征收缓税利息。

D. 进出境时除国家另有规定外免予交验进出口许可证件。

E. 保税物流货物进境后必须进入海关保税监管场所或特殊监管区域，运离这些场所或区域必须办理结关手续。

F. 监管程序由货物进境、保税储存、货物出境等步骤组成。

保税物流货物一般经过进境（申报、查验、放行）、保税储存、出境、保税流转，或者转为一般进口、保税加工、特定减免税等步骤，办结相关手续后，才能完成全部监管过程。

（四）特定减免税货物

1. 特定减免税货物的含义

特定减免税货物是指海关根据国家的政策规定准予减免税进口，用于特定地区、特定企业、特定用途的货物。

特定减免税是我国关税优惠政策的重要组成部分，是国家无偿向符合条件的进口货物使用单位提供的税收优惠，其目的是优先发展特定地区的经济，鼓励外商在我国的直接投资，促进国有大中型企业和科学、教育、文化、卫生事业的发展。因而，这种关税优惠具有鲜明的特定性，只能在国家行政法规规定的特定条件下实施。

> **知识链接**
>
> 　　根据《海关行政处罚实施条例》的有关规定，海关对当事人擅自将减免税货物移作他用的违法行为可处以货物价值 5% 以上 30% 以下的罚款；有违法所得的，没收违法所得。其中"违法所得"是指当事人实施违法行为所获得的违法收益。

2. 特定减免税货物的适用范围

（1）适用原则

① 减免税申请人应具备规定资格；②进口货物的使用范围或用途符合规定要求；③进口货物不属于国家规定《不予免税的进口商品目录》的范围。

（2）适用范围

目前，特定减免税进口货物主要适用于符合国家特定减免税优惠政策的特定地区、特定企业和特定用途。

3. 特定减免税货物的管理制度

进口前的备案、审批，货物进口时的受理申报、查验，海关监管届满时的解除海关监管等规定都是特定减免税货物进口时的监管规定。其主要内容如下。

（1）货物进境前须向海关办理备案、审批手续

减免税备案、审批是指进口减免税优惠的申请单位向海关办理进口货物减免税备案、审批手续，以进行资格确认并进而取得减免税进口证明的过程。在备案项下每批次货物进口前，减免税申请人再向主管海关申领"进出口货物征免税证明"（以下简称征免税证明）等文件（首批货物进口前的减免税审批手续可与备案手续合并办理）。减免税备案、审批是货物适用特定减免税进口监管制度的基础和前提，也是该制度的一个显著特征。

（2）"免税不免证"

原则上"免税不免证"，这也是减免税货物进口监管制度的另一个特征。即货物进境时减纳或免纳进口关税，相关单位应向海关提交国家实施贸易管制的进口许可证件和其他相关证件。

（3）特定范围或条件下使用，并在特定期限内接受监管

我国的特定减免税政策具有鲜明的特定性，货物进口后必须在减免税备案、审批时确定的特定范围内或特定条件下使用，并在特定期限内接受海关监管。

（4）货物脱离规定范围或特定条件使用，须向海关申请并补缴进口税款

特定减免税进口货物在规定的监管期限内，因故脱离规定的使用范围、出售、转让或移作他用时，须经海关核准，并应在折旧后补缴原本减免的进口税。

（5）货物的海关监管期满或办结相关海关手续的，可以解除海关监管。

特定减免税进口货物在海关监管期满时，自动解除海关监管，纳税义务人可以在规定的期限内向海关申请领取解除监管证明。在海关监管期限内要求解除监管的特定减免税货物，纳税义务人须先办结海关手续（包括补税或退运出境、放弃、结转等）后，可凭有关单证向主管海关申领解除监管证明。

注：减免税货物有关内容将在项目九进行详细介绍。

（五）暂时进出境货物

1. 暂时进出境货物的含义

暂时进出境货物是暂时进境货物和暂时出境货物的合称。

暂时进境货物是指为了特定的目的，经海关批准暂时进境，按规定的期限原状复运出境的货物。

暂时出境货物是指为了特定的目的，经海关批准暂时出境，按规定的期限原状复运进境的货物。

2. 暂时进出境货物的适用范围

根据《中华人民共和国海关暂时进出境货物管理办法》第三条的规定，暂时进出境货物包括以下内容。

（1）在展览会、交易会、会议及类似活动中展示或者使用的货物；

（2）文化、体育交流活动中使用的表演、比赛用品；

（3）进行新闻报道或者摄制电影、电视节目使用的仪器、设备及用品；

（4）开展科研、教学、医疗活动使用的仪器、设备和用品；

（5）上述4项所列活动中使用的交通工具及特种车辆；

（6）货样；

（7）慈善活动使用的仪器、设备及用品；

（8）供安装、调试、检测、修理设备时使用的仪器及工具；

（9）盛装货物的容器；

（10）旅游用自驾交通工具及其用品；

（11）工程施工中使用的设备、仪器及用品；

（12）海关批准的其他暂准进出境货物。

3. 暂时进出境货物的管理制度

（1）货物进（出）境前向海关办理暂时进（出）境核准手续

暂时进出境货物进出境前，须向主管地海关提出暂时进出境申请，直属海关或其授权的隶属海关按照海关行政许可程序受理和核准申请。海关对于非ATA单证册项下暂时进出境货物的暂时进出境申请批准同意的，制发"中华人民共和国海关货物暂时进/出境申请批准决定书"；对于ATA单证册项下暂时进出境货物的暂时进出境申请批准同意的，应当在ATA单证册上予以签注。暂时进出境核准是暂准进出境货物办理通关手续的基础和前提，也是暂时进出境货物的一个显著特征。

（2）货物进（出）境时向海关提供担保

根据我国加入的相关国际条约，ATA单证册项下暂时进出境货物由其担保机构予以担保。其中，中国国际商会签发的ATA单证册项下的暂时出境货物，统一由其向海关总署提交总担保。根据我国相关法律、法规及规章，非ATA单证册项下暂时进出境货物应当向海关提交相当于进出口税款的保证金或者其他海关依法认可的担保。在海关指定场所或者海关派专人监管的场所举办展览会的，经主管地直属海关批准，可以就参展的展览品免予向海关提交担保。

（3）货物进（出）境暂时免予缴纳进出口税款，除另有规定外，免交进出口许可证件

暂时进出境货物在进出境时凡符合《进出口关税条例》规定的可全部暂予免纳进出口税款，其余的可部分暂予免纳进出口税款，除另有规定外，免予提交进出口许可证件，海关凭担保和相关材料放行。

（4）货物进（出）境后用于特定目的，并在规定的期限内复运出（进）境

暂时进出境货物经海关放行后，须用于海关核准的特定目的，接受海关监管，并在规定的期限内复运出境或者复运进境。根据海关规定，暂时进出境货物应当在进境或者出境之日起6个月内复运出境或者复运进境。因特殊情况需要延长期限的，ATA 单证册持证人、非 ATA 单证册项下暂时进出境货物收发货人应当向主管地海关提出延期申请，经直属海关批准可以延期，延期最多不超过3次，每次延长期限不超过6个月，延长期届满应当复运出境、进境或者办理进出口手续。国家重点工程、国家科研项目使用的暂时进出境货物及参加展期在24个月以上展览会的展览品，在18个月延长期届满后仍需要延期的，由主管地海关报海关总署审批。

（5）货物复运出（进）境或按最终的实际流向办理海关手续后销案结关

暂时进出境货物原则上须在规定的期限内原状复运出境或复运进境。确需实际进出口的，暂时进出境货物收发货人应当在货物复运出境、进境期限届满30日前向海关申请，经主管地直属海关批准后，按照规定办理进出口手续。货物复运出（进）境或按最终的实际流向办理海关手续后，凭相关材料向海关办理暂时进（出）境销案手续，货物结关。

注：暂准进出境货物有关内容将在项目十进行详细介绍。

思考题

香港影、视、歌"三栖"明星刘德华来广州天河体育中心开演唱会，为保障演出效果，演唱会所需的音响设备等装了整整4个12米的集装箱，演出结束后，这4个集装箱又返回了香港。请问：海关会用何种监管方式对这4个12米的集装箱办理入境手续？

（六）其他进出口货物

其他进出口货物主要指以特殊进出境方式和目的而进出境的货物，主要包括过境、转运、通运、租赁进口、无代价抵偿进出口、修理货物进出境、退运进出口、出口退关等货物。

1. 过境、转运、通运货物

过境、转运、通运货物都是由境外启运，通过我国境内继续运往境外的货物。这类货物的特点是其仅在我国境内运输及短暂停留，不作销售、加工、使用及贸易性储存。

过境货物，是指从境外启运，在我国境内不论是否换装运输工具，通过陆路运输，继续运往境外的货物。

转运货物，是指由境外启运，通过我国境内设立海关的地点换装运输工具，不通过境内陆路运输，继续运往境外的货物。

通运货物，是指从境外启运，不通过我国境内陆路运输，运进境后由原运输工具载运出境的货物。

根据定义，过境、转运、通运货物的区别如表2-8所示。

表2-8　　　　　　　　　　过境、转运、通运货物比较表

货物类型	是否经过陆路运输	是否转换运输工具
过境货物	是	均可
转运货物	否	是
通运货物	否	否

《海关法》第三十六条规定："过境、转运和通运货物，运输工具负责人应当向进境地海关如实申报，并应当在规定期限内运输出境。海关认为必要时，可以查验过境、转运和通运货物。"这是海关对于过境、转运、通运货物管理的基本原则，也是过境、转运、通运进出口通关制度的核心内容。

过境、转运、通运货物由于过境方式不同，所面临的海关监管风险也有所不同，海关对其进出境监管的要求也不同。一般来说，过境货物在其过境运输的条件、过境货物范围和过境申报程序方面比其他两类货物更加严格。此外，对过境、转运、通运货物而言，都应该在规定时间内完成在境内的运输与临时存放，复运出境。

思考题

从莫斯科至河内的载货国际列车过境时应办理如下手续，正确的顺序是怎样的？

1. 入境地海关在运单上加盖"海关监管货物"戳记。
2. 出境地海关审核有关单证、关封和核对货物无误后，加盖海关放行章，监管出境。
3. 入境地海关将过境货物报关单和过境货物清单制作关封后加盖"海关监管货物"专用章，连同运单一并交给列车负责人带交出境地海关。
4. 进境时列车负责人向进境地海关递交"过境货物报关单"以及相关单证。

2. 租赁进口货物

租赁是指所有权和使用权之间的一种借贷关系，即由资产所有者（出租人）按契约规定，将租赁物件租给使用人（承租人），使用人在规定期限内支付租金并享有租赁物件使用权的一种经济行为。

跨越国（地区）境的租赁就是国际租赁，而以国际租赁方式进境的货物，即为租赁进口货物。国际租赁有金融租赁和经营租赁两种主要形式。金融租赁有融资性质，承租人按合同规定分期支付租金，货物租赁期满一般不复运出境，租金的总额一般都大于货价；经营租赁按合同规定支付租金，货物租赁期满一般要复运出境，租金总额一般都小于货价。

对于以金融租赁方式进口的货物，收货人在货物进境时可以选择一次性按货物价值缴纳税款或者选择按租金分期缴纳税款。收货人按货物价值一次性缴纳税款时，货物经海关放行后，海关不再监管。收货人按租金分期缴纳税款时，在按海关审查确定的第一期租金作为完税价格缴纳进口税款后，海关放行货物，即租赁货物仍须接受海关监管；收货人提取货物后，在海关规定期限内仍要以海关审定的每次支付租金额为完税价格分期缴纳进口税；在租赁进口货物租期届满后，收货人应按规定将租赁进口货物退运出境或以残值估价纳税，办结海关手续。

思考题

对金融租赁进口货物，纳税义务人会选择哪种方式来缴纳税款，为什么？

1. 一次性按货价即完税价格缴纳税款。
2. 按货物的完税价格分期缴纳税款。
3. 按租金总额缴纳税款。
4. 按租金分期缴纳税款。

对于以经营租赁方式进口的货物，收货人在货物进境时会选择一次性按租金总额作为完税价格缴纳税款或者按租金分期缴纳税款。无论以何种形式缴纳税款，货物经海关放行后，都需接受海关监管。租赁进口货物租期届满后，收货人应按规定将租赁进口货物复运出境或者办理留购、续租等手续。

知识链接

金融租赁进口货物和经营租赁进口货物报关中申报要点对比

类别		金融租赁	经营租赁
性质		带有融资性质	带有服务性质
税款缴纳	一次性缴纳	纳税义务人可能会选择一次性按货价缴纳税款	纳税义务人可能会选择一次性按租金的总额缴纳税款
	分期缴纳	纳税义务人可能会选择在每次支付租金后的15日内(含第15日)按支付租金额向海关申报,缴纳相应的进口税费,直至最后一期租金支付	
	备注	租赁货物租期届满之日起30日内,纳税人应申请办结海关手续,或者办理留购、续租的申报纳税手续	

3. 无代价抵偿货物

无代价抵偿货物是指进出口货物在海关放行后,因残损、短少、品质不良或者规格不符,由进出口货物的发货人、承运人或者保险公司免费补偿或者更换的与原货物相同或者与合同规定相符的货物。

无代价抵偿货物的管理,主要包括以下内容。

(1)纳税义务人应当在原进出口合同规定的索赔期内且不超过原货物进出口之日起3年,向海关申报办理无代价抵偿货物的进出口手续。

(2)根据海关法律规定,只有因残损、短少、质量不良或规格不符等原因造成的免费补偿或者更换的与原货物相同的货物或者与合同规定相符的货物才构成无代价抵偿货物的特征,货物通关时,必须向海关提交:①原进(出)口货物报关单;②原进(出)口货物退运出(进)境的出(进)口货物报关单,或者原进(出)口货物交由海关处理的货物放弃处理证明,或者已经办理纳税手续的单证(短少抵偿的除外);③原进(出)口货物税款缴纳书或者进出口货物征免税证明;④买卖双方签订的索赔协议。

海关认为需要时,纳税义务人还应当提交具有资质的商品检验机构出具的原进口货物残损、短少、品质不良或者规格不符的检验证明书或者其他有关证明文件。

(3)无代价抵偿货物进出境时免予交验进出口许可证,无须缴纳进出口税费,货物经海关放行后,海关手续办结。

(4)进出口与原货物或合同规定不完全相符的无代价抵偿货物,应当按规定计算与原进出口货物的税款差额,高出原征收税款数额的应当征收超出部分的税款;低于原征收税款,原进出口货物的发货人、承运人或者保险公司同时补偿货款的,应当退还补偿货款部分的税款,未补偿货款的,不予退还。

4. 进出境修理货物

进出境修理货物是指进(出)境进行维护修理后复运出(进)境的货物以及为维修这些货物需要进(出)口的原材料、零部件。

进出境修理货物的管理,主要包括以下内容。

(1)进境修理货物进境时,应向海关提交该货物的维修合同(或者含有保修条款的原出口合同);进境修理货物需要进口原材料、零部件的,在办理原材料、零部件进口申报手续时,应当向海关提交进境修理货物的维修合同(或者含有保修条款的原出口合同)、进境修理货物的进口报关单(与进境修理货物同时申报进口的除外),以此来确认该货物属进境修理性质;进境修理货物及维修所需进口的原材料、零部件进口时,免予提交进口许可证件,免予缴纳进口税费,但应向海关提供进口税款担保或者由海关按照保税货物实施管理；进境修理货物及维修所需剩余进口原材料、零部件属海关监管货物，应当在海关规定的期限内复运出境，并按照规定办理解除担保或保税核销等结关手续。

（2）出境修理货物进境时，应向海关提交该货物的维修合同（或者含有保修条款的原进口合同），以此来确认该货物属出境修理性质；出境修理货物免予提交出口许可证件，免予缴纳出口税费；出境修理货物属于海关监管货物，应当在海关规定的期限内复运进境；出境修理货物按期复运进境时，由海关以境外修理费和材料费为基础审查确定完税价格，以海关接受该货物申报复运进境之日适用的计征汇率、税率计征金库税款。

（3）进出境修理货物超过海关允许期限复运出（进）境的，海关对其按照一般进出口货物的管理规定办理出境、进境手续。

5. 退运货物

退运货物是指原出口货物或进口货物因各种原因造成退运进口或者退运出口的货物。包括一般退运和直接退运两种情形。

（1）一般退运货物

一般退运货物是指已办理申报手续且海关已放行出口或进口，因各种原因造成退运进口或退运出口的货物。一般退运货物监管制度主要包括一般退运进口或出口的确认和税收管理两方面的内容。

一般退运进口需向海关提交原货物出口报关单、出口收汇核销单（已收汇的，应提交由外汇管理部门盖有已核销专用章的"外汇核销单出口退税专用联"）、报关单退税证明联（已退税的，提交税务部门出具的"出口商品退运已补税证明"）及其他证明材料，确认该货物属一般退运进口；货物自原出口之日起1年内，因质量或规格原因原状退货复运进境的，经海关核实后无须缴纳进口关税和进口环节海关代征税，原出口时征收出口关税的，重新缴纳因出口而退运的国内税后，原缴出口关税自缴纳出口税款之日起1年内准予退还。

一般退运出口需向海关提交货物进口报关单、保险公司证明等材料确认该货物属一般退运出口；货物自原进口之日起1年内，因质量或规格原因原状退货复运出境的，经海关核实后无须缴纳出口关税，原进口税自缴纳进口税款之日起1年内准予退还。

（2）直接退运货物

直接退运货物是指在进境后、办结海关放行手续前，当事人申请直接退运境外，或者海关根据国家有关规定责令直接退运境外的货物。

当事人申请直接退运的，应凭有关单证材料向海关办理直接退运申请手续，海关准予直接退运的，制发"准予直接退运决定书"，以此确认该货物属直接退运性质；经海关批准直接退运的货物无须交验出口许可证件，也无须缴纳出口税款。

海关责令直接退运的，海关应当向当事人制发"责令进口货物直接退运通知书"，以此确认该货物属直接退运性质；经海关责令直接退运的货物无须交验出口许可证件，也无须缴纳出口税款。

6. 退关货物

退关货物又称出口退关货物，是指向海关申报出口并获准放行，但因故未能装上运输工具，经发货单位请求，退运境内不再出口的货物。退关货物的主要管理内容：出口货物的发货人及其代理人应当在得知出口货物未装上运输工具，并决定不再出口之日起3天内，向海关申请退关；经海关核准且撤销出口申报后方能将货物运出海关监管场所；已缴纳出口关税的退关货物，可以在缴纳税款之日起1年内，向海关申请退还税款。

扫一扫

海关税收征管制度

关键术语

扫一扫

职业技能训练

一、单选题

1. 根据我国缉私体制,不具有查缉走私权力的单位是( )。
   A. 海关   B. 公安部门   C. 税务部门   D. 检察部门

2. 工商行政管理部门查获的应当给予行政处罚的香烟走私案件,应移送( )依法处理。
   A. 海关   B. 税务部门
   C. 上一级工商行政管理部门   D. 烟草专卖部门

3. 下列行为不属于海关行政检查权范围的是( )。
   A. 检查进出境运输工具   B. 检查有藏匿走私货物嫌疑的场所
   C. 检查走私嫌疑人的住处   D. 检查走私嫌疑人的身体

4. 在以下进出口货物中,不属于一般进出口货物的是( )。
   A. 不批准保税的寄售代销贸易货物   B. 救灾捐赠物资
   C. 外国驻华商业机构进出口陈列用的样品   D. 随展览品进境的小卖品

5. 下列关于申报地点的表述,错误的是( )。
   A. 进口货物应当在进境地海关申报
   B. 出口货物应当在出境地海关申报
   C. 经海关同意,进口货物可以在指运地海关申报,出口货物可以在启运地海关申报
   D. 特定减免税货物改变性质转为一般进口时,应当在货物原进境地海关申报

6. 出口货物的申报期限为货物运抵海关监管区后( )。
   A. 装货前的 24 小时   B. 装货的 24 小时前
   C. 装货前的 48 小时   D. 装货的 48 小时前

7. 装载货物的运输工具于 2012 年 6 月 7 日(周四)申报进境,为不发生滞报,进口货物收货人应当最迟于( )向海关办理申报手续。
   A. 6 月 20 日   B. 6 月 21 日   C. 6 月 22 日   D. 6 月 23 日

8. 某公司按暂定价格申报进口完税价格为 270 000 元人民币的货物,滞报 3 天,支付滞报金后,完税价格调整为 300 000 元人民币,申请修改申报被海关接受,该公司应补交滞报金( )元。
   A. 0   B. 45   C. 405   D. 450

9. 北京某外资企业从美国购进大型机器成套设备,分三批运输进口,其中两批从天津进口,

另一批从青岛进口。该企业在向海关申请办理该套设备的减免税手续时，下列做法正确的是（　　）。

    A. 向北京海关分别申领两份征免税证明

    B. 向北京海关分别申领三份征免税证明

    C. 向天津海关申领一份征免税证明，向青岛海关申领一份征免税证明

    D. 向天津海关申领两份征免税证明，向青岛海关申领一份征免税证明

10. 使用 ATA 单证册报关的展览品，暂准进出境期限为自进出境之日起（　　）。超过期限的，ATA 单证册持证人可以向海关申请延期。参加展期在 24 个月以上展览会的展览品，在 18 个月延长期届满后仍需要延期的，由（　　）审批。

    A. 6 个月；主管地直属海关　　　　　　B. 6 个月；海关总署

    C. 12 个月；主管地直属海关　　　　　D. 12 个月；海关总署

11. 从境外启运，在我国境内设立海关的地点换装运输工具，不通过境内陆路运输，继续运往境外的货物是（　　）。

    A. 通运货物　　　　B. 转口货物　　　　C. 过境货物　　　　D. 转运货物

12. 上海某航运公司完税进口一批驳船，使用不久后发现大部分驳船油漆剥落，向境外供应商提出索赔，供应商同意减价 60 万美元，并应进口方的要求以等值的驳船用润滑油补偿。该批润滑油进口时应当办理的海关手续是（　　）。

    A. 按一般进口货物报关，缴纳进口税　　B. 按一般进口货物报关，免纳进口税

    C. 按无代价抵偿货物报关，缴纳进口税　D. 按无代价抵偿货物报关，免纳进口税

13. 目前我国不实行从量计税的进口商品是（　　）。

    A. 冻乌鸡　　　　B. 鲜啤酒　　　　C. 未梳原棉　　　　D. 盘装胶卷

14. 海关确定一般进口货物完税价格应当依然采用：①进口货物成交价格法；②相同货物成交价格法；③类似货物成交价格法；④倒扣价格法；⑤计算价格法；⑥合理方法。其中，经纳税义务人申请，海关可以颠倒（　　）的适用次序。

    A. ①和②③　　　　B. ②和③　　　　C. ④和⑤　　　　D. ④⑤和⑥

15. 某工厂从美国某企业购买了一批机械设备，成交条件为 CIF 广州，该批货物的发票列示如下：机械设备 USD500 000，运保费 USD5 000，卖方佣金 USD25 000，培训费 USD2 000，设备调试费 USD2 000。该批货物向海关申报的总价应是（　　）。

    A. USD527 000　　B. USD530 000　　C. USD532 000　　D. USD552 000

16. 海关于 9 月 10 日（周二）填发税款缴款书，纳税人应当最迟于（　　）到指定银行缴纳关税。

    A. 9 月 23 日　　　B. 9 月 24 日　　　C. 9 月 25 日　　　D. 9 月 26 日

17. 下列进出口货物中，属于法定减免税范围的是（　　）。

    A. 关税完税价格在人民币 50 元以下的一票货物

    B. 无商业价值的货样、广告品

    C. 外国政府、国际组织、商业机构无偿赠送的物资

    D. 在海关放行后遭受损坏或损失的货物

18. 以下关于税率适用的原则，表述错误的是（　　）。

    A. 适用协定税率的进口货物有暂定税率的，应当从低适用税率

    B. 适用特惠税率的进口货物有暂定税率的，应当适用特惠税率

    C. 适用最惠国税率的进口货物有暂定税率的，应当适用暂定税率

    D. 适用普通税率的进口货物有暂定税率的，应用普通税率

19. 海关统计是海关依法对（　　）的统计，是国民经济统计的组成部分。

    A. 进出口货物贸易　B. 进出口技术贸易　C. 进出口服务贸易　D. 以上三者

20. 担保人可以以下列财产、权利向海关提供担保（　　　）。
 A. 汇票、本票或者支票　　　　　　 B. 各种外币
 C. 政府主管部门的保函　　　　　　 D. 中国人民银行的保函

二、多选题

1. 海关可以在海关监管区域内对（　　　）实施检查。
 A. 有走私嫌疑的运输工具　　　　　 B. 有藏匿走私货物嫌疑的场所
 C. 走私嫌疑人身体　　　　　　　　 D. 进出境运输工具

2. 货物报关的进口阶段是指进口货物收货人或其代理人根据海关对进境货物的监管要求，在货物进境时，向海关办理相关手续的过程，包括（　　　）环节。
 A. 进口申报　　 B. 配合查验　　 C. 缴纳税费　　 D. 提取货物

3. （　　　）属于一般进出口货物。
 A. 暂准进境的货样　　　　　　　　 B. 转为实际进口的保税料件
 C. 转为实际出口的暂准出境货物　　 D. 加工贸易外商免费提供的进境试车材料

4. 下列关于进、出口货物申报期限的表述正确的是（　　　）。
 A. 进口货物的收货人应当自货物进境之日起 14 日内，向海关申报
 B. 进口货物的收货人应当自装载货物的运输工具申报进境之日起 14 日内，向海关申报
 C. 出口货物发货人除海关特准的外，应当在货物运抵海关监管区后、装货的 24 小时以前向海关申报
 D. 出口货物发货人除海关特准的外，应在货物运抵海关监管区装货后的 24 小时向海关申报

5. 下列贸易形式中，属于加工贸易的是（　　　）。
 A. 来料加工　　 B. 来料养殖　　 C. 进料加工　　 D. 出料加工

6. 下列关于加工贸易保证金台账制度的表述错误的是（　　　）。
 A. 海南省、广西壮族自治区、河北省属于西部地区
 B. 加工贸易企业为 AA 类、A 类、B 类、C 类、D 类 5 个管理类别
 C. 商品分为禁止类、限制类、允许类、鼓励类 4 类
 D. 中西部地区 C 类企业进口允许类商品，按应征税款的 50%征收保证金

7. 补偿货物进口时，可以以无代价抵偿货物向海关申报进口的情形有（　　　）。
 A. 合同规定的索赔期 1 年，原货物进口 1 年
 B. 合同规定的索赔期 2 年，原货物进口 3 年
 C. 合同规定的索赔期 5 年，原货物进口 3 年
 D. 合同规定的索赔期 10 年，原货物进口 5 年

8. 因出口短少而申报出口的无代价抵偿货物，报关需要提交（　　　）。
 A. 原出口货物报关单　　　　　　　 B. 原出口货物税款缴纳书
 C. 买卖双方签订的索赔协议　　　　 D. 出口许可证件

9. 海关责令直接退运的货物（　　　）。
 A. 免交进出口许可证件　　　　　　 B. 免征关税
 C. 免收滞报金　　　　　　　　　　 D. 不列入海关统计

10. 关税的征税主体是国家，其征税对象是（　　　）。
 A. 进出关境的货物 B. 进出关境的物品 C. 进口货物收货人 D. 出口货物发货人

11. 关税的纳税义务人包括（　　　）。
 A. 进口货物收货人　　　　　　　　 B. 出口货物发货人
 C. 进出境物品所有人　　　　　　　 D. 运输工具的负责人

12. 进口关税计征方法包括（　　　）。
    A. 从价税　　　　　B. 从量税　　　　　C. 复合税　　　　　D. 滑准税

13. 下列属于关税附加税的是（　　　）。
    A. 反倾销税　　　　B. 反补贴税　　　　C. 消费税　　　　　D. 增值税

14. 下列应计入出口货物完税价格的项目是（　　　）。
    A. 出口关税
    B. 在货款价款中单独列明由卖方承担的佣金
    C. 境内生产货物的成本、利润和一般费用
    D. 货物运至境内输出地点装载前的运输及其相关费用、保险费

15. 下列税费中，不足人民币 50 元免予征收的是（　　　）。
    A. 关税　　　　　B. 进口环节增值税　　C. 进口环节消费税　D. 船舶吨税

16. 纳税义务人自缴纳税期限届满之日起超过 3 个月未缴纳税款的，海关可以采取税收强制措施（　　　）。
    A. 通知金融机构暂停向其支付存款
    B. 书面通知金融机构从其存款中扣缴税款
    C. 将应税货物依法变卖，以变卖所得抵缴税款
    D. 暂扣其货物或者其他财产

17. 进出口货物的海关统计价格按照（　　　）进行统计。
    A. 人民币　　　　B. 美元　　　　　C. 美元和人民币　　D. 美元、港币和人民币

18. 当事人具备（　　　）条件，可以向直属海关申请免除担保，并按照海关规定办理有关手续。
    A. 连续两年通过海关验证稽查
    B. 年度进出口报关差错率在 3%以下
    C. 没有拖欠应纳税款、没有受到海关行政处罚且在相关行政管理部门无不良记录
    D. 没有被追究刑事责任

19. 知识产权权利人接到海关发现侵权嫌疑货物通知请求扣留货物，下列表述正确的是（　　　）。
    A. 货物价值超过人民币 20 万元的，提供人民币 20 万元的担保
    B. 如果货物价值不足人民币 2 万元的，提供相当于货物价值的担保
    C. 货物价值为人民币 2 万至 20 万元的，提供相当于货物价值 50%的担保，但担保金额不得少于人民币 2 万元
    D. 货物价值为人民币 10 万，应提供的担保为 5 万元

20. 关于海关统计关别，下列说法正确的是（　　　）。
    A. 海关统计关别由接受申报的海关进行统计
    B. 进口转关运输货物，由进境海关进行统计
    C. 出口转关运输货物，由出境地海关进行统计
    D. 进出海关特殊区域的货物，由特殊区域所在地海关进行统计

三、判断题

1. 海关对进出境运输工具的检查不受海关监管区域的限制。（　　　）

2. 海关调查人员在调查走私案件时，可以径行查询案件涉嫌单位和涉嫌人员在金融机构、邮政企业的存款、汇款。（　　　）

3. 根据《中华人民共和国海关法》规定的设关原则，如果海关监督管理需要，国家可以在现有的行政区划之外安排海关的上下级关系和海关的相互关系。（　　　）

4. 如果一批特定减免货物从不同口岸进口，可以只办理一份"进出口货物征免税证明。"（　　　）

5. 按租金支付进口税的租赁货物进口时，收货人应当填制两份进口报关单向海关申报。（　　　）

6. 出境修理货物超过海关规定期限复运进境的，海关按一般进口货物计征进口关税和环节海关代征税。（　　　）

7. 关税是对准许进出关境的货物和物品向纳税义务人征收的一种流转税。（　　　）

8. 关税纳税义务人或其代理人应当自海关填发税款缴款书之日起 15 个工作日内向指定银行缴纳税款。（　　　）

9. 海关发现多征税款的，应当立即通知纳税义务人办理退还手续，但已征收的滞纳金不予退还。（　　　）

10. 对于特定减免税货物，海关的稽查期限是自货物办结海关手续之日起 3 年内。（　　　）

四、实务操作题

深圳吉龙汽车零件有限公司（海关注册编号：4403948407）是一家外贸企业，2015 年 5 月初，接到中国台湾吉茂精密股份有限公司订购汽车水箱散热器 160 个的订单，价格条件为 FOB 蛇口，单价为 USD186.25，目的港为南非的阿扎尼亚，由深圳吉龙汽车零件有限公司直接发往阿扎尼亚，交货日为 2015 年 6 月 30 日前。公司立即安排该订单之货源，接到客户订船通知后，于 6 月 10 日拖柜。

操作要求：根据业务背景分析，请列出深圳吉龙汽车零件有限公司的报关员完成该单出口业务需要经过哪些步骤？

项目三

认知报关

学习目标

【能力目标】
1. 能够对报关单位和报关员有初步的认知；
2. 能够根据报关职业要求与管理制度从事报关工作。

【知识目标】
1. 掌握报关含义、种类、报关单位的分类等；
2. 了解报关员的含义与职业要求等；
3. 熟悉有关报关管理制度等。

项目简介

　　2013 年 10 月 12 日，海关总署发布〔2013〕54 号《公告》，改革报关从业人员资质资格管理制度，对报关从业人员不再设置门槛和准入条件，自 2014 年起不再组织报关员资格全国统一考试。这是中央推广简政放权的新政，但并不代表不需要对报关从业人员进行管理。改革后，报关企业对报关人员实行自主管理，报关协会加强报关行业的自律管理，海关通过指导督促报关单位加强对其所属报关人员的管理。该项目将根据报关员行业发展现状和趋势，分别介绍报关单位、报关员及有关报关管理制度有关专业知识。

任务一　认知报关内涵

一、报关概念及分类

报关是指进出口货物收发货人、进出境运输工具负责人、进出境物品所有人或其代理人向海关办理货物、物品或运输工具进出境手续及相关海关事务的过程，包括向海关申报、交验单据证件，并接受海关的监管和检查等。

> **▌知识链接▐**
> ### 报关与通关的异同之处
> 相同：两者都是对运输工具、货物、物品的进出境而言的。
> 不同：报关是从海关行政管理相对人的角度，仅指向海关办理进出境手续及相关手续；而通关不仅包括海关行政管理相对人向海关办理有关手续，还包括海关对进出境运输工具、货物、物品依法进行监督管理，核准其进出境的管理过程。

思考题

报关与报检有何区别？哪个先办理？

二、报关的分类

（一）按委托关系分类

1. 自理报关：进出口货物收发货人自行办理报关手续的行为。
2. 代理报关：接受进出口货物收发货人的委托，代理其办理报关手续的行为。
根据代理报关法律行为责任承担者的不同，代理报关又分为直接代理报关和间接代理报关。
（1）直接代理报关：是指报关企业以委托人（进出口货物收发货人）的名义进行报关；法律作用、法律后果直接作用于委托人。
（2）间接代理报关是指报关企业以自身的名义进行报关。报关企业应当承担与委托人自理报关时所应当承担的相同的法律责任。
目前，我国报关企业大都采取直接代理形式代理报关，间接代理报关只适用于经营快件业务营运人等国际货物运输代理企业。

（二）按报关地点分类

1. 口岸报关：在货物实际进出境地海关办理报关手续。
2. 属地报关：在报关单位的企业注册地直属海关关区内办理报关手续。该模式包含"属地申报，口岸验放"和"属地申报，属地放行"两种通关模式。
2006年以来，海关实施了"属地申报，口岸验放"的通关模式，该模式适用于符合海关规定条件的守法水平较高的企业，在其货物进出口时，可自主选择向其属地海关（企业注册地直属海关关区内）任一海关单位报关，货物由实际进出境地海关办理货物验放手续。
2013年11月1日后，"属地申报，口岸验放"模式进一步拓展为"属地申报，属地放行"通关模式，该模式适用于收发货人为高级认证类企业（AA类企业），且报关企业为一般信用类（A类企业）以上企业。企业进出口货物时可自主选择向属地海关申报，并在属地海关办理放行手续。自2014

年 5 月 1 日起，经营单位为一般认证企业且申报单位为一般信用企业以上的进出口货物，除布控查验货物外均可适用"属地申报，属地放行"通关模式。

不适用"属地申报，口岸验放"通关模式的情况

1. 对因海关规定或国家许可证件管理，须在属地或口岸申报并办理验放手续的进出口货物，不适用"属地申报，口岸验放"的通关模式。

2. 对需查验的、法律法规规定须在属地或货物实际进出境地海关申报并办理验放手续的进出口货物，以及口岸海关未实现出口运抵报告和进口理货报告电子数据传输的进出口货物，不适用该模式。

（三）按报关批次分类

1. 逐票报关：逐票逐次申报，指收发货人按照进出口货物每次进出口时的实际状态，根据规范要求，填制"中华人民共和国海关进/出口报关单"，逐票逐次向海关进行申报。这是一种常规的通关方式。

2. 集中报关：多批集中申报，指经海关备案，收发货人在同一口岸多批次进出口规定范围内货物，先以"中华人民共和国海关进/出口货物集中申报清单"申报货物进出口，再以报关单集中办理海关手续。这是一种特殊的通关方式。

适用集中报关的进出口货物范围

1. 图书、报纸、期刊类出版物等时效性较强的货物。
2. 危险品或者鲜活、易腐、易失效等不宜长期保存的货物。
3. 公路口岸进出境的保税货物。

（四）按报关单证形式分类

1. 有纸报关：也称纸质报关，指进出口货物收发货人、受委托报关企业，按有关管道填制纸质报关单，备齐附随单证，向海关当面递交纸质报关单的申报方式。

2. 无纸报关：又称电子报关，指收发货人、受委托报关企业，通过计算机系统，按规定向海关报送电子数据且备齐上传随附单证的申报方式。

任务二 认知报关单位

一、报关单位概念及特征

（一）报关单位概念

报关单位是指依法在海关注册登记的进出口货物收发货人和报关企业。

（二）报关单位基本特征

1. 依法在海关注册登记。
2. 必须是中国境内依法成立的法人、其他组织或个人。
3. 包含进出口收发货人和报关企业两类主体。

二、报关单位分类

报关单位可以分为进口货物收发货人和报关企业。

（一）进出口货物收发货人

1. 概念：是指依法直接进口或者出口货物的中华人民共和国关境内的法人、其他组织或者个人。

2. 特征。

（1）自理报关：向海关注册登记后，只能为本单位办理报关业务。

（2）范围广，数量多，报关单量小：主要包括国有企业、外商投资企业、民营企业和集体企业。根据近年统计数据显示，收发货人约占全国报关单位98%，但是报关单量仅占总量的约15%。除上述企业外，也包括一些没有进出口经营权，但临时有进出口业务的单位、组织，如境外企业、新闻、经贸机构、文化团体等依法在中国境内设立的常驻代表机构，学校、科研院所等组织机构，临时接受捐赠、礼品、国际援助的单位等，这些单位向海关办理临时注册登记手续后，虽获得了临时报关权，但报关范围仅限于本单位进出口的非贸易型物品。

（二）报关企业

1. 概念：是指按照规定经海关准予注册登记，接受进出口货物收发货人的委托，以进出口货物收发货人的名义或者以自己的名义，向海关办理代理报关业务，从事报关服务的境内企业法人。

2. 企业类型：主要包括兼营代理报关业务的国际货物运输代理公司和专业（主营）代理报关业务的报关公司或报关行。

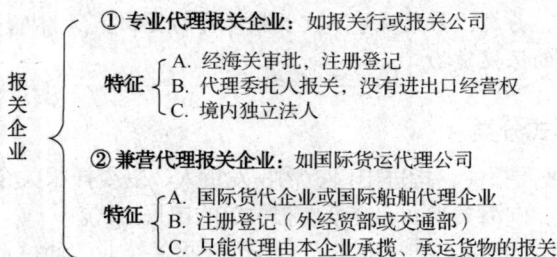

```
              ①专业代理报关企业：如报关行或报关公司
                      ┌ A. 经海关审批，注册登记
              特征 ┤ B. 代理委托人报关，没有进出口经营权
报               └ C. 境内独立法人
关 ┤
企            ②兼营代理报关企业：如国际货运代理公司
业                    ┌ A. 国际货代企业或国际船舶代理企业
              特征 ┤ B. 注册登记（外经贸部或交通部）
                      └ C. 只能代理由本企业承揽、承运货物的报关
```

3. 业务类型：代理报关、报检、查验、换单，代办海关征免税证明及加工贸易备案与核销等业务。也有些企业提供一些质检服务，如代办熏蒸证明、3C证明、旧机电备案等，越来越多专业报关企业介入物流衍生服务和咨询服务。

┃知识链接┃

报关单位类型归纳

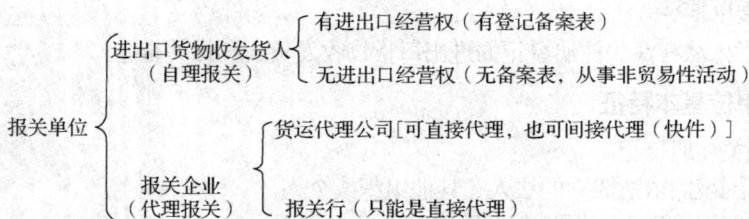

```
                         进出口货物收发货人   ┌ 有进出口经营权（有登记备案表）
                         （自理报关）      └ 无进出口经营权（无备案表，从事非贸易性活动）
报关单位 ┤
                         报关企业         ┌ 货运代理公司[可直接代理，也可间接代理（快件）]
                         （代理报关）      └ 报关行（只能是直接代理）
```

思考题

请问国际货运代理公司属于哪种类型的报关？

三、报关单位的权利义务

（一）主要权利

1. 查询权：报关单位有权向海关查询其办理的报关业务情况。
2. 用章权：报关企业及其分支机构的报关专用章仅限在其取得注册登记许可或备案的直属海关关区内使用；进出口货物收发货人的报关专用章可在全关境内使用。
3. 复核权：报关单位对海关公布其在办理业务中出现的报关差错记录有异议的，可以自报关差错记录之日起 15 日内向记录海关以书面方式申请复核。

海关自收到书面申请之日起 15 日内复核，对记录错误的予以更正。

（二）主要义务

1. 妥善保管义务：报关单位应妥善保管海关核发的注册登记证书等相关证明文件，发生遗失的应书面向海关报告并说明情况。

遗失相关证明文件在补办期间仍处于有效期的，报关单位可以办理报关业务。

2. 盖专用章义务：报关单位向海关提交的纸质进出口货物报关单应加盖本单位的报关专用章。报关专用章应按海关总署统一规定的要求刻制。
3. 真实申报义务：报关单位在办理注册登记业务时，应对所提交的申请材料及所填报信息内容的真实性负责并且承担法律责任。
4. 配合执法义务：报关单位应积极配合海关有关执法活动，如对其从事报关活动及其经营场所监督检查，依法查验或要求其报送有关材料时，应积极配合，并如实提供有关情况和材料。

四、报关单位的法律责任

报关单位在办理报关手续时，应遵守国家有关法律、行政法规和海关各项规定，承担相应的法律责任。报关单位对其所属的报关员的报关行为应承担相应的法律责任。

（一）海关处罚种类

海关处罚种类有警告、罚款、没收、暂停给当事人某项权利、终止当事人的某项权利、行政拘留、收缴。

对在海关注册登记、取得有关业务资格的企业，违反海关有关规定的，海关除给予相应的申诫罚、财产罚外，还可予以相应的资格罚。

知识链接

什么是"申诫罚"和"资格罚"

申诫罚：申诫罚是行政机关对违法者的名誉、荣誉、信誉或精神上的利益造成一定损害以示警诫的行政处罚，又称为声誉罚或精神罚。其主要形式有警告、通报批评等。

资格罚：资格罚是根据行政法律规定，限制和剥夺违法相对方某种行为或资格的行政处罚，包括责令停产停业，吊销、暂扣许可证和营业执照等。

（二）主要法律责任

根据《海关法》有关规定，报关单位有下列行为之一，应承担相应的法律责任。

1. 海关准予从事有关业务的企业，违反有关规定，由海关责令整改，可给予警告，暂停其从事有关业务资格，直至撤销注册。

2. 未经海关注册登记从事报关业务的，由海关予以取缔，没收违法所得，并处以罚款。

3. 报关企业非法代理他人报关或超出其业务范围进行报关活动的，由海关责令整改，处以罚款；构成犯罪的，依法追究刑事责任，并不得重新注册登记为报关企业。

4. 进出口货物收发货人、报关企业向海关工作人员行贿的，由海关取消其注册登记，并处以罚款；构成犯罪的，依法追究刑事责任，并不得重新注册登记为报关企业。

5. 报关单位、报关人员违反法律规定，构成走私行为、违反海关监管规定行为或其他违反《海关法》行为的，由海关依有关规定处理；构成犯罪的，依法追究刑事责任。

任务三　认知报关员

一、报关员的概念

（一）从报关职业角度

从报关职业角度，报关从业人员统称为报关员，是指具有专业知识、向社会提供专门智力服务的专业人才。

（二）从海关法律体系角度

从海关法律体系角度，统称为报关人员，是指经报关单位向海关备案、专门负责办理所在单位报关业务的人员。

以上两个概念不存在本质区别，只是不同角度的称谓而已。

二、报关员职业等级及要求

根据《报关员国家职业标准（试行）》，报关员共设三个等级，分别为：助理报关师（国家职业资格三级）；报关师（国家职业资格二级）；高级报关师（国家职业资格一级）。

（一）基本要求

1. 职业能力要求

具有一定的计算能力；具有较强的学习能力、逻辑思维能力；具有较强的表达能力和沟通协调能力。

2. 职业素质要求

（1）遵纪守法

（2）廉洁自律

（3）爱岗敬业

（4）诚信服务

（5）团结协作

3. 基本文化程度要求

高中毕业（或同等学力）。根据海关行政许可要求，从 2008 年起报关员资格核准学历条件为大学专科（或同等学力）及以上学力。

4. 基础知识要求

表 3-1　　　　　　　　　　　　　报关员基础知识要求表

基础知识类别	具体内容
对外贸易基础知识	（1）进出口合同基本格式 （2）进出口合同的标的 （3）国际贸易术语、商品价格 （4）对外贸易支付 （5）进出口货物交付 （6）进出口单证
国际物流基础知识	（1）物流的基本概念 （2）国际物流系统基本知识
进出口贸易管理基础知识	（1）货物进出口许可制度 （2）货物进出口许可措施、许可证件及报关规范 （3）对外贸易救济措施
报关单位、报关员海关注册登记管理基础知识	（1）进出口货物收发货人海关注册登记管理 （2）报关企业海关注册登记管理 （3）报关员海关注册登记管理
进出口货物通关制度基础知识	（1）进出口货物基本通关制度（一般进出口货物、保税加工和保税物流货物、特定减免税货物、暂时进出境货物海关通关制度） （2）进出口货物转关制度 （3）进出口货物海关事务担保制度 （4）知识产权海关保护制度 （5）海关通关作业流程基本知识 （6）海关物流监控基本知识
进出口税费基础知识	（1）进出口关税 （2）进口环节海关代征税
进出口商品归类和原产地管理基础知识	（1）进出口商品基础知识 （2）《协调制度》归类总规则 （3）进出口税则和海关统计商品目录的基本结构 （4）进出口商品原产地管理基本知识
相关法律、法规知识	（1）相关海关法律、行政法规、规章和规范性文件 （2）相关对外贸易法律、行政法规、规章 （3）相关出入境商品检验、检疫法律、行政法规
报关业务常用文书写作知识	（1）函的写作知识 （2）担保文书写作知识
报关常用英语	（1）进出口合同常用英语 （2）进出口单证常用英语

（二）申报条件

1. 助理报关师申报条件（具备以下条件之一者）

（1）连续从事本职业工作 6 年以上。

（2）连续从事本职业工作 4 年以上，经本职业助理报关师正规培训达规定标准学时数，并取得结业证书。

（3）具有以高级技能为培养目标的高级技工学校、技师学院和职业技术学院本专业或相关专业毕业证书。

（4）具有本专业或相关专业大学专科及以上学历证书。

（5）具有其他专业大学专科及以上学历证书，连续从事本职业工作1年以上。

（6）具有其他专业大学专科及以上学历证书，经本职业助理报关师正规培训达规定标准学时数，并取得结业证书。

2. 报关师申报条件（具备以下条件之一者）

（1）连续从事本职业工作13年以上。

（2）取得本职业助理报关师职业资格证书后，连续从事本职业工作5年以上。

（3）取得本职业助理报关师职业资格证书后，连续从事本职业工作4年以上；经本职业报关师正规培训达规定标准学时数，并取得结业证书。

（4）具有本专业或相关专业大学本科学历，连续从事本职业工作5年以上。

（5）具有其他专业大学本科学历，连续从事本职业工作6年以上。

（6）具有大学本科学历，取得本职业助理报关师职业资格证书后，连续从事本职业工作4年以上。

（7）具有大学本科学历，取得本职业助理报关师职业资格证书后，连续从事本职业工作3年以上；经本职业报关师正规培训达规定标准学时数，并取得结业证书。

（8）取得硕士研究生及以上学历证书后，连续从事本职业工作2年以上。

3. 高级报关师申报条件（具备以下条件之一者）

（1）连续从事本职业工作19年以上。

（2）取得本职业报关师职业资格证书后，连续从事本职业工作4年以上。

（3）取得本职业报关师职业资格证书后，连续从事本职业工作3年以上；经本职业高级报关师正规培训达规定标准学时数，并取得结业证书。

（4）取得大学本科学历，连续从事本职业或相关职业工作13年以上。

（5）具有硕士、博士研究生学历，连续从事本职业或相关职业工作10年以上。

注：相关专业是指行政管理（海关管理方向）、海关管理、海关法、海关稽查、关税学、海关监管与贸易安全、海关国际公约和条约、应用英语（经贸英语方向）、国际商务、国际贸易实务、国际经济与贸易、国际货物运输、物流管理。

（三）工作要求

《报关员国家职业标准（试行）》对助理报关师、报关师、高级报关师的技能要求依次递进，高级别涵盖低级别的要求。

扫一扫	扫一扫	扫一扫
助理报关师工作要求表	报关师工作要求表	高级报关师工作要求表

（四）报关员的权利与义务

1. 主要权利

（1）报关权：有权以所在报关单位名义执业，办理报关业务。

（2）查询权：有权向海关查询其办理的报关业务情况。

（3）监督权：有权对违反国家规定，逃避海关监管行为进行举报，有权对海关及其工作人员违法、违纪行为进行控告、检举。

2．主要义务

（1）依法报关义务：报关员应遵守海关法律法规和规章，依法办理报关业务。

（2）合理审查义务：应熟悉所申报货物的基本情况，对申报内容和有关材料的真实性、完整性进行合理审查，提交齐全、正确、有效的单证，准确、清楚、完整填制报关单证。

（3）配合执法义务：海关查验进出口货物时，报关员应配合海关查验；配合海关稽查和对涉嫌走私违规案件的查处；协助落实海关对报关单位管理的具体措施。

（4）协助工作义务：报关员需配合所属报关单位完整保存各种原始报关单证、票据、函电等资料，协助报关单位办理有关事项。

思考题

请问助理报关师、报关师、高级报关师的技能要求主要区别在哪里？

任务四　认知报关管理制度

一、报关单位注册登记管理

报关单位注册登记分为报关企业注册登记和进出口货物收发货人注册登记。

报关企业应当经所在地直属海关或者其授权的隶属海关办理注册登记许可后，方能办理报关业务。进出口货物收发货人可以直接到所在地海关办理注册登记。

（一）报关企业注册登记

1．报关企业注册登记申请条件

（1）具备境内企业法人资格条件。

（2）法定代表人无走私记录。

（3）无因走私违法行为被海关撤销注册登记许可记录。

（4）有符合从事报关服务所必需的固定经营场所和设施。

（5）海关监管所需要的其他条件。

2．报关企业注册登记申请程序

（1）报关企业申请

报关企业应当到所在地海关提出申请并递交申请注册登记许可材料，申请注册登记许可应提交的文件材料如下。

① 《报关单位情况登记表》。

② 企业法人营业执照副本复印件以及组织机构代码证书副本复印件。

③ 报关服务营业场所所有权证明或者使用权证明。

④ 其他与申请注册登记许可相关的材料。

申请人按规定提交复印件的，应当同时向海关交验原件。申请人可以委托代理人提出注册登记许可申请，申请人如委托代理人代为提出申请的，应当出具授权委托书。

（2）海关对申请的处理

对申请人提出的申请，海关应当根据下列情况分别做出处理。

① 申请人不具备报关企业注册登记许可申请资格的，应当做出不予受理的决定。

② 申请材料不齐全或者不符合法定形式的，应当当场或者在签收申请材料后 5 日内一次告知

申请人需要补正的全部内容，逾期不告知的，自收到申请材料之日起即为受理。

③ 申请材料仅存在文字性或者技术性等可以当场更正的错误的，应当允许申请人当场更正，并且由申请人对更正内容予以签章确认。

④ 申请材料齐全、符合法定形式，或者申请人按照海关的要求提交全部补正申请材料的，应当受理报关企业注册登记许可申请，并做出受理决定。

（3）海关对申请的审查

所在地海关受理申请后，应当根据法定条件和程序进行全面审查，并且于受理注册登记许可申请之日起 20 日内审查完毕。

① 直属海关未授权隶属海关办理注册登记许可的，应当自收到所在地海关报送的审查意见之日起 20 日内做出决定。

② 直属海关授权隶属海关办理注册登记许可的，隶属海关应当自受理或者收到所在地海关报送的审查意见之日起 20 日内做出决定。

（4）海关作出行政许可决定

① 申请人的申请符合法定条件的，海关应当依法做出准予注册登记许可的书面决定，并送达申请人，同时核发《中华人民共和国海关报关单位注册登记证书》。

QG07

中 华 人 民 共 和 国 海 关
报关单位注册登记证书

重 要 提 示

报关单位应当在每年6月30日前向海关提交《报关单位注册信息年度报告》，不再另行通知。

海关注册编码：	4403160SXY
组织机构代码：	359354075
企 业 名 称：	深圳市×××生物科技有限公司
企 业 住 所：	深圳市××××街道红岭中路 2118 号建设集团大厦 A 栋 2802
企业经营类别：	进出口货物收发货人
注册登记日期：	2016 年 4 月 12 日
法定代表人：	孙高彦
有 效 期：	长期

注册海关： 深关现场

核发日期： 2016 年 4 月 12 日

中华人民共和国海关总署监制

图 3-1　报关单位注册登记证书样本

② 申请人的申请不符合法定条件的，海关应当依法做出不准予注册登记许可的书面决定，并且告知申请人享有依法申请行政复议或者提起行政诉讼的权利。

报关企业注册登记许可期限为 2 年。被许可人需要延续注册登记许可有效期的，应当办理注册登记许可延续手续。

3. 报关企业跨关区分支机构备案

报关企业在取得注册登记许可的直属海关关区外从事报关服务的，应当依法设立分支机构，并且向分支机构所在地海关备案。

报关企业分支机构可以在备案海关关区内从事报关服务。备案海关为隶属海关的，报关企业分支机构可以在备案海关所属直属海关关区内从事报关服务。报关企业对其分支机构的行为承担法律责任。

报关企业设立分支机构应当向其分支机构所在地海关提交下列备案材料。

（1）《报关单位情况登记表》。

（2）报关企业《中华人民共和国海关报关单位注册登记证书》复印件。

（3）分支机构营业执照副本复印件以及组织机构代码证书副本复印件。

（4）报关服务营业场所所有权证明复印件或者使用权证明复印件。

（5）海关要求提交的其他备案材料。

申请人按照规定提交复印件的，应当同时向海关交验原件。

经审查符合备案条件的，海关应当核发《中华人民共和国海关报关单位注册登记证书》。

报关企业分支机构备案有效期为 2 年，报关企业分支机构应当在有效期届满前 30 日持有关材料到分支机构所在地海关办理换证手续。

4. 报关企业办理注册登记许可延续手续

报关企业办理注册登记许可延续手续，应当在有效期届满 40 日前向海关提出申请，同时提交有关文件材料。依照海关规定提交复印件的，还应当同时交验原件。

报关企业应当在办理注册登记许可延续的同时办理换领《中华人民共和国海关报关单位注册登记证书》手续。

报关企业未按照规定的时限提出延续申请的，海关不再受理其注册登记许可延续申请。

海关应当参照注册登记许可程序在有效期届满前对报关企业的延续申请予以审查。经审查认定符合注册登记许可条件，以及法律、行政法规、海关规章规定的延续注册登记许可应当具备的其他条件的，应当依法做出准予延续 2 年有效期的决定。

海关应当在注册登记许可有效期届满前做出是否准予延续的决定。有效期届满时仍未做出决定的，视为准予延续，海关应当依法为其办理注册登记许可延续手续。

海关对不再具备注册登记许可条件，或者不符合法律、行政法规、海关规章规定的延续注册登记许可应当具备的其他条件的报关企业，不准予延续其注册登记许可。

5. 报关企业变更注册登记手续

报关企业的企业名称、法定代表人发生变更的，应当持《报关单位情况登记表》《中华人民共和国海关报关单位注册登记证书》、变更后的工商营业执照或者其他批准文件及复印件，以书面形式到注册地海关申请变更注册登记许可。

报关企业分支机构企业名称、企业性质、企业住所、负责人等海关备案内容发生变更的，应当自变更生效之日起 30 日内，持变更后的营业执照副本或者其他批准文件及复印件，到所在地海关办理变更手续。

所属报关人员备案内容发生变更的，报关企业及其分支机构应当在变更事实发生之日起 30 日内，持变更证明文件等相关材料到注册地海关办理变更手续。

对被许可人提出的变更注册登记许可申请，注册地海关应当参照注册登记许可程序进行审查。经审查符合注册登记许可条件的，应当做出准予变更的决定，同时办理注册信息变更手续。

经审查不符合注册登记许可条件的，海关不予变更其注册登记许可。

6. 报关企业注销注册登记手续

根据规定报关企业有下列情形之一的，海关应当依法注销注册登记许可。

（1）有效期届满未申请延续的。

（2）报关企业依法终止的。

（3）注册登记许可依法被撤销、撤回，或者注册登记许可证件依法被吊销的。

（4）由于不可抗力导致注册登记许可事项无法实施的。

（5）法律、行政法规规定的应当注销注册登记许可的其他情形。

海关依据有关规定注销报关企业注册登记许可的，应当同时注销该报关企业设立的所有分支机构。

（二）进出口货物收发货人注册登记

进出口货物收发货人应当按照规定到所在地海关办理报关单位注册登记手续。进出口货物收发货人在海关办理注册登记后可以在中华人民共和国关境内口岸或者海关监管业务集中的地点办理本企业的报关业务。

1. 进出口收发货人提交申请材料

进出口货物收发货人申请办理注册登记，应当提交下列文件材料，另有规定的除外。

（1）《报关单位情况登记表》。

（2）营业执照副本复印件以及组织机构代码证书副本复印件。

（3）对外贸易经营者备案登记表复印件或者外商投资企业（台港澳侨投资企业）批准证书复印件。

（4）其他与注册登记有关的文件材料。

申请人按照规定提交复印件的，应当同时向海关交验原件。

2. 海关核发证书

注册地海关依法对申请注册登记材料进行核对。经核对申请材料齐全、符合法定形式的，应当核发报关单位注册登记证书。

除海关另有规定外，进出口货物收发货人报关单位注册登记证书长期有效。

3. 进出口货物收发货人变更注册登记手续

进出口货物收发货人企业名称、企业性质、企业住所、法定代表人（负责人）等海关注册登记内容发生变更的，应当自变更生效之日起30日内，持变更后的营业执照副本或者其他批准文件以及复印件，到注册地海关办理变更手续。

所属报关人员发生变更的，进出口货物收发货人应当在变更事实发生之日起30日内，持变更证明文件等相关材料到注册地海关办理变更手续。

4. 进出口货物收发货人注销注册登记手续

进出口货物收发货人有下列情形之一的，应当以书面形式向注册地海关办理注销手续。海关在办结有关手续后，应当依法办理注销注册登记手续。

（1）破产、解散、自行放弃报关权或者分立成两个以上新企业的。

（2）被工商行政管理机关注销登记或者吊销营业执照的。

（3）丧失独立承担责任能力的。

（4）对外贸易经营者备案登记表或者外商投资企业批准证书失效的。

（5）其他依法应当注销注册登记的情形。

进出口货物收发货人未依照有关规定主动办理注销手续的，海关可以在办结有关手续后，依法注销其注册登记。

（三）临时注册登记

1. 办理临时注册登记的单位类型

下列单位未取得对外贸易经营者备案登记表，按照国家有关规定需要从事非贸易性进出口活动的，应当办理临时注册登记手续：

（1）境外企业、新闻、经贸机构、文化团体等依法在中国境内设立的常驻代表机构。

（2）少量货样进出境的单位。

（3）国家机关、学校、科研院所等组织机构。

（4）临时接受捐赠、礼品、国际援助的单位。

（5）其他可以从事非贸易性进出口活动的单位。

2. 办理临时注册登记的要求

（1）临时注册登记单位在向海关申报前，应当向所在地海关办理备案手续。特殊情况下可以向拟进出境口岸或者海关监管业务集中地海关办理备案手续。

（2）办理临时注册登记，应当持本单位出具的委派证明或者授权证明以及非贸易性活动证明材料。

（3）已经办理报关注册登记的进出口货物收发货人，海关不予办理临时注册登记手续。

3. 临时注册登记有效期

临时注册登记有效期最长为 1 年，有效期届满后应当重新办理临时注册登记手续。临时注册登记的，海关可以出具临时注册登记证明，但是不予核发注册登记证书。

二、海关对报关单位差错记录管理

海关总署于 2014 年 11 月 18 日发出公告 2014 年第 80 号（关于报关差错有关事项的公告），该公告根据新修订的《中华人民共和国海关报关单位注册登记管理规定》（海关总署令第 221 号）取消了报关员记分考核管理，不再对报关员进行记分与考核管理，改为对报关单位报关差错记录管理。海关对报关单位办理海关业务出现的报关差错予以公布，通过公布报关差错督促报关企业加强管理，提高报关质量。该公告自 2014 年 12 月 1 日起实施，如报关单位在办理海关业务过程中，出现《报关差错项目表》所列情况的，海关按报关差错予以记录。报关单位可以通过海关"企业进出口信用管理系统"的"关企合作平台"（网址：http://jcf.chinaport.gov.cn/jcf）查询本单位的报关差错。

《报关差错项目表》主要涉及报关单填制不规范和报关行为不规范两个方面。具体分为六大部分，如表 3-2 所示。

表 3-2　　　　　　　　　　　　　　报关差错项目表

编号	报关差错项目
一、因以下原因被电子审单退回的，记为报关差错	
1001	进出口标志错误
1002	进出口岸错误
1003	装货港或目的港错误
1004	运输工具及代码错误
1005	进口舱单核注异常
1006	运输方式错误
1007	企业性质错误
1008	经营单位错误
1009	收发货人地区错误
1010	申报单位错误
1011	起/抵运地错误
1012	监管方式错误
1013	毛重、净重或折合标箱数错误
1014	统计逻辑检查错误

续表

编号	报关差错项目
一、因以下原因被电子审单退回的，记为报关差错	
1015	征税逻辑检查错误
1016	征免性质错误
1017	成交方式错误
1018	结汇方式错误
1019	运费错误
1020	杂费错误
1021	保险费错误
1022	件数错误
1023	监管证件错误
1024	加工贸易手册、账册比对错误
1025	征免税证明比对错误
1026	进出口日期错误
1027	申报日期错误
1028	商品项数错误
1029	加工贸易结转申请表比对异常
1030	商品序号错误
1031	商品编码错误
1032	商品名称、规格型号错误
1033	原产地与消费地错误
1034	商品项目序号错误
1035	数量错误
1036	计量单位错误
1037	价格错误
1038	币制错误
1039	用途代码错误
1040	征免方式错误
1041	不具备进行征税处理的条件
1042	该项为空，暂无报关差错项目
1043	运抵报告比对异常
1044	不符合集中申报要求
1045	内销征税联系单比对错误
1046	减免税后续管理证明比对异常
二、因以下原因被人工审单退回的，记为报关差错	
2001	不符合商品规范申报要求
2002	价格要素申报错误
2003	具体列名商品归类错误
2004	企业申请退单
2005	以公告形式公布的商品归类决定所述商品归类错误
2006	拒不解释、说明或补充材料，导致退单

编号	报关差错项目
三、因以下原因修改报关单的，记为报关差错	
3001	经营单位名称错误
3002	经营单位编码错误
3003	申报单位名称错误
3004	申报单位编码错误
3005	货主单位名称错误
3006	货主单位地区代码错误
3007	贸易国别（启/抵运地）错误
3008	进出口岸代码错误
3009	指运港（抵运港）错误
3010	监管方式错误
3011	进出口日期错误
3012	征免性质分类错误
3013	许可证编号错误
3014	产销国错误
3015	用途错误
3016	申报数量错误
3017	件数错误
3018	毛重错误
3019	净重错误
3020	第一（法定）数量错误
3021	第二数量错误
3022	申报计量单位错误
3023	第一（法定）计量单位错误
3024	第二计量单位错误
3025	申报单价错误
3026	申报总价错误
3027	运费币制错误
3028	运费标记错误收
3029	运费/率错误
3030	保险费币制错误
3031	保险费标记错误
3032	保险费/率错误
3033	杂费币制错误
3034	杂费标记错误
3035	杂费/率错误
3036	成交方式错误
3037	结汇方式错误
3038	包装种类错误
3039	合同号错误

编号	报关差错项目
3040	合同商品项序号错误
3041	集装箱标准箱数错误
3042	运输方式代码错误
3043	保税仓库或者监管仓库编号错误
3044	加工成品版本号错误
3045	关联备案号错误
3046	关联编号字段（转出的手册、转入、转出的报关单）错误
3047	随附单证错误
3048	备注错误
3049	提运单号码错误
3050	运输工具名称错误
3051	运输工具航次（班）号错误
3052	商品编号错误
3053	商品规格、型号错误
3054	商品名称错误
3055	成交币制错误
四、因以下原因撤销报关单的，记为报关差错	
4001	经查验货物与申报不符
4002	不符合商品规范申报要求
4003	许可证栏目错误
4004	备案号栏目错误
4005	自接到海关"现场交单"或"放行交单"通知之日起超过规定期限，不递交书面单证并办理相关海关手续
五、因以下原因导致加工贸易手册设立、变更、核销被退回的，未按时办理手册、账册延期、核销的，记为报关差错	
5001	单证无效、不齐全，或与电子数据不符
5002	未按期缴纳风险担保金
5003	剩余料件、残次品、副产品未处理导致手册进出口不平衡
5004	未按期办理手册核销手续
5005	未按期办理手册延期手续
5006	未按期办理账册核销手续
5007	未按期办理账册延期手续
5008	拒不解释、说明或补充材料
六、报关单随附单证有下列情形的，记为报关差错	
6001	通关作业无纸化模式下，向海关上传的报关单随附单证不符合格式标准
6002	通关作业无纸化模式下，放行后 10 日内不及时补传报关单随附单证
6003	在理单环节，因随附单证不符合完整性和准确性要求被退回补传

三、海关对报关单位的信用管理

为了鼓励企业守法自律,提高海关管理效能,保障进出口贸易的安全与便利,海关总署于 2011 年 1 月 1 日颁布实施《中华人民共和国海关企业分类管理办法》(海关总署令第 197 号)。在该办法中,海关根据企业遵守法律、行政法规、海关规章、相关廉政规定和经营管理状况,以及海关监管、统计记录等,设置 AA、A、B、C、D 5 个管理类别,对有关企业进行评估、分类,并对企业的管理类别予以公开。海关总署按照守法便利原则,对适用不同管理类别的企业,制定相应的差别管理措施,其中 AA 类和 A 类企业适用相应的通关便利措施,B 类企业适用常规管理措施,C 类和 D 类企业适用严密监管措施。

为了推进社会信用体系建设,建立企业进出口信用管理制度,保障贸易安全与便利,海关在《中华人民共和国海关企业分类管理办法》(海关总署令第 197 号)的基础上对企业分类管理制度进行改革与修订,并于 2014 年 12 月 1 日起颁布实施《中华人民共和国海关企业信用管理暂行办法》(海关总署令第 225 号),该办法分别对企业信用信息采集和公示,企业信用状况的认定标准和程序、管理原则和措施等进行规定。

(一)企业信用等级分类

海关根据企业信用状况将企业认定为认证企业、一般信用企业和失信企业。

1. 认证企业

认证企业是中国海关"经认证的经营者"(AEO),中国海关依法开展与其他国家或者地区海关的 AEO 互认,并给予互认 AEO 企业相应通关便利措施。根据《海关认证企业标准》,认证企业分为一般认证企业和高级认证企业。认证企业标准包括内部控制、财务状况、守法规范、贸易安全和附加标准等 5 类标准,其中,高级认证企业标准有 18 条 32 项,一般认证企业标准有 18 条 29 项。

相比高级认证,一般认证企业标准主要是减少了在内部控制、贸易安全等方面的要求,主要考虑一般认证企业是中国海关对高信用企业的基本要求,享受中国海关提供的通关便利;而高级认证企业则是中国海关对高信用企业的较高要求,是和其他国家或者地区海关 AEO 互认的企业,除享受国内海关比一般认证企业更多的通关便利外,还可享受互认国家或地区海关优惠措施和通关便利。

上述《海关认证企业标准》以海关总署公告的形式对外公布。企业向海关申请成为认证企业的,海关按照《海关认证企业标准》对企业实施认证。海关或者申请企业可以委托具有法定资质的社会中介机构对企业进行认证;中介机构认证结果经海关认可的,可以作为认定企业信用状况的参考依据。

海关应当自收到企业书面认证申请之日起 90 日内做出认证结论。特殊情形下,海关认证时限可以延长 30 日。

企业有下列情形之一的,海关应当终止认证。

(1)发生涉嫌走私或者违反海关监管规定的行为被海关立案侦查或者调查的。

(2)主动撤回认证申请的。

(3)其他应当终止认证的情形的。

2. 一般信用企业

一般信用企业按照《信用暂行办法》和《海关认证企业标准》进行自我评估,认为符合哪个标准的,就可以向海关提出申请,进行相应的认证。如果企业经评估发现,本身存在不符合标准的情形,也可以对照标准进行自我规范、完善,待达到标准要求后,再向海关提出认证申请。

企业有下列情形之一的，海关认定为一般信用企业。

（1）首次注册登记的企业。

（2）认证企业不再符合本办法第九条规定条件，且未发生本办法第十条所列情形的。

（3）适用失信企业管理满1年，且未再发生本办法第十条规定情形的。

3. 失信企业

企业有下列情形之一的，海关认定为失信企业。

（1）有走私犯罪或者走私行为的。

（2）非报关企业1年内违反海关监管规定行为次数超过上年度报关单、进出境备案清单等相关单证总票数千分之一且被海关行政处罚金额超过10万元的违规行为2次以上的，或者被海关行政处罚金额累计超过100万元的。

报关企业1年内违反海关监管规定行为次数超过上年度报关单、进出境备案清单总票数万分之五的，或者被海关行政处罚金额累计超过10万元的。

（3）拖欠应缴税款、应缴罚没款项的。

（4）上一季度报关差错率高于同期全国平均报关差错率1倍以上的。

（5）经过实地查看，确认企业登记的信息失实且无法与企业取得联系的。

（6）被海关依法暂停从事报关业务的。

（7）涉嫌走私、违反海关监管规定拒不配合海关进行调查的。

（8）假借海关或者其他企业名义获取不当利益的。

（9）弄虚作假、伪造企业信用信息的。

（10）其他海关认定为失信企业的情形。

┃知识链接┃

新修订的《企业信用管理暂行办法》与旧办法的衔接

旧的企业信用管理办法按信用等级将企业分为AA、A、B、C、D 5个管理类别，新的企业信用管理办法则分为认证企业、一般信用企业和失信企业。为充分保障海关相对人的合法权益，新办法实施后，新旧办法的衔接方法如下。

1. AA类企业将直接过渡为高级认证企业，海关每3年对高级认证企业进行一次重新认证；

2. A类企业将直接过渡为一般认证企业，海关将通过系统对企业的信用状况进行动态监控和评估，并实行不定期重新认证。

3. B类企业将直接过渡到一般信用企业。

4. C类和D类企业将由海关按照《企业信用管理暂行办法》重新审核并确定信用等级。

（二）企业信用等级动态调整

海关对企业信用状况的认定结果实施动态调整。

1. 海关对高级认证企业应当每3年重新认证一次，对一般认证企业不定期重新认证。

2. 认证企业未通过重新认证适用一般信用企业管理的，1年内不得再次申请成为认证企业。

3. 高级认证企业未通过重新认证但符合一般认证企业标准的，适用一般认证企业管理。

4. 适用失信企业管理满1年，且未再发生上述被认定为失信企业的规定情形的，海关应当将其调整为一般信用企业管理。

5. 失信企业被调整为一般信用企业满1年的，可以向海关申请成为认证企业。

（三）管理原则和措施

海关按照诚信守法便利、失信违法惩戒原则，不同信用级别企业分别适用相应的管理措施。

1. 一般认证企业适用管理原则和措施

一般认证企业适用下列管理原则和措施。

（1）较低进出口货物查验率。

（2）简化进出口货物单证审核。

（3）优先办理进出口货物通关手续。

（4）海关总署规定的其他管理原则和措施。

2. 高级认证企业适用管理原则和措施

高级认证企业除适用一般认证企业管理原则和措施外，还适用下列管理措施。

（1）在确定进出口货物的商品归类、海关估价、原产地或者办结其他海关手续前先办理验放手续。

（2）海关为企业设立协调员。

（3）对从事加工贸易的企业，不实行银行保证金台账制度。

（4）AEO互认国家或者地区海关提供的通关便利措施。

3. 失信企业适用管理原则和措施

失信企业适用海关下列管理原则和措施。

（1）较高进出口货物查验率。

（2）进出口货物单证重点审核。

（3）加工贸易等环节实施重点监管。

（4）海关总署规定的其他管理原则和措施。

4. 管理原则和措施的适用性与调整

高级认证企业适用的管理措施优于一般认证企业。因企业信用状况认定结果不一致导致适用的管理措施相抵触的，海关按照就低原则实施管理。认证企业涉嫌走私被立案侦查或者调查的，海关暂停适用相应管理措施，按照一般信用企业进行管理。企业名称或者海关注册编码发生变更的，海关对企业信用状况的认定结果和管理措施继续适用。

企业有下列情形之一的，按照以下原则做出调整。

（1）企业发生存续分立，分立后的存续企业承继分立前企业的主要权利、义务的，适用海关对分立前企业的信用状况认定结果和管理措施，其余的分立企业视为首次注册企业。

（2）企业发生解散分立，分立企业视为首次注册企业。

（3）企业发生吸收合并，合并企业适用海关对合并后存续企业的信用状况认定结果和管理措施。

（4）企业发生新设合并，合并企业视为首次注册企业。

┃知识链接┃

新修订的《中华人民共和国海关企业信用管理暂行办法》的变化

新修订的《中华人民共和国海关企业信用管理暂行办法》，主要体现两大变化。

1. 只要企业诚信守法、规范经营，不论规模大小和成立时间长短，都有资格申请成为高信用企业

（1）取消了企业上一年度进出口总值50万美元以上、代理申报的进出口报关单及进出境备案清单总量2万票（中西部5000票）和3000票以上的规模标准。

（2）取消了新注册企业须适用当前信用等级满1年的时间条件。

（3）科学设立认定标准。按照科学客观、公平公正、简单易行、实时动态的原则，改变《分类办法》中指标均为刚性、绝对数值的做法，给予企业一定的规范改进空间，同时考虑大小企业以及进出口业务量多少的实际情况，设置相对值指标（如差错率、违法次数占比等）。

2. 简化程序，减少核批环节，缩短办事时限

（1）海关总署不再对高信用企业的认定进行核准，放权给各直属海关或者隶属海关。

（2）最大限度地减少海关对企业信用认定的核准环节，除了认证企业（即 AEO 企业）需要企业向海关申请认定外，其他企业信用等级调整都由海关按照客观、量化标准进行动态调整，无需向海关申请。

（3）大幅缩短信用认定办理时限。例如，高级认证企业评定时间仅需 90 日，办理时间较《分类办法》减少约 3 个月。

四、报关行业的自律管理

（一）中国报关协会简介

中国报关协会（CCBA）于 2002 年 12 月成立，是经中华人民共和国民政部注册，由报关单位、其他相关企事业单位、科研院所、社会团体及有关人士自愿结成的全国性、行业性、非营利性社会组织，业务主管部门是中华人民共和国海关总署，是民政部授予的 5A 级全国行业协会和全国先进社会组织。

中国报关协会的宗旨是配合政府部门加强对我国报关行业的管理，维护、改善报关市场的经营秩序，促进会员间的交流与合作，依法代表本行业利益，保护会员的合法权益，促进我国报关服务行业的健康发展。

（二）报关行业自律管理内容

中国报关协会自成立以来于 2003 年发布了《报关行业自律准则（试行）》，并于 2013 年根据民政部《民政部关于开展行业协会行业自律与诚信创建活动的通知》精神，对其进行修订，主要内容如下。

1. 一般原则

（1）报关单位和报关从业人员应诚信守法、崇尚专业、自律规范、务实创新。

（2）报关单位及报关从业人员应加入行业组织，成为报关协会的单位会员或个人会员。

（3）报关协会的会员应认真履行会员权利和义务，按时交纳会费，企业信息（名称、住所、联系方式等）发生变更的应及时告知报关协会。

（4）报关单位及报关从业人员应积极参加报关协会组织开展的各项行业自律活动。

（5）报关单位应积极引进先进管理理念、管理方法和技术手段，不断提高内部管理水平。

（6）报关单位和报关从业人员应自觉遵守国家法律法规，不得超出有关法律、法规和规章规定的范围从事经营活动，不得有逃避国家贸易管制和偷逃税等走私、违规行为，不得索贿，也不得行贿执法人员。

（7）报关从业人员应当积极参加海关、报关协会或其授权单位组织的各类岗前培训、在职培训，并坚持在职自学，以达到熟悉国家相关法律法规、税务、外贸、商品知识，熟练掌握海关法律法规、海关业务制度和办理海关手续的技能，保持自身专业胜任能力。

（8）报关单位应加强反腐倡廉宣传教育，建立健全企业反腐倡廉制度，并将制度落到实处，及时发现和纠正违反制度的行为。

（9）报关单位和报关从业人员应当主动配合有关行政执法机关执行公务，据实举报违法行为，自觉抵制和纠正行业不正之风，维护报关行业形象。

（10）报关单位及报关从业人员有义务积极配合报关协会组织开展的各类行业调查工作。

（11）取得预归类服务资质的单位及个人应按进出口货物预归类服务行业管理暂行办法及有关操作规程的要求开展预归类服务，并接受报关协会对预归类服务的行业管理。

2. 报关业务规范

（1）报关企业应严格执行行业标准《报关服务作业规范》。

（2）报关单位开展报关业务，应依法到海关办理注册登记，领取报关注册登记证书，在证书有效期届满需延期的，应及时办理换证手续。

（3）报关单位和报关从业人员应当以国家管理部门核准的方式和范围从事经营，不得以任何形式出借、出租、转让报关权，不得非法代理他人报关或者超出业务范围进行报关活动。

（4）报关单位应当建立健全内部监督机制，加强制度建设，以完善、有效、切实可行的制度来规范对报关业务、报关从业人员的管理，努力提高工作质量和效率。同时，报关单位还应当健全账册，依法保存报关业务记录和报关单证。

（5）报关企业承接报关业务，应当由具有专业技能的报关员具体承办。

（6）报关企业和报关从业人员应当切实对委托方提供的单证等报关资料的真实性、完整性进行合理审查，并据此按照《中华人民共和国海关进出口货物报关单填报规范》填制报关单，承担相应的法律责任。不得承接单证不真实、资料不齐全的报关业务。

3. 对委托方的责任

（1）报关企业应严格执行行业标准《报关服务质量要求》。

（2）报关企业和报关从业人员应当以服务、诚信为本，热心为委托方排忧解难，如实回答委托方对委托事项的询问，高质量、高效率地完成报关业务。

（3）报关单位及报关从业人员应使用由中国报关协会制定的全国规范统一格式的纸质或电子《代理报关委托书/委托报关协议》，委托双方应当本着自愿、平等、互利的原则签订《代理报关委托书/委托报关协议》，明确双方的责任、权利和义务，标明报关收费数额，并履行承诺。

（4）报关企业和报关从业人员应当为委托方保守商业秘密，不得利用该商业秘密为自己或他人谋取不正当利益。

（5）除国家法律、法规另有规定或者国家执法机关有要求外，报关企业和报关从业人员不得以任何形式向他人提供虚假保函或报关所需的证明材料。

（6）报关企业和报关从业人员不得虚假宣传，欺骗委托方；不得虚构事实增加委托方的开支；不得向委托方索取报关服务费以外的非法利益。

4. 对同行的责任

（1）报关单位和报关从业人员应当遵守公共关系准则，保持同行间良好的工作关系，合法执业、公平竞争。不得捏造、散布虚假事实，损害同行的商业信誉，不得以虚假宣传、免收服务费用和不正当的低廉价格，以及在账外暗中给付他人佣金、回扣等不正当竞争方式招揽报关业务，不得做损害同行间利益的情事。

（2）报关单位应当严格遵守《中华人民共和国劳动合同法》及有关规定，与报关从业人员签订劳动合同，不得损害报关从业人员的合法权益。

（3）报关从业人员应当信守职业道德、爱岗敬业，不得损害受雇企业的合法利益，不得随意违约离职，不得同时在两家或者两家以上的报关单位从业。

5. 奖励与惩戒

（1）报关企业和报关从业人员模范遵守本准则，对提高报关质量做出突出贡献的，中国报关协会可将其评为"全国优秀报关企业"或"全国优秀报关员"，并予以通报表彰。

（2）对涉嫌违反本准则行为的报关单位和报关从业人员，报关协会调查属实后，可对其提出警告或予以通报批评。

（3）报关单位和报关从业人员有下列行为之一的，根据情节轻重，报关协会经常务理事会或会长会议批准，可以对其在业内通报批评、是会员的将予以除名，或将有关材料提供给相关执法机关。

① 违反国家有关法律法规的。

② 违反中国报关协会章程和本准则，并造成恶劣影响的。

③ 进行不正当竞争，扰乱报关市场秩序的。

④ 严重违反《代理报关委托书/委托报关协议》，侵害对方利益，造成恶劣影响的。

关键术语

❖❖❖❖❖

扫一扫

职业技能训练

❖❖❖❖❖

一、单选题

1. 下列企业、单位中不属报关单位的是（　　　）。

   A. 经海关批准在海关临时注册登记的境内某大学

   B. 在海关注册登记的经营进出境快件业务的某快递公司

   C. 在海关注册登记的某外商投资企业

   D. 在海关注册登记的经营转关运输货物境内运输业务的某承运人

2. 报关是指进出境运输工具的负责人、进出境物品的所有人、进出口货物的收发货人或其代理人向（　　　）办理进出境手续的全过程。

   A. 边检   B. 海关

   C. 进出境商品检验检疫局   D. 外经部门

3. 由委托企业委托，以委托人的名义办理报关业务的行为，这种报关方式叫（　　　）。

   A. 直接代理报关   B. 间接代理报关   C. 自理报关   D. 跨关区报关

4. 报关企业是指已完成（　　　）手续，取得办理进出口货物报关资格的境内法人。

   A. 工商注册登记   B. 税务登记

   C. 企业主管部门批准   D. 海关注册登记

5. 进出口货物收发货人在办理报关业务时，向海关递交的纸质报关单必须加盖（　　　）。

   A. 公司财务章   B. 公司人事章

   C. 公司的公章   D. 在海关备案的报关专用章

6. 下列关于报关企业、进出口货物收发货人报关范围的表述，正确的是（　　　）。

   A. 两者均可在关境内各海关报关

   B. 两者均只能在注册地海关辖区内各海关报关

C. 报关企业可以在关境内各海关报关；进出口货物收发人只能在注册地海关辖区内各海关报关

D. 报关企业只能在注册地海关辖区内各海关报关；进出口货物收发货人可以在关境内各海关报关

7. 报关单位对海关公布其在办理业务中出现的报关差错记录有异议的，可以自报关差错记录之日起（　　　）日内向记录海关以书面方式申请复核。

A. 10　　　　　　　B. 15　　　　　　　C. 20　　　　　　　D. 30

8. 报关企业分支机构企业名称、企业性质、企业住所、负责人等海关备案内容发生变更的，应当自变更生效之日起（　　　）日内到所在地海关办理变更手续。

A. 10　　　　　　　B. 15　　　　　　　C. 20　　　　　　　D. 30

9. 新修订的《企业信用管理暂行办法》实施后，为了与旧办法的衔接，将（　　　）类企业直接过渡为一般认证企业。

A. AA　　　　　　　B. A　　　　　　　C. B　　　　　　　D. C

10. 失信企业被调整为一般信用企业满（　　　）年的，可以向海关申请成为认证企业。

A. 半　　　　　　　B. 1　　　　　　　C. 2　　　　　　　D. 3

二、多选题

1. 按照法律规定，下列列入报关范围的是（　　　）。

A. 进出境运输工具　B. 进出境货物　　　C. 进出境物品　　　D. 进出境旅客

2. 下列关于进出口货物收发货人和报关企业报关行为规则的表述，正确的是（　　　）。

A. 两者办理报关业务时，向海关递交的纸质进出口货物报关单必须加盖本单位在海关备案的报关专用章

B. 两者均应对其所属报关员的报关行为承担相应的法律责任

C. 两者均可以代理其他单位办理报关业务

D. 两者均可在关境内各海关报关

3. 报关员应当履行的义务有（　　　）。

A. 依法报关　　　　　　　　　　　B. 配合海关查验

C. 合理审查提交的报关单证　　　　D. 举报海关违法违纪行为

4. 下列适用集中报关的进出口货物范围有（　　　）。

A. 图书、报纸、期刊类出版物等时效性较强的货物

B. 危险品

C. 鲜活、易腐、易失效等不宜长期保存的货物

D. 公路口岸进出境的保税货物

5. 海关处罚种类主要有（　　　）。

A. 警告　　　　　　　B. 罚款　　　　　　　C. 没收　　　　　　　D. 暂停、撤销资格

6. 报关员的职业素质要求有（　　　）。

A. 遵纪守法　　　　　B. 廉洁自律　　　　　C. 爱岗敬业

D. 诚信服务　　　　　E. 团结协作

7. 报关企业向所在地海关申请注册登记许可，应提交的文件材料有（　　　）。

A. 《报关单位情况登记表》

B. 企业法人营业执照副本复印件以及组织机构代码证书副本复印件

C. 报关服务营业场所所有权证明或者使用权证明

D. 所在单位报关员资格证书

8. 根据规定报关企业有下列情形之一的，海关应当依法注销注册登记许可（　　　）。

A. 有效期届满未申请延续的

  B. 报关企业依法终止的

  C. 注册登记许可依法被撤销、撤回，或者注册登记许可证件依法被吊销的

  D. 由于不可抗力导致注册登记许可事项无法实施的

9. 下列属于一般认证企业适用的管理原则和措施（ ）。

  A. 较低进出口货物查验率   B. 简化进出口货物单证审核

  C. 优先办理进出口货物通关手续 D. 海关为企业设立协调员

10. 新修订的《企业信用管理暂行办法》，海关根据企业信用状况将企业认定为（ ）。

  A. 认证企业   B. 一般信用企业   C. 失信企业   D. 高级信用企业

三、判断题

1. 直接代理是指报关企业接受委托人的委托，在进行报关的时以报关企业自身的名义向海关办理报关。（ ）

2. 我国报关企业目前大都采取直接代理形式代理报关，即接受委托人的委托，以报关企业自身的名义向海关办理进出口报关手续。（ ）

3. 报关企业如需在注册登记许可的直属海关关区外从事报关服务的，应向注册地海关申请分支机构注册登记许可。（ ）

4. 报关企业及进出口货物收发货人报关注册登记证书的有效期均为2年。（ ）

5. 报关不同于通关，报关不仅包括海关行政管理相对人向海关办理有关手续，还包括海关对进出境运输工具、货物、物品依法进行监督管理，核准其进出境的管理过程。（ ）

6. 逐票报关是一种特殊的通关方式。（ ）

7. 报关企业及其分支机构的注册登记许可期限均为2年。（ ）

8. 报关企业申请注册登记的注册资本要求150万元以上，报关员人数不少于5名。（ ）

9. 海关对报关员实行记分考核管理。（ ）

10. 海关对高级认证企业应当每3年重新认证一次，对一般认证企业不定期重新认证。（ ）

四、实务操作题

  广州飞鸿服饰有限公司，主营服装生产与进出口贸易，因业务需要，该公司不再委托报关公司代办报关手续，打算自行办理报关业务，故安排报关员王强到所在地海关广州黄埔海关办理有关注册登记手续。

  操作要求：

1. 根据业务背景，王强应如何办理相关手续？

2. 王强应向海关提交哪些注册材料？

3. 在海关办理注册登记后，该公司可以在哪里办理有关报关业务？

模块二

报关技能篇

项目四

进出口商品归类

学习目标

【能力目标】

1. 能够运用商品归类规则进行商品的归类，选择合适的商品编码；
2. 能对进出口商品进行预归类申请。

【知识目标】

1. 了解《商品名称及编码协调制度》的结构、编码含义、特点；
2. 熟悉商品归类规则，掌握商品归类方法；
3. 熟悉我国海关进出口商品分类目录的基本结构；
4. 熟悉商品归类的有关依据和申报要求。

项目简介

　　商品归类工作不仅是海关开展税收征管、实施贸易管制、编制进出口统计和查缉走私等工作的重要基础，也是进出口企业办理各项进出口报关相关业务的重要基础。我国相关法律规定纳税义务人具有自行确定进出口货物商品编码并正确申报的义务。商品归类也是报关从业人员必须掌握的重要技能。

任务一　商品归类基础知识

一、进出口商品归类的定义

　　所谓商品分类就是根据一定目的，为满足某种需要，运用适当的分类标志或特征，将商品集合总体科学、系统地渐次划分成不同的大类、中类、小类、品类或品目、品种等的过程。它既可以对总的商品进行分类，也可以把单一商品按不同的要求划分为更细的部分。通常在总的商品分类中一般都包括单一商品的分类，即单一商品分类往往是总的商品分类的组成部分。

《中华人民共和国海关进出口货物商品归类管理规定》第二条对"商品归类"定义是：商品归类是指在《商品名称及编码协调制度公约（HS）》商品分类目录体系下，以《中华人民共和国进出口税则》（以下简称《税则》）为基础，按照《进出口税则商品及品目注释》（以下简称《税则注释》）、《中华人民共和国进出口税则本国子目注释》（以下简称《本国子目注释》）以及总署发布的关于商品归类的行政裁定、商品归类决定的要求，确定进出口货物商品编码的活动。

二、进出口商品归类的依据

我国的进出口商品分类采用《商品名称及编码协调制度公约（HS）》商品分类目录体系，以《中华人民共和国进出口税则》《进出口税则商品及品目注释》《中华人民共和国进出口税则本国子目注释》、海关总署发布的关于商品归类的行政裁定、商品归类决定作为进出口商品归类的法律依据。下面对上述《商品名称及编码协调制度公约（HS）》商品分类目录体系及其 5 个依据进行简单介绍。

思考题

我国进出口商品归类的依据？协调制度的基本结构及分类原则？

任务二　商品名称及编码协调制度

一、我国海关进出口商品分类目录的基本结构

（一）我国海关进出口商品分类目录的产生

经国务院批准，我国海关自 1992 年 1 月 1 日起开始采用《协调制度》，进出口商品归类工作成为我国海关最早实现与国际接轨的执法项目之一。根据海关征税和海关统计工作的需要，我国在《协调制度》基础上增设本国子目（三级和四级子目），形成了我国海关进出口商品分类目录，然后分别编制出《中华人民共和国海关进出口税则》和《中华人民共和国海关统计商品目录》。

为了明确增设的本国子目的商品含义和范围，我国又制定了《本国子目注释》，作为归类时确定三级子目和四级子目的依据。根据《协调制度公约》对缔约国权利、义务的规定，我国《进出口税则》和《统计商品目录》与《协调制度》的各个版本同步修订。自 2017 年 1 月 1 日起，我国采用 2017 版《协调制度》。

（二）我国海关进出口商品分类目录的基本结构

在世界海关组织制定的《协调制度》中商品编码的数字只有 6 位，而我国商品名称与编码表中的商品编码数字是 8 位，其中第 7 位、第 8 位是根据我国国情而增设的"本国子目"。

编码：	0	3	0	1	9	2	1	0
位数：	1	2	3	4	5	6	7	8
含义：	章号		顺序号		一级子项目	二级子项目	三级子项目	四级子项目

编码的排列是有一定的规律的，以 0301.9210 的"鳗鱼苗"为例：

第 5 位编码 它所在税（品）目下所含商品一级子目的顺序号。

第 6 位编码 它所在税（品）目下所含商品二级子目的顺序号。

第 7 位编码 它所在税（品）目下所含商品三级子目的顺序号。

第 8 位编码 它所在税（品）目下所含商品四级子目的顺序号。

若 5～8 位出现数字 9，则它不一定代表在该级子目的实际顺序号，而是代表未具体列名的商品。即在"9"的前面一般留有空序号以便用于修订时增添新商品。如上述编码 0301.9210 中第 5 位的"9"代表除观赏鱼以外的其他活鱼，其中 1～9 空序号可以用于将来增添新的其他需要具体列名的活鱼。

二、《协调制度》归类总规则

思考题

《协调制度》归类六大规则如何应用？

（一）规则一

1. 规则内容

类、章及分章的标题，仅为查找方便而设；具有法律效力的归类，应按税（品）目条文和有关类注或章注确定，如税（品）目、类注或章注无其他规定，则按以下规则确定。

2. 规则解释及应用

（1）"类、章及分章的标题，仅为查找方便而设"

本规则一开始就说明，标题"仅为查找方便而设"。据此，标题对商品归类不具有法律效力。

《协调制度》系统地列出了国际贸易的货品，将这些货品分为类、章及分章，每类、章或分章都有标题，尽可能确切地列明所包括货品种类的范围。但在许多情况下，归入某类或某章的货品种类繁多，类、章标题不可能将其一一列出，全都包括进去。

（2）"具有法律效力的归类，应按税（品）目条文和有关类注或章注确定"

这句话表明：第一具有法律效力的归类依据是品目条文、类注和章注。第二许多商品可直接按协调制度的规定进行归类，无须运用归类总规则[例如，活马（税号 01.01）、第三十章注释三所述的医药用品（税号 30.06）]。

（3）"如税（品）目、类注或章注无其他规定，则按以下规则确定"

这句话旨在明确税（品）目条文及任何相关的类、章注释是最重要的，换言之，它们是在确定归类时应首先考虑的规定。只有在税（品）目、类注或章注无其他规定情况下，才考虑使用其他规则。例如，第三十一章的注释规定该章某些税号仅包括某些货品，因此，这些税号就不能够根据规则二（二）扩大为包括该章注释规定不包括的货品。

同样，类、章注释与子目注释的应用次序为：子目注释、章注释、类注释，即子目注释优先于章注释，章注释优先于类注释。

3. 商品归类基本方法步骤

通过对规则一的学习，我们可以初步得出商品归类的方法步骤，大致如下。

（1）根据生活经验和尝试，在头脑中对商品属于哪类货物初步做个判断。

（2）根据判断，去查看《协调制度》的目录，初步确定商品所在的类。

（3）确定了类后，不要急于去查章，一定要看类注，如果类注有规定，按照规定直接查找商品编码。

（4）在确定类注没有特别规定时，再去查看商品所在的章。

（5）确定了章后，不要急于查品目条文，一定要先看章注，如果章注有规定，按照规定直接查找商品编码。

（6）在确定章注没有特别规定时，再去查看有无子目注释，有子目注释的，按照子目注释规定直接查找商品编码；无子目注释的，按照品目条文直接查找商品编码。

例题解析

例1：牛尾毛应归入05.03。

因查阅类、章标题，牛尾毛应归入第5章其他动物产品，查看品目条文未见牛尾毛列名，似应归入05.11其他未列名的动物产品，但是再查阅第5章章注释四得知马毛包括牛尾毛，故牛尾毛应按列名产品马毛归入05.03。

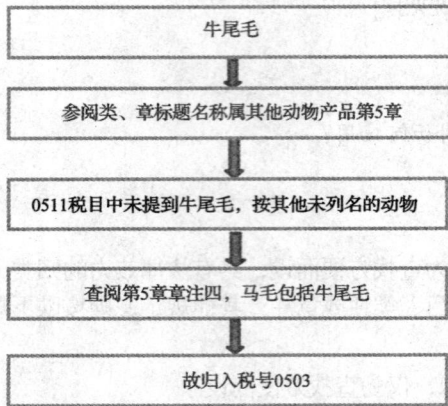

```
┌─────────────────────────────────┐
│            牛尾毛                │
└─────────────────────────────────┘
              ↓
┌─────────────────────────────────┐
│ 参阅类、章标题名称属其他动物产品第5章 │
└─────────────────────────────────┘
              ↓
┌─────────────────────────────────┐
│ 0511税目中未提到牛尾毛，按其他未列名的动物 │
└─────────────────────────────────┘
              ↓
┌─────────────────────────────────┐
│  查阅第5章章注四，马毛包括牛尾毛    │
└─────────────────────────────────┘
              ↓
┌─────────────────────────────────┐
│       故归入税号0503            │
└─────────────────────────────────┘
```

例题解析

例2：注释排序解析。

1. 非改良种用幼马。

简析：根据第一类的类注释一"本类所称的各属种动物，除条文另有规定的以外，均包括其幼仔在内"的注释，非改良种用幼马应归入税号：0101.901090。

2. 用废牛毛制成的毛片。

简析：根据第5章章注释四"本目录所称'马毛'，是指马科、牛科动物的鬃毛和尾毛"的注释，用废牛毛制成的毛片应归入税号：0503.009090。

3. 辣椒干（未磨）。

简析：根据第7章章注释四"本章不包括辣椒干及辣椒粉（品目09.04）"的注释，辣椒干（未磨）应归人税号：0904.2010。

思考题

对以下货品进行归类：

1. 按重量计含铁80%、铜15%、银3%、金2%的金属合金（未经锻造，非货币用）。
2. 新鲜的牛肚。
3. 冷冻薯条（用油初炸过）。

（二）规则二

1. 规则内容

（1）税目所列货品，应视为包括该项货品的不完整品或未制成品，只要在报验时该项不完整品或未制成品具有完整品或制成品的基本特征；还应视为包括该项货品的完整品或制成品（或按本款可作为完整品或制成品归类的货品）在报验时的未组装件或拆散件。

（2）税目中所列材料或物质，应视为包括该种材料或物质与其他材料或物质混合或组合的物品。税目所列某种材料或物质构成的货品，应视为包括全部或部分由该种材料或物质构成的货品。由一种以上材料或物质构成的货品，应按规则三归类。

2. 规则解释及应用

规则二设立的目的是扩大货品税（品）目条文的商品范围。

（1）规则二（一）"不完整品或未制成品"

规则二（一）将所有列出某一些物品的税目范围扩大为不仅包括完整的物品，而且还包括该物品的不完整品或未制成品，只要报验时它们具有完整品或制成品的基本特征。

本款规则的规定也适用于毛坯，除非该毛坯已在某一税目具体列名。所称"毛坯"，是指已具有制成品或制成零件的大概形状或轮廓，但还不能直接使用的物品。除极个别的情况外，它们须经进一步完善方可作为制成品或制成零件使用。

尚未具有制成品基本形状的半制成品（例如，常见的杆、盘、管等）不应作为"毛坯"对待。

鉴于第一类至第六类各税目的商品范围，本款规则这一部分的规定一般不适用于这六类所包括的货品。

┃知识链接┃

不完整品或未制成品

不完整品是指这个物品还不完整，还缺少一些东西，但具有完整品的基本特性。如汽车少了一个轮胎仍按汽车归类，缺少键盘的便携式计算机仍然按完整的便携式计算机归类等。如果没有这项规则，则需要将每缺一个零部件的商品单列一个子目，一是难以列全，二是很烦琐且浪费目录资源。

未制成品是指虽具有制成品的形状特征，但还不能直接使用，需经进一步加工才能使用的物品。

如已具备制成品大概外形或轮廓的坯件；散件必须是因运输、包装等原因而被拆散或未组装，仅经焊、铆、紧固等简单加工就可装配起来的物品。

如为便于运输而装于同一包装箱内的两套摩托车未组装件，可视为摩托车整车。

（2）规则二（一）"物品的未组装件或拆散件"

规则二（一）规定，完整品或制成品的未组装件或拆散件应归入已组装物品的同一税号。货品以未组装或拆散形式报验，通常是由于包装、装卸或运输上的需要，或是为了便于包装、装卸或运输。

本款规则也适用于以未组装或拆散形式报验的不完整品或未制成品，只要按照本规则第一部分的规定，它们可作为完整品或制成品看待。

本款规则所称"报验时的未组装件或拆散件"，是指其零件可通过紧固件（螺钉、螺母、螺栓等），或通过铆接、焊接等组装方法便可装配起来的物品。

组装方法的复杂性可不予考虑，但其零件必须是无须进一步加工的制成品。某一物品的未组装零件如超出组装成品所需数量的，超出部分应单独归类。

鉴于第一类至第六类各税目的商品范围，本款规则这一部分的规定一般不适用于这六类所包括的货品。

（3）规则二（二）"不同材料或物质的混合品或组合品"

规则二（二）是关于混合及组合的材料或物质，以及由两种或多种材料或物质构成的货品。它所适用的税目是列出某种材料或物质的税目（例如，税号 05.03 列出"马毛"）和列出某种材料或物质制成的货品的税目（例如，税号 45.03 列出"天然软木制品"）。应注意到，仅在税目条文和类、章注释无其他规定的条件下才能运用本款规则（例如，税号 15.03 列出"液体猪油，未经混合"，这就不能运用本款规则）。

在类、章注释或税目条文列为调制品的混合物，应按规则一的规定进行归类。

本款规则旨在将任何列出某种材料或物质的税目扩大为包括该种材料或物质与其他材料或物质的混合品或组合品，同时还将任何列出某种材料或物质构成的货品的税目扩大为包括部分由该种材料或物质构成的货品。

本款规则绝不意味着将税号范围扩大到不按照规则一的规定，将不符合税目条文的货品也包括进来，即由于添加了另外一种材料或物质，使货品丧失了原税号所列货品特征的情况。

本规则最后规定，混合及组合的材料或物质，以及由一种以上材料或物质构成的货品，如果看起来可归入两个或两个以上税号的，必须按规则三的原则进行归类。

例题解析

例 1：做手套用已剪成型的针织棉布应归入 6116.9200。

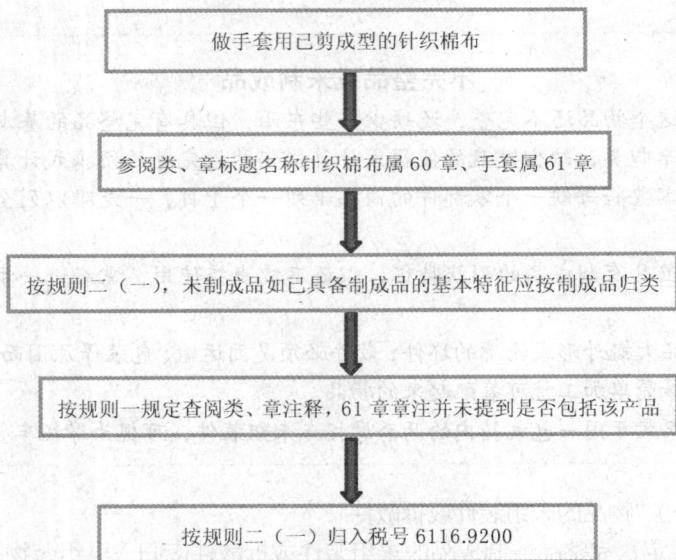

做手套用已剪成型的针织棉布

↓

参阅类、章标题名称针织棉布属 60 章、手套属 61 章

↓

按规则二（一），未制成品如已具备制成品的基本特征应按制成品归类

↓

按规则一规定查阅类、章注释，61 章章注并未提到是否包括该产品

↓

按规则二（一）归入税号 6116.9200

例题解析

例 2：未制成品、未完成品、未组装品。

1. 一台未装机箱的计算机主机（指个人计算机，属于微型机），CPU、硬盘、内存、显卡、电源等都已在主板上连接好，散置在桌上，未连接输入输出部件（鼠标、键盘、显示器等）。归入税号 8471.5040。

简析：完整计算机主机，归入 8471.5040，即微型机的"8471.41/49 以外的处理部件，不论同一机壳内是否具有一个或两个存储部件、输入部件、输出部件"。

机箱对于主机来说，是起固定、防护的作用，没有它，里面的部件也可以正常运作，具备了计算机主机的所有功能。根据规则二（一），散置的无外壳主机也应归入 8471.5040。

2. 电视机主板，未连接液晶显示屏，归入税号 8529.9081。

简析：该主板具备接受电视信号的功能，但不具备输出功能，不具备电视机的基本功能，因此不符合规则二（一）的条件，应按照彩色液晶电视机的零件归入 8529.9081。

3. 由一个靠背、一个支架、一个坐板组成的铝制椅子散件。归入税号 9401.7900。

简析：铝制椅子散件，组装即可使用，已经具备了铝制椅子的功能，所以按照规则二（一）应归入 9401.7900。

例题解析

例 3：混合原料性质未改变。

1. 加有发酵粉的标准面粉（也称自发粉），归入品目 11.01。

简析：该货物为混合品，但添加发酵粉并未影响标准粉的基本特征，依据规则二（二），应归入品目 11.01。

2. 新的混有纤维屑的橡胶制的充气轮胎，归入品目 40.11。

简析：该货品由混合物质构成，即橡胶、纤维屑，但加入纤维屑并未改变橡胶制轮胎的基本特征，依据规则二（二），按照橡胶制轮胎归入品目 40.11。

思考题

对以下货品进行归类。

1. 用巧克力包裹的华夫饼干。

2. 电视机主板，未连接液晶显示屏。

（三）规则三

1. 规则内容

当货品按规则二（二）或由于其他原因看起来可归入两个或两个以上税目时，应按以下规则归类。

（1）列名比较具体的税目，优先于列名一般的税目。但是，如果两个或两个以上税目都仅述及混合或组合货品所含的某部分材料或物质，或零售的成套货品中的某些货品，即使其中某个税目对该货品描述得更为全面、详细，这些货品在有关税目的列名应视为同样具体。

（2）混合物、不同材料构成或不同部件组成的组合物以及零售的成套货品，如果不能按照规则三（一）归类时，在本款可适用的条件下，应按构成货品基本特征的材料或部件归类。

（3）货品不能按照规则三（一）或（二）归类时，应按号列顺序归入其可归入的最末一个税目。

2. 规则解释及应用

（1）对于根据规则二（二）或其他原因看起来可归入两个或两个以上税目的货品，本规则规定了三条归类办法。这三条办法应按照其在本规则的先后次序加以运用。据此，只有在不能按照规则三（一）归类时，才能运用规则三（二）；不能按照规则三（一）和（二）两款归类时，才能运用规则三（三）。因此，它们优先权的次序为：1. 具体列名；2. 基本特征；3. 从后归类。例如，紧身胸衣是一种女内衣，看起来既可归入 62.08 女内衣品目下，又可归入 62.12 妇女紧身内衣品目下，比较两个名称，女内衣是类名称，属一般列名，妇女紧身胸衣是商品品种名称，是具体列名，故本商品应归入 62.12。

（2）只有在税目条文和类、章注释无其他规定的条件下，才能运用本规则。例如，第九十七章注释四（2）规定，根据税目条文既可归入税号 97.01 至 97.05 中的一个税号，又可归入税号 97.06

的货品，应归入税号 97.06 以前的有关税号，即货品应按第九十七章注释四（2）的规定而不能根据本规则进行归类。

（3）规则三（一）

规则三（一）是本规则的第一条归类办法，它规定列名比较具体的税目应优先于列名比较一般的税目。

通过制定几条一刀切的规则来确定哪个税目比其他税目列名更为具体是行不通的，但作为一般原则可以这样说：

① 列出品名比列出类名更为具体（例如，电动剃须刀及电动理发推子应归入税号 85.10，而不应作为手提式电动工具归入税号 85.08 或作为家用电动机械器具归入税号 85.09）。

② 如果某一税目所列名称更为明确地述及某一货品，则该税目要比所列名称不那么明确述及该货品的其他税目更为具体。

具体例子如下所示。

A 确定为用于小汽车的簇绒地毯，不应作为小汽车附件归入税号 87.08，而应归入税号 57.03，因该税号所列地毯更为具体。

B 钢化或层压玻璃制的未镶框安全玻璃，已制成一定形状并确定为用于飞机上。该货品不应作为税号 88.01 或 88.02 所列货品的零件归入税号 88.03，而应归入税号 70.07，因该税号所列安全玻璃更为具体。

但是，如果两个或两个以上税目都仅述及混合或组合货品所含的某部分材料或物质，或零售成套货品中的某些货品，即使其中某个税目比其他税目对该货品描述得更为全面、详细，这些货品在有关税目的列名应视为同样具体。在这种情况下，货品应按规则三（二）或（三）的规定进行归类。

（4）规则三（二）

第二条归类办法仅适用于以下货品。

① 混合物。

② 不同材料的组合货品。

③ 不同部件的组合货品。

④ 零售的成套货品。

只有在不能按照规则三（一）归类时，才能运用本款。

无论如何，只有在本款可适用的条件下，货品才可按构成货品基本特征的材料或部件归类。

不同的货品，确定其基本特征的因素会有所不同。例如，可根据其所含材料或部件的性质、体积、数量、重量或价值来确定货品的基本特征，也可根据所含材料对货品用途的作用来确定货品的基本特征。

本款规则所称"不同部件组成的组合物"，不仅包括部件相互固定组合在一起，构成了实际不可分离整体的货品，还包括其部件可相互分离的货品，但这些部件必须是相互补足，配合使用，构成一体并且通常不单独销售的。

例子。

① 由一个带活动烟灰盘的架子构成的烟灰缸。

② 由一个特制的架子（通常为木制的）及几个形状、规格相配的空调味料瓶子组成的家用调味架。

这类组合货品的各部件一般都装于同一包装内。

本款规则所称"零售的成套货品"，是指同时符合以下三个条件的货品。

① 由至少两种看起来可归入不同税号的不同物品构成的。例如，六把乳酪叉不能作为本款规则所称的成套货品。

② 为了迎合某项需求或开展某项专门活动而将几件产品或物品包装在一起的。

③ 其包装形式适于直接销售给用户而货物无须重新包装的（例如，装于盒、箱内或固定于板上）。

据此，它包括由不同食品构成，配在一起调制后可成为即食菜或即食饭的成套食品。

以下是按规则三（二）的规定进行归类的成套货品的例子。

① 由一个夹牛肉（不论是否夹奶酪）的小圆面包构成的三明治（税号 16.02）和法式炸土豆片（税号 20.04）包装在一起的成套货品。该货品应归入税号 16.02。

② 配制一餐面条的成套货品，由装于一纸盒内的一包未煮的面条（税号 19.02）、一小袋乳酪粉（税号 04.06）及一小罐番茄酱（税号 21.03）组成。该货品应归入税号 19.02。

但本规则不适用于包装在一起的混合产品。例如。

① 一罐小虾（税号 16.05）、一罐肝酱（税号 16.02）、一罐乳酪（税号 04.06）、一罐火腿肉片（税号 16.02）及一罐开胃香肠（税号 16.01）。

② 一瓶税号 22.08 的烈性酒及一瓶税号 22.04 的葡萄酒。

对于以上两个例子所列的产品及类似的混合产品，应将每种不同产品分别归入各自所属的税号项下。

① 成套理发工具，由一个电动理发推子（税号 85.10）、一把梳子（税号 96.15）、一把剪子（税号 82.13）、一把刷子（税号 96.03）及一条毛巾（税号 63.02），装于一个皮匣子（税号 42.02）组成。该货品应归入税号 85.10。

② 成套绘图器具，由一把尺子（税号 90.17）、一个圆盘计算器（税号 90.17）、一个绘图圆规（税号 90.17）、一支铅笔（税号 96.09）及一个卷笔刀（税号 82.14），装于一个塑料片制的盒子（税号 42.02）组成。该货品应归入税号 90.17。

以上成套货品应按其构成整套货品基本特征的部件进行归类。

本款规则不适用于组件为分别包装的货品，不论其是否装入一个共同包装内，例如为生产饮料等所需而将其按规定比例进行包装。

（5）规则三（三）

货品如果不能按照规则三（一）或（二）归类时，应按号列顺序归入其可归入的最后一个税目。

这说明规则三（三）只能用于不能按照规则三（一）或（二）归类的货品。它规定商品应归入同样值得考虑的品目的顺序排列为最后的品目内。但相互比较的编码或品目只能同级比较。也就是说，如果看起来一个商品可以归入两个或两个以上品目时，比较起来每个品目都同样具体，那么就按在商品编码中位置靠后的那个品目进行归类。

> ▌例题解析▐
>
> 速冻馄饨（带有小调料包及小压缩蔬菜包，零售包装）。
>
> 解析：该商品虽然是由馄饨及调料包、压缩蔬菜包组成的零售包装速冻食品，但是其中的主要成分是馄饨，因此，应归入税号 1902.2000。

思考题

对以下货品进行归类：

1. 汽车用电动雨刮器。
2. 按重量计含 50% 的聚酯短纤维、50% 的棉纤维的针织窗帘。
3. 沐浴、洗发二合一的洗涤用品。

（四）规则四

1. 规则内容

根据上述规则无法归类的货品，应归入与其最相类似的货品的税目。

2. 规则解释及应用

本规则适用于不能按照规则一至三归类的货品。它规定，这些货品应归入与其最相类似的货品的税目中。

"最相类似"指名称、特征、功能、用途、结构等因素，需要综合考虑才能确定。

因协调制度品目多设有（其他）子目，多数章单独列出"未列名货品"品目以容纳特殊货品，并且规则四只适用于品目条文，注释均无规定，且很少使用归类总规则一、二、三解决商品归类的场合，所以此项规定很少使用。

在使用本规定时归类程序如下：待归商品 —— 详列最相类似货品编码 —— 从中选出一个最合适编码 —— 如无法判断最合适编码，依从后归类原则选择最末位的商品编码。

▌例题解析▐

例1：手动羊毛剪。

解析：该商品在《税则》中没有具体列名，因此，无法直接归入与其相适应的税号。通过对该商品的分析得知，手动羊毛剪是贱金属制的，但它不同于理发用的剪子、裁缝用的剪子及一般家庭用的剪子。其属于农业专用的手工工具，具体为剪羊毛用的剪子。所以，应将其归入8201.900090（其他农业、园艺、林业用手工工具）。

▌例题解析▐

例2：一氧化碳。

解析：《税则》中只有二氧化碳具体列名，一氧化碳无具体列名，因此，无法直接归入与其相适应的税号。通过对该商品的分析得知，一氧化碳属于碳化物，为无色、无味的有毒气体。所以，应将其归入2811.290090（其他非金属无机氧化物）。

▌例题解析▐

例3：烘烤杏仁（零售包装）。

解析：该商品在《税则》中没有具体列名，因此，无法直接归入与其相适应的税号。通过对该商品的分析得知，烘烤杏仁的加工方法，是用醋或醋酸以外其他方法制作或保藏的。所以，应将其归入2008.199990（是用醋或醋酸以外其他方法制作或保藏的坚果、花生及其他子仁）。

（五）规则五

1. 规则内容

除上述规则外，本规则适用于下列货品的归类。

（1）制成特殊形状仅适用于盛装某个或某套物品并适合长期使用的照相机套、乐器盒、枪套、绘图仪器盒、项链盒及类似容器，如果与所装物品同时报验，并通常与所装物品一同出售的，应与所装物品一并归类。但本款不适用于本身构成整个货品基本特征的容器。

（2）除规则五（一）规定的以外，与所装货品同时报验的包装材料或包装容器，如果通常是用来包装这类货品的，应与所装货品一并归类。但明显可重复使用的包装材料和包装容器可不受本款限制。

2. 规则解释及应用

（1）规则五（一）（箱、盒及类似容器）

① 本款规则仅适用于同时符合以下各条规定的容器。

A. 制成特定形状或形式，专门盛装某一物品或某套物品的，即专门按所要盛装的物品进行设计的。有些容器还制成所装物品的特殊形状。

B. 适合长期使用的，即容器的使用期限与所盛装的物品相比是相称的。在物品不使用期间（例如，运输或储藏期间），这些容器还起保护物品的作用。本条标准使其与简单包装区别开来。

C. 与所装物品一同报验的，不论其是否为了运输方便而与所装物品分开包装。单独报验的容器应归入其所应归入的税目。

D. 通常与所装物品一同出售的。

E. 本身并不构成整个货品基本特征的。

② 与所装物品一同报验并可按照本规则进行归类的容器的例子如下所示。

■　首饰盒及箱（税号 71.13）。

■　电动剃须刀套（税号 85.10）。

■　望远镜盒（税号 90.05）。

■　乐器盒、箱及袋（税号 92.02）。

■　枪套（税号 93.03）。

③ 本款规则不包括某些容器，例如，装有茶叶的银质茶叶罐，银罐价值远高于所装茶叶，已构成整个货品的基本特征，应按银质品归入 7114.11。

（2）规则五（二）（包装材料及包装容器）

本款规则是关于通常用于包装有关货品的包装材料及包装容器的归类。但本款规则不适用于明显可以重复使用的包装材料或包装容器，例如，用来装压缩或液化气体的钢铁容器应与所装气体分别归类。容器与适宜盛装的货品分别进口也应分别归类。

规则五（一）优先于本款规则，因此，规则五（一）所述的箱、盒及类似容器应按该款规定进行归类。

┃例题解析┃

例 1：（重复使用包装）

1. 瓶装啤酒。

解析：一次性瓶装啤酒，按啤酒归类归入 22.03。装在回收玻璃瓶内的瓶装啤酒，啤酒瓶与啤酒分别归类，啤酒瓶归入 70.10，啤酒归入 22.03。

2. 瓶装氩气。

解析：盛装氩气所使用的钢瓶与一般常见的氧气、压缩空气、氮气等瓶基本相同，均属于贱金属制成的高压容器。由此可知，该容器在使用安全期内是允许反复使用的。因此，进出口时应将氩气与包装瓶分别归类为 2804.2100、7311.0090。

┃例题解析┃

例 2：（专用包装容器）

1. 绿茶（零售铁筒包装，净重每筒 200 克）。

解析：本题零售铁筒包装的绿茶，其包装用的铁筒是专为该茶叶而设计的。外表印有该茶叶的品牌、产地等内容，并且未单独进口，因此，应将包装筒与所盛装的茶叶视为一个货品。

所以，根据本题对所需归类货品限定的条件，绿茶（零售铁筒包装，净重每筒 200 克）应归入税号 0902.1090。

2. 啤酒（听装，麦芽酿造）。

解析：本题听装麦芽酿造的啤酒，其包装用的易拉罐是专为该啤酒而设计的。外表印有该啤酒的品牌、产地等内容，并且未单独进口，因此，应将包装罐与所盛装的啤酒视为一个货品。

所以，根据本题对所需归类货品限定的条件，啤酒（听装，麦芽酿造）应归入税号 2203.0000。

思考题

对以下货品进行归类：

1. 瓶装液化丁烷（供香烟打火机充气用）；
2. 用贵金属制成、镶嵌有宝石、装有小饰物的盒子。

（六）规则六

1. 规则内容

货品在某一税目项下各子目的法定归类，应按子目条文或有关的子目注释以及以上各条规则来确定，但子目的比较只能在同一数级上进行。除条文另有规定的以外，有关的类注、章注也适用于本规则。

2. 规则解释及应用

规则六为解决某一品目下各子目的法定归类而设。它规定五位数级子目的商品范围不得超出所属四位数级品目的商品范围，六位数级子目的商品范围必须在所属的五位数级子目的商品范围之内。也就是说，在确定了商品的四位数级编码后，才可确定五位数级编码，再进一步确定六位数级编码。

（1）以上规则一至五在必要的地方加以修改后，可适用于同一税目项下的各级子目。

（2）"同一数级"子目，是指五位数级子目（一级子目）或六位数级子目（二级子目）。据此，当按照规则三（一）规定考虑某一物品在同一税目项下的两个或两个以上五位数级子目的归类时，只能依据有关的五位数级子目条文来确定哪个五位数级子目所列名称更为具体或更为类似。只有确定了哪个五位数级子目列名更为具体，而且该子目项下又再细分了六位数级子目，才能根据有关的六位数级子目条文考虑物品应归入这些六位数级子目中的哪个子目。

（3）"除条文另有规定的以外"，是指类、章注释与子目条文或子目注释不相一致的情况。

例如，第七十一章注释四（二）所规定"铂"的范围就与子目注释二所规定"铂"的范围不相同，因此，在解释子目号 7110.11 及 7110.19 范围时，应采用子目注释二，而不应考虑该章注释四（二）。

（4）六位数级子目的范围不得超出其所属的五位数级子目的范围；同样，五位数级子目的范围也不得超出其所属的税目范围。

总之，规则六注明只有属同一级别的子目才可做比较并进行归类选择，以决定哪个子目较为合适。比较方法为同级比较，层层比较。

思考题

对以下货品进行归类：

1. 可与计算机连接的多功能激光复印一体机（可复印、打印、传真）；
2. 木制衣箱。

三、商品归类的操作程序

准确地对进出口商品进行归类是报关员应具备的重要素质，而正确的归类操作程序又是准确归类的前提和保障。

对某一个具体商品进行归类时，第一步是初步判断它属于《协调制度》中的哪一大类，也就是先确定它在进出口商品名称与编码中 21 类 97 章中的大致范围。然后，根据商品的详细描述（如它的成分、加工程度、规格、结构、用途等因素）确定它在《协调制度》中的 8 位编码。

1. 第一步：确定品目（前4位数级编码）

明确"待归类商品的特征"→查阅类、章标题→列出可能归入的章标题→查询相应章中品目条文和注释，如可见该商品则确定品目→如无规定则运用归类总规则来确定品目。

2. 第二步：确定子目（第5～8位数级编码）

查阅所属品目的一级子目条文和适用的注释→如已查到该商品，则确定一级子目（即第5位数），如没有查到该商品，则运用归类总规则确定一级子目→依次重复以上程序，确定二、三、四级子目（即第6～8位数），完成归类。注意同一数级的子目才能进行比较。

▌**例题解析**▐

例1：精制的玉米油。

归类思路及步骤。

1. 分析商品特征，确定类、章。玉米油属于植物油，应在第15章"动、植物油、脂及分解产品；精制的食用油脂；动植物蜡"中查找。

2. 查阅类、章注释和品目条文，确定前4位数。玉米油在品目1507至1514没有列名，故归入品目1515"其他固定植物油、脂及其分离品，不论是否精制，但未经化学改性"。

3. 确定各级子目。查阅一级子目条文，归入"玉米油及其分离品"；在一级子目项下确定二级子目，由于是"精制的"，因此归入二级子目15152900（本商品没有三、四级子目）。

▌**例题解析**▐

例2：甜杏仁（1 000克塑料瓶装，已炒熟）。

归类思路及步骤。

1. 甜杏仁是果仁，同时该甜杏仁已经炒熟，即已经深加工，应归入第20章"蔬菜、水果、坚果或植物其他部分的制品"。

2. 炒制的果仁未在第20章品目条文中列名，故归入品目2008"用其他方法制作或保藏的其他品目未列名水果、坚果及植物的其他食用部分"。

3. 按照子目条文的规定归入一级子目"坚果、花生及其他子仁，不论是否混合"；由于二级子目并无甜杏仁的列名，因此，归入二级子目"其他"；按相同方法确定三、四级子目，最终归入20081999。

任务三　我国进出口商品归类的海关管理制度

一、进出口货物的商品归类依据

我国的商品归类是以《协调制度》为体系，以海关进出口税则和海关统计商品目录为执法依据的。《中华人民共和国海关法》规定：进出口货物的商品归类按照国际有关商品归类的规定确定。主要包括以下两方面。

（一）主要依据

1.《中华人民共和国海关法》。

2.《中华人民共和国进出口关税条例》（简称《关税条例》）。

3.《中华人民共和国海关进出口货物征税管理办法》（以下简称《征税管理办法》）。

4. 海关总署公布下发的关于商品归类的有关规定，包括总署的文件、归类决定、归类行政裁定、归类技术委员会决议以及总署转发的世界海关组织归类决定等。

5.《进出口税则商品及品目注释》。

6.《中华人民共和国进出口税则本国子目注释》。

7. 国家其他有关商品归类的公开规定。

（二）其他依据

1. 归类中海关可要求收发货人提供归类所需的有关资料并将其作为商品归类的依据。
2. 必要时，海关可以组织化验、检验，并将结果作为归类依据。

二、进出口货物的归类申报要求

（一）如实申报

《中华人民共和国海关进出口货物征税管理办法》规定，纳税义务人应当按照法律、行政法规和海关规章关于商品归类的有关规定，如实申报进出口货物的商品名称、税则号列（商品编号）、规格型号等。

（二）提供归类所需资料

《中华人民共和国海关进出口货物征税管理办法》规定，纳税义务人应当依法向海关办理申报手续，按照规定提交有关单证。海关认为必要时，纳税义务人应当提供确定商品归类所需的相关资料。商品归类是一项技术性很强的工作，因此，申报的货物品名、规格、型号等必须满足归类的要求，报关人员应向海关详细提供归类所需的货物的形态、性质、成分、加工程序、结构原理、功能、用途等，尤其要提供以下内容。

1. 农产品、未列明化工品等的成分和用途。
2. 材料性商品的成分和加工方法、加工工艺。
3. 机电产品的结构、原理和功能。

（三）补充申报

《中华人民共和国海关进出口货物征税管理办法》规定，为审核确定进出口货物的商品归类，海关可以要求纳税义务人按照有关规定进行补充申报，纳税义务人认为必要时，也可以主动要求进行补充申报。

（四）归类的修改

1. 海关经审核认为收发货人或者其代理人申报的商品编码不正确的，可以根据《中华人民共和国海关进出口货物征税管理办法》有关规定，按照商品归类的有关规则和规定予以重新确定，并且根据《中华人民共和国海关进出口货物报关单修改和撤销管理办法》等有关规定通知收发货人或者其代理人对报关单进行修改、删除。

2. 收发货人或者其代理人申报的商品编码需要修改的，应当按照《中华人民共和国海关进出口货物报关单修改和撤销管理办法》等规定向海关提出申请。

（五）预归类制度

为加速货物通关，提高商品归类的准确性，便利报关单位办理海关手续，我国海关对进出口商品实行预归类制度。在海关注册登记的进出口货物经营单位，可以在货物实际进出口的 45 天前，向直属海关申请进出口货物预归类。

1. 预归类的含义

商品预归类是指一般贸易的货物在实际进出口前，申请人以海关规定的书面形式向海关提出申请并提供商品归类所需要的资料，必要时提供样品，海关依法做出具有法律效力的商品归类决定的行为。

2. 申请预归类的条件

进行进出口商品预归类应符合以下两个条件。

（1）申请人是在海关注册的进出口货物的经营单位或其代理人。

（2）申请预归类的商品为一般进出口货物。

3. 预归类申请的提出

预归类申请人应是在海关注册的进出口货物的经营单位或其代理人。在货物实际进出口的 45 日前，向实际进出口货物所在地的直属海关提出。

4. 预归类的申请

申请人申请预归类的，应当填写并且提交《中华人民共和国海关商品预归类申请表》（格式文本见附件 1）。预归类申请应当向拟实际进出口货物所在地的直属海关提出。

附件 1

中华人民共和国海关商品预归类申请表

（　　）关预归类申请_____号

申请人：
企业代码：
通信地址：
联系电话：
商品名称（中、英文）：
其他名称：
商品描述（规格、型号、结构原理、性能指标、功能、用途、成分、加工方法、分析方法等）：
进出口计划（进出口日期、口岸、数量等）：
随附资料清单（有关资料请附后）：
此前如就相同商品持有海关商品预归类决定书的，请注明决定书编号：

申请人（章） 年　月　日	海关（章）： 签收人： 接受日期：　　年　　月　　日

5. 预归类的受理和预归类决定

直属海关经审核认为申请预归类的商品归类事项属于《中华人民共和国进出口税则》《进出口税则商品及品目注释》《中华人民共和国进出口税则本国子目注释》以及海关总署发布的关于商品归类的行政裁定、商品归类决定有明确规定的，应当在接受申请之日起 15 个工作日内制发《中华人民共和国海关商品预归类决定书》（以下简称《预归类决定书》，格式文本见附件 2），并且告知申请人。

附件 2

中华人民共和国海关商品预归类决定书

（　　）关预归类书_____号

申请人：
企业代码：
通信地址：
联系电话：
商品名称（中、英文）：

续表

其他名称：

申请表编号：（　）关预归类申请　　　　号　受理日期：　　　年　月　日

此前就相同商品持有海关商品预归类决定书的，请注明决定书编号：

商品描述：

商品归类编码：	海关（章）： 　　年　月　日

注：1. 本决定书一式两份，申请人和海关各一份。

　　2. 本决定书加盖海关印章有效。

　　3. 本决定书涂改无效。

▌知识链接▐

预归类决定书

申请人在制发《预归类决定书》的直属海关所辖关区进出口《预归类决定书》所述商品时，应当主动向海关提交《预归类决定书》。

申请人实际进出口《预归类决定书》所述商品，并且按照《预归类决定书》申报的，海关按照《预归类决定书》所确定的归类意见审核放行。

《预归类决定书》自海关签发之日起 1 年内有效，只准申请人使用，到期可再次申请。

思考题

企业如何向海关申请进出口货物预归类？

三、进出口商品归类目录

第一类活动物；动物产品（第一章～第五章）

（一）主要内容

本类共 5 章，包括除特殊情况外的所有种类的活动物以及经过有限度的一些简单加工的动物产品。

其中活动物归第一章，肉及食用杂碎归入第二章，鱼、甲壳动物、软体动物及其他水生无脊椎动物归入第三章，乳品、蛋品、天然蜂蜜、其他食用动物产品归入第四章，其他未加工或简单加工的各种未列名的动物产品归入第五章。

（二）归类方法

1. 活动物的归类

鱼、甲壳动物（例如，龙虾、大螯虾、淡水小龙虾、蟹、河虾及对虾）、软体动物[例如，牡蛎（蚝）、海扇、贻贝、蚌、墨鱼、鱿鱼、章鱼及蜗牛]及其他水生无脊椎动物（例如，海胆、海参及海蜇）归入第三章；其他的活动物（例如，马、牛、猪、羊、鸡、狗、蛇、蜂）归入第一章。

根据第一章章注三的规定，属于第一章的活动物如果与流动马戏团及流动动物园的设备同时报验并作为其组成部分，则应归入品目9508。

2. 动物杂碎的归类

（1）供人食用的杂碎（例如，头、脚、尾、心、舌），如果适合供人食用则归入第二章，不适合供人食用（如因保存不善导致变质）则归入第五章，例如，新鲜的猪脚应归入品目0206。

（2）专供制药用的杂碎（例如，胆囊、肾上腺、胎盘），如为鲜、冷、冻或用其他方法临时保藏的，归入品目0510；如经干制的则归入品目3001。

（3）既可供人食用，又可供制药用的杂碎（例如，肝、肾、肺、脑、胰腺、脾、脊髓）归类如下。

临时保藏（例如，用甘油、丙酮、酒精、甲醛、硼酸钠临时保藏），以供药用的，归入品目0510；干制的归入品目3001；其他如果适合供人食用则归入第二章，不适合供人食用则归入第五章。

（4）既可供人食用，又有其他用途的杂碎（例如，皮），如果适合供人食用则归入第二章；不适合供人食用则归入第五章或其他有关章。

（5）根据第二章章注二的规定，动物的肠、膀胱、胃或动物血必须按不可食用的动物产品归入第五章（动物血如果符合品目3002的规定，则归入品目3002），例如，新鲜的猪大肠不能归入品目0206"鲜、冷、冻牛、猪、绵羊、山羊、马、驴、骡的食用杂碎"，应该根据该章注的规定归入品目0504。

3. 动物加工产品的归类

对于动物产品的归类，关键是根据加工程度判断是一种可以归入本类的简单加工，还是应归入后面其他类（如第四类）的进一步深加工。

但是，由于第二章至第五章的动物产品种类比较多，各有关章的产品加工程度规定的标准也各不相同，应根据有关各章的注释和品目条文的规定来确定。所以，具体到某一种动物产品，比如"鸡"，加工到什么程度属"简单加工"可以归入第二章，而加工到什么程度属超出"简单加工"的范围应归入第四类，其方法是首先查第二章的品目条文与相应的章注、类注，如果相符则归入第二章，否则归入第四类。

例如，"用盐腌制的咸鸡"应归入品目0210，而"油炸鸡腿"，经查第二章的品目条文与章注得知，其加工程度已超出第二章的范围，因此应归入品目1602。

第二类植物产品（第六章～第十四章）

（一）主要内容

本类共9章，包括各种活植物及经过有限度的简单加工的植物产品。

其中活树及其他活植物、鳞茎、根及类似品，插花及装饰用簇叶归入第六章；食用蔬菜、根及块茎归入第七章；食用水果及坚果，甜瓜或柑橘属水果的果皮归入第八章；咖啡、茶、马黛茶及调味香料归入第九章；谷物归入第十章；制粉工业产品、麦芽、淀粉、菊粉、面筋归入第十一章；含油子仁及果实、杂项子仁及果实、工业用或药用植物、稻草秸秆及饲料归入第十二章；虫胶、树胶、树脂及其他植物汁液归入第十三章；编结用植物材料、其他植物产品归入第十四章。

（二）归类方法

1. 干蔬菜的归类

根据第七章章注三的规定，品目0712包括干制的归入品目0701至0711的各种蔬菜，但下列各项除外。

（1）作蔬菜用的脱荚干豆（品目0713）。

（2）品目 1102 至 1104 所列形状的甜玉米。

（3）马铃薯细粉、粗粉、粉末、粉片、颗粒及团粒（品目 1105）。

（4）用品目 0713 的干豆制成的细粉、粗粉及粉末（品目 1106）。

例如，马铃薯细粉尽管属于制成粉状的干蔬菜（马铃薯属于蔬菜），符合 0712 品目条文的规定，但根据该章注的规定，应归入品目 1105。

2. 混合调味香料的归类

根据第九章章注一的规定，品目 0904 至 0910 所列产品的混合物，应按下列规定归类。

（1）同一品目的两种或两种以上产品的混合物仍应归入该品目。

（2）不同品目的两种或两种以上产品的混合物应归入品目 0910。

品目 0904 至 0910 的产品[或上述（1）或（2）项的混合物]如添加了其他物质，只要所得的混合物保持了原产品的基本特性，其归类应不受影响。基本特性已经改变的，则不应归入本章；构成混合调味品的，应归入品目 2103。

例如，肉桂（占 70%）与丁香（占 30%）的混合物，由于肉桂归品目 0906，丁香归品目 0907，属于不同品目的混合物，所以应归入品目 0910。而对于胡椒粉（占 70%）与辣椒粉（占 30%）的混合物，由于胡椒粉与辣椒粉都归入品目 0904，属于同一品目的混合物，所以仍应归入品目 0904。

3. 种植用种子的归类

根据第十二章章注三的规定，甜菜子、草子及其他草本植物种子、观赏用花的种子、蔬菜种子、林木种子、果树种子、巢菜子（蚕豆除外）、羽扇豆属植物种子，可一律视为种植用种子，归入品目 1209。

但下列各项即使作种子用，也不归入品目 1209。

（1）豆类蔬菜或甜玉米（第七章）。

（2）第九章的调味香料及其他产品。

（3）谷物（第十章）。

（4）品目 1201 至 1207 或 1211 的产品。

例如，种用蚕豆属于豆类蔬菜，根据该章注的规定，应归入品目 0713。

4. 植物加工产品的归类

植物产品与动物产品的归类思路基本一致，即对本类的植物产品也需特别注意其加工程度。只有简单加工的植物产品才归入本类，如果超出这一范围而进行了进一步的深加工，则应归入后面的其他类，如第四类。

但是，本类的植物产品与动物产品相比较，由于种类、用途更复杂，因而各有关章及具体的植物产品加工程度规定的标准更不相同，归类的方法仍是首先在第二类相应章的有关品目条文与章注、类注中查找，如果相符则归入本类；否则视为其加工程度已超出允许范围，应作为深加工而归入其他类。

例如"生花生仁"归品目 1202，而"水煮花生仁"，经查第十二章的品目条文与章注得知，已超出该章范围，所以应到第四类中查找而归入品目 2008。

第三类 动、植物油、脂及其分解产品；精制的食用油脂；动、植物蜡（第十五章）

（一）主要内容

本类只有 1 章，包括以第一、第二类的动物、植物为原料加工得到的动物、植物油脂；油脂的分解产品；混合食用油脂；动物、植物蜡；处理油脂或蜡所剩的残渣。

（二）归类方法

1. 动、植物油脂加工程度归类如表 4-1 所示。

表 4-1

油脂	（初炸、精制）	动物油脂	品目 1501～1506
		植物油脂	品目 1507～1515
	化学改性（氢气等，氧化等）		品目 1516、1518
	混合食用油脂，进一步加工的食用油脂，进一步加工的非食用油脂		品目 1517，品目 1517，品目 1518
粗甘油			品目 1520
动、植物蜡			品目 1521
残渣			品目 1522

例如，"初榨的豆油""精制的豆油""氢化的豆油""氧化的豆油""混合的豆油"，它们的归类应随着加工方式和加工程度的不同而分别归入子目 1507.1000、1507.9000、1516.2000、1518.0000、1517.9000。

2. 动、植物油、脂分解产品的归类

动、植物油、脂分解产品中的粗甘油归品目 1520，而脂肪酸、脂肪醇等以及经过提纯的精制甘油则要按化工品归入第六类。

第四类食品；饮料、酒及醋；烟草、烟草及烟草代用品的制品
（第十六章～第二十四章）

（一）主要内容

本类共 9 章，包括以动物、植物为原料加工得到的食品、饮料、酒、醋、动物饲料、烟草等。主要以第一类的动物为原料加工得到的食品归入第十六章；主要以第二类的植物为原料加工得到的食品归入第十七章至第二十一章，其中，糖归入第十七章，可可及可可制品归入第十八章，谷物、粮食粉、淀粉或乳的制品归入第十九章，蔬菜、水果、坚果等的产品归入第二十章，其他杂项食品归入第二十一章；饮料、酒、醋归入第二十二章；食品工业的残渣及废料、饲料归入第二十三章；烟草及其制品归入第二十四章。

（二）归类方法

1. 混合食品的归类

根据第十六章章注二的规定，对于混合食品，如果动物类原料（即香肠、肉、食用杂碎、动物血、鱼、甲壳动物、软体动物或其他水生无脊椎动物及其混合物）的含量在 20%以上（其中不同的动物原料的含量可以相加）则应归入第十六章。对于含有两种或两种以上前述产品的食品，则应按其中重量最大的产品归入第十六章的相应品目。

例如，"猪肉占 15%、牛肉占 20%、马铃薯占 65%的罐头食品"，因为猪肉加上牛肉合计为 35%，超过了 20%，所以可归入第十六章的品目 1602，又因为牛肉含量超过猪肉，所以应按牛肉食品归入子目 1602.5010。

但是，如果该混合食品属于品目 1902 的包馅食品和品目 2103、2104 的食品，则不论其中的动物类原料的含量是否在 20%以上，一律不再归入第十六章，而应归入品目 1902、2103、2104。

例如，"猪肉占 30%、白菜占 20%、面粉占 50%的水饺"，尽管其中猪肉的含量在 20%以上，但由于水饺属于品目 1902 的包馅食品，所以仍应归入品目 1902。

2. 均化混合食品的归类

根据第二十一章章注三的规定，由两种或两种以上的基本配料，例如，肉、鱼、蔬菜或果实等，经精细均化制成供婴幼儿食用或营养用的零售包装食品（每件净重不超过 250 克，为了调味、保藏

或其他目的，可以加入少量其他配料，还可以含有少量可见的小块配料）属于均化混合食品，符合上述条件的食品必须按"均化混合食品"归入品目 2104。

例如，猪肉占 60%、青菜占 30%，加上调料制成的专供婴幼儿食用的均化食品（净重 150 克包装），由于其是猪肉和青菜两种基本配料制成，属于该章注规定的"均化混合食品"，所以应归入品目 2104。

3. 均化食品的归类

（1）子目 1602.1000 的"均化食品"，是指用肉、食用杂碎或动物血经精细均化制成供婴幼儿食用或营养用的零售包装食品，每件净重不超过 250 克。为了调味、保藏或其他目的，均化食品中可以加入少量其他配料，还可以含有少量可见的肉粒或食用杂碎粒。归类时该子目优先于品目 1602 的其他子目。

例如，由猪肉经精细均化制成供婴幼儿食用的净重 250 克的食品，应作为"均化食品"归入子目 1602.1000。

（2）子目 2005.1000 所称"均化蔬菜"，是指蔬菜经精细均化制成供婴幼儿食用或营养用的零售包装食品，每件净重不超过 250 克。为了调味、保藏或其他目的，均化蔬菜中可以加入少量其他配料，还可以含有少量可见的蔬菜粒。归类时，该子目优先于品目 2005 的其他子目。

例如，由马铃薯经精细均化制成供婴幼儿食用的净重 200 克的食品，应作为"均化食品"归入子目 2005.1000。

（3）子目 2007.1000 所称"均化食品"，是指果实经精细均化制成供婴幼儿食用或营养用的零售包装食品，每件净重不超过 250 克。为了调味、保藏或其他目的，均化食品中可以加入少量其他配料，还可以含有少量可见的果粒。归类时，该子目优先于品目 2007 的其他子目。

例如，由苹果经精细均化制成供婴幼儿食用的净重 150 克的食品，应作为"均化食品"归入子目 2007.1000。

4. 糖的归类

各种糖（例如，蔗糖、乳糖、麦芽糖、葡萄糖及果糖），以及糖浆、人造蜜、焦糖、提取或精炼糖时所剩的糖蜜以及糖食应归入第十七章。

但是，化学纯糖（蔗糖、乳糖、麦芽糖、葡萄糖及果糖除外）应归入品目 2940。

5. 可可食品的归类

第十八章可可食品的归类应注意本章章注一的规定，含可可的食品有些可归入本章，有些则应归入其他章。

例如，含可可的饮料不能按含可可食品归入品目 1806，而应按饮料归入品目 2202。

6. 酒的归类

应在能够正确区别各种常见酒的加工方法的基础上掌握不同酒的归类，即发酵酒归入品目 2203～2206，而蒸馏酒归入品目 2207～2208。

例如，黄酒属于发酵酒，应归入品目 2206，而威士忌酒属于蒸馏酒，应归入品目 2208。

7. 其他食品的归类

本类商品中第十六章至第二十一章的各种食品的归类难点主要在于与第一、第二类的动物、植物产品的区别。判断方法仍然是加工程度。具体方法见第一、第二类的相关部分。

第五类矿产品（第二十五章～第二十七章）

（一）主要内容

本类共 3 章，包括原矿及经过一定程度加工的矿产品。其中燃料（主要是煤、石油、天然气）及其加工产品归入第二十七章，主要的金属矿归入第二十六章，其他矿则归入第二十五章。

（二）归类方法

1. 第二十五章矿物的归类

除条文及注释四另有规定的以外，第二十五章各品目只包括原产状态的矿产品，或只经过洗涤（包括用化学物质清除杂质而未改变产品结构的）、破碎、磨碎、研粉、淘洗、筛分以及用浮选、磁选和其他机械物理方法（不包括结晶法）精选过的矿产品，但不得经过焙烧、煅烧、混合或超过品目所列的加工范围。如果加工程度超出了上述范围、本章品目条文及本章章注四的规定，则不能再归入本章。

例如，"经简单切割的大理石"归入品目2515，"表面经磨平的大理石"则因为进行了进一步的加工而应归入品目6802。

2. 第二十六章矿物的归类

第二十六章尽管是"金属矿"，但这里的"金属矿"不是全部，而是有例外。根据第二十六章章注二的规定，品目2601至2617所称"矿砂"，是指冶金工业中提炼汞、品目2844的金属以及第十四类、第十五类金属的矿物，即使这些矿物不用于冶金工业，也被包括在内。

例如，"稀土金属矿"就不能归入第二十六章而应归入品目2530。

与第二十五章类似，本章金属矿产品的加工也有一定的限定，即品目2601至2617不包括以非冶金工业正常加工方法处理的各种矿物。

例如，天然的铜矿应归入品目2603，而用化学方法由天然铜矿提取出的硫化铜，则其加工程度已超出了简单加工的范围，应作为化工品归入品目2830。另外需注意，本章还包括含铅汽油的淤渣（子目2620.2100）及焚烧城市垃圾所产生的灰渣（子目2621.1000）。

3. 第二十七章矿物的归类

与第二十五章、二十六章不同，第二十七章的煤、石油、天然气可以进行化学提取和其他加工，但经化学提取得到的矿物能归入本章的一般是一些粗产品，如果经进一步的化学提纯，则应归入第二十九章。

例如，"粗苯"归入品目2707，"精苯"则因加工程度已超出本章范围而应归入品目2902。

4. 其他归类注意事项

注意有少数"纯的"化工产品不归入第六类而归入本类，例如，"纯的氯化钠""纯的氧化镁""纯的甲烷""纯的丙烷"，这些是特例。

第六类化学工业及其相关工业的产品（第二十八章～第三十八章）

（一）主要内容

本类共11章，可分成两部分：第一部分为第二十八章至第二十九章，主要为单独的已有化学定义的化学品，其中元素和无机化合物归入第二十八章，有机化合物归入第二十九章；第二部分为第三十章至第三十八章，主要为按用途分类的化工品，其中药品归入第三十章，该章还包括用于医疗、外科、牙科或兽医用的某些其他物质或物料；肥料归入第三十一章，包括通常作天然或人造肥料的绝大多数产品；染料、颜料、油漆、油墨等归入第三十二章，包括用于鞣料及软化皮革的制剂、植物鞣膏、合成鞣料以及人造脱灰碱液，也包括植物、动物或矿物着色料及有机合成着色料，以及用这些着色料制成的大部分制剂，还包括清漆、干燥剂及油灰等各种其他制品；精油及香膏、芳香料制品及化妆、盥洗品归入第三十三章；肥皂、有机表面活性剂、洗涤剂、润滑剂、光洁剂、蜡烛等归入第三十四章；蛋白质物质、改性淀粉、胶、酶归入第三十五章；炸药、烟火制品、火柴、易燃制品等归入第三十六章；照相及电影用品归入第三十七章；杂项化工产品归入第三十八章。

（二）归类方法

1. 化工品中的优先归类原则

（1）凡符合品目 2844 或 2845 规定的货品（放射性矿砂除外），应分别归入这两个品目而不归入 HS 的其他品目。即除了放射性矿砂以外，所有的放射性化学元素、同位素及它们的化合物，即使本来可能可以归入其他品目，也应二律归入品目 2844 或 2845。

例如，放射性甘油应归入品目 2844 而不归入品目 2905。

（2）除上述（1）另有规定的以外，凡符合品目 2843、2846 或 2852 规定的货品，应分别归入以上品目而不归入本类的其他品目。即除了品目 2844 或 2845 外，如果某化工产品既可以归入品目 2843、2846 或 2852，又可以归入本类的其他品目，也应一律归入品目 2843、2846 或 2852。

例如，硝酸银即使已制成零售包装供摄影用，也应归入品目 2843 而不归入品目 3707。

（3）除上述（1）、（2）外，凡由于按一定剂量或作为零售包装而可归入品目 3004、3005、3006、3212、3303、3304、3305、3306、3307、3506、3707 或 3808 的货品，应分别归入以上品目，而不归入 HS 的其他品目，即如果一种化工品制成一定剂量或制成零售包装而且同时符合品目 3004、3005、3006、3212、3303、3304、3305、3306、3307、3506、3707、3808 的规定，财应优先归入上述品目。

例如，零售包装的染料应归入品目 3212。

2. 本类第一部分与第二部分的归类区别

一般情况下，如果一种化工品是单独的化学元素及单独的已有化学定义的化合物（包括无机化合物和有机化合物），则应归入第二十八章或第二十九章；如果不符合这一点，而是由几种不同化学成分混合配制而成的，则主要按其用途归类，应归入第三十章至第三十八章，如果按其用途找不到相符的品目条文时，则按照未列名化工产品归入子目 3824.9099。当然，品目条文、章注、类注另有规定的除外。

例如，"硫代硫酸钠"可用于摄影，起定影作用，但如果仅是硫代硫酸钠一种成分（未制成定量包装或零售包装，可立即使用的），则应归入子目 2832.3000；当硫代硫酸钠中再配上其他成分制成定影剂，则按其用途归入子目 3707.9010。

3. 第二十八章无机化工商品的归类

除条文另有规定外，第二十八章仅限于单独的化学元素及单独的已有化学定义的化合物。

单独的已有化学定义的化合物是由一分子种类（例如，通过共价键或离子键结合）组成的物质，此种物质的各种组成元素的比例是固定的而且可以用确定的结构图进行表示。

含有杂质或溶于水的单独化学元素和已有化学定义的单独化合物仍归入第二十八章。

（1）化学元素

化学元素可分为两类：非金属元素及金属元素。

非金属元素中，卤素（氟、氯、溴及碘）归入品目 2801；硫黄（包括升华硫黄、沉淀硫黄、胶态硫黄）归入品目 2802；碳归入品目 2803；氢、稀有气体（氦、氖、氩、氪、氙）和其他非金属（氮、氧、硼、碲、硅、磷、砷、硒）归入品目 2804。

金属元素中的碱金属（锂、钠、钾、铷、铯）、碱土金属（钙、锶、钡）、稀土金属、钪及钇、汞归入品目 2805，其他的金属元素则归入其他分章或其他章。例如，放射性化学元素和同位素归入品目 2844，稳定同位素归入品目 2845，贵金属归入第七十一章及品目 2843，贱金属归入第十五类。

（2）无机化合物

根据分子结构的不同特征，可对无机化合物进行如下归类。

① 无机酸及非金属无机氧化物归入品目 2806～2811，例如，硫酸属于无机酸，应归入品目 2807。

② 非金属卤化物及硫化物归入品目 2812～2813，例如，二硫化碳属于非金属硫化物，应归入

品目 2813。

③ 无机碱和金属氧化物、氢氧化物及过氧化物归入品目 2814～2825。例如，烧碱属于无机碱，应归入品目 2815。

④ 无机酸盐、无机过氧酸盐及金属酸盐、金属过氧酸盐归入品目 2826～2842，例如，硫酸铜属于无机酸盐，应归入品目 2833。

⑤ 其他杂项产品归入品目 2843～2853，例如，过氧化氢应归入品目 2847。

4. 有机化工商品归类

第二十九章有机化工商品的归类。根据分子结构的不同特征，可对有机化合物进行如下归类。

（1）烃归入品目 2901～2902，例如，乙烯属于无环烃，应归入品目 2901。

（2）烃的卤化、磺化、硝化、亚硝化衍生物归入品目 2903～2904，例如，氯仿属于烃的卤化衍生物，应归入品目 2903。

（3）醇归入品目 2905～2906，例如，甲醇应归入品目 2905。

（4）酚归入品目 2907～2908，例如，苯酚应归入品目 2907。

（5）醚归入品目 2909～2911，例如，乙醚应归入品目 2909。

（6）醛、酮归入品目 2912～2914，例如，丙酮应归入品目 2914。

（7）羧酸及其酸酐、酰卤化物、过氧化物和过氧酸归入品目 2915～2918，例如，苯甲酸属于环一元羧酸，应归入品目 2916。

（8）非金属无机酸酯归入品目 2919～2920，例如，亚磷酸三甲酯属于亚磷酸的无机酸酯，应归入品目 2920。

（9）含氮基化合物归入品目 2921～2929，例如，苯胺应归入品目 2921。

（10）有机—无机化合物归入品目 2930～2931，例如，二甲硫属于有机硫化合物，应归入品目 2930。

（11）杂环化合物及核酸归入品目 2932～2934，例如，四氢呋喃属于含有氧杂原子的杂环化合物，应归入品目 2932。

（12）磺胺归入品目 2935，例如，磺胺嘧啶应归入品目 2935。

（13）其他杂项有机产品（维生素、激素、生物碱、化学纯糖、抗菌素等）归入品目 2936～2942，例如，青霉素属于抗菌素，应归入品目 2941。

5. 药品的归类

首先，如果是已配定剂量或已制成零售包装，则归入品目 3004。

其次，如果是未配定剂量也未制成零售包装，则要看其是未混合产品还是混合产品，前者按其成分归入第二十九章或第二十八章，后者则归入品目 3003。

例如，"安乃近原药，粉状，5 千克装"，由于该商品未配定剂量也未制成零售包装，并且是未混合产品，所以应归入子目 2933.1920。再如"安乃近药片"，由于已配成一定剂量，所以应归入子目 3004.9090。

另外，还需注意以下问题。

（1）除供静脉摄入用的滋养品可作为药品归入第三十章以外，营养品、糖尿病食品、强化食品、保健食品、滋补饮料及矿泉水，即使具有某些有利于身体健康、抵御疾病的作用，也不能作为药品归入第三十章，只能作为食品、饮料而归入第四类。

例如，某品牌的运动饮料具有补充运动中流失的维生素和矿物质和增强体质的作用，仍应按一般饮料归入品目 2202。

（2）品目 3303 至 3307 的化妆盥洗品，即使具有治疗及预防疾病的某些作用，也不能作为药品归入第三十章，仍应按化妆盥洗品归入第三十三章。

例如，某品牌的洗发水具有去屑止痒的功效，仍应按护发品归入品目 3305。

6. 肥料的归类

首先，单独的已有化学定义的化合物，即使属于氮肥、磷肥、钾肥或其他肥料，只有符合第三十一章有关章注的规定，才能归入第三十一章，否则应归入第二十八章或二十九章。下面以第三十一章章注二为例进行解释说明。

第三十一章章注二规定，品目 3102 只适用于下列货品，但未制成品目 3105 所述形状或包装。

（1）符合下列任何一条规定的货品。

① 硝酸钠，不论是否纯净。

② 硝酸铵，不论是否纯净。

③ 硫酸铵及硝酸铵的复盐，不论是否纯净。

④ 硫酸铵，不论是否纯净。

⑤ 硝酸钙及硝酸铵的复盐（不论是否纯净）或硝酸钙及硝酸铵的混合物。

⑥ 硝酸钙及硝酸镁的复盐（不论是否纯净）或硝酸钙及硝酸镁的混合物。

⑦ 氰氨化钙，不论是否纯净或用油处理。

⑧ 尿素，不论是否纯净。

（2）由上述（1）中任何货品相互混合的肥料。

（3）由氯化铵或上述（1）或（2）款任何货品与白垩、石膏或其他无肥效无机物混合而成的肥料。

（4）由上述（1）的②或⑧项的货品或其混合物溶于水或液氨的液体肥料。

例如，"氯化铵肥料"由于不符合第三十一章章注二的规定，所以应作为化工原料归入子目 2827.1010。

其次，如果是归入第三十一章的肥料，但制成片剂及类似形状或每包毛重不超过 10 千克，则应归入品目 3105。

例如，"5 千克包装的氯化钾"应归入品目 3105。

7. 染料和颜料的归类

（1）按染料和颜料的来源和加工归入品目 3203～3206。

（2）要注意，如果是无机颜料（不包括用作发光体的无机产品）并且是单独的符合化学定义的，则不能归入本章而应归入第二十八章。

例如，二氧化钛不能归入品目 3206，而应作为无机化合物归入品目 2823。

8. 油漆的归类

（1）以合成聚合物或化学改性天然聚合物之外的其他原料为基本成分制成的油漆，应归入品目 3210。

（2）以合成聚合物或化学改性天然聚合物为基本成分制成的油漆，则再看其所用介质，其中，分散于或溶于非水介质的归品目 3208，分散于或溶于水介质的归品目 3209。

（3）根据第三十二章章注四的规定，品目 3208 包括由品目 3901 至 3913 所列产品溶于挥发性有机溶剂的溶液（胶棉除外），但溶剂重量必须超过溶液重量的 50%。

例如，溶于松节油（一种具有挥发性的有机溶剂）中的丙烯酸聚合物，松节油占溶液总重量的 65%，根据该章注的规定，应归入品目 3208。

9. 香料的归类

（1）天然香料归入品目 3301，化学合成的单独化学成分的香料则一般应归入第二十九章。

例如，"天然的薄荷油"归入品目 3301，而人工合成的"薄荷醇"则应归入品目 2906。

（2）几种香料的混合物或香料与其他成分的混合物，则一般应归入品目 3302。

10. 化妆品的归类

化妆品一般按其用途归入品目 3303～3307。例如，唇膏属于唇用化妆品，应归入子目 3304.1000。

另外，品目 3307 所称"芳香料制品及化妆盥洗品"，主要适用于下列产品：香袋；通过燃烧散发香气的制品；香纸及用化妆品浸渍或涂布的纸；隐形眼镜片或假眼用的溶液；用香水或化妆品浸渍、涂布、包覆的絮胎、毡呢及无纺织物；动物用盥洗品。

例如，"博士伦"隐形眼镜片专用护理液，应作为"芳香料制品及化妆盥洗品"归入子目 3307.9000。

11. 表面活性剂的归类

首先，在归类时，通常我们将具有表面活性的一类物质称为表面活性剂，但是，品目 3402 所称"有机表面活性剂"是不符合化学定义的有机化合物，其是指温度在 20℃时与水混合配成 0.5% 浓度的水溶液，并在同样温度下搁置 1 小时后与下列规定相符的产品：

（1）成为透明或半透明的液体或稳定的乳浊液而未离析出不溶解物质。

（2）将水的表面张力减低到每厘米 45 达因及以下。

如果一种化工品符合上述关于表面活性剂的定义，则应归入品目 3402（肥皂除外）。

其次，表面活性剂可根据其在水中电离的性质相应地归入子目 3402.1100～3402.1900。其中，阴离子型表面活性剂归入子目 3402.1100，阳离子型表面活性剂归入子目 3402.1200，非离子型表面活性剂归入子目 3402.1300，阴阳离子型表面活性剂归入子目 3402.1900。但是，归入子目 3402.1100～3402.1900 的表面活性剂须仅含一种表面活性剂，如果同时含几种表面活性剂或表面活性剂溶于有机溶剂中，则应作为表面活性剂制品归类。

12. 洗涤用品的归类

（1）肥皂和作肥皂用或作洁肤用的表面活性剂产品制成的洗涤用品，如果符合 3401 品目条文的规定，则应归入品目 3401。

（2）其他表面活性剂产品制成的洗涤用品，如果符合 3405 品目条文的规定，则应归入品目 3405，否则归入品目 3402。

（3）如果表面活性剂产品属于洗发剂、洁齿品、剃须膏及沐浴用制剂，则必须优先归入第三十三章的相应品目。

例如，"含有表面活性剂的洗发香波"应归入品目 3305。

13. 照相用品的归类

（1）对于未曝光的照相用品根据其基材来判断归类，如果是纸、纸板、纺织物制的，归入品目 3703，其他材料制的，归入品目 3701 或品目 3702。

（2）在品目 3701 与品目 3702 中，如果是平片，归入品目 3701；如果是卷片，归入品目 3702。

例如，"医用 X 光卷片"，由于其基材是塑料，并且是卷片，所以应归入品目 3702。

14. 农药的归类

农药按其列名归入品目 3808，但如果是农药原药（未混合，未制成零售包装）则应归入第二十九章或第二十八章。

例如，农药原药 DV 菊酸甲酯应归入子目 2916.2010。

15. 杂项化学产品的归类

第三十八章属于按用途分类时前面几章未涉及的杂项化工产品，归类时要特别注意与第二十八章、第二十九章的区别。

例如，用作增塑剂的邻苯二甲酸二辛酯应归入品目 2917。

第七类　塑料及其制品：橡胶及其制品（第三十九章～第四十章）

（一）主要内容

本类共 2 章，是由高分子聚合物组成的塑料与橡胶以及它们的制品。其中，塑料及其制品归入

第三十九章，而橡胶及其制品则归入第四十章。

（二）归类方法

1. 初级形状塑料的判断

第三十九章章注六规定，品目3901至3914所称"初级形状"，只限于下列各种形状。

（1）液状及糊状，包括分散体（乳浊液及悬浮液）及溶液。

（2）不规则形状的块、团、粉（包括压型粉）、颗粒、粉片及类似的散装形状。

本章塑料在归类时要注意其加工形状，归入第一分章（品目3901至3914）的是属于"初级形状"的塑料，所以应根据该章注的规定来判断某种塑料是否属于"初级形状"，从而确定其是否可以归入品目3901至3914。

例如，聚丙烯粒子属于"初级形状"的塑料，所以应归入品目3902。

2. 共聚物的归类

（1）品目的确定

第三十九章章注四规定，在本章中，除条文另有规定的以外，共聚物（包括共缩聚物、共加聚物、嵌段共聚物及接枝共聚物）应按聚合物中重量最大的那种共聚单体单元所构成的聚合物归入相应品目。在本注释中，归入同一品目的聚合物的共聚单体单元应作为一种单体单元对待。

如果没有任何一种共聚单体单元重量是大的，共聚物应按税则号列顺序归入其可归入的末一个品目。

具体归类方法如下：首先，将属于同一品目下的单体单元的含量相加；然后，按含量高的品目归类，如果含量相等则"从后归类"。

例1：由45%乙烯、35%丙烯及20%异丁烯的单体单元组成的初级形状的共聚物，由于丙烯与异丁烯的聚合物同属品目3902，二者的比例相加为55%，超过乙烯单体单元的含量，所以应归入品目3902。

例2：由50%乙烯与50%苯乙烯的单体单元组成的初级形状的共聚物，由于乙烯单体单元的含量与苯乙烯单体单元的含量相等，所以应归入品目3903。

（2）子目的确定

第三十九章子目注释一规定，属于本章任意品目项下的聚合物（包括共聚物）应按下列规则归类。

① 在同级子目中有一个"其他"子目的

A. 子目所列聚合物名称冠有"聚（多）"的（例如，聚乙烯及聚酰胺-6，6），是指列名的该种聚合物单体单元含量在整个聚合物中按重量计必须占95%及以上。

B. 子目3901.30、3903.20、3903.30及3904.30所列的共聚物，如果该种共聚单体单元含量在整个聚合物中按重量计占95%及以上，即应归入上述子目。

C. 不符合上述A、B两款规定的聚合物，应按聚合物中重量最大的那种单体单元（与其他各种单一的共聚单体单元相比）所构成的聚合物归入该级其他相应子目。为此，归入同一子目的聚合物单体单元应作为一种单体单元对待。只有在同级子目中的聚合物共聚单体单元才可以进行比较。

例1：由95%乙烯与5%丙烯的单体单元组成的共聚物粒子（比重0.93），应按聚乙烯归入子目3901.1000。

例2：由45%乙烯、35%丙烯及20%异丁烯的单体单元组成的初级形状的共聚物，由于丙烯与异丁烯的聚合物同属品目3902，二者相加为55%，超过乙烯单体单元的含量，所以应归入品目3902，又由于丙烯单体单元的含量超过了异丁烯单体单元的含量，所以应归入子目3902.3090。

② 在同级子目中没有"其他"子目的

聚合物应按聚合物中重量大的那种单体单元（与其他各种单一的共聚单体单元相比）所构成的聚合物归入该级相应子目。为此，归入同一子目的聚合物单体单元应作为一种单体单元对待。只有在同级子目中的聚合物共聚单体单元才可以进行比较。

3. 聚合物混合体的归类

（1）聚合物混合体应按聚合物中重量最大的那种共聚单体单元所构成的聚合物归入相应品目。归入同一品目的聚合物的共聚单体单元应作为一种单体单元对待。

（2）如果没有任何一种共聚单体单元重量是最大的，聚合物混合体应按税则号列顺序归入其可归入的最末一个品目。

（3）聚合物混合体应按单体单元比例相等、种类相同的聚合物归入相应子目。

例如，由 96%的聚乙烯和 4%的聚丙烯组成，比重大于 0.94 的聚合物混合体，应归入子目 3901.2000。

4. 塑料半制品和制品的归类

（1）根据加工形状、程度判断属于塑料半制品还是塑料制品。

（2）塑料半制品根据其具体形状归入 3916～3921 的有关品目，而塑料制品则根据其用途归入 3922～3926 的有关品目。

例如，塑料管属于半制品，所以应归入品目 3917。再如，塑料茶杯属于制品，所以应归入品目 3924。

5. 塑料的废碎料和下脚料的归类

对于塑料的废碎料和下脚料，一般情况下可直接按 3915 的品目条文"塑料的废碎料及下脚料"归入该品目。但是如果其同时满足初级形状、单一种类、热塑性这三个条件，则不能归入 3915，而应归入 3901～3914 的相应品目。

例如，粒子状的聚乙烯（密度 0.93）下脚料，应归入子目 3901.1000。

6. 天然橡胶和合成橡胶的归类

有一些橡胶由于不符合第四十章章注四关于"合成橡胶"的定义，所以尽管取了个"橡胶"的名称，还是要按"塑料"归入第三十九章。例如"乙丙橡胶""硅橡胶"等。

天然橡胶或合成橡胶根据其是否经硫化而分成未硫化橡胶和硫化橡胶，前者归入品目 4001～4006，后者归入品目 4007～4017。例如，新的轿车用橡胶轮胎属于硫化橡胶制品，应归入品目 4011。

对于硫化橡胶根据其加工形状和用途来确定归类。而对于初级形状或板、片、带形状的未硫化橡胶，则需要根据以下规定决定归入品目 4001、4002 还是品目 4005。

（1）品目 4001 及 4002 不适用于任何凝结前或凝结后与下列物质相混合的橡胶或橡胶混合物：

① 硫化剂、促进剂、防焦剂或活性剂（为制造预硫胶乳所加入的除外）。

② 颜料或其他着色料，但仅为易于识别而加入的除外。

③ 增塑剂或增量剂（用油增量的橡胶中所加的矿物油除外）、填料、增强剂、有机溶剂或其他物质，但以下（2）所述的除外。

（2）含有下列物质的橡胶或橡胶混合物，只要仍具有原料的基本特性，应归入品目 4001 或 4002。

① 乳化剂或防粘剂。

② 少量的乳化剂分解产品。

③ 微量的下列物质：热敏剂（一般为制造热敏胶乳用）、阳离子表面活性剂（一般为制造阳性胶乳用）、抗氧剂、凝固剂、碎裂剂、抗冻剂、胶溶剂、保存剂、稳定剂、黏度控制剂或类似的特殊用途添加剂。

第八类生皮、皮革、毛皮及其制品；鞍具及挽具；旅行用品、手提包及类似品；动物肠线（蚕胶丝除外）制品（第四十一章～第四十三章）

（一）主要内容

第八类共 3 章。其中第四十一章只包括生皮和皮革，不包括制品，其结构按加工程度由低到高排列；第四十二章大部分是由第四十一章的原料经进一步加工制得的制品，同时还包括几乎由任何材料制成的包及旅行用品；第四十三章主要包括生毛皮、毛皮、人造毛皮及其制品。

（二）归类方法

1. 带毛生皮或已鞣制带毛皮张的归类

一般情况下，带毛的生皮或已鞣制的带毛皮张归入第四十三章，但有些动物的生皮即使带毛也不归入第四十三章，而归入第四十一章，具体种类见第四十一章章注一（三）。

例如，生的带毛兔皮归入品目 4301，已鞣制的兔毛皮张归入品目 4302；而带毛的生绵羊皮归入品目 4102，已鞣制的带毛绵羊皮归入品目 4302。

2. 品目4202所含容器的归类

品目 4202 的条文分为两部分。

第一部分为：衣箱、提箱、小手袋、公文箱、公文包、书包、眼镜盒、望远镜盒、照相机套、乐器盒、枪套及类似容器。这些容器基本上都装有固定的物品并长期使用，除第四十二章章注二（一）和二（二）另有规定的以外，这一部分所包括的物品可用任何材料制成。

第二部分为：旅行包、食品或饮料保温包、化妆包、帆布包、手提包、购物袋、钱夹、钱包、地图盒、瓶盒、首饰盒、粉盒、叉餐具盒及类似容器，只能用皮革或再生皮革、塑料片、纺织材料、钢纸或纸板制成，或者全部或主要用上述材料或纸包覆。

3. 皮革服装和毛皮服装的归类

（1）皮革或再生皮革制的服装归入品目 4203。

（2）毛皮制服装归入品目 4303，即使毛皮作衬里的服装也归入品目 4303；人造毛皮服装归入品目 4304，即使人造毛皮作衬里的服装也归入品目 4304。

毛皮或人造毛皮仅作为装饰的服装一般不归入本类，按其服装的面料归入相应品目。

例如，貂皮大衣为毛皮制的服装，归入子目 4303.1010；羊皮夹克为皮革制的服装，归入子目 4203.1000；仅在衣领和袖口用毛皮装饰的粗花呢大衣则按纺织服装归入第六十二章的相关品目。

（3）用皮革与毛皮或用皮革与人造毛皮制成的分指手套、连指手套及露指手套应归入品目 4203，不应误归入第四十三章。

4. 用作机器零件的皮革制品的归类

用作机器零件的皮带、皮制垫圈等应归入子目 4205.0020，而不按机器零件归入第十六类。

第九类木及木制品；木炭；软木及软木制品；稻草、秸秆、针茅或其他编结材料制品；篮筐及柳条编结品（第四十四章～第四十六章）

（一）主要内容

第九类共 3 章。其中第四十四章主要包括木及其制品；第四十五章主要包括软木及其制品；第四十六章主要包括各种编结材料制品。

其中，第四十四章的结构是按照加工程度由低到高排列，规律如下：

木材原料（不包括竹的原料）……………………………………品目 4401～4406

经简单锯、削、刨平、端接及制成连续形状的木材……品目 4407~4409

木质碎料板、纤维板、胶合板及强化木等……………品目 4410~4413

木制品…………………………………………………品目 4414~4421

（二）归类方法

树种及加工程度是第四十四章归类的重要因素。例如，木制的电线杆如果经过防腐处理，则归入子目 4403.10；如果没有经过类似处理，则应根据其树种材质分别归入该品目的其他子目。

除另有规定的以外，竹的原料归入第十四章；竹及其他木质材料制品一般也按木制品归入同一品目，例如，竹制筷子归入品目 4419、竹制牙签归入品目 4421，但竹制编结材料制品则归入第四十六章。

1. 木板材的归类

一般板材按其厚度归入品目 4407 或 4408；若在端部和侧面制成连续形状（如带有槽、榫等）则归入品目 4409；若是木质碎料板、大纤维板及胶合板的端部和侧面也制成连续形状（如带有槽、榫等），则归入品目 4410~4412。品目 4411 项下的一级子目是按纤维板的生产工艺分类的。其中，子目 4411.1 的中密度纤维板（MDF）只包括用干法生产工艺获得的纤维板，按其厚度和密度进行归类；而子目 4411.9 的其他木纤维板一般是用湿法生产工艺获得的纤维板，只按其密度进行归类。

例 1：木纤维板，密度为每立方厘米 0.8 克，未经机械加工，规格为（长×宽×厚）2400 毫米×1200毫米×8 毫米，采用湿法生产。此纤维板因采用湿法生产，所以归入子目 4411.9，然后根据其密度归入 4411.9300。

例 2：表面为巴栳红柳桉木薄板，其他两层为针叶木薄板制的三合板（每层厚度为 1 毫米）。此胶合板为仅由薄板制成的胶合板，且每层厚度不超过 6 毫米，所以归入子目 4412.3，又因巴栳红柳桉木属于本章子目注释列名的热带木，所以归入 4412.3100。

2. 木地板的归类

天然木地板（又称实木地板，其侧面带有槽和榫）归入品目 4409；碎料板制木地板（其侧面不论是否制成品目 4409 所列的连续形状）归入品目 4410；纤维板制木地板（其侧面不论是否制成品目 4409 所列的连续形状）归入品目 4411；胶合板制木地板（其侧面不论是否制成品目 4409 所列的连续形状）归入品目 4412；已拼装的拼花木地板归入品目 4418；由品目 4410 至 4412 为原料生产的制成品应归入品目 4418。

3. 木制品的归类

大部分木制品归入品目 4414~4421，其中品目 4421 为其他木制品，但不是所有未列名的木制品都归入此品目，必须是其他品目未列名及本章章注未排除的。例如，木制的衣箱应归入品目 4202；木制的家具应归入第九十四章，木制衣架归入子目 4421.1000，但若是落地式木制衣架，因具有家具的特征，应归入品目 9403。

4. 编结产品的归类

编结产品一般归入第四十六章，但归入本章的编结品所用材料范围具有一定的限制，即只适用于第四十六章章注一所列的"编结材料"。同时应注意，只有截面尺寸大于 1 毫米的塑料单丝及表观宽度大于 5 毫米的塑料扁条的编结品才归入本章；截面尺寸不超过 1 毫米的塑料单丝及表观宽度不超过 5 毫米的塑料扁条制品，要按纺织品归入第五十四章。

第十类木浆及其他纤维状纤维素浆；回收（废碎）纸或纸板；纸、纸板及其制品
（第四十七章~第四十九章）

（一）主要内容

第十类共 3 章，并按下列加工程度分列于各章：纸浆、废纸（第四十七章）——纸张及其制品

（第四十八章）——印刷品（第四十九章）

（二）归类方法

1. 纸张的归类

（1）第四十八章根据纸的加工程度来排列，结构规律如下：

未涂布的机制或手工纸	品目 4801～4805
未涂布但经进一步加工的纸	品目 4806～4808
经涂布的纸	品目 4809～4811
特定用途的纸及其制品	品目 4812～4823

例如，目前应用较广的复印纸属未涂布的印刷及类似用途的纸，归入品目 4802；印刷精美广告及书籍封面的铜版纸属于涂布高岭土（无机物）的纸，归入品目 4810。

（2）品目 4801～4805 所列的纸张不能超出本章章注三所规定的加工方法。"新闻纸"和"牛皮纸"必须符合本章章注四和章注六规定的规格和纤维含量。

（3）若属于品目 4801 和 4803～4809 列名的品种，还要判断其规格尺寸是否符合本章章注八的条件。一般情况下，品目 4801 和 4803～4809 仅适用于大规格尺寸的纸，即成条或成卷时宽度要大于 36 厘米；成矩形（包括正方形）时一边超过 36 厘米，另一边要超过 15 厘米（以未折叠计）。对于品目 4801 和 4803～4809 所列名的小规格尺寸的纸（即不符合本章章注八规定的尺寸要求），一般要归入 4816～4823 的相关品目。

例如，宽度为 120 厘米成卷的卫生纸归入品目 4803，而宽度为 12 厘米（在 36 厘米以下）成卷的卫生纸应归入品目 4818。

（4）在确定部分子目时，有些还要考虑所含纸浆的种类。木浆是造纸的主要原料，根据加工方法的不同可分为 3 种：机械浆、化学浆和化学—机械浆。如子目 4802.5 要求不含机械浆或化学—机械浆，或这些纸浆的含量不超过全部纤维含量的 10%。

2. 涂布纸的归类

涂布纸是指在纸的单面或双面施以涂料，以使纸面产生特殊的光泽或使其适合特定需要。若是涂布高岭土或其他无机物质，则归入品目 4810，如铜版纸等；若是涂布塑料、沥青、焦油、蜡或其他有机物质，则归入品目 4811，如涂塑相纸、绝缘纸和热敏纸等。

3. 壁纸的归类

只有成卷状且宽度在 45 厘米至 160 厘米的壁纸才归入品目 4814。若不符合这些条件，即使用作壁纸也不能归入品目 4814。若既可铺地又可作壁纸用则按铺地制品归入品目 4823。

4. 已印刷的壁纸及标签的归类

品目 4814 的壁纸及品目 4821 的纸或纸板制各种标签，即使已经印制仍归入第四十八章，而不归入第四十九章。

5. 报纸、杂志的归类

一般的报纸、杂志归入品目 4902。但是，第四十九章章注三规定，用纸以外的材料装订成册的报纸、杂志和期刊，以及一期以上装订在同一封面里的成套报纸、杂志和期刊，应归入品目 4901，不论是否有广告材料。

例如，装订成册的《半月谈》杂志全年合订本应归入子目 4901.9900。

6. 邮票的归类

我国发行未使用的新邮票按印刷品归入品目 4907；我国发行已使用的旧邮票按收藏品归入品目 9704；外国发行但我国不承认其面值的邮票，不论是否已使用均按收藏品归入品目 9704。

另外，归类时请注意，第四十九章所称的"印刷"，不仅包括以普通手工印刷或机械印刷的方法印制，还包括用胶版复印机、油印机印制，在自动数据处理设备控制下打印绘制、压印、冲印、感光复印、热敏复印或打字。

第十一类纺织原料及纺织制品（第五十章～第六十三章）

（一）主要内容

本类共 14 章，包括纺织纤维、半成品及制成品，可分成两部分。

第一部分：第五十章至第五十五章，是按纤维类别划分的，每章内又按纺织品的加工程度由低到高排列，基本按"纺织纤维—纱线—机织物"的顺序列目。其中第五十章蚕丝及其机织物；第五十一章羊毛、动物细毛或粗毛及其机织物；第五十二章棉花及其机织物；第五十三章其他植物纺织纤维、纸纱线及其机织物；第五十四章化学纤维长丝及其机织物；第五十五章化学纤维短纤及其机织物。

第二部分：第五十六章至第六十三章，包括以特殊的方式或工艺制成的或有特殊用途的半成品及制成品，并且除品目 5809 和 5902 外，品目所列产品一般不分纺织原料的性质。其中第五十六章絮胎、毡呢及无纺织物、绳索及其制品；第五十七章地毯及纺织材料铺地用品；第五十八章特种机织物、刺绣品等；第五十九章浸渍、涂层、包覆或层压的纺织物、工业用纺织制品；第六十章针织物及钩编织物；第六十一章针织或钩编服装；第六十二章非针织或非钩编服装；第六十三章其他纺织制成品。

（二）归类方法

纺织产品是 HS 中的一个重要部分，只有熟悉纺织产品的分类、纺织加工工序，掌握 HS 对纺织品的归类要求，才能正确归类。

1. 纺织产品的结构规律

在对本类商品归类时，首先要对本类商品有一个基本认识，掌握其结构规律，从而为正确归类打下基础。

第一部分：第五十章至第五十五章（纤维、普通纱线、普通机织物）。

第二部分：第五十六章至第六十三章（特种纱线、特种织物、制成品）。

2. 纺织材料的分类

纺织纤维分为天然纤维与化学纤维，天然纤维主要有丝、毛、棉、麻，化学纤维又分为合成纤维和人造纤维。

合成纤维是将有机单体物质加以聚合而制成聚合物，例如，聚酰胺、聚酯、聚丙烯、聚氨基甲酸酯；或通过上述加工将聚合物经化学改性制得，例如，聚乙酸乙烯酯水解制得的聚乙烯醇。

人造纤维是将天然有机聚合物（例如，纤维素）溶解或化学处理制成聚合物，例如，铜铵纤维或粘胶纤维；或将天然有机聚合物（例如，纤维素、酪蛋白及其他蛋白质或藻酸）经化学改性制成聚合物，例如，醋酸纤维素纤维或藻酸盐纤维。

常见的合成纤维有聚酯（俗称涤纶）和聚酰胺（俗称尼龙）等，常见的人造纤维有粘胶纤维和醋酸纤维等。

3. 混纺材料的归类

（1）混纺材料归类的原则

根据 HS 第十一类类注二的规定，可归入第五十章至第五十五章及品目 5809 或 5902 的由两种或两种以上纺织材料混合制成的货品，应按其中重量最大的那种纺织材料归类。

当没有一种纺织材料重量较大时，应按可归入的有关品目中后一个品目所列的纺织材料归类。

应用上述规定时，应注意以下原则。

① 马毛粗松螺旋花线（品目 5110）和含金属纱线（品目 5605）均应作为一种单一的纺织材料，其重量应为它们在纱线中的合计重量；在机织物的归类中，金属线应作为一种纺织材料。

② 在选择合适的品目时，应首先确定章，然后再确定该章的有关品目，至于不归入该章的其他材料可不予考虑。

③ 当归入第五十四章及第五十五章的货品与其他章的货品进行比较时，应将这两章作为一个单一的章对待。

④ 同一章或同一品目所列各种不同的纺织材料应作为单一的纺织材料对待。

（2）混纺材料归类的具体方法

首先确定所在章，并将属于同一章的不同纺织材料的重量合并后与其他章做比较，再归入重量较大的那一章，如果重量相等则从后归类。同时考虑到纺织纤维的特性，第五十四章和五十五章同属化学纤维，所以当这两章与其他章比较时，这两章纺织材料的重量应合并计算。

其次确定品目，与确定章的方法一样，将属于同一品目的不同纺织材料的重量合并后与其他品目做比较，归入重量较大的那个品目，如果重量相等则从后归类。

特殊纱线，如马毛粗松螺旋花线和含金属纱线均作为一种单一的纺织材料计算，其重量应为它们在纱线中的合计重量，金属线视作一种纺织材料。

例 1：按重量计含 65%棉、35%聚酯短纤的每平方米重 80 克且漂白的平纹机织物。由于棉的含量超过了聚酯短纤（化学纤维短纤）的含量，所以归入第五十二章，然后根据棉的含量（65%，在 85%以下）和每平方米重量（80 克，不超过 200 克）及主要与化学纤维混纺的条件归入品目 5210，后按漂白、平纹的机织物归入子目 5210.2100。

例 2：按重量计含 40%合成纤维短纤、35%精梳羊毛、25%精梳兔毛的机织物。由于精梳羊毛和精梳兔毛同属于第五十一章的纤维，应合并计算（即 35%+25%=60%），其含量超过了第五十五章的合成纤维短纤，所以按动物毛的机织物归入第五十一章；在确定品目时，因精梳羊毛的含量超过了精梳兔毛的含量，故按精梳羊毛的机织物归入品目 5112；然后根据羊毛含量（35%，在 85%以下）和主要与化学纤维短纤混纺的条件归入子目 5112.3000。

4．纱线的归类

（1）纱线的细度

纱线细度在 HS 中一般用"特克斯"表示。

"特克斯"指 1000 米长的纱线、长丝等在公定回潮率下的重量，属于定长制。如 1000 米长的纱线重 8 克（在公定回潮率下），则该纱线的细度为 8 特克斯（或 80 分特）。

表示细度的另一个计量指标为"公支"。"公支"指 1 克重的纱线的长度（米），属于定重制。

如 1 克重的纱线长为 14 米，则该纱线的细度为 14 公支。

（2）纱线的捻向、捻度

捻向即加捻的方向，分为顺时针捻（又称 S 捻）和逆时针捻（又称 Z 捻）。

捻度指每米长纱线加捻的转数。

（3）纱线的归类

在对纱线归类时，首先确定其是特种纱线还是普通纱线，如果是普通纱线再按纱线原料的性质在相应章（第五十章至第五十五章）中寻找合适的品目，具体分布如下。

普通纱线（第五十章—第五十五章）

缝纫线（符合类注五）·····························相应品目

非缝纫线供零售用（符合类注四）·····························相应品目

非供零售用·····························相应品目

特种纱线（第五十六章）

与橡胶或塑料复合的纱线·····························品目 5604

含金属纱线·······························品目 5605

绳绒线、粗松螺旋花线、纵行起匿纱线等··········品目 5606

线、绳、索、缆（符合类注三）···············品目 5607

例如，"涤纶弹力丝"是一种普通纱线，并且涤纶属于合成纤维中的聚酯纤维，弹力丝一般由长丝加工而成，所以应归第五十四章的子目 5402.3310。

注意截面尺寸超过 1 毫米的化纤单丝，表观宽度超过 5 毫米的化纤扁条，应作为塑料归入第三十九章。

5. 织物的归类

与纱线的归类相似，首先确定其是属于普通机织物还是属于其他织物，前者归入第五十章至第五十五章，后者归入第五十六章至第六十章。

织物按制法分以下几种：

① 普通机织物······························第五十至第五十五章

② 特种机织物······························第五十八章

③ 絮胎、毡呢、无纺织物··················第五十六章

④ 地毯····································第五十七章

⑤ 针织物、钩编织物······················第六十章

⑥ 其他特殊加工的织物····················第五十八章至第五十九章

例如，普通的棉机织物归入第五一二章，棉针织物归入第六十章，用塑料涂布的棉机织物归入第五十九章。

6. 狭幅机织物的归类

符合下列条件之一的，应作为"狭幅机织物"归入品目 5806：

（1）幅宽不超过 30 厘米的机织物，不论是否织成或从宽幅料剪成，但两侧必须有织成的、胶粘的或用其他方法制成的布边。

（2）压平宽度不超过 30 厘米的圆筒机织物。

（3）折边的斜裁滚条布，其未折边时的宽度不超过 30 厘米。

但是，流苏状的狭幅机织物应归入品目 5808。

7. 纺织制成品的归类

符合下列条件之一的，应作为本类所称"制成的"纺织品归类：

（1）裁剪成除正方形或长方形以外的其他形状的。

（2）呈制成状态，无须缝纫或其他进一步加工（或仅需剪断分隔联线）即可使用的，例如，某些抹布、毛巾、台布、方披巾、毯子。

（3）已缝边或滚边，或者在任一边带有结制的流苏，但不包括为防止剪边脱纱而锁边或用其他简单方法处理的织物。

（4）裁剪成一定尺寸并经抽纱加工的。

（5）缝合、胶合或用其他方法拼合而成的（将两段或两段以上同样料子的织物首尾连接而成的匹头，以及由两层或两层以上的织物，不论中间有无胎料，层叠而成的匹头除外）。

（6）针织或钩编成一定形状，不论报验时是单件还是以若干件相连成幅的。

例如，仅从大块布料裁剪下来的长方形（包括正方形）物品，如果未经加工和不带剪断分隔联线形成的流苏，不应视为"制成的"纺织品；而纺织材料的服装式样则可视为"制成的"纺织品。

8. 服装及衣着附件的归类

该分类是本类中较重要的内容，一般可采用以下归类方法。

（1）按下列织法判断应归入第六十一章还是第六十二章：

① 针织或钩编……………………第六十一章（品目 6212 的商品除外）

② 非针织非钩编……………第六十二章

（2）在第六十一章或第六十二章内，优先考虑婴儿服装及衣着附件，然后再考虑用塑料、橡胶或其他材料处理过的织物制成的服装。第六十二章还包括用毡呢、无纺布制成的服装。

（3）注意服装及衣着附件的结构规律。以第六十一章为例：一般是由外到内，同类服装先男后女，再到不分性别的服装，然后是婴儿服装、其他服装、衣着附件。

对于服装，凡门襟为左压右的，应视为男式；右压左的，应视为女式。但本规定不适用于其式样已明显为男式或女式的服装。无法区别是男式还是女式的服装，应按女式服装归入有关品目。

（4）如果是套装（如西服套装、便服套装、滑雪套装）必须符合相应的章注规定，才能作为套装一并归类，否则必须分开归类。

如"西服套装"是指面料用完全相同的织物制成的两件套或三件套的成套服装。西服套装各件面料质地、颜色及构成必须完全相同，其款式、尺寸大小也须相互般配。

此外，品目 6109 的"T 恤衫"一般以较薄的面料制成，无领、无扣、领口无门襟且下摆不能收紧。我们通常所穿的带领 T 恤应作为针织衬衫归类。

9. 婴儿服装及衣着附件的归类

所称"婴儿服装及衣着附件"，是指用于身高不超过 86 厘米幼儿的服装，也包括婴儿尿布。

（1）针织或钩编的归类。

既可归入品目 6111，也可归入第六十一章其他品目的物品，应归入品目 6111。例如，婴儿穿着的针织袜子，应归入品目 6111。

（2）非针织或非钩编的归类

既可归入品目 6209，也可归入第六十二章其他品目的物品，应归入品目 6209。

10. 特殊面料制作的服装的归类

（1）既可归入品目 6113，也可归入第六十一章其他品目的服装，除品目 6111 所列的仍归入该品目外，其余的应一律归入品目 6113。

（2）既可归入品目 6210，也可归入第六十二章其他品目的服装，除品目 6209 所列的仍归入该品目外，其余的应一律归入品目 6210。

例如，由单面涂布高分子树脂的涤纶机织物面料（涂层可明显看出）制成的雨衣，应归入品目 6210。

第十二类鞋、帽、伞、杖、鞭及其零件；已加工的羽毛及其制品；人造花；人发制品（第六十四章～第六十七章）

（一）主要内容

第十二类共 4 章。其中，第六十四章主要包括各种鞋靴；第六十五章主要包括各种帽类；第六十六章主要包括雨伞、阳伞、手杖、鞭子等；第六十七章主要包括羽毛制品、人造花和人发制品等。

（二）归类方法

1. 鞋靴及其零件的归类

（1）鞋靴一般按其外底和鞋面的材料归入不同的品目。当鞋面和鞋底由不同材料构成时，则鞋面的材料应以占表面面积最大的那种材料为准，而鞋底的材料应以与地面接触广的那种材料为准。

例如，尺寸为 26 码的旅游鞋，鞋面由皮革和帆布构成且皮革的表面积大于帆布的表面积，鞋底材料为橡胶。由于鞋底为橡胶，鞋面主要为皮革材料，所以该旅游鞋应归入子目 6403.9900。

（2）当按"运动鞋靴"归类时应符合第六十四章子目注释的条件。例如，我国习惯所称的某些运动鞋，若不符合第六十四章子目注释规定的条件，仍不能按"运动鞋靴"归类。

（3）某些鞋靴不能误归入第六十四章。例如，装有冰刀或轮子的滑冰鞋应按运动用鞋归入第九十五章；明显已穿过的旧鞋应归入品目6309；石棉制的鞋应归入品目6812。

（4）鞋靴的零件不包括第六十四章章注二所列的货品。例如，鞋带、鞋钉等不能按鞋靴的零件归类，一般按材料属性归类。

2. 帽的归类

一般的帽类归入第六十五章，但下列帽类不归入第六十五章，即旧的帽类归入品目6309，石棉制的帽类归入品目6812，玩偶用帽及其他玩具用帽或狂欢节的用品归入第九十五章。

第十三类　石料、石膏、水泥、石棉、云母及类似材料的制品；陶瓷产品；玻璃及其制品（第六十八章～第七十章）

（一）主要内容

第十三类共3章。其中，第六十八章主要包括石料、石膏、水泥、石棉等制品；第六十九章主要包括成形后经过烧制的陶瓷制品；第七十章主要包括各种玻璃及其制品。

本类所包含的商品大都是由第五类的矿产品经进一步加工所制得的制品，本类的商品基本上都是制成品，不包括原料。

（二）归类方法

1. 第六十八章产品的归类

第六十八章包括石料、石膏、水泥、石棉等制品，主要来源于第五类的原料，并且一般只是对第五类的矿产品改变原来的形状，而不改变其原料的性质，这也是本章的产品与后面两章产品的主要区别。另外，品目6812包括石棉织造的服装、鞋帽，因此注意不要将石棉织造的服装按纺织品归入第十一类。

2. 陶瓷制品的归类

有些陶瓷制品已在第六十九章章注二被排除的，不归入本章，例如，陶瓷制的电器用绝缘子归入品目8546。但也有一些陶瓷制品即使具有第十六类机器或零件的特征，仍应归入本章，例如，陶瓷泵、陶瓷水龙头等均归入本章。

对属于耐火材料的陶瓷制品，如果可归入6901～6903中的一个品目，又可归入6904～6914中的一个品目，应优先归入品目6901～6903。

3. 玻璃及其制品的归类

第七十章既包括玻璃的半制成品（玻璃板、片、球等），也包括玻璃制品。本章的某些玻璃制品虽具专有用途，若已在本章列名，仍归入本章，例如，钟表玻璃仍归入本章的品目7015，而不按钟表零件归入第九十一章；玩偶等用的玻璃假眼仍归入本章的品目7018，而不按玩具的零件归入第九十五章。

只有玻璃纤维和未经光学加工的光学元件才归入品目7019和7014，而光导纤维、经光学加工的光学元件应归入品目9001，不归入本章；只有不带外壳的保温瓶胆才归入本章的品目7020，带外壳的保温瓶应归入品目9617，不归入本章。

第十四类　天然或养殖珍珠、宝石或半宝石、贵金属、包贵金属及其制品；仿首饰、硬币（第七十一章）

（一）主要内容

第十四类只有1章，主要包括贵金属及其制品、珍珠和宝石及其制品，同时也包括仿首饰和硬币。

（二）归类方法

1. 贵金属的归类

本类所称贵金属，包括银、金及铂，其中，"铂"指铂族元素，包括铂、铱、锇、钯、铑及钌。例如，品目 7110 的品目条文中的"铂"及子目 7112.92 的子目条文中的"铂"，均指铂族元素。

但是子目 7110.1 所指的"铂"只包括铂本身，不包括铂族元素的其他元素。例如，子目 7110.1910 的"板、片"只包括铂本身这一种元素的板、片。

2. 贵金属合金的归类

只要其中一种贵金属含量达到合金重量的 2%，便视为贵金属合金，这不同于第十五类贱金属合金的归类原则（按含量较高的金属归类）。

根据第七十一章章注五，首先，只要铂含量在 2%及以上的，就按铂合金归类，铂含量不一定为合金中含量最高的贵金属；其次，只要金含量在 2%及以上的，不含铂或铂含量小于 2%，就按金合金归类，金含量不一定为合金中含量高的贵金属；最后，银含量在 2%及以上的其他合金，按银合金归类。

因此，贵金属合金归类的先后顺序为：铂合金优先，其次是金合金，最后是银合金。

例如，按重量计含铁 80%、铜 15%、银 3%、金 2%的金属合金（未经锻造，非货币用），应按金合金归类，所以应归入子目 7108.1200。

3. 包贵金属和镀贵金属的归类

包贵金属是指以贱金属为底料，在其一面或多面用焊接、熔接、热轧或类似机械方法覆盖一层贵金属的材料，它与镀贵金属的区别及归类情况如表 4-2 所示。

表 4-2

名称	相同点	加工方式	归类
包贵金属	表面均为贵金属	通过焊接、熔接、热轧等机械方法制得	按所包的贵金属（外层材料）归类
镀贵金属		通过电镀等化学方法制得	按被镀的材料（内层材料）归类

4. 首饰、金银器具的归类

首饰、金银器具及其他制品归入品目 7113～7116。

（1）首饰

首饰是指个人用小饰物（例如，戒指、手镯、项圈、饰针、耳环、表链、表链饰物、垂饰、领带别针、袖扣、饰扣、宗教性或其他勋章及徽章）以及通常放置在衣袋、手提包或佩戴在身上的个人用品（例如，烟盒、粉盒、链袋、口香丸盒、念珠）。

其中完全由贵金属或包贵金属制的首饰归入品目 7113；完全由珍珠、宝石制的首饰归入品目 7116；镶嵌珍珠、宝石的贵金属或包贵金属制的首饰归入品目 7113。

例如，金制的手镯归入品目 7113，玛瑙制的手镯归入品目 7116。

（2）金银器具

金银器具，包括装饰品、餐具、梳妆用具、吸烟用具及类似的家庭、办公室或宗教用的其他物品，应归入品目 7114。

5. 仿首饰的归类

"仿首饰"是用珠宝、贵金属或包贵金属以外的物品制成的，其范围为个人用小饰物（例如，戒指、手镯、项圈、饰针、耳环、表链、表链饰物、垂饰、领带别针、袖扣、饰扣、宗教性或其他勋章及徽章），应归入品目 7117。

例如，铂制的戒指归入品目 7113，而铜制的戒指应归入品目 7117。

第十五类贱金属及其制品（第七十二章～第八十三章）

（一）主要内容

第十五类共 12 章，主要包括贱金属材料及结构较简单的贱金属制品、金属陶瓷及其制品。其中第七十二章主要包括钢铁锭、板、条杆及丝等；第七十三章主要包括钢铁制品；第七十四章至第八十一章主要包括有色金属、金属陶瓷及其制品；第八十二章主要包括贱金属工具等；第八十三章包括贱金属杂项制品。本类的排列结构如下。

钢铁及其制品··第七十二章至第七十三章

有色金属、金属陶瓷及其制品·····················第七十四章至第八十一章

其他贱金属制品··第八十二章至第八十三章

其中第七十二章至第八十一章是按金属属性分章的，除第七十二章、七十三章外，同一章内一般按加工程度由低到高的顺序排列，即：初级形状→半制成品→制成品。钢铁作为重要的贱金属被分为两章，即第七十二章只包括钢铁的初级形状和半制成品（即钢材），第七十三章主要包括钢铁制品。

第七十四章至第八十一章为有色金属、金属陶瓷及其制品，其中第七十四章铜及其制品，第七十五章镍及其制品，第七十六章铝及其制品，第七十七章为空章，第七十八章铅及其制品，第七十九章锌及其制品，第八十章锡及其制品，第八十一章其他贱金属、金属陶瓷及其制品。

第八十二章至第八十三章是按商品的功能及用途排列的，主要包括特定功能和用途的制成品，其中第八十二章包括贱金属工具等；第八十三章为杂项金属制品。

（二）归类方法

1. "通用零件"的归类

（1）第十五类注释二明确了 HS "通用零件"的范围，主要包括。

① 品目 7307 的钢铁制管子附件，品目 7312 的线、绳、索、缆，品目 7315 的链，品目 7317 或 7318 的各种钉及其他贱金属制的类似品（第七十四章至第八十一章的相关品目）。

② 品目 7320 的钢铁制弹簧及弹簧片及其他贱金属制的弹簧及弹簧片（第七十四章至第八十一章的相关品目）。

③ 品目 8301 的锁等，品目 8302 的家具等用的五金件，品目 8306 的框架及镜子，品目 8308 的管形铆钉等，品目 8310 的标志牌等。

（2）由于 HS 中第十六、第十七、第十八、第十九、第二十类的类注释或章注释中均将第十五类注释二的"通用零件"排除掉，因此，即使这些零件作为其他机器设备、器具的零件，仍归入本类。

例如，内燃机排气门用合金钢制螺旋弹簧，属于本类注释"通用零件"的范围，应归入子目 7320.2090。

2. 第八十二章、第八十三章列名制品的归类

只要是贱金属制的第八十二章、第八十三章列名的制品，应优先归入这两章，而不再按材料属性归入前面各章。

例如，铝制的易拉罐盖应归入第八十三章的品目 8309；钢铁制成条的订书机用订书钉应归入第八十三章的品目 8305，而不按普通钉归入第七十三章的品目 7317。

3. 合金及复合材料制品的归类

（1）贱金属与贱金属的合金按所含重量最大的那种金属归类；本类贱金属与非本类元素（贵金属除外）构成的合金，只有本类贱金属的总重量等于或超过其他类元素的总重量时才归入本类。

但有两种特例：品目 7202 的铁合金及品目 7405 的铜母合金，它们不按含量最大的金属归类。

例如，由 65% 的铜和 35% 的锌构成的铜锌合金管材。该管材铜的含量高于锌的含量，故按铜的合金归入品目 7411。

（2）含有两种或两种以上贱金属的制品，应按其所含重量最大的那种贱金属的制品归类。例如，多种材料制成的烟灰缸，包括一个铁制底座（占总重量的 30%），一个铝制的托盘（占总重量的 30%），一个钢制的托盘板（占总重量的 30%），一个铜制的按钮（占总重量的 10%）。该商品是由多种贱金属组成的制品，应把铁和钢的部分相加（30%+30%=60%），其总重量超过了铝的总重量和铜的总重量，故按钢铁制品归入第七十三章的品目 7323。

4. 钢及钢材的分类

第七十二章按钢的加工程度和类型分为四个分章。在 HS 中钢按所含元素的不同分为非合金钢和合金钢。一般只含碳元素的钢称为非合金钢，或称为碳钢；除碳元素外，还含有其他元素的钢称为合金钢。钢的详细分类如表 4-3 所示。

表 4-3

非合金钢	在冶金行业又称为碳钢
合金钢/不锈钢	主要含铬的合金钢，且各种元素含量符合 HS 定义
硅电钢	主要含硅的合金钢，且各种元素含量符合 HS 定义
高速钢	主要含钨、钒、钼等，且各种元素含量符合 HS 定义
硅锰钢	主要含硅及锰的合金钢，且各种元素含量符合 HS 定义
其他合金钢	加入不同元素，呈现不同性质，用于不同场合

其中，合金钢中常见的为不锈钢，只有符合下列条件的合金钢才视为不锈钢：按重量计含碳量在 1.2% 及以下，含铬量在 10.5% 及以上，不论是否含有其他元素。

钢材在 HS 中一般分为平板轧材、条杆、丝和各种型材、异型材等。

5. 非合金钢平板轧材的归类

（1）截面为矩形（正方形除外）并且不符合第七十二章章注一（九）款所述定义的下列形状实心轧制产品才能作为平板轧材归类。

① 层叠的卷材。

② 平直形状，其厚度如果在 4.75 毫米以下，则宽度至少是厚度的 10 倍；其厚度如果在 4.75 毫米及以上，其宽度应超过 150 毫米，并且至少应为厚度的 2 倍。

平板轧材包括直接轧制而成并有凸起式样（例如，凹槽、肋条形、格槽、珠粒、菱形）的产品以及穿孔、抛光或制成瓦楞形的产品，但不具有其他品目所列制品或产品的特征。

（2）非合金钢平板轧材归类时还要考虑其他因素，如规格（宽度、厚度）、轧制方式（热轧还是冷轧）、有无镀涂层和包覆层、报验状态（卷状、非卷状）等。

例如，非合金钢镀锌（热浸镀）平板轧材，长度为 2400 毫米，宽度为 1200 毫米，厚度为 1.2 毫米。该钢材符合平板轧材的条件，且宽度大于 600 毫米，所以归入子目 7210.4900。

6. 非合金钢条杆、型材、丝及空心材的归类

对这些钢材归类时，必须符合第七十二章章注一（十一）至（十四）的条件。

非合金钢条杆、型材、丝及空心材的归类归纳如表 4-4 所示。

表 4-4

	名称	特点	归类
条杆类	盘条	热轧不规则盘卷状	品目 7213
热轧条杆	热轧直条状	品目 7214

续表

	名称	特点	归类
条杆类	冷轧条杆	冷轧直条状	品目7215
	角材、型材及异型材	符合第七十二章注释一（十三）的要求	品目7216
	丝	冷加工规则盘卷状	品目7217
空心材	空心钻钢	用于钻探，且外形尺寸在15～52毫米，最大内径小于最大外径的1/2	品目7228
	管	全长截面相同并且只有一个闭合空间的同心中空产品	品目7304～7306
	空心异型材	不符合"管"的定义，且主要是内外截面形状不同的空心产品	品目7306

7. 钢铁容器的归类

盛装物料用的钢铁围、柜、罐、桶、盒及类似容器一般按其容积的不同归入品目7309～7310，但这两个品目并不是包括所有的钢铁容器，一般只包括非家用的；若是家庭或厨房用的钢铁容器，如粗腰饼干桶、茶叶罐、糖听及类似容器应归入品目7323，这些容器不能误按容积小于300升的容器归入品目7310。

8. 各种"钢铁钉"的归类

在HS中有各种"钢铁钉"，如果类型、用途不同，它们的归类也不同，归纳如表4-5所示。

表4-5

序号	商品描述	归类
1	普通钢铁钉、平头钉、图钉	品目7317
2	钢铁制螺钉、普通铆钉（实心的）	品目7318
3	带有铜或铜合金钉头的钢铁钉、平头钉	品目7415
4	订书机用的钉书钉	品目8305
5	管形铆钉/开口铆钉（主要用于衣着、鞋帽、帐篷、皮革制品和工程技术）	品目8308

9. 可互换性工具及刀具的归类

机床用可互换性工具及刀具，如锻压、冲压用模具，机床上用的各种刀具，虽作为第十六类机器的零件，但仍要归入第八十二章。例如，钻床用的钻头、车床用的车刀、铣床用的铣刀等归入品目8207，但木工锯床用的锯片要归入品目8202。

10. 成套工具及餐具的归类

由品目8205中不同种类的货品构成的成套工具仍归入该品目内，即子目8205.9000。

由品目8202～8205中两个或多个品目所列工具组成的零售包装成套工具归入品目8206。

由品目8211中不同种类的货品构成的成套工具仍归入该品目内，即子目8211.1000。

由品目8211中的一把或多把工具与品目8215至少数量相同的物品构成的成套餐具，以及由品目8215中不同种类的贱金属货品构成的成套餐具，应归入品目8215。

例如，由10把品目8211的西餐用餐具和10把品目8215的西餐用餐叉（均为不锈钢制）组成成套餐具后一并归入子目8215.2000。

11. 手动机械器具的归类

手动机械器具一般归入第八十二章，有的还有重量的限制。例如，手摇的钻孔工具归入品目8205；用于加工或调制食品或饮料的手动机械器具（且重量不超过10千克）归入品目8210。

第十六类机器、机械器具、电器设备及其零件；录音机及放声机、电视图像、声音的录制和重放设备及其零件、附件（第八十四章～第八十五章）

（一）主要内容

第十六类只包括2章。其中第八十四章主要包括非电气的机器、机械器具及其零件，第八十五章主要包括电气电子产品及其零件。

（二）归类方法

1. 组合机器、多功能机器的归类

组合机器是指由两部及两部以上机器装配在一起形成的机器。一般是一台机器装在另一台机器的内部或上面，或者两者装在同一底座、支架上或同一个机壳内，且这组机器必须是永久性地连在一起。

多功能机器是指具有两种及两种以上互补或交替功能的机器。

组合机器与多功能机器的归类原则：按机器的主要功能归类，当不能确定其主要功能时，按"从后归类"的原则归类。

例如，具有提供热、冷水功能的饮水机。该设备具有加热和制冷两种功能，其用途为提供饮用水，属于多功能机器。比较两种功能，很难确定哪一种为主要功能，所以按"从后归类"的原则归入品目8516。

2. 功能机组的归类

功能机组是由几个具有不同功能的机器（包括机组部件）结合在一起而构成的。这些机器通常由管道、传动装置、电缆或其他装置连接起来。

功能机组的归类原则：组合后的功能明显符合第八十四章或第八十五章某个品目所列功能时，全部机器或部件均归入该品目，而不再分别归类。

例如，番茄酱的成套加工设备，由番茄破碎设备、番茄汁浓缩设备、杀菌设备、电气控制柜等组成。这套设备的主要功能是食品加工，符合功能机组的条件，应将成套设备一并归入子目8438.6000。

3. 机器零件的归类

本类机器所属零件归类的一般步骤为。

（1）考虑是否是本类类注一、第八十四章章注一和第八十五章章注一排他条款中的商品，若已排除，则不能归入本类。

（2）考虑是否是第八十四章、第八十五章列名的商品，若已列名，则按列名归类。

（3）考虑是否是专用零件，若符合条件则与机器一并归类，或归入指定的专用零件品目。

（4）考虑是否可归入品目8487或品目8548。

例1：电冰箱用压缩机，作为电冰箱的一个部件，在品目8414内有列名，故应归入8414.30项下的相关子目。

例2：电冰箱用壳体，作为冰箱的专用零件，应归入8418.99项下的相关子目。

4. 可归入多个品目的机器或零件的归类

（1）当出现既可按功能归入品目8401～8424或品目8486，又可按应用行业归入品目8425～8480的情况时，优先归入品目8401～8424或品目8486。

例如，工业用火腿蒸煮器，既可按利用温度变化工作的机器归入品目 8419，又可按食品（肉类）的加工机器归入品目 8438，应优先归入品目 8419。

但下列情况除外：

① 品目 8419 不包括。

A. 催芽装置、孵卵器或育雏器（品目 8436）。

B. 谷物调湿机（品目 8437）。

C. 萃取糖汁的浸提装置（品目 8438）。

D. 纱线、织物及纺织制品的热处理机器（品目 8451）。

E. 温度变化（即使必不可少）仅作为辅助功能的机器设备。

② 品目 8422 不包括：

A. 缝合袋子或类似品用的缝纫机（品目 8452）。

B. 品目 8472 的办公室用机器。

③ 品目 8424 不包括。

喷墨印刷（打印）机器（品目 8443）。

（2）在对特种机床归类时，也会出现可归入多个品目的情况：既可按特种机床归入品目 8456，同时又可按功能归入品目 8457～8465，此时应优先按特种机床归入品目 8456。

例如，利用激光在各种材料上打孔的机床。该机床既可按加工方式（激光加工）归入品目 8456，又可按功能（钻孔）归入品目 8459，此时，应将该机床归入子目 8456.1000。

（3）对于集成电路、晶体管等，也会出现可归入多个品目的情况：既可按其功能归入品目 8542 或 8541，又可按所用机器设备的零件归入相关品目，此时应优先归入品目 8542 或 8541。

5. 第八十四章结构规律

第八十四章主要包含非电气的机器、机械器具及其零件，是 HS 中品目多的一章，有 87 个品目，其结构主要按下列规律排列。

（1）品目 8401～8424，主要按商品的功能列目。详见下列结构。

核反应堆等······品目 8401

锅炉及其他气体发生器······品目 8402～8405

动力机器······品目 8406～8412

液体泵、气体泵或压缩机······品目 8413～8414

能量的转化机器······品目 8415～8419

其他按功能列名的机器······品目 8420～8424

（2）品目 8425～8478，主要按商品的应用行业（或用途）列目。详见下列结构：

起重与搬运机器······品目 8425～8431

农、林、食品加工机器······品目 8432～8438

造纸、印刷机器······品目 8439～8443

纺织及相关机器······品目 8444～8452

皮革加工机器······品目 8453

冶金制造机器······品目 8454～8455

机床······品目 8456～8466

办公机器······品目 8470～8473

其他······品目 8474～8478

（3）品目 8479 包括不能归入本章该品目以前任何品目的机器及机械器具；品目 8480 包括金属铸造用的型箱及阳模，还包括模制某些材料用的手工模具或机器模具（锭模除外）；品目 8481～8484

包括某些可作为机器零件使用或可用作其他章货品零件的通用物品;品目8486包括专用于或主要用于制造半导体单晶柱或圆片、半导体器件、集成电路或平板显示器的机器及装置,以及本章章注九(三)所列的机器及装置;品目8487包括其他品目未列名的非电气零件。

6. 动力机器及其零部件的归类

动力机器(电动机除外)归入品目8406～8412。其中内燃机为广泛的动力机器之一,点燃式内燃发动机(主要包括汽油机)归入品目8407,压燃式内燃发动机(即柴油机)归入品目8408。

液压、气压动力装置(即以液体能或压缩气体作为动力源的装置)也作为动力装置归入品目8412。

电动机(将电能转变成机械能的动力装置)归入品目8501。

只有"主要用于或专用于"内燃机的零部件才归入品目8409,如活塞、连杆、气缸体、气缸盖等。

例1:别克轿车用发动机,气缸容量为1.6升,发动机为点燃往复式内燃发动机,应归入子目8407.3410。

例2:摩托车用气缸盖,属于内燃机专用的零件,应归入品目8409,又因摩托车用的发动机一般为点燃式内燃发动机,所以归入子目8409.9199。

7. 液体泵、气体泵和压缩机的归类

液体泵、气体泵和压缩机是应用较广泛的通用机器。

液体泵归入品目8413。归入本品目的,液体泵可以带有计量装置或计价装置,不要将计量泵按仪器归入第九十章。

气泵、压缩机等归入品目8414。本品目还包括手动或动力驱动的用以压缩空气或其他气体(如氟利昂)或抽成真空的机器设备,空气或其他气体循环用的机器(风机和风扇),如手动的打气筒也归入此品目。

例1:活塞式内燃机冷却用水泵。该水泵属于液体泵,按其功能归入品目8413,然后根据其用途按活塞式内燃机用冷却剂泵归入子目8413.3090。

例2:轿车空调用压缩机。该压缩机用于制冷设备,按其功能归入品目8414,又因轿车用的压缩机一般由发动机直接驱动,属于非电动机驱动的压缩机,所以归入子目8414.3090。

8. 制冷设备的归类

制冷设备主要包括空调器和电冰箱等。空调器及其专用零件归入品目8415,其他制冷设备及其零件归入品目8418。

例1:家用分体式空调,具有制冷和制热功能,制冷量为3 200大卡/小时。此空调属于分体式,归入品目8415,根据分体式和制冷量再归入子目8415.1021。

例2:可逆式热泵,制冷量为2 800大卡/小时。可逆式热泵为双向传送热量的热泵,属于装有冷热循环换向阀的制冷装置,应按空调器归入品目8415,再根据其制冷量归入子目8415.8110。

9. 利用温度变化处理材料的设备的归类

利用温度变化处理材料的设备一般归入品目8419,但品目8419的条文分成两部分,前一部分的商品必须是非家用的,不论是否用电加热;后一部分的商品必须是非电热的,不论是否家用。

例如,电热医用消毒设备(将要消毒的物品或材料放入设备内加热至高温以杀灭细菌)。该消毒设备属于利用温度变化处理材料的设备,根据其功能归入品目8419,然后按医用消毒器具归入子目8419.2000。

10. 印刷机械及打印、复印、传真等多功能机器的归类

印刷及打印、复印、传真等机器归入品目8443。该品目项下的子目结构如下。

传统印刷机器(即采用品目8442的印版进行印刷的机器)…………品目8443.1

其他机器可与自动数据处理设备或网络相连的具有多功能…………品目 8443.31，具有单功能…………品目 8443.32

其他机器不可与自动数据处理设备或网络相连的…………品目 8443.39

零件…………品目 8443.9

归入本品目的机器在确定子目时，主要考虑的因素有：是否是传统的印刷机器，是否可与自动数据处理设备或网络（这里的网络既包括计算机网络，也包括电话网络、电报网络等）相连，是否具有打印、复印、传真等多种功能。

这里应注意，具有单一功能的打印机不能按自动数据处理设备的输出部件归入品目 8471，具有单一功能的传真机不能按通信设备归入品目 8517。

例 1：激光打印机（只有打印功能）。该打印机可与自动数据处理设备相连，归入子目 8443.3212。

例 2：激光打印机用硒鼓。硒鼓作为打印机的零件，应归入子目 8443.9990。

11. 各种加工机床及零件的归类

各种加工机床归入品目 8456～8465，机床的分类及归类归纳如表 4-6 所示。

表 4-6

特种加工机床			品目 8456
金属加工机床	金属切削	加工中心、组合机床	品目 8457
		车床	品目 8458
		钻、镗、铣、攻丝机床	品目 8459
		磨床（不含齿轮磨床）	品目 8460
		刨、插、拉、齿轮加工（含齿轮磨床）、锯机床	品目 8461
	压力加工机床		品目 8452
	其他非切削加工机床		品目 8463
其他加工机床	加工矿物质等		品目 8464
	加工木材、塑料、橡胶等		品目 8465

机床的一般归类方法如下。

（1）判断其是否符合本章章注九有关品目 8486 的设备和装置的规定，若符合则优先归入品目 8486。

（2）判断其是否是用激光、光子束、超声波等加工各种材料的特种加工机床，若是则优先归入品目 8456；若不是，则根据加工对象的不同归类，加工金属的机床归入品目 8457～8463，加工其他材料的机床归入品目 8464～8465。而加工金属的机床，还要区分是金属切削机床（即加工过程中有切屑产生）还是压力加工机床或其他非切削加工机床，前者按加工方式归入品目 8457～8461，后者则按压力加工机床或其他非切削加工机床归入 8462～8463。

品目 8457 的加工中心不包括车削中心，因为车削中心以车削为主要加工方式，因此仍按车床归入品目 8458。

（3）确定某些子目时还要考虑是立式机床还是卧式机床，立式指机床的回转主轴为垂直方向，卧式指机床的回转主轴为水平方向。

（4）品目 8464 的机床加工对象包括石料、陶瓷、混凝土、石棉水泥、玻璃等；品目 8465 的加工对象包括木材、软木、骨、硬质橡胶、硬质塑料等。例如，木工用刨床、钻床、铣床等应归入品目 8465。

（5）只有专用于上述机床的零、附件才归入零件专用品目 8466，如工具夹具、工件夹具及分度头等；若是在其他品目列名的零、附件，则归入其他相关品目，例如，机床上用的具（如车、铣、钻头等）归入品目 8207。

例 1：数控齿轮磨床。加工普通工件的一般磨床（如平面磨床、外圆磨床等）归入品目 8460，但在品目 8460 的条文中已明确品目 8461 的用于加工齿轮的磨床除外，所以将此磨床归入品目 8461，然后按功能及数控的条件归入子目 8461.4010。

例 2：非数控卷板机（用于将较厚的板材卷成圆筒状）。此卷板机通过压力使板材弯曲，属于通过压力加工金属的设备，应归入品目 8462，然后按功能和非数控的条件归入子目 8462.2990。

12. 自动数据处理设备及零部件的归类

（1）自动数据处理设备只有符合下列条件的才归入品目 8471。

① 存储处理程序和执行程序直接需要的起码的数据。

② 按照用户的要求随意编辑程序。

③ 按照用户指令进行算术计算。

④ 在运行过程中，可不需人为干预而通过逻辑判断，执行一个处理程序，这个处理程序可改变计算机指令的执行。

（2）自动数据处理设备的部件如果单独报验，应归入品目⋯⋯⋯ 8471。

常见的自动数据处理设备及部件归类如下。

便携式自动数据处理设备⋯⋯⋯⋯⋯⋯⋯⋯⋯⋯⋯⋯子目 8471.30

其他以系统形式报验的自动数据处理设备⋯⋯⋯⋯⋯⋯⋯⋯子目 8471.49

单独报验的部件：

自动数据处理部件⋯⋯⋯⋯⋯⋯⋯⋯⋯⋯⋯⋯⋯⋯子目 8471.50

输入输出部件⋯⋯⋯⋯⋯⋯⋯⋯⋯⋯⋯⋯⋯⋯⋯子目 8471.60

存储部件⋯⋯⋯⋯⋯⋯⋯⋯⋯⋯⋯⋯⋯⋯⋯⋯子目 8471.70

其他部件⋯⋯⋯⋯⋯⋯⋯⋯⋯⋯⋯⋯⋯⋯⋯⋯子目 8471.80

例如，一起报验的计算机主机（含 CPU、主板、硬盘等）、键盘（输入设备）和显示器（输出设备）一并按"系统"归入子目 8471.49，而单独报验的计算机主机（含 CPU、主板、硬盘等）归入子目 8471.50，单独报验的键盘归入 8471.6071，单独报验的计算机用内存条应作为自动数据处理设备的零件归入 8473.3090，而单独报验的显示器则应归入品目 8528 的相关子目。

（3）配有自动数据处理设备，或与数据处理设备连用，但却从事数据处理以外的某项专门功能的机器、仪器或设备不归入品目 8471，应按其功能归入相应的品目。

例如，与计算机连接使用的名片印刷机，主要功能是印刷，应归入品目 8443。

13. 半导体、集成电路及平板显示器制造设备的归类

半导体、集成电路及平板显示器制造设备归入品目 8486。根据第八十四章章注九（四），符合品目 8486 规定的设备和装置在归类时优先于 HS 的其他所有品目。

14. 通用机械零部件的归类

通用机械零部件归入品目 8480～8484 及 8487，其中：

（1）模具（包括金属铸造、玻璃热加工、陶瓷、水泥制品、橡胶、塑料制品等用的模具）归入品目 8480。

（2）机器设备用的各种阀门及龙头归入品目 8481。

（3）机器设备用的传动装置（如传动轴、变速箱及单个齿轮、离合器及联轴器等）归入品目 8483。

（4）滚动轴承和滑动轴承都属于轴承，但前者归入品目 8481，后者归入品目 8483，安装这些轴承的轴承座归入品目 8483。

（5）只有用金属片与其他材料制成或用双层或多层金属片制成的密封垫或类似接合衬垫才归入

品目8484，而用单一材料制的密封垫不归入品目8484，应按所用材料归类；只有成套的各式密封垫（必须至少配有两个及两个以上由不同材料制成）才归入品目8484。

例如，点燃式内燃发动机用的气缸密封垫（由两层铜片中间夹一层纸板构成）。该密封垫是用金属片与其他材料制成的，符合品目8484条文的描述，所以归入子目8484.1000。

（6）本章其他品目未列名的通用机器零件归入品目8487，如不同行业的机器上可通用的手轮就归入品目8487。

15.　第八十五章结构规律

第八十五章主要包含电气电子产品及其零件，基本上是按商品的功能排列的，详见下列结构。

电能的产生、交换及储存设备…………品目8501～8504、8506～8507

电动机械器具……………………………品目8508～8510

依靠电性能工作的设备…………………品目8505、8511～8518、8525～8531、8543

声音、图像录放设备……………………品目8519～8522

记录媒体…………………………………品目8523

电子元器件、电路开关、连接设备……品目8532～8542、8545

绝缘电导体及绝缘体……………………品目8544、8546～8547

16.　电池的归类

电池按其是否可充电分为原电池和蓄电池，一般不可充电的原电池归入品目8506，可以充电的蓄电池归入品目8507。例如，石英手表用的扣式锂电池为不可充电的电池，归入子目8506.5000，而手机用锂电池为可充电电池，归入子目8507.8020。但与这两类电池工作原理不同的光电池则要归入子目8541.4000。

废的原电池、蓄电池归入品目8548。

17.　电动机械器具的归类

（1）一般电动机械器具归入品目8508～8510。其中真空吸尘器不论是家用还是非家用，一律归入品目8508，电动剃须刀归入品目8510，其他家用的电动机械器具归入品目8509。

（2）品目8509仅适用于"家用"和"电动"的器具，还应注意归入该品目的有些家用电动器具要受重量的限制（不超过20千克）。

例如，不同类型绞肉机的归类。小于20千克的家用电动绞肉机归入品目8509，大于20千克的电动绞肉机则要按工业用的食品加工机器归入品目8438，不超过10千克的手摇绞肉机则应按手工工具归入品目8210。

另外，其他品目已列名的家用电动器具不归入本品目，例如，家用洗衣机在品目8450已有列名。

18.　加热器具的归类

加热器具归类时一般要考虑的因素包括：工业或实验室用还是家用，是炉具还是一般加热器具，是电加热还是非电加热。

一般将电加热的工业或实验室用炉具归入品目8514，而非电加热的工业或实验室用炉具归入品目8417；一般家用的电加热器具归入品目8516，家用非电热的器具归入品目8419，非家用的加热器具（不论是否为电加热）也归入品目8419。

例如，燃气热水器，由于其为非电热的，故应归入品目8419。再如，农产品干燥用的器具，由于其为非家用的，故应归入品目8419。

19.　焊接设备的归类

对焊接设备归类时，首先判断其工作方式，若是以电气、激光、光子束、超声波、电子束、等离子弧等方式工作的焊接设备，归入品目8515；若是以其他方式工作的焊接设备（例如，气焊设备、摩擦焊设备），则归入品目 8468。

20. 通信设备的归类

不论是有线通信设备还是无线通信设备，一律归入品目 8517，只有在确定子目时才区分是有线通信设备还是无线通信设备。常见的通信设备包括有线电话、蜂窝网络电话或其他无线网络电话（主要指手机），基站，电话交换机，光通信用设备（如光端机等），计算机网络通信用设备（如以太网交换机、路由器、集线器等），其他声音、图像或数据的转换及接收设备和发送设备。

这里应注意，无绳电话机不同于无线电话机，无绳电话机又称子母机，由主机和副机两部分组成，因主机与电话线相连，只是主机与副机的通信为无线方式，故无绳电话机仍属有线通信设备，而无线电话机属无线通信设备。

用于声音、图像或其他数据的发送设备不要误归入品目 8525，计算机通信用的路由器、集线器等不要误按自动数据处理设备的部件归入品目 8471；其他品目已列名的通信设备，不归入本品目，例如，传真机已在品目 8443 列名，不要误按通信设备归入本品目。

21. 音像设备及无线广播、电视接收设备的归类

音像设备主要包括声音的录制、播放设备，转化设备（话筒和喇叭）及图像的录制、播放设备等。音像设备及无线广播、电视接收设备的归类情况归纳如表 4-7 所示。

表 4-7

信号种类	变换方式	归类
声音	话筒和喇叭（声音→电信号）	品目 8518
	放音（记录媒体→声音）	品目 8519
	录音（声音→记录媒体）	品目 8519
	收音（无线电广播信号→声音）	品目 8527
图像	录放像（图像电信号→记录媒体）	品目 8521
	摄像（图像→记录媒体）	品目 8525
	电视（无线电电视信号→图像、声音）	品目 8528

22. 记录媒体的归类

记录媒体一律归入品目 8523，只有在确定本国的七、八位子目时才考虑是否录制信息。目前常见的记录媒体主要包括磁性媒体、光学媒体和半导体媒体。磁性媒体常见的类型为磁带、磁盘及磁卡；光学媒体常见的类型主要是光盘；半导体媒体常见的类型有 U 盘、数码相机用的记忆棒、SD 卡、CF 卡、SM 卡等。

例如，DVD 光盘（内含国外获奖影片）。此光盘属光学记录媒体，归入品目 8523，因它既包含声音信息，又包含图像信息，所以归入子目 8523.4099。

这里应注意，微计算机用内存条不能作为记录媒体归入品目 8523，应作为自动数据处理设备的零件归入 8473.3090；移动硬盘不能作为记录媒体归入品目 8523，应作为自动数据处理设备的存储部件归入 8471.7010。

23. 灯、灯具的归类

对灯、灯具进行归类时，一般考虑的因素包括：是否带有灯座、何种用途等。不带灯座的各种灯泡、灯管等电光源归入品目 8539；带有灯座的灯具归入品目 9405；机动车辆（不含火车、飞机）的照明灯、信号灯归入品目 8512；火车和飞机的前灯等归入品目 9405；自供电源的灯（如手电筒、手提式应急灯）归入品目 8513；交通管理用的信号灯（交叉路口的红绿灯等）归入品目 8530；照相机用的闪光灯及灯泡归入品目 9006。

24. 通用电子元器件及简单电器装置的归类

通用电子元器件一般按其不同的特性归入品目 8532～8533、8540～8542，这些元器件一般作为电气设备的零件，其中无源元件主要包括归入品目 8532 的电容器，归入品目 8533 的电阻器（但加热电阻器归入品目 8516）；有源元件主要包括归入品目 8540 的热电子管、冷阴极管或光阴极管，归入品目 8541 的半导体器件（二极管、晶体管等）。

集成电路归入品目 8542，然后按其用途（处理器及控制器用、存储器用、放大器用等）归入不同的子目。

常见的电感元器件在前面的品目已有列名，应归入品目 8504。

简单的电器装置一般分为高压电器（电压>1000 伏）和低压电器（电压≤1000 伏），前者归入品目 8535，后者归入品目 8536；而由品目 8535 的高压电器或品目 8536 的低压电器组成的通常装于盘、板、台上或柜子里的组合体，应归入品目 8537，如一些电器控制柜、数控装置等，本品目同时也包含一些较为复杂的装置，如可编程序控制器等。

例如，耳机插座，属于连接电路的电气装置，且为低压电器（电压<1000 伏），归入品目 8536，然后按插座归入子目 8536.6900。

25. 具有独立功能未列名机电产品的归类

具有独立功能且其他品目未列名的机电产品一般归入品目 8479（机械设备）或 8543（电气设备）。这两个品目又可看作第八十四章和第八十五章的兜底品目，归入这两个品目的商品必须满足下列条件：

（1）任何类注或章注中均未规定不包括在这两章内。

（2）未更为具体地列入 HS 其他各章的某一品目内。

（3）根据其功能和用途均不能归入这两章的其他品目。

例如，配有机械装置的潜水箱，应作为未列名的机械设备归入品目 8479。

第十七类车辆、航空器、船舶及有关运输设备（第八十六章～第八十九章）

（一）主要内容

本类共 4 章，包括各种铁道车辆（第八十六章），其他陆上车辆（第八十七章），航空器及航天器（第八十八章），船舶及浮动结构体（第八十九章）。此外，还包括与运输设备有关的具体列名的货品，如归入品目 8609 的集装箱，归入品目 8608 的铁道或电车轨道固定装置及附件和机械信号装置，归入品目 8804 的降落伞等。

（二）归类方法

1. 多用途运输设备的归类

既能在道路上又能在轨道上行驶的车辆归入第八十七章；水陆两用的机动车辆归入第八十七章；可兼作地面车辆的航空器归入第八十八章；在导轨上运行的气垫火车归入第八十六章；水陆两用的气垫运输工具归入第八十七章；水上航行但只能在海滩或浮码头上登陆或在冰上行驶的气垫运输工具归入第八十九章。

2. 运输设备零件、附件的归类

根据本类注释二，其他类已列名的零件、附件不归入本类，常见的有第八十四章、第八十五章列名的机电产品，第十五类注释二规定的"通用零件"及塑料制的类似品。例如，汽车发动机是车辆的一个部件，在第八十四章有列名，故归入第八十四章，而不归入第八十七章。

只有专用于本类设备的零件、附件才与设备一并归类或归入零件专用的品目。同时应注意，本类只有第八十六章至第八十八章包括这些运输设备的零件、附件，第八十九章不包括零件、附件，只包括船舶及浮动结构体等运输设备，所以即使能确定专用于或主要用于船舶也不归入本章，一般按主要用途归入前面各章。例如，船舶用舵机作为船舶的一个部件，应归入子目8479.8910，而不归入第八十九章。

3. 客车、货车的归类

（1）用于载人的机动车辆按座位数分为两种：10座及以上的车辆和10座以下的车辆。

10座及以上的车辆，主要按发动机类型（压燃式活塞内燃发动机、其他内燃发动机）和座位数等因素归入品目8702项下的相关子目，其中座位数包括驾驶员座位和折叠椅座位数。

10座以下的车辆，主要按用途、发动机类型（点燃式活塞内燃发动机、压燃式活塞内燃发动机）、气缸容量等因素归入品目8703项下的相关子目。

点燃式活塞内燃发动机主要包括用火花塞点火的汽油发动机和沼气发动机；压燃式活塞内燃发动机主要包括柴油发动机。

（2）用于载货的车辆按发动机类型（点燃式活塞内燃发动机、压燃式活塞内燃发动机）和车辆总重量归入品目8704项下的相关子目。

气缸容量指发动机运转时气缸所排出气体的体积。

车辆的总重量=车辆的自重+大设计载荷+加满油的油箱重量+驾驶员的重量

例如，旅游观光电瓶车，16座（包括驾驶员座）。此车属10座以上载人的客运车辆，应归入品目8702。

4. 特种车辆的归类

不以载人、载货为主要目的的特种车辆归入品目8705，例如，消防车、起重车等。

而有些特殊用途的车辆仍以载人、载货为主要目的，例如，囚车、警车、灵车、赛车等仍以载人为主要目的，要归入品目8702～8703，不按特种车辆归类；冷藏货车、液罐车、运钞车、自动装卸货车（装有绞车、提升机等装置，但主要用于运输）等仍以载货为主要目的，要归入品目8704，不按特种车辆归类。

用于展示、教学用而无其他用途的未剖开或已剖开的模型车辆及真实车辆不归入第八十七章，而归入品目9023。

5. 机动车辆底盘的归类

常见的机动车辆底盘有3种类型，分别归类如下：

（1）只装有发动机的机动车辆底盘归入品目8706。

（2）装有驾驶室和发动机的机动车辆底盘，按相应的整车归入品目8702～8704。

（3）未装有驾驶室和发动机的机动车辆底盘，按机动车辆的零件归入品目8708。

6. 汽车零件、附件的归类

通常所称的汽车零件、附件，一般指品目8701～8705所列机动车辆用的零件、附件。

对这些零件、附件进行归类时，首先判断是否是本类注释二已排除掉的（即在其他类已列名），只有确定在其他类未列名的情况下，才归入品目8708；其次根据零件所在车辆的部位（缓冲器、车身、制动器、变速箱、驱动桥、车轮、悬挂系统等）确定第五位子目；然后确定第六位至第八位子目，由于我国所列的某些第七、第八位子目是按前面整车类型所列，所以在确定这些子目前必须先确定整车的编码。

例如，带充气系统的安全气囊（小轿车用）。安全气囊属于轿车专用的零件，归入品目8708，比较该品目下的一级子目，归入子目8708.9，然后按列名归入子目8708.9500。

7. 摩托车和自行车的归类

摩托车和自行车分别归入品目8711和8712。摩托车按发动机类型和气缸容量归入不同的子目，自行车按用途和车轮直径（以英寸为单位）归入不同的子目。

电动自行车应按装有辅助动力的脚踏车归入子目 8711.9010。

摩托车及自行车的零件、附件归入品目 8714，但摩托车用的发动机及发动机的零件因在第八十四章已有列名，不归入本品目。

8. 其他运输设备的归类

坦克及其他机动装甲战斗车辆，不论是否装有武器，一律归入品目 8710，不能误按武器归入第九十三章。

第八十六章主要包括铁道运输设备及其零件，但也有部分设备即使不用于铁道运输仍归入本章。例如，用于内河航道、港口、停车场或机场等场所的机械交通信号设备归入品目 8608（若是电气的交通信号设备应归入品目 8530），集装箱即使不用于铁道运输（如用于海运）仍归入品目 8609。

第十八类 光学、照相、电影、计量、检验、医疗或外科用仪器及设备、精密仪器及设备；钟表；乐器；上述物品的零件、附件（第九十章～第九十二章）

（一）主要内容

本类共 3 章，第九十章主要包括光学、计量、医疗仪器、精密仪器及设备等，第九十一章主要包括钟表，第九十二章主要包括乐器。

（二）归类方法

1. 第九十章的结构规律

第九十章的光学、计量、医疗仪器、精密仪器，在结构编排上有一定规律，掌握这个规律，有助于正确归类。其结构规律如表 4-8 所示。

表 4-8

简单光学元件（分未装配和已装配）	品目 9001～9002
简单光学器具（眼镜、眼镜架、望远镜）	品目 9003～9005
复杂光学器具（照相机、摄影机、显微镜等）	品目 9006～9013
计量、测绘等仪器及器具	品目 9014～9017 及品目 9028、9029
医疗仪器及器械	品目 9018～9022
专供示范而无其他用途的仪器、装置及模型	品目 9023
其他测试分析仪器及自动调节和控制装置	品目 9024～9027、品目 9029～9032

2. 光学元件的归类

对于玻璃制的光学元件，只有经过光学加工的光学元件（但未装配的）才归入品目 9001，未经光学加工的光学元件应按材料归入品目 7014；其他材料（如有机玻璃）制的光学元件不论是否经过光学加工，一律归入品目 9001。

已装配（即带有镜筒或框架）同时还要"作为仪器装置的零件、配件"的光学元件才归入品目 9002，例如，已装配的用于显微镜的物镜归入 9002.1990；而已装框的放大镜，因其不作为仪器装置的零件、配件，所以不归入本品目，应归入子目 9013.8010。

3. 光学仪器的归类

光学仪器一般按其功能和用途归入品目 9005～9013。其中：

（1）双筒望远镜、单筒望远镜等普通望远镜归入品目 9005，但用于机床上的校直望远镜和坦克上的潜望镜要归入品目 9013。

（2）印刷制版用的电子分色机、激光照相排版设备归入品目 9006，不能按制版的设备归入品目 8442。

（3）品目 9005～9013 包含的商品大部分是光学仪器，但也包括一些看起来不属于光学仪器的设备，例如，电子显微镜归入子目 9012.1000，液晶显示板归入子目 9013.8030。

4. 医疗器械及器具的归类

医疗器械及器具一般归入品目 9018～9022。

在确定其品目时，一般要根据其工作原理、特性及用途等因素。同样用于疾病诊断的医疗器械，因其工作原理不同而归入不同的品目。例如，B 型超声波检查仪、核磁共振成像仪和 X 射线断层检查仪均是通过影像进行疾病诊断的仪器，但因其成像原理不同而归入不同的品目，B 型超声波检查仪、核磁共振成像仪归入品目 9018，而 X 射线断层检查仪（又称 CT 机），利用 X 射线进行扫描成像，归入品目 9022。

机械疗法、氧疗法、臭氧疗法、吸入疗法、人工呼吸及按摩等用的设备及装置归入品目 9019。

矫形用具、人造假肢及骨折用具（包括兽用）、弥补人体生理缺陷的器具归入品目 9021。

X 射线或 α 射线、β 射线、γ 射线的应用设备归入品目 9022，不仅包括用于医疗上的，还包括用于其他行业（如工业）上的，例如，冶金工业中用于检查合金均匀性的 X 射线设备仍归入此品目。但是，用于探测 X 射线或 α 射线、β 射线、γ 射线的设备不归入本品目，应归入品目 9030。

其他用于医疗、外科、牙科或兽医的仪器及器具（未在其他品目列名）归入品目 9018，例如，电子眼压记录仪属于医疗电子诊断设备，应归入品目 9018。但也有部分医疗仪器已在其他品目列名，例如，测量体温的体温表归入品目 9025，观察病理切片的生物显微镜归入品目 9011 或 9012，分析、检验血液、组织液、尿液等的仪器设备和检镜切片机归入品目 9027，眼底照相机归入品目 9006。

5. 第九十章设备所用零件、附件的归类

第九十章设备用零件、附件的归类流程归纳如图 4-1 所示。

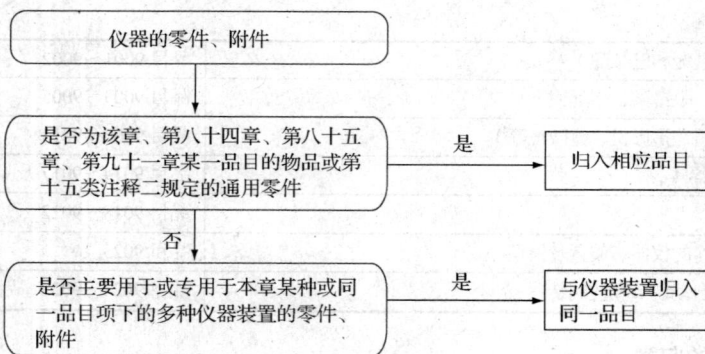

图 4-1 设备用零件、附件的归类流程

同时适用于该章不同品目的多种机器、器具、仪器或设备的零件或附件，应归入品目 9033，除非其本身构成其他品目具体列名的完整仪器等。

6. 钟表及计时器具的归类

用于计时或与时间有关的某些操作器具（如考勤钟、定时开关等）及其零件归入第九十一章。本章的排列结构顺序为：完整品→不完整品（如钟表芯）→零件。

品目 9101 与 9102 所列手表的区别：只有表壳全部用贵金属或包贵金属制得的表才归入品目 9101；若是表壳用贵金属或包贵金属以外的材料制成，表壳用贵金属或包贵金属制成而表背面用钢制成，或表壳用镶嵌贵金属的贱金属制成的表均归入品目 9102。

某些钟表零件已在第九十一章注释一中排除，不要归入本章。

7. 乐器的归类

各种乐器及其零件归入第九十二章。乐器归类的关键是确定其种类（弦乐器、管乐器、打击乐器、电子乐器、其他未列名乐器），例如，普通钢琴归入品目 9201，而目前市场上销售的电钢琴，不能按普通钢琴归类，因它属于电子乐器，应归入品目 9207。

归入第九十二章的乐器可以带有电拾音器及扩音器，但这类电气装置必须已构成乐器的不可分割部分或与乐器装在同一机壳内。

第十九类武器、弹药及其零件、附件（第九十三章）

（一）主要内容

本类仅有 1 章，主要包括供军队、警察或其他有组织的机构（海关、边防等）在陆、海、空战斗中使用的各种武器，个人自卫、狩猎等用的武器等。

（二）归类方法

本类商品在归类时应注意以下两点。

1. 装甲战斗车辆不能作为武器归入本章，应按车辆归入品目 8710；弓、箭、钝头击剑等不能作为武器归入本章，应作为运动用品归入第九十五章。

2. 其他章已列名的武器及零件不应归入本章，例如，第九十章的武器瞄准用的望远镜。

第二十类杂项制品（第九十四章～第九十六章）

（一）主要内容

本类共 3 章，其所称的杂项制品是指前述各类、章及品目未包括的货品，从第九十四章至第九十六章。其中第九十四章包括各种家具、寝具、其他章未列名灯具和活动房屋等；第九十五章包括各种玩具、运动或游戏用设备等；第九十六章包括雕刻或模塑制品，扫把、刷子和筛，书写及办公用品，烟具，化妆品用具及其他品目未列名的物品。

（二）归类方法

1. 家具及其零件的归类

具有实用价值的落地式"可移动"的家具（如桌、椅等），落地式或悬挂的、固定在墙壁上叠摆的碗橱、书柜、其他架式家具，坐具及床归入品目 9401～9403；单独报验的组合家具各件均归入第九十四章，但落地灯不能按家具归类，应按灯具归入品目 9405。

品目 9402 的医疗、外科、牙科或兽医用的家具不能带有医疗器械（设备），如带有牙科器械的牙科用椅不能归入本品目，而应按医疗器械归入品目 9018。

具有特定用途或为安装特定用途的装置、设备而特制的家具，一般按特定用途的装置、设备归类，例如，有象棋盘桌面的桌子和桌球台归入品目 9504，作为缝纫机台架用的家具归入品目 8452。

品目 9401～9403 的家具可用木、柳条、竹、藤、塑料、贱金属、玻璃、皮革、石、陶瓷等材料制成，例如，玻璃制的柜台仍归入第九十四章，而不按玻璃制品归类。

专用于或主要用于第九十四章家具的零件归入本章相应品目；单独报验的玻璃或镜子、大理石等按材料归类。

第九十四章也包括机动车辆、飞机等用的坐具及零件（如座椅调角器），这些坐具及零件不能按车辆或飞机的零件归入第十七类。

2. 床上用品及寝具的归类

装有弹簧或内部填充棉花、羊毛、马毛、羽绒、合成纤维等，或以海绵橡胶或泡沫塑料制成的床上用品及寝具，如褥垫、被褥及床罩（内含填充物）、鸭绒被、棉被、枕头、靠垫、坐垫、睡袋等归入品目 9404。

未装有内部填充物的床上用品及寝具，例如，床单、床罩、枕头套、鸭绒被套、靠垫套、毯子等则按纺织品归入第六十三章。

3. 玩具的归类

儿童乘骑的带轮玩具（如三轮车、踏板车、踏板汽车等），玩偶车，玩偶及其零件、附件（如玩偶用的服装、鞋、靴、帽等）和其他供儿童或成人娱乐用的各种智力玩具或其他玩具均归入品目 9503，但宠物玩具不归入品目 9503。

4. 体育用品和游乐场用娱乐设备的归类

一般体育用品归入品目 9506 或 9507，游乐场用娱乐设备归入品目 9508。

体育用品中不同用途的球归入不同的子目，归纳如下。

（1）可充气的足球、篮球、排球归入子目 9506.6210。

（2）草地网球归入子目 9506.6100。

（3）乒乓球归入子目 9506.4010。

（4）高尔夫球归入子目 9506.3200。

（5）羽毛球归入子目 9506.9190。

5. 杂项制品的归类

各种纽扣归入品目 9606、拉链归入品目 9607、梳子归入品目 9615，这些不应按制成材料归入其他类。

打字机色带归入品目 9612，不应按打印机的零件归入第八十四章。

裁缝用和商品陈列或广告宣传用的人体活动模型归入品目 9618，不应按专供示范用模型归入品目 9023。

第二十一类艺术品、收藏品及古物（第九十七章）

（一）主要内容

本类只有 1 章，一般归入本类商品的最大特点是具有一定的收藏价值，主要包括艺术品和收藏品。例如，完全手工绘制的油画、粉画，雕版画、印制画、石印画原本，雕塑品原件，邮票，动物、植物、矿物等的标本和超过 100 年的古物。

（二）归类方法

1. 超过100年古物的归类

除品目 9701～9705 以外的物品，若超过 100 年则优先归入品目 9706。例如，超过 100 年的乐器不按乐器归入第九十二章，而应归入品目 9706；而品目 9701～9705 的物品即使超过 100 年，仍归入原品目。

2. 雕版画、印制画、石印画原本和雕塑品原件的归类

只有完全用手工制作的印版直接印制出的原本才归入品目 9702，而使用机器或照相制版方法制作的印版印制出的原本不能归入本品目；

只有各种材料制的雕塑品原件才归入品目 9703，而成批生产的复制品不能归入本品目。

3. 其他艺术品、收藏品的归类

对于已装框的油画、粉画，若框架的种类、价值与作品相称，此时一并按作品归类；若框架种类、价值与作品不相称，则框架与作品应分别归类。

本章与第四十九章未使用过的邮票的区别：本章邮票具有收藏价值，以收藏为主要目的；第四十九章邮票不具有收藏价值。

关键术语

扫一扫

职业技能训练

一、单选题

1. 《协调制度》共有（　　）。

    A. 20 类、96 章　　　B. 21 类、97 章　　　C. 6 类、97 章　　　D. 21 类、96 章

2. HS 编码制度，所列商品名称的分类和编排，从类来看，基本上是按（　　）分类。

    A. 贸易部门　　　　B. 社会生产　　　　C. 同一起始原料　　D. 同一类型产品

3. 在海关注册登记的进出口货物的经营单位，可以在货物实际进出口的（　　）前，向（　　）申请就其拟进口的货物进行商品归类。

    A. 45 日；所在地海关　　　　　　　　　B. 30 日；直属海关

    C. 30 日；海关总署　　　　　　　　　　D. 45 日；直属海关

4. 请指出下列叙述中错误的是（　　）。

    A. 《海关进出口税则》的类、章及分章的标题，仅为查找方便设立

    B. 归类总规则一规定，具有法律效力的商品归类，应按品目条文和有关类注或章注确定

    C. 子目的比较只能在同一数级上进行

    D. 最相类似、具体列名、基本特征、从后归类

5. 下列叙述正确的是（　　）。

    A. 在进行商品归类时，列名比较具体的税目优先于一般税目

    B. 在进行商品归类时，混合物可以按照其中的一种成分进行归类

    C. 在进行商品归类时，商品的包装容器应该单独进行税则归类

    D. 从后归类原则是商品归类时，优先采用的原则

6. 对商品进行归类时，品目条文所列的商品，应包括该项商品的非完整品或未制成品，只要在进口或出口时这些非完整品或未制成品具有完整品或制成品的（　　）。

    A. 基本功能　　　　B. 相同用途　　　　C. 基本特征　　　　D. 核心组成部件

7. 在进行商品税则分类时，对看起来可归入两个或以上税号的商品，在税目条文和注释均无规定时，其归类次序为（　　）。
A. 基本特征、最相类似、具体列名、从后归类
B. 具体列名、基本特征、从后归类、最相类似
C. 最相类似、具体列名、基本特征、从后归类
D. 具体列名、最相类似、基本特征、从后归类

8. 商品编码的编排有一定的规律和含义，其中（　　）为我国子目（本国子目）。
A. 第1位和第2位　　　　　　B. 第3位和第4位
A. 第5位和第6位　　　　　　C. 第7位和第8位

9. 海关总署发现商品归类决定存在错误的，应当及时给予撤销。撤销商品归类决定的，应当由海关总署对外公布，被撤销的商品归类决定自（　　）失效。
A. 再进口该货物之前　　　　B. 再出口该货物之日
C. 撤销之日　　　　　　　　D. 再进出口该货物之日

10. 根据（　　）的规定，"一个纸盒内装一只手机"的商品，应按手机归类。
A. 归类总规则三（一）　　　B. 归类总规则三（二）
C. 归类总规则五（一）　　　D. 归类总规则五（二）

二、多选题

1. HS编码制度将国际贸易商品分类后，在各类内则基本上按（　　）设章。
A. 贸易部门　　B. 生产部门　　C. 自然属性　　D. 用途（功能）

2. 下列选项中属于归类的依据的是（　　）。
A.《进出口税则》
B.《商品及品目注释》
C.《本国子目注释》
D. 海关总署发布的关于商品归类的行政裁定或决定

3.《协调制度》中的税（品）目所列货物，除完整品或制成品外，还应包括（　　）。
A. 在进出口时具有完整品基本特征的不完整品
B. 在进出口时具有制成品基本特征的未制成品
C. 完整品或制成品在进出口时的未组装件或拆散件
D. 具有完整品或制成品基本特征的不完整品或未制成品在进出口时的未组装件或拆散件

4. 所谓"零售的成套货品"必须同时符合的条件是（　　）。
A. 包装形式适于直接销售给用户而无须重新包装
B. 由归入不同品目号的货品组成
C. 为了开展某项专门活动而将几件物品包装在一起
D. 为了迎合某项需求而将几件产品包装在一起

5. 适合供长期使用的包装容器，必须符合下列（　　）个方面的要求，应与所装的物品一同归类。
A. 制成特定形状或形式　　　B. 适合长期使用
C. 与所装物品一同报验、一同出售　　　D. 不构成整个物品的基本特征

6. 下列货品进出口时，包装物与所装物品应分别归类的是（　　）。
A. 装液化气用的钢瓶　　　　B. 装茶叶的银制茶叶罐
C. 装电视机的纸箱　　　　　D. 分别进口的照相机和照相机套

7. HS 编码中，贵金属包括（　　　）。

　　A. 金　　　　　　　　B. 银　　　　　　　　C. 铜　　　　　　　　D. 铂及铂族金属

8. 下列货物属于 HS 归类总规则中所规定的"零售的成套货品"的是（　　　）。

　　A. 一个礼盒，内有咖啡一瓶、咖啡伴侣一瓶、塑料杯子两只

　　B. 一个礼盒，内有一瓶白兰地酒、一个打火机

　　C. 一个礼盒，内有一包巧克力、一个塑料玩具

　　D. 一碗方便面，内有一块面饼、两包调味品、一把塑料小叉

9. HS 编码中，"章"的编排原则有（　　　）。

　　A. 商品原材料的属性原则　　　　　　　B. 加工程序的原则

　　C. 商品的用途或性能的原则　　　　　　D. 注释的原则

10. 某商品的编码为"0106.3990"下列说明正确的是（　　　）。

　　A. 该商品在第一章

　　B. 该商品包括的商品范围是除了猛禽、鹦形目以外的其他活鸟

　　C. 商品编码中的第 8 位"0"表示三级子目"0106.399"未设四级子目

　　D. 商品编码中的第 6 位"9"表示二级子目"0106.39"排在第 9 位

三、判断题

1. "从后归类"原则是进行商品归类时优先使用的原则。（　　　）

2. 按照归类总规则的规定，税目所列货品，还应视为包括货物的完整品或制成品在进出口时的未组装件和拆散件。（　　　）

3. 《协调制度》中的编码采用的是 8 位数编码。（　　　）

4. 我国进出口商品编码第 5、6 位数级子目号列为 HS 子目，第 7、8 位数级子目号列为本国子目。（　　　）

5. 缺少车轮的摩托车，应按摩托车的零件归类。（　　　）

6. 第一章的标题为"活动物"，所以活动物都归入第一章。（　　　）

7. 零售成套货品应按基本特征原则归类。（　　　）

8. 我国《海关进出口税则》的商品编码采用 6 位数编码，即从左向右为：第 1 位数、第 2 位数为"章"的编号，第 3 位数、第 4 位数为"税目"的编号，第 5 位数、第 6 位数为"子目"的编号。（　　　）

9. 申请预归类事项，经直属海关审核认为属于有关的法律法规等有明确规定的，应当在接受之日起 7 个工作日内制发"预归类决定书"。（　　　）

10. 当货品看起来可归入两个或两个以上税目时，应按"基本特征"的原则归类。（　　　）

11. 进出口商品在品目项下各子目的归类应当首先按照品目条文和类注、章注确定。（　　　）

12. 对进出口商品进行归类时，如果该商品在品目条文上有具体列名可以直接查到，则无须运用总规则。（　　　）

13. 对进出口商品进行归类时，先确定品目，然后确定子目。（　　　）

14. 根据归类总规则的规定，具有法律效力的归类，应按类章标题、品目条文和类章注释确定。（　　　）

15. 规则三（二）"基本特征"也不适用于按规定比例将分别包装的各种组分包装在一起，供生产饮料等用的货品，不论其是否装在一个共同包装内。（　　　）

四、实务操作题

1. 请查找确定以下商品的商品编码：一种桃皮绒，由一种新型超细纤维（70% 涤纶短纤和 30% 锦纶短纤）织成平纹机织物，染色，再在表面砂磨出一层精致细密似桃皮的小绒毛。

2. 浙江胜利大剧院（以下简称：大剧院）建设工程中需配置一套闭路电视监控系统，经过公开招投标，德国博视明电子技术有限公司中标。大剧院委托江兴贸进出口有限公司代理进口，三方签订了进口合同，合同总金额为 18.5 万欧元。这套闭路电视监控系统不仅仅是一个系统控制器，还有摄像机、监视器、录像机、视频分配器等多个独立功能的机器组成。一个月后，货物将会如期到港。兴贸公司委托汉德报关行办理商品归类和确定海关监管条件。业务员 A 需要完成以下工作任务。

任务 1：要对商品有所认知，要"识货"，知道这个货物到底是怎么样的。

任务 2：套用六大归类总规则。

任务 3：归出税则号。

任务 4：确定海关监管条件。

项目五

进出口报关单的填制

学习目标

【能力目标】

1. 能够根据原始单证、资料填制和复核进出口货物报关单;
2. 能够根据已经完成填制的报关单草单,运用模拟 QP 系统熟练、准确地进行预录入。

【知识目标】

1. 掌握进出口报关单的含义和分类;
2. 掌握进出口货物报关单各栏目含义和填制规范;
3. 掌握报关 QP 系统细则。

项目简介

　　报关单的填制是报关的基础工作,本项目首先介绍了报关单的类别、海关对报关单填制的一般要求,然后在此基础上介绍了报关单各栏目填制规范及其注意要点,为报关准备阶段的制单和复核工作奠定坚实基础。

　　而后本项目对出口报关单和进口报关单的填制分别进行了举例说明,从案例中分析了报关单填制的步骤和方法以及填制的信息来源,分析了报关单填制中的常见错误及其错误的原因,有利于有效防范常见的错误。

　　最后本项目介绍了报关的 QP 系统操作,让同学把理论学习和实践工作更真切地联系起来。

任务一　报关单各栏目的填制要求

　　进出口货物报关单是指进出口货物的收发货人或其代理人,按照海关规定的格式对进出口货物的实际情况做出的书面申明，以此要求海关对其货物按适用的海关制度办理报关手续的法律文书。

按货物的进出口状态、表现形式、使用性质的不同，进出口货物报关单可分为以下几种类型。

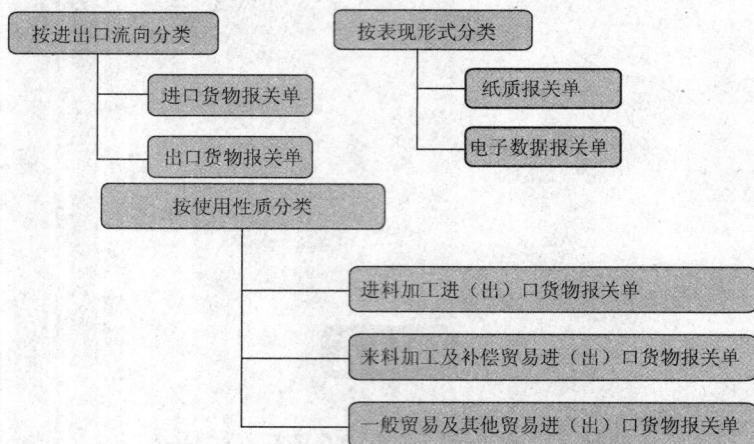

一、海关对进（出）口货物报关单填制的一般要求

进出境货物的收发货人或其代理人应按照《中华人民共和国海关进出口货物申报管理规定》。《中华人民共和国海关报关单填制规范》《统计商品目录》《规范申报目录》等有关规定要求，向海关如实申报，并对申报内容的真实性、准确性、完整性和规范性承担相应的法律责任。

（一）"两个相符"

1. 单证相符

单证相符即所填报关单各栏目的内容必须与合同、发票、装箱单、提单以及批文等随附单据相符。

2. 单货相符

单货相符即所填报关单各栏目的内容必须与实际进出口货物的情况相符，不得伪报、瞒报、虚报。

（二）分单填报

不同运输工具、航次、提运单、贸易方式、备案号、征免性质的货物，均应分单填报。

一份原产地证书，只能用于同一批次进口货物。含有原产地证书管理商品的一份报关单，只能对应一份原产地证书；同一批次货物中，实行原产地证书联网管理的，如涉及多份原产地证书或含非原产地证书商品，也应分单填报。同一份报关单上的商品不能同时享受协定税率和减免税。

（三）分商品项填报

一份报关单所申报的货物，须分项填报的情况主要有：商品编号不同的，商品名称不同的，计量单位不同的，原产国（地区）/最终目的国（地区）不同的，币制不同的，征免不同的。

二、报关单各栏目的填报

为规范进出口货物收发货人的申报行为，统一进出口货物报关单填制要求，保证报关单数据质量，根据《中华人民共和国海关法》及有关法规，制定本规范。《中华人民共和国海关进（出）口货物报关单》在本规范中采用"报关单""进口报关单""出口报关单"的提法。报关单各栏目的填制规范如下。

（一）预录入编号

进出口货物报关单上方的预录入编号是指预录入单位录入报关单的编号，用于申报单位与海关之间引用其申报后尚未接受申报的报关单。预录入编号由接受申报的海关决定编号规则，由计算机自动打印。

（二）海关编号

进出口货物报关单上方的海关编号是指海关接受申报时给予报关单的 18 位顺序编号。一份报关单对应一个海关编号。海关编号由各直属海关在接受申报时确定，并标示在报关单的每一联上。一般来说，海关编号就是预录入编号，由计算机自动打印，不需填写。

进口报关单和出口报关单分别编号，确保在同一公历年度内，能按进口和出口唯一标志本关区的每一份报关单。报关单海关编号由18位数组成，其中前 4 位为接受申报海关的编号（关区代码表中相应关区代码），第5~8 位为海关接受申报的公历年份，第 9 位为进出口标志（"1"为进口，"0"为出口；集中申报清单"I"为进口，"E"为出口），第 10~18 位为报关单顺序编号。例如：

5302	2011	0	027514049
罗湖海关	年份	出口	报关单顺序编号

（三）收发货人（原经营单位）

进出口货物报关单中的收发货人是指在海关注册的对外签订并执行进出口贸易合同的中国境内法人、其他组织或个人的名称及编码。

本栏目填报在海关注册的对外签订并执行进出口贸易合同的中国境内法人、其他组织或个人的名称及编码。编码可选填 18 位法人和其他组织统一社会信用代码或 10 位海关注册编码任一项。

特殊情况下填制要求如下。

1. 进出口货物合同的签订者和执行者非同一企业的，填报执行合同的企业。

2. 外商投资企业委托进出口企业进口投资设备、物品的，填报外商投资企业，并在标记唛码及备注栏注明"委托某进出口企业进口"，同时注明被委托企业的 18 位法人和其他组织统一社会信用代码。

3. 有代理报关资格的报关企业代理其他进出口企业办理进出口报关手续时，填报委托的进出口企业。

4. 使用海关核发的《中华人民共和国海关加工贸易手册》、电子账册及其分册（以下统称《加工贸易手册》）管理的货物，收发货人应与《加工贸易手册》的"经营企业"一致。

┃知识链接┃

1. 海关总署公告 2016 年第 32 号（关于实施法人和其他组织统一社会信用代码制度有关事宜的公告）

为落实国务院关于实施法人和其他组织统一社会信用代码制度改革的工作要求，现就海关实施统一社会信用代码有关事宜公告如下。

自公告发布之日起，已经取得统一社会信用代码的企业，在海关办理报关单位注册登记后，可以使用统一社会信用代码替代海关注册编码，向海关办理进出口货物报关单申报手续。尚未取得统一社会信用代码的企业，继续使用海关注册编码办理进出口申报手续。

2.《法人和其他组织统一社会信用代码制度建设总体方案》

2015 年《政府工作报告》要求建立统一社会信用代码制度，这是推动社会信用体系建设的一项重要改革措施，也是进一步深化商事制度改革，实现"三证合一""一照一码"的基础和前提。

《方案》明确，法人和其他组织统一社会信用代码共18位，包括 5 个部分，分别是 1 位登记管理部门代码、1位机构类别代码、6位登记管理机关行政区划码、9位主体标识码（组织机构代码）和1位校验码。统一社会信用代码可最大限度与现有各类机构代码实现兼容，也有利于社会识别机构类别、注册地和登记管理部门等信息。统一社会信用代码覆盖所有法人和其他组织，一经发放，终身不变。

例题解析

外商投资企业进口原材料报关单收发货人填制

（2004年报关员考题）"中外合资沈阳贝沈钢帘有限公司（210123××××）使用自有资金，委托上海新元五矿贸易公司（310591××××）进口镀黄铜钢丝"。

解析：在收发货人（原经营单位）栏目中填报代理方"上海新元五矿贸易公司（310591××××）"

虽然沈阳贝沈钢帘有限公司（210123××××）是一家中外合资企业，但是其委托进口的货物不是投资设备物品，而是使用自有资金进口的原材料，因此不符合"外商投资企业委托进出口企业进口投资设备、物品的"要求，而应该按常规填法在收发货人（原经营单位）栏目中填报代理方"上海新元五矿贸易公司（310591××××）"。

（四）进口口岸/出口口岸

报关单中的"进（出）口口岸"特指根据货物实际进出境的口岸海关。

进口口岸：货物进入我国关境第一个口岸海关的名称。

出口口岸：货物运离我国关境前最后一个口岸海关的名称。

本栏目应根据货物实际进出境的口岸海关，填报海关规定的《关区代码表》中相应口岸海关的名称及代码。特殊情况填报要求如下：

进口转关运输货物应填报货物进境地海关名称及代码，出口转关运输货物应填报货物出境地海关名称及代码。按转关运输方式监管的跨关区深加工结转货物，出口报关单填报转出地海关名称及代码，进口报关单填报转入地海关名称及代码。

在不同海关特殊监管区域或保税监管场所之间调拨、转让的货物，填报对方特殊监管区域或保税监管场所所在的海关名称及代码。

其他无实际进出境的货物，填报接受申报的海关名称及代码。

例题解析

转关货物进口口岸/出口口岸的填写

一批货物从天津新港口岸进境转关至郑州申报，此时进口口岸仍填"新港海关0202"

解析：因为在转关的情况下，货物进境地海关即进入我国关境第一个口岸海关没有改变，仍为新港海关，所以进口口岸栏填写"新港海关0202"。

一般来说，装载货物的运输工具申报进出境的海关一定是进、出口口岸。

当进出口货物"转关"运输时，也就是进口货物在指运地报关，出口货物在启运地报关时，进口口岸/出口口岸栏目就不能填报具体受理报关手续的指运地或者启运地海关，而必须填报货物进境或未来离境时的边境口岸海关名称及代码。

（五）进口日期/出口日期

进口日期填报运载进口货物的运输工具申报进境的日期。

出口日期指运载出口货物的运输工具办结出境手续的日期，本栏目供海关签发打印报关单证明联用，在申报时免予填报。

无实际进出境的报关单填报海关接受申报的日期。

本栏目为 8 位数字，顺序为年（4 位）、月（2 位）、日（2 位）。

┃例题解析┃

进口日期/出口日期的填写

中国矿产钢铁有限责任公司（110891××××）订购进口一批热拔合金钢无缝锅炉管（属法定检验检疫和自动进口许可管理商品，法定计量单位为千克），委托辽宁抚顺辽抚锅炉厂有限责任公司（210491××××）制造出口锅炉。载货运输工具于 2005 年 4 月 10 日申报进境，次日辽宁龙信国际货运公司（210298×××）持加工贸易手册和相关单证向大连大窑湾海关申报货物进口。保险费率 3‰。

请根据以上资料选择进口日期为？

解析：进口日期为运载所申报进口货物的运输工具申报进境的日期。"进口日期"栏填报的日期必须与运载所申报货物的运输工具申报进境的实际日期一致。本题"载货运输工具于 2005 年 4 月 10 日申报进境"，故正确答案的写法应该是"20050410"。请注意"05.04.10""2005.04.10""2005/04/10""2005.04.11"这样的写法都不对。

（六）申报日期

申报日期指海关接受进出口货物收发货人、受委托的报关企业申报数据的日期。以电子数据报关单方式申报的，申报日期为海关计算机系统接受申报数据时记录的日期。以纸质报关单方式申报的，申报日期为海关接受纸质报关单并对报关单进行登记处理的日期。

申报日期为 8 位数字，顺序为年（4 位）、月（2 位）、日（2 位）。本栏目在申报时免予填报。在报关员水平测试中本栏目也免予填制，因此在此不再赘述。

（七）消费使用单位/生产销售单位（原收货单位/发货单位）

消费使用单位填报已知的进口货物在境内的最终消费、使用单位的名称，包括：

（1）自行从境外进口货物的单位。（2）委托进出口企业进口货物的单位。

生产销售单位填报出口货物在境内的生产或销售单位的名称，包括：

（1）自行出口货物的单位。（2）委托进出口企业出口货物的单位。

本栏目可选填 18 位法人和其他组织统一社会信用代码或 10 位海关注册编码或 9 位组织机构代码任一项。没有代码的应填报"NO"。

有 10 位海关注册编码或 18 位法人和其他组织统一社会信用代码或加工企业编码的消费使用单位/生产销售单位，本栏目应填报其中文名称及编码；没有编码的应填报其中文名称。

使用《加工贸易手册》管理的货物，消费使用单位/生产销售单位应与《加工贸易手册》的"加工企业"一致；减免税货物报关单的消费使用单位/生产销售单位应与《中华人民共和国海关进出口货物征免税证明》（以下简称《征免税证明》）的"减免税申请人"一致。

┃例题解析┃

消费使用单位/生产销售单位的填制

1. 资料中这样描述"万威微型电机大连有限公司（2102245678）持加工贸易手册（C09033401543）进口第一项塑料垫圈"。

解析：描述中没有提到委托与代理的情形，因此是自行进口，"消费使用单位/生产销售单位栏目"应该填写"2102245678"。

2. "中外合资沈阳贝沈钢帘有限公司（210123××××）使用自有资金，委托上海新元五矿贸易公司（310591××××）进口镀黄铜钢丝"。

解析：这是外商投资企业委托外贸经营流通企业进口料件的情形，收发货人是被委托的外贸流通企业上海新元五矿贸易公司，而消费使用单位/生产销售单位是委托人外商投资中外合资沈阳贝沈钢帘有限公司，因此，收货单位栏目应该填写"210123××××"。

3. "广州轻工机械进出口公司（440191××××）受广州粤港服装有限公司（440123××××）委托在投资总额内进口服装加工设备。货物于××××年×月×日运抵口岸，次日委托广州鸿发报关公司持编号为Z××××××××××的征免税证明向海关报关"。

解析：此例是外商投资企业广州粤港服装有限公司（440123××××）委托外贸流通企业广州轻工机械进出口公司（440191××××）进口投资设备的情形，因此，收发货人不能够填写外贸流通企业而应该填写外商投资企业，正确的填写方式是"广州粤港服装有限公司 440123×××××"（名称编码必须都填写）。而消费使用单位/生产销售单位也应该是委托进口的外商投资企业，正确的填写方式是"440123××××"（有海关编码的只填编码）。而代理方或者说被委托方应该在"标记唛码及备注栏"中加以说明。需要说明的是，"委托广州鸿发报关公司向海关报关"不是进出口贸易上的委托。

知识链接

消费使用单位/生产销售单位的注意事项

（1）自行进出口的消费使用单位/生产销售单位与收发货人相同，即收发货人就是消费使用单位/生产销售单位。

（2）外商投资企业委托外贸企业进口投资设备、物品的，消费使用单位/生产销售单位与收发货人相同。

（3）其他委托进出口企业进出口货物的消费使用单位/生产销售单位与收发货人不一致的。也就是说，在其他委托进出口情况下，消费使用单位/生产销售单位应该填写委托单位的中文名称及编码，没有编码时只填写中文名称。

（八）运输方式

运输方式包括实际运输方式和海关规定的特殊运输方式，前者指货物实际进出境的运输方式，按进出境所使用的运输工具分类；后者指货物无实际进出境的运输方式，按货物在境内的流向分类。

本栏目应根据货物实际进出境的运输方式或货物在境内流向的类别，按照海关规定的《运输方式代码表》选择填报相应的运输方式。

1. 特殊情况填报要求

（1）非邮件方式进出境的快递货物，按实际运输方式填报。

（2）进出境旅客随身携带的货物，按旅客所乘运输工具填报。

（3）进口转关运输货物，按载运货物抵达进境地的运输工具填报；出口转关运输货物，按载运货物驶离出境地的运输工具填报。

（4）不复运出（入）境而留在境内（外）销售的进出境展览品、留赠转卖物品等，填报"其他运输"（代码9）。

2. 无实际进出境货物在境内流转时填报要求

（1）境内非保税区运入保税区货物和保税区退区货物，填报"非保税区"（代码0）。

（2）保税区运往境内非保税区货物，填报"保税区"（代码7）。

（3）境内存入出口监管仓库和出口监管仓库退仓货物，填报"监管仓库"（代码1）。

（4）保税仓库转内销货物，填报"保税仓库"（代码8）。

（5）从境内保税物流中心外运入中心或从中心运往境内中心外的货物，填报"物流中心"（代码W）。

（6）从境内保税物流园区外运入园区或从园区内运往境内园区外的货物，填报"物流园区"（代码X）。

（7）保税港区、综合保税区、出口加工区、珠澳跨境工业区（珠海园区）、中哈霍尔果斯边境合作区（中方配套区）等特殊区域与境内（区外）（非特殊区域、保税监管场所）之间进出的货物，区内、区外企业应根据实际运输方式分别填报，"保税港区/综合保税区"（代码Y）、"出口加工区"（代码Z）。

（8）境内运入深港西部通道港方口岸区的货物，填报"边境特殊海关作业区"（代码H）。

（9）经横琴新区和平潭综合实验区（以下简称综合试验区）二线指定申报通道运往境内区外或从境内经二线指定申报通道进入综合试验区的货物，以及综合试验区内按选择性征收关税申报的货物，填报"综合试验区"（代码T）。

（10）其他境内流转货物，填报"其他运输"（代码9），包括特殊监管区域内货物之间的流转、调拨货物，特殊监管区域、保税监管场所之间相互流转货物，特殊监管区域外的加工贸易余料结转、深加工结转、内销等货物，如表5-1所示。

表5-1   运输方式代码表

运输方式代码	运输方式名称
0	非保税区
1	监管仓库
2	水路运输
3	铁路运输
4	公路运输
5	航空运输
6	邮件运输
7	保税区
8	保税仓库
9	其他运输
A	全部运输方式
H	边境特殊海关作业区
W	物流中心
X	物流园区
Y	保税港区
Z	出口加工区

知识链接

报关员水平测试中运输方式的填写

（1）报关单填制题一般都会提供提单（Bill of Lading）（水路运输）或空运运单（AirWay Bill）（航空运输），这样就能够根据所给运输单证来确定运输方式。

（2）如果没有提供提单或运单（通常是改错题），那么，在发票或者装箱单中也能够找到和运输方式相关的信息。如有：B/L No.××××（提单号）、Vessel（船舶，后接船名）、Voyage No. 或 VOYNo.（后接航次号）等都表示水路运输（代码"2"）。如有：MAWB No.（总运单号）、HAMB No.（分运单号）、Air Freight（航空运输）、Flight/×××××或 Flight No.（航班号）、Airport Departure（出发空港）、Airport Destination（到达空港）等字样都能够说明是航空运输（代码"5"）。

（3）有些发票由于是固定格式，格式主要为水路运输制作的，但也有可能用于空运。

例如，发票有如此的表示："Shipped：From TOKYO To TIANJIN Per Air Freight"。这里"Shipped：From To Per"是发票上的固定格式，多用于水路运输，但在原本应该填写船名及航次号的"Per"后面使用了 Air Freight，就表示是采用航空运输的方式。因此，运输方式栏内应该填写"航空运输"或"5"。但如果"Per"后面跟的是一个船舶的名称及航次号，则运输方式就是水路运输了。比如，原文改为"Shipped：From TOKYO To TIANJIN Per DANU BHUM/013S"，显然"DANU BHUM"没有运输方式的意思，而应该是船名，而"/"后面的"013S"是航次号（这是常见的一种船名和航次号的表现形式）。

（九）运输工具名称

本栏目填报载运货物进出境的运输工具名称或编号。填报内容应与运输部门向海关申报的舱单（载货清单）所列相应内容一致。具体填报要求如下：

1. 直接在进出境地或采用区域通关一体化通关模式办理报关手续的报关单填报要求

（1）水路运输：填报船舶编号（来往港澳小型船舶为监管簿编号）或者船舶英文名称。

（2）公路运输：启用公路舱单前，填报该跨境运输车辆的国内行驶车牌号，深圳提前报关模式的报关单填报国内行驶车牌号+"/"+"提前报关"。启用公路舱单后，免予填报。

（3）铁路运输：填报车厢编号或交接单号。

（4）航空运输：填报航班号。

（5）邮件运输：填报邮政包裹单号。

（6）其他运输：填报具体运输方式名称，例如，管道、驮畜等。

2. 转关运输货物的报关单填报要求

※进口

（1）水路运输：直转、提前报关填报"@"+16 位转关申报单预录入号（或 13 位载货清单号）；中转填报进境英文船名。

（2）铁路运输：直转、提前报关填报"@"+16 位转关申报单预录入号；中转填报车厢编号。

（3）航空运输：直转、提前报关填报"@"+16 位转关申报单预录入号（或 13 位载货清单号）；中转填报"@"。

（4）公路及其他运输：填报"@"+16 位转关申报单预录入号（或 13 位载货清单号）。

（5）以上各种运输方式使用广东地区载货清单转关的提前报关货物填报"@"+13 位载货清单号。

※出口

（1）水路运输：非中转填报"@"+16 位转关申报单预录入号（或 13 位载货清单号）。如多张报关单需要通过一张转关单转关的，运输工具名称字段填报"@"。

中转货物，境内水路运输填报驳船船名；境内铁路运输填报车名（主管海关 4 位关区代码+"TRAIN"）；境内公路运输填报车名（主管海关 4 位关区代码+"TRUCK"）。

（2）铁路运输：填报"@"+16 位转关申报单预录入号（或 13 位载货清单号），如多张报关单需要通过一张转关单转关的，填报"@"。

（3）航空运输：填报"@"+16 位转关申报单预录入号（或 13 位载货清单号），如多张报关单需要通过一张转关单转关的，填报"@"。

（4）其他运输方式：填报"@"+16位转关申报单预录入号（或13位载货清单号）。

3. 采用"集中申报"通关方式办理报关手续的，报关单本栏目填报"集中申报"

4. 无实际进出境的报关单，本栏目免予填报

▌**知识链接**▌

区域通关一体化

通关一体化，简单说就是"多地通关，如同一关"，它被称为"改革开放以来海关最具革命性的变革"。一体化指的是有的企业在一个地方，但是货物的进出口可能在另外一个城市，原来海关的分布是按照属地化的，一个地方的海关自身是一个独立的监管体系，现在实现了区域通关一体化以后，企业可以自主地选择申报、纳税、验放地点和通关模式，以往需要在多关办理的手续可以在一个海关办理，进一步简化手续。

案例分享

京津冀海关区域通关一体化改革正式在京津两地之间实施。第一票从北京机场海关空运进口的报关单在天津经济技术开发区海关顺利通关。

上午9点刚过，天津经济技术开发区海关现场作业大厅迎来了首位通过天津口岸进行异地报关的报关员刁天一。

刁天一：您好，我们有一票维斯塔斯从德国过来的空运，麻烦您给录一下。

工作人员：好的，您把单子给我。

刁天一代报的是开发区风力发电企业维斯塔斯一票价值17.8万美元的机械部件，按照以往的通关模式，需要在首都机场海关办理转关，再由国际货运车辆从首都机场海关运回天津海关，再次进行申报，最终完成清关手续。京津冀区域通关一体化改革实施后，开发区海关现场接单员可以使用一体化报关平台迅速接单、审单、查验，实现异地方放行。

网络确认后，北京海关将依据天津海关发送的指令放行货物，企业马上就能从北京首都机场直接将货物提走。通过现场测算，从报关单信息完成预录入进入通关系统、完成审核、货物得到放行，整个过程不到1分钟。

▌**例题解析**▌

运输工具的填制

例1：2007年10月杭州凌云公司从国外购买点焊机，用ROTTERDAM BRIDGE号货轮装运进境，在向口岸海关办理转关手续（转关申报单编号@0731049999505171）后，运抵指运地海关办理正式进口报关手续，"运输工具名称"栏的"运输工具名称"项应填（　　　）。

A. ROTTERDAM BRIDGE　　　　　　　B. 鹿特丹桥

C. @0731049999505171　　　　　　　D. @

解析：本题中该批货物在口岸办理转关手续，运抵指运地办理正式进口报关手续，可判断其进口转关方式为直转转关。直转、提前报关转关填报："@+16位转关申报单预录入号（或13位载货清单号）"，所以答案为C。

A. ROTTERDAM BRIDGE为进境船舶英文名称，是进行进境地口岸报关时填制的内容。选项不用翻译成中文，B与A一样不符合本题的要求。D选项是航空运输时中转转关的填报。中转转关填报@。

例2：厦门某外商投资企业利用自有资金进口零件，货物于2007年6月28日乘MU2450航班运抵上海浦东国际机场办理了相关手续后，于6月29日运至厦门高崎机场向海关办理进口报关纳税手续。"运输工具名称"栏应填 MU2450。

答案：错

解析：由于该货物进口时，运抵上海浦东国际机场办理了相关手续后，运至厦门高崎机场向海关办理进口报关纳税手续，属于转关运输中的直转转关。航空运输，直转、提前报关转关填报："@+16 位转关申报单预录入号（或 13 位载货清单号）"。

知识链接

转关和"属地申报、口岸验放"

1. 口岸清关，就是直接在口岸办理进出口申报手续。

2. 转关：进口转关就是在入境口岸办进口转关申报，到指运地海关办正式报关手续；出口转关就是在启运地海关办理正式报关手续同时办理出口转关，到出境口岸办出境手续。

提前报关转关是指进口货物在指运地先申报，再到进境地办理进口转关手续；出口货物在货物未运抵启运地监管场所前先申报，货物运抵监管场所后再办理出口转关手续的方式。

进口直转转关是指进境货物在进境地海关办理转关手续，货物运抵指运地再在指运地海关办理报关手续的进境货物进口转关运输方式。

出口直接转关是指在货物运抵启运地海关监管场所报后，在启运地海关办出口转关手续再到出境地海关办理出境手续的转关运输方式。

中转方式是指在收发货人或其代理人向指运地或启运地海关办理进出口报关手续后，由境内承运人或其代理人统一向进境地或启运地海关办理进口或出口转关手续。具有全程提运单，须换装境内运输工具的进出口中转货物适用中转方式转关运输。

3. 属地报关口岸清关的正式提法叫"属地申报、口岸验放"，就是在企业所在地办理进出口申报后，货物直接在进出口口岸办理入境或离境手续，不需另行办理转关手续。属地申报方式比转关方式要简单一些，不用两次报关，只需在属地报关即可，另外货物从属地到口岸也不需要监管车运输，总之程序简单、费用低。

（十）航次号

本栏目填报载运货物进出境的运输工具的航次编号。

具体填报要求如下：

1. 直接在进出境地或采用区域通关一体化通关模式办理报关手续的报关单

（1）水路运输：填报船舶的航次号。

（2）公路运输：启用公路舱单前，填报运输车辆的 8 位进出境日期[顺序为年（4 位）、月（2位）、日（2位），下同]。启用公路舱单后，填报货物运输批次号。

（3）铁路运输：填报列车的进出境日期。

（4）航空运输：免予填报。

（5）邮件运输：填报运输工具的进出境日期。

（6）其他运输方式：免予填报。

2. 转关运输货物的报关单

※进口

（1）水路运输：中转转关方式填报"@"+进境干线船舶航次。直转、提前报关免予填报。

（2）公路运输：免予填报。

（3）铁路运输："@"+8 位进境日期。

（4）航空运输：免予填报。

（5）其他运输方式：免予填报。

※出口

（1）水路运输：非中转货物免予填报。中转货物：境内水路运输填报驳船航次号；境内铁路、公路运输填报 6 位启运日期[顺序为年（2 位）、月（2 位）、日（2 位）]。

（2）铁路拼车拼箱捆绑出口：免予填报。

（3）航空运输：免予填报。

（4）其他运输方式：免予填报。

3. 无实际进出境的报关单，本栏目免予填报

例题解析

转关运输货物的运输工具单填报

2007 年 10 月杭州凌云公司从国外购买点焊机，用 ROTTERDAM BRIDGE 号货轮装运进境，在向口岸海关办理转关手续（转关申报单编号@0731049999505171）后，运抵指运地海关办理正式进口报关手续，"运输工具名称"栏的"航次号"项应填（　　　）。

A．226W　　　　　B．@　　　　C．@226W　　　　D．此项为空

答案：D

解析：本题中水路运输方式下进口直转转关报关单"航次号"项免予填报。答案为 D。

中转转关方式填报"@+进境干线船舶航次"。选项 A 为进境地口岸报关时填写，选项 C 为进口中转转关方式下填写。

（十一）提运单号

本栏目填报进出口货物提单或运单的编号。

一份报关单只允许填报一个提单或运单号，一票货物对应多个提单或运单时，应分单填报。具体填报要求如下：

1. 直接在进出境地或采用区域通关一体化通关模式办理报关手续的

（1）水路运输：填报进出口提单号。如有分提单的，填报进出口提单号+"*"+分提单号。

（2）公路运输：启用公路舱单前，免予填报；启用公路舱单后，填报进出口总运单号。

（3）铁路运输：填报运单号。

（4）航空运输：填报总运单号+"_"+分运单号，无分运单的填报总运单号。

（5）邮件运输：填报邮运包裹单号。

2. 转关运输货物的报关单

※进口

（1）水路运输：直转、中转填报提单号。提前报关免予填报。

（2）铁路运输：直转、中转填报铁路运单号。提前报关免予填报。

（3）航空运输：直转、中转货物填报总运单号+"_"+分运单号。提前报关免予填报。

（4）其他运输方式：免予填报。

（5）以上运输方式进境货物，在广东省内用公路运输转关的，填报车牌号。

※出口

（1）水路运输：中转货物填报提单号；非中转货物免予填报；广东省内汽车运输提前报关的转关货物，填报承运车辆的车牌号。

（2）其他运输方式：免予填报。广东省内汽车运输提前报关的转关货物，填报承运车辆的车牌号。

3. 采用"集中申报"通关方式办理报关手续的

报关单填报归并的集中申报清单的进出口起止日期[按年（4 位）月（2 位）日（2 位）]。

4. 无实际进出境的，本栏目免予填报

例题解析

<table>
<tr><td colspan="2" align="center">提运单号的填制</td></tr>
<tr>
<td>Shipper:
××××</td>
<td rowspan="2">b/l No:GBINXM20314540-08
GLOBELINK MARINE PTE LTD
BILL OF LADING</td>
</tr>
<tr>
<td>Consignee:
×××</td>
</tr>
</table>

此题的"提运单号"栏从上表可以判断，答案应该是：GBINXM20314540-08

Air Waybill 所给信息如下：999_87908844

<table>
<tr>
<td>Shipper
××××</td>
<td>Not negotiable
AIR Waybill   中国国际航空公司</td>
</tr>
<tr>
<td>Consignee
××××</td>
<td>AIR CHINA BEI JING CHINA</td>
</tr>
<tr>
<td colspan="2">Issuing Carriers Name and City
STR.SHA   HOUSE A.W.B. NEC1053</td>
</tr>
</table>

解析：此题提运单号栏目应该是"总运单号"+"分运单号"，因此，正确的填报应该是 999_87908844-NEC1053

知识链接

航空运单号的填写

航空运输分运单号用"HAWB：××××××××（House Air Waybill）"表示，一般由8位数字组成。分运单号一般出现在航空分运单的右上方，只填8位数字于总运单号后面。总运单号用"MAWB：×××—×××× ××××"或"M：×××—×××× ××××"表示，由11位数字组成。填写时，总运单号只填数字，其中的"—"和空格不填。但在总运单号和分运单号之间要加"_"。例如，分运单号为"4087 1532"，总运单号为"MAWB：790—8127 3721"，提运单号栏应填"79081273721_40871532"。

如果提供了航空运单，首先要确定是总运单还是分运单。在运单的右上方表格外都标有运单号，如果运单号是11位数字，并且前3位数字（航空公司数字代码）和后8位数字间用"—"区格，则该运单是总运单。否则，应该为分运单。另外，运单的表格右上方应填写签发人，签发人如果是航空公司则该运单为总运单，如果签发人是航空货运代理，则该运单为分运单。签发人若以中文填写，则很容易识别。如果是英文，一般名称中多会有"Air""Airways"字样。比如，AIR CHINA（中国国际航空公司）、Air France（法国航空）、Korean Air（大韩航空）、Japan Airline（日本航空公司）、Singapore Airlines（新加坡航空公司）、United Airline（美国联合航空公司）、All Nippon Airways（全日航空公司）、British Airways（英国航空公司）。

（十二）申报单位（新增）

自理报关的，本栏目填报进出口企业的名称及编码；委托代理报关的，本栏目填报报关企业名称及编码。本栏目可选填18位法人和其他组织统一社会信用代码或10位海关注册编码任意一项。

本栏目还包括报关单左下方用于填报申报单位有关情况的相关栏目，包括报关人员、申报单位签章。本栏目填报的时候要填报名称和编码，两者缺一不可。

（十三）监管方式（原贸易方式）

监管方式是以国际贸易中进出口货物的交易方式为基础，结合海关对进出口货物的征税、统计及监管条件综合设定的海关对进出口货物的管理方式。其代码由4位数字构成，前两位是按照海关监管要求和计算机管理需要划分的分类代码，后两位是参照国际标准编制的监管方式代码。

本栏目应根据实际对外贸易情况按海关规定的《监管方式代码表》选择填报相应的监管方式简称及代码。一份报关单只允许填报一种监管方式。

特殊情况下加工贸易货物监管方式填报要求如下。

1. 进口少量低值辅料（即5 000美元以下，78种以内的低值辅料）按规定不使用《加工贸易手册》的，填报"低值辅料"；使用《加二贸易手册》的，按《加工贸易手册》上的监管方式填报。

2. 外商投资企业为加工内销产品而进口的料件，属非保税加工的，填报"一般贸易"。外商投资企业全部使用国内料件加工的出口成品，填报"一般贸易"。

3. 加工贸易料件结转或深加工结转货物，按批准的监管方式填报。

4. 加工贸易料件转内销货物以及安料件办理进口手续的转内销制成品、残次品、未完成品，应填制进口报关单，填报"来料料件内销"或"进料料件内销"；加工贸易成品凭《征免税证明》转为减免税进口货物的，应分别填制进、出口报关单，出口报关单本栏目填报"来料成品减免"或"进料成品减免"，进口报关单本栏目按照实际监管方式填报。

5. 加工贸易出口成品因故退运进口及复运出口的，填报"来料成品退换"或"进料成品退换"；加工贸易进口料件因换料退运出口及复运进口的，填报"来料料件退换"或"进料料件退换"；加工贸易过程中产生的剩余料件、边角料退运出口，以及进口料件因品质、规格等原因退运出口且不再更换同类货物进口的，分别填报"来料料件复出""来料边角料复出""进料料件复出""进料边角料复出"。

6. 备料《加工贸易手册》中的料件结转转入加工出口《加工贸易手册》的，填报"来料加工"或"进料加工"。

7. 保税工厂的加工贸易进出口货物，根据《加工贸易手册》填报"来料加工"或"进料加工"。

8. 加工贸易边角料内销和副产品内销，应填制进口报关单，填报"来料边角料内销"或"进料边角料内销"。

9. 企业销毁处置加工贸易货物未获得收入，销毁处置货物为料件、残次品的，填报"料件销毁"；销毁处置货物为边角料、副产品的，填报"边角料销毁"。

企业销毁处置加工贸易货物获得收入的，填报"进料边角料内销"或"来料边角料内销"。

┃知识链接┃

一般贸易（0110）的监管方式

一般贸易的监管分三种情况。

第一，一般情形。 符合一般贸易定义按一般进出口货物监管的进出口货物（见报关程序部分）。这类货物无须办理进出境前的海关备案手续，进口时照章征税，进口放行后立即结关，也无须海关后续的监管。

对于一般情形下监管方式为一般贸易的，海关都是照章征税，其对应的征免性质为一般征税，征免方式为照章征税。征免性质和征免方式都是报关单要填制的栏目，其含义后文中会讲到。

第二，易混淆的情形。

① 外商投资企业进口供加工内销产品的进口料件。进口的料件是供加工内销产品的，不属于加工贸易，不是保税料件。不是投资总额内进口的设备物品，不享受特定减免税待遇，没有前期备案手续，也无须后续监管，所以监管方式是一般贸易。外商投资企业这种情形下进口的料件

监管方式为一般贸易，而对应的征免性质为一般征税，征免方式为照章征税。

② 外商投资企业用国产原材料加工产品出口或经批准自行收购国内产品出口的货物。

这是指外商投资企业非加工贸易下出口的产品，因此监管方式属于一般贸易。其对应的征免性质要看企业的经济类型，根据企业类型对应有中外合资企业、中外合作企业、外资企业；而征免方式都是照章征税。

第三，特殊情形。 某些特定减免税货物，符合海关设定的监管方式一般贸易的定义（单边进口），而且海关并没有为这些特定减免税货物设定专门的监管方式，因此，它们的监管方式仍然是"一般贸易"。但因为是特定减免税货物，所以需要有进口前的前期备案手续和进口后的后续管理。这些特定减免税货物主要包括以下几种。

① 科教用品：科研机构、学校为促进科学研究和教育事业的发展，按照有关征减免税政策进口国内不能生产、直接用于科研或教学的货物。属于按特定减免税进口的科教用品必须是经过事先批准在海关备案并取得《征免税证明》的。其对应的征免性质是"科教用品"，征免方式是"全免"。

② 鼓励项目（内资企业适用）：符合《当前国家重点鼓励发展的产业、产品和技术目录》的国内投资（包括利用国外商业贷款，但不是外商投资企业）的基建或技改项目，在投资总额内进口的自用设备和随设备进口的技术及配套件、备件。必须是经过事先批准在海关备案并取得《征免税证明》的。其对应的征免性质是"鼓励项目"，征免方式是"全免"。

③ 自有资金项目：外商投资企业、外商投资研究开发中心、先进技术型和产品出口型外商投资企业，以及符合中西部省、自治区、直辖市利用外资优势产业和优势项目目录的项目，利用投资总额以外的自有资金（具体指企业储备基金、发展基金、折旧和税后利润），在原批准的生产经营范围内，对设备进行更新维修，进口国内不能生产或性能不能满足需要的自用设备及其配套的技术、配件、备件。

上述三种情形下进口的货物，都必须事先经过国家有关部门的批准并向海关备案取得《进出口货物征免税证明》，进口报关时报关单备案号栏目要填写标记代码为 Z 的《征免税证明》编号，监管方式栏填写"一般贸易"。

除了上述三种情形外还有残疾人用品、企业技术改造进口货物、国家重大项目进口货物等都属类似情形。

┃例题解析┃

监管方式的填制

"中外合资沈阳贝沈钢帘有限公司（210123××××）使用自有资金，委托上海新元五矿贸易公司（310591××××）进口镀黄铜钢丝"。题目要求根据资料选择正确选项填写"监管方式"栏。

A. 0110；B. 0101；C. 1110；D. 3010。

解析：一般贸易的代码是 0110，因此，重要的监管方式的代码一定要记住。重点是 0110、0214、0615、2025、2225。

┃知识链接┃

重要的监管方式

（1）一般贸易 0110：是指我国境内有进出口经营权的企业单边进口或单边出口的贸易，但海关另外设定监管方式的单边进出口货物除外。所谓单边进出口就是逐笔售定，即逐笔成交，买卖双方在付款和交货完成后不再有任何的关联。与之相对应的有代理、寄售、加工贸易、对销贸易、易货贸易、租赁贸易等。

（2）来料加工 0214：全称是来料加工装配贸易进口料件及加工出口货物。这种加工监管方式的特点是加工所使用料件由境外企业免费提供。经营单位只收取加工费，加工的产品出口交外方处置。海关对这样加工贸易形式发放标记码为 B 的《加工贸易手册》，料件进口和成品出口时都是免税的。报关时报关单上的监管方式栏填写"来料加工"或"0214"。其对应的征免性质为"进料加工"，征免方式为"全免"，备案号栏目要填写加工贸易手册的编号（编号第一位标记码是 B）。

（3）进料对口 0615：进料对口和来料加工不同的是，加工贸易经营单位自主从国外购买料件，加工后的产品自行销售给国外。海关对这样加工贸易形式发放标记码为 C 的手册，料件进口和成品出口时都是免税的，报关单上的监管方式栏填写"进料对口"或"0615"。其对应的征免性质为"进料加工"，征免方式为"全免"。

（4）进料深加工 0654：就是进料深加工结转货物。进料深加工没有对应的征免性质，也就是征免性质栏免填。

（5）不作价设备 0320：专用于加工贸易的设备，由外方免费提供。海关发放标记代码为 D 的《加工贸易不作价设备登记手册》，进口报关时免税。报关单上的监管方式栏填写"不作价设备"或"0320"。而备案号栏目需填写《加工贸易不作价设备登记手册》编号，征免性质填"加工设备"，征免方式填"全免"。

（6）合资合作设备 2025：中外合资企业、中外合作企业在投资总额内（属于投资的）进口的机器设备、零部件和其他物料。对于属于减免税的货物，海关发放标记代码为 Z 的《征免税证明》，进口时免税，报关单上的监管方式栏填写"合资合作设备"或"2025"。报关时要提供征免税证明，报关单备案号栏目填写征免税证明的编号，征免性质是"中外合资"或"中外合作"（和企业的经济类型相对应）。

（7）一份报关单只允许填报一种监管方式。如果一票货物中一部分货物适用一种监管方式，另一部分适用另外的监管方式，则应该分别填制报关单申报。

┤知识链接├

监管方式填制的注意事项

监管方式栏目的填写需要分析判断，某些监管方式可以根据备案文件和企业类型来判断。另外，监管方式栏目和备案号、征免性质、征免方式、用途栏目有对应的关系。在征免性质栏目的内容中会给出这几个栏目内容的逻辑关系表。

（1）如果备案号以"B"开头，则监管方式为"来料加工"。例如，"所申报商品位列 B52084400153 号加工贸易手册……"则监管方式应该填"来料加工"或"0214"。

（2）如果备案号以"C"开头，则监管方式为"进料对口"。例如，"万威微型电机大连有限公司持 C09033401543 加工贸易手开进口第一项塑料垫圈"，备案号首位字母 C 表示的是进料加工，因此监管方式栏应填"进料对口"或"0615"。

（3）如果备案号以"Z"开头，则需仔细看资料中描述的是否是投资总额内进口的设备。若是，再根据收发货人的统一社会信用代码或者海关注册编码判断企业性质。若判断是中外合作企业或者中外合资企业，则监管方式应该填"合资合作设备"；如果是外商独资企业，则监管方式应该填"外资设备物品"。

（4）如果备案号以"D"开头，则监管方式为"不作价设备"。

（5）备案号以"Y"开头，只能说明该进口货物是享受 CEPA 香港或澳门优惠政策的进口货物，只是在税率上享受相关的税率，不足以确定其监管方式。监管方式的确定仍然要根据各种监管方式的定义来判断。一般使用原产地证书享受 CEPA 香港或澳门优惠政策的进口货物，不会是加工贸易货物也不会是特定减免税货物。多数情况下的监管方式是一般贸易。

另外，一份报关单只允许填报一种监管方式。如果一票货物中一部分货物适用一种监管方式，另一部分适用另外的监管方式，则应该分别填制报关单申报。

┃ 例题解析 ┃

监管方式填制

天津华海勘测服务有限公司（120722××××）在投资总额内进口泥浆泵，向海关申请取得 Z02024A50706 号征免税证明。泥浆泵随其他设备同批进口，单独向海关做出申报。请问监管方式项目应该填什么？

解析：根据备案号标示代码 Z 可以判断申报商品是特定减免税设备，而根据描述"在投资总额内进口"，可确定是外商投资企业进口的设备、物品。根据经营单位编码 120722×××× 的第六位是"2"，可以确定该企业是中外合作企业，那么，中外合作企业在投资总额内进口的设备物品监管方式应填"合资合作设备"或"2025"。

假如说上面例子中的天津华海勘测服务有限公司的收发货人海关注册编码改成 120724××××（第6位由2改为4），由于海关注册编码第6位是"4"，这表示该企业是外商独资企业，那么，该进口商品报关单监管方式栏应该填写"外资设备物品"或"2225"。

┃ 例题解析 ┃

监管方式填制

2005 年的报关单填制题："中国矿产钢铁有限责任公司订购进口一批热拔合金无缝钢管（属法定检验检疫、自动进口许可管理商品），委托辽宁抚顺锅炉厂有限责任公司制造出口锅炉。辽宁龙信国际货运公司持经营单位登记手册和相关单证向大连大窑湾海关申报进口。"

解析：根据描述来确定符合哪一个监管方式的定义虽然题目中没有给出备案号，但说明中提到"订购……制造出口……"，并特别提到"持经营单位登记手册和相关单证向大连大窑湾海关申报进口"，经营单位登记手册只有加工贸易情况下才有，可以确定申报的商品是加工贸易进口的料件，而根据"订购"可以排除是来料加工，因此，它是进料加工，监管方式栏应该填"进料对口"或"0615"。

（十四）征免性质

本栏目应根据实际情况按海关规定的《征免性质代码表》选择填报相应的征免性质简称及代码。持有海关核发的《征免税证明》的，应按照《征免税证明》中批注的征免性质填报。一份报关单只允许填报一种征免性质。

加工贸易货物报关单应按照海关核发的《加工贸易手册》中批注的征免性质简称及代码填报。特殊情况填报要求如下。

1. 保税工厂经营的加工贸易，根据《加工贸易手册》填报"进料加工"或"来料加工"。

2. 外商投资企业为加工内销产品而进口的料件，属非保税加工的，填报"一般征税"或其他相应征免性质。

3. 加工贸易转内销货物，按实际情况填报（如一般征税、科教用品、其他法定等）。

4. 料件退运出口、成品退运进口货物填报"其他法定"（代码0299）。

5. 加工贸易结转货物，本栏目免予填报。

▌知识链接▌

重要的征免性质表

征免性质代码	征免性质简称	征免性质全称
101	一般征税	一般征税进出口货物
201	无偿援助	无偿援助进出口物资
299	其他法定	其他法定减免税进出口货物
301	特定区域	特定区域进口自用物资及出口货物
307	保税区	保税区进口自用物资
401	科教用品	大专院校及科研机构进口科教用品
501	加工设备	加工贸易外商提供的不作价进口设备
502	来料加工	来料加工装配和补偿贸易进口料件及出口成品
503	进料加工	进料加工贸易进口料件及出口成品
506	边境小额	边境小额贸易进口货物
510	港澳 OPA	港澳在内地加工的纺织品获证出口
601	中外合资	中外合资经营企业进出口货物
602	中外合作	中外合作经营企业进出口货物
603	外资企业	外商独资企业进出口货物
789	鼓励项目	国家鼓励发展的内外资项目进口设备
799	自有资金	外商投资额度外利用自有资金进口设备、备件、配件

▌例题解析▌

征免性质的确定

文字说明资料如下："天津华海勘测服务有限公司（120722××××）在投资总额内进口泥浆泵，向海关申请取得 Z02024A50706 号征免税证明（海关签注的征免性质为'鼓励项目'）。泥浆泵随其他设备同批进口，单独向海关做出申报。"请问征免性质是什么？

解析：根据备案号标示代码 Z 可以判断申报商品是特定减免税设备，而根据描述"在投资总额内进口"可确定是外商投资企业进口的设备、物品（贸易方式可能是"合资合作设备"或"外资设备物品"）。而再根据经营单位编码 120722×××× 的第 6 位是"2"可以确定该企业是中外合作企业（不是外资企业），那么，中外合作企业在投资总额内进口的设备物品贸易方式应填"合资合作设备"或"2025"，征免性质为"鼓励项目"。或者，先根据经营单位编码第 6 位是"2"和征免税证明先确定可能的贸易方式是"合资合作设备"或"一般贸易"，再根据海关签注的征免性质是"鼓励项目"来最后确定贸易方式是"合资合作设备"，因为外商投资企业只有在征免性质"自有资金"时贸易方式才是"一般贸易"。而该题的征免性质资料中已经提示说明是"鼓励项目"。

假如说上面例子中的天津华海勘测服务有限公司的经营单位编码是 120724××××（第 6 位由"2"改为"4"），由于经营单位编码第 6 位是"4"，表示该企业是外商独资企业，那么，该进口商品报关单贸易方式栏应该填写"外资设备物品"或"2225"，征免性质依然填"鼓励项目"或者"789"。

如果上面例子中的天津华海勘测服务有限公司的经营单位编码是 120721××××（第 6 位由"2"改为"1"），说明经营单位是国有企业（内资企业），则贸易方式应该为一般贸易。

（十五）备案号

本栏目填报进出口货物收发货人、消费使用单位、生产销售单位在海关办理加工贸易合同备案或征、减、免税备案审批等手续时，海关核发的《加工贸易手册》《征免税证明》或其他备案审批文件的编号。

一份报关单只允许填报一个备案号。具体填报要求如下：

1. 加工贸易项下货物，除少量低值辅料按规定不使用《加工贸易手册》及以后续补税监管方式办理内销征税的外，填报《加工贸易手册》编号。

使用异地直接报关分册和异地深加工结转出口分册在异地口岸报关的，本栏目应填报分册号；本地直接报关分册和本地深加工结转分册限制在本地报关，本栏目应填报总册号。

加工贸易成品凭《征免税证明》转为减免税进口货物的，进口报关单填报《征免税证明》编号，出口报关单填报《加工贸易手册》编号。

对加工贸易设备之间的结转，转入和转出企业分别填制进、出口报关单，在报关单"备案号"栏目填报《加工贸易手册》编号。

2. 涉及征、减、免税备案审批的报关单，填报《征免税证明》编号。

3. 涉及优惠贸易协定项下实行原产地证书联网管理（如香港 CEPA、澳门 CEPA）的报关单，填报原产地证书代码"Y"和原产地证书编号。

4. 减免税货物退运出口，填报《中华人民共和国海关进口减免税货物准予退运证明》的编号；减免税货物补税进口，填报《减免税货物补税通知书》的编号；减免税货物进口或结转进口（转入），填报《征免税证明》的编号；相应的结转出口（转出），填报《中华人民共和国海关进口减免税货物结转联系函》的编号。

知识链接

备案审批文件			
首位代码	备案审批文件	首位代码	备案审批文件
B*	加工贸易手册（来料加工）	RZ	减免税进口货物结转联系函
C*	加工贸易手册（进料加工）	H	出口加工区电子账册
D	加工贸易不作价设备	J	保税仓库记账式电子账册
E*	加工贸易电子账册	K	保税仓库备案式电子账册
F	加工贸易异地报关分册	Y*	原产地证书
G	加工贸易深加工结转异地报关分册	Z*	征免税证明
RT	减免税进口货物同意退运证明	RB	减免税货物补税通知书

例题解析

备案号的确定

例1：万威微型电机大连有限公司持 C09033401543 加工贸易手册进口第一项塑料垫圈。

解析：该题中明确给出了加工贸易手册的编号是 C09033401543，则备案号栏应该填写：C09033401543。

例2：中国矿产钢铁有限责任公司订购进口一批热拔合金无缝钢管（属法定检验检疫、自动进口许可管理商品），委托辽宁抚顺锅炉厂有限责任公司制造出口锅炉。辽宁龙信国际货运公司持经营单位登记手册和相关单证向大连大窑湾海关申报进口。根据资料，选择以下栏目正确选项：

备案号栏：

A. 此栏为空　　　　　　　　　　B. C×××××××××××

C. Y×××××××××××　　　　D. Z×××××××××××

正确答案应该选 B：C×××××××××××。

解析：题目中的"……持登记手册……申报进口"这句话提示申报的商品是加工贸易进口料件，因为只有加工贸易进口料件或不作价设备才有加工贸易手册，并且在报关时需要提供，但该商品（无缝钢管）显然不是设备，不是不作价设备使用的手册，因此可以断定是保税料件（用于制造出口的锅炉）。而特定减免税货物报关时需提交的是《进出口货物征免税证明》（编号以字母 Z 打头），享受 CEPA 的中国香港或中国澳门政策的货物需提交《原产地证书》使用的都不是登记手册，因此答案不会是 C、D 选项。而根据资料提到的"订购"和"制造出口"可以确定是进料加工，备案号应该是字母 C 打头的编号，因为如果是来料加工料件就不会是订购的。故答案应该是选项 B.C×××××××××××。

▌知识链接▌

进口报关单"贸易方式""征免性质"及"征免"之间的逻辑关系表

贸易方式	征免性质	征免	备案凭证首位
一般贸易 0110	一般征税 101	照章征税	
	科教用品 401	全免	Z
	鼓励项目①789		
	自有资金②799		
来料加工 0214	来料加工 502	全免	B
进料对口 0615	进料加工 503		C
合资合作设备 2025	鼓励项目③789	全免	Z
	一般征税 101	照章征税	
外资设备物品 2225	鼓励项目④789	全免	Z
	一般征税 101⑦	照章征税	
加工贸易设备⑤0420	一般征税 101⑦	照章征税	
不作价设备⑥ 0320	加工设备 501	全免	D

说明：

鼓励项目①：适用于国内投资项目在投资总额内按照有关减免税政策进口的，以及利用外国政府贷款和国际金融组织贷款项目进口的设备及其配套技术等；

自有资金②：适用于外商投资企业在投资总额外利用自有资金按照有关减免税政策进口的设备、技术、配套件、备件；

鼓励项目③、④：适用于中外合资、合作企业和外商投资企业在投资总额内按照有关减免税政策进口的设备及其配套技术等；

加工贸易设备⑤：加工贸易征税进口设备；

不作价设备⑥：加工贸易免税进口不作价设备；

一般征税 101⑦：国家公布的《外商投资项目不予免税的进口商品目录》内容主要是家用电器和香烟、酒、化妆品等。

知识链接

出口报关单"贸易方式""征免性质"及"征免"之间的逻辑关系表

贸易方式	征免性质	征免	备案凭证首位	说明
一般贸易 0110	一般征税 101	照章征税		三资企业使用国产料件加工的产品出口
	中外合资 601			
	中外合作 602			
	外资企业 603			
来料加工 0214	来料加工 502	全免（应征出口关税的"照章征税"）	B	来料加工成品出口
进料对口 0615	进料加工 503		C	进料加工成品出口

说明：

中外合资 601：中外合资企业在投资总额内，按照有关征减税政策进口的生产等货物以及企业自产的出口产品；

中外合作 602：中外合作企业在投资总额内，按照有关征减税政策进口的生产等货物以及企业自产的出口产品；

外资企业 603：外商投资企业在投资总额内，按照有关征减税政策进口的生产等货物以及企业自产的出口产品。

（十六）贸易国（地区）

本栏目填报对外贸易中与境内企业签订贸易合同的外方所属的国家（地区）。进口填报购自国，出口填报售予国。未发生商业性交易的填报货物所有权拥有者所属的国家（地区）。

本栏目应按海关规定的《国别（地区）代码表》选择填报相应的贸易国（地区）或贸易国（地区）中文名称及代码。

无实际进出境的，填报"中国"（代码 142）。

例题解析

原产地国家（地区）的确定

"COUNTRY OF ORIGIN AND MANUFACTURER: V AND M FRANCE OR GERMANY ORITALY"。这段文字引用自合同中，所以整个合同中的货物可能会是产自法国或者德国、意大利的 V AND M 公司。那么请问本次进口的货物的原产国（地区）是哪里呢？

解析：

一般在发票（提单、装箱单）中的货名栏目内使用"Country of Origin:""Made in"或后面跟原产国（地区）名。在"Manufacturer"的后面也可能会有原产国（地区）的信息。也有简单的写有"Origin"，放在国家名的前面或后面。这些信息有时候也在标记唛码中出现。

而本次进口的货物的原产国（地区）应该按原产地证书中"3.Country of origin"栏目下标注的德国（"FEDERAL REPUBLIC OF GERMANY"德意志联邦共和国）。

贸易国（地区）填制注意事项

（1）根据实际发生按海关的《国别（地区）代码表》中的国别（地区）的中文名称或代码填写。

（2）与启运国（地区）的填写要求相同，要注意打"*"号的国别代码需要记忆，另外中国台湾地区生产的商品，原产地区不能填写"台湾"，而应该填写"台澎金马关税区"。原产于中国香港的商品不能够填写"香港"，而应该填写"中国香港"。此栏目仅填写代码也是正确的。

（3）欧盟不能作为国家或地区填报在原产国（地区）栏目，因为《国别（地区）代码表》没有欧盟。原产国（地区）中括号内地区的含义主要指中国台湾、中国香港这样的在代码表中列出的地区。它们是我国的一部分，不是独立的国家。

（4）进口货物原产国（地区）无法确定时，报关单"原产国（地区）"栏应该填报"国别不详"或"701"。

（5）同一票货物中即使是同一种货物，如果原产国（地区）不同要分项（分栏）填报。既在不同的项号下填报。

（十七）启运国（地区）/运抵国（地区）

启运国（地区）填报进口货物起始发出直接运抵我国或者在运输中转国（地区）未发生任何商业性交易的情况下运抵我国的国家（地区）。

运抵国（地区）填报出口货物离开我国关境直接运抵或者在运输中转国（地区）未发生任何商业性交易的情况下最后运抵的国家（地区）。

不经过第三国（地区）转运的直接运输进出口货物，以进口货物的装货港所在国（地区）为启运国（地区），以出口货物的指运港所在国（地区）为运抵国（地区）。

经过第三国（地区）转运的进出口货物，如在中转国（地区）发生商业性交易，则以中转国（地区）作为启运/运抵国（地区）。

本栏目应按海关规定的《国别（地区）代码表》选择填报相应的启运国（地区）或运抵国（地区）中文名称及代码。

无实际进出境的，填报"中国"（代码142），如表5-2所示。

表5-2　　　　　主要国别（地区）代码表

代码	中文名称	代码	中文名称
国家			
116*	日本	307	意大利
132	新加坡	331	瑞士
133*	韩国	344*	俄罗斯联邦
142*	中国	501	加拿大
303*	英国	502*	美国
304	德国	601*	澳大利亚
305*	法国	609	新西兰
其他			
701	国（地）别不详的	702	联合国及其机构和国际组织
地区			
110*	中国香港	143*	台澎金马关税区
121	中国澳门		

▶知识链接◀

启运国（地区）/运抵国（地区）填写的注意事项

（1）应该严格按《国别（地区）代码表》中的名称填写国别（地区），例如，"启运国（地区）"栏应该填"中国香港"或"110"，而不能填"香港"（"装货港"栏才填"香港"）。假如"启运国（地区）"是中国台湾的话，要填写"台澎金马关税区"或"143"，不能填"台湾"或"中国台湾"等。

（2）直接运输的货物，提单中的"Place of Receipt"栏后面跟的是启运地，根据启运地判断启运国。无此信息的，把"port of loading"后面的地点作为启运地，以此判断启运国。如"Shipped From ×××To×××"，"From"后面跟的地点所在的国家为"启运国"。其他如"Port of Shipment""Airport of Departure""From×××To×××"等都是判断的依据。

对于联程运输货物，起始发货地所在的国家为启运国。如我国购自瑞士产品，由瑞士苏黎世运至德国汉堡，又装船再运往上海，此时，"port of loading: HAMBURG"仅是装船港口（装货港），而"Place of Receipt: ZURICH"所指的收货地苏黎世才是货物起始发出的地点，所以瑞士为"启运国"（在"不是与德国发生交易"的情况下）。

（3）中转货物：首先要判断是否发生中转，其次判断是否与中转地所在国的客户发生了商业行为。中转判断：所给单证中有 VIA、Port of Transhipment、Trans-Ship、In Transit To 都表示发生了中转。VIA 常出现在提单、发票、装箱单、原产地证中，VIA 后面的港口就是中转港。如果"VIA ×××"出现在提单中，这个提单一般是头程提单或联运提单，那么该提单中一定会有二程船的（换装后驶入我国的船）信息（船名、航次、提运单号）或者通过明示部分的资料及其他单证给出这些信息。

有时，虽没有使用 VIA，但也属于中转。如给出了二程船的提单，则"运输工具名称"栏应填二程船的名称或船号。承运人接货地是洛杉矶，虽然在中国香港发生中转，但货物是从美国洛杉矶购买的，不是与中转地中国香港发生的商业行为，所以"启运国（地）"不变，仍填"美国"或"502"。

▶例题解析◀

启运国和运抵国的确定

例1：上海某进出口公司与日本某公司签约，进口 100 台日本产丰田面包车从日本某港口启运，经中国香港地区中转运抵中国境内。进口报关单"启运国（地区）""原产国（地区）"均应为日本。

例2：深圳某公司与日本某公司签约，出口 1 万台自产 DVD 机，经中国香港中转运至日本名古屋。出口报关单"运抵国（地区）"、"最终目的国（地区）"均应为日本。

解析：例 1 和例 2，发生运输中转而未发生任何买卖关系的货物，其启运国（地区）或运抵国（地区）不变，仍以进口货物的始发国（地区）为启运国（地区）填报，以出口货物的最终目的国（地区）为运抵国（地区）填报。

例3：上海某进出口公司与香港地区某公司签约，进口 100 台日本产丰田面包车从日本某港口启运，经中国香港地区中转运抵中国境内。因为境外签约人是中国香港地区某公司，所以中国香港为启运地。

例4：深圳某公司与香港地区某公司签约，出口 1 万台自产 DVD 机，经中国香港中转运至日本名古屋。出口报关单"最终目的国（地区）"应为日本，"运抵地区"应为中国香港，因为境外签约人是中国香港地区某公司，所以中国香港为运抵地。

解析：例 3 和例 4，发生运输中转并发生了商业性交易（买卖关系）的货物，其中转地为启运国（地区）或运抵国（地区）。可通过发票等商业单证来判断货物中转时是否发生了买卖关系。

（十八）装货港/指运港

装货港填报进口货物在运抵我国关境前的最后一个境外装运港。

指运港填报出口货物运往境外的最终目的港；最终目的港不可预知的，按尽可能预知的目的港填报。

本栏目应根据实际情况按海关规定的《港口代码表》选择填报相应的港口中文名称及代码。装货港/指运港在《港口代码表》中无港口中文名称及代码的，可选择填报相应的国家中文名称或代码。

无实际进出境的，本栏目填报"中国境内"（代码142）。

｜例题解析｜

装运港的确定

例1：北京某合资企业，经海关同意，将原从日本横滨港（港口航线代码1354），海运进口的投资设备，转为内销。其进口货物报关单上的"装货港"应填报为：

（1）日本横滨港（1354）（2）中国境内（0142）（3）中国（142）

答案：（2）中国境内或0142

解析：《规范》规定："装货港"是指进口货物在运抵我国关境前的最后一个境外装运港。对于无实际进出境的货物，本栏目填报"中国境内"（0142）。该题所涉货物，是加工贸易企业转内销的投资设备，在补办进口手续时，该投资设备并没有实际进境，因此，装货港应填报为中国境内或0142。注意，应填报相应的港口中文名称或代码。

例2：天津某合资企业，海运进口德国设备一批。在德国汉堡港（港口航线代码2110）装船后，经新加坡港（港口航线代码1354）、我国香港港（港口航线代码1039）转船后运抵我国天津新港。其进口货物报关单上的"装货港"应填报为：

（1）汉堡港（2110）　（2）新加坡港（1354）　（3）香港港（1039）

答案：（3）香港港（1039）

解析：《规范》规定："装货港"是指进口货物在运抵我国关境前的最后一个境外装运港。同时，应按照海关规定的《港口航线代码表》所示，选择填报相应的港口中文名称或代码。该题所涉进口货物，入境前，在境外最后装货的港口是香港港，因此，装货港应填报为香港港或1039。

｜例题解析｜

指运港的确定

在发票上方有："Shipper Per from DALIAN To SINGAPORE"，而在唛码及备注栏：

"Sipping Mark

SINGAPORE

FOR TRANSSHIPMENT TO CHITTAGONG BANGLADESH"，请问指运港是什么？

解析：货物在新加坡发生中转，如果我国的公司是与孟加拉的一家公司发生的交易，则运抵国（地区）要填写孟加拉；如果是与新加坡的一家公司发生的交易，则运抵国（地区）需要填新加坡。

中转的确定：在发票或装箱单中如果有"SHIPPED:From×××Via×××To×××"。"Via"后面的港口为中转港。那么，要看是否是与中转港所在的国家（地区）发生商业行为，如果是，则中转港所在的国家（地区）为运抵国（地区）；如果不是与中转港所在的国家（地区）发生商业行为，则最终运抵的港口或地点所在的国家（地区）为运抵国（地区）。

与哪里的商家发生商业行为应通过发票确定。出口发票的上方通常使用："TO:""SOLD TO:"或"MESSRS:""CONSIGNEE:"等显示买方的名称和地址信息。如果买（或者进口）我国货物的商家地址显示是在中转港所在的国家（地区），则可确定中转港为运抵国（地区）。

上例发票中还有如下信息：

"To Messrs.

PANMARK IMPEX PTE LTD.

432 BELESTIER ROAD PUBLIC MANSION

#6-440E SINGAPORE 329813"。

该信息表明货物的买主是新加坡的一家公司，也就是我国的公司是和新加坡的这家公司发生的交易，结合上面在新加坡发生了中转，因此，根据填报要求，报关单运抵国（地区）应该填"新加坡"。

（十九）境内目的地/境内货源地

境内目的地填报已知的进口货物在国内的消费、使用地或最终运抵地，其中最终运抵地为最终使用单位所在的地区。最终使用单位难以确定的，填报货物进口时预知的最终收货单位所在地。

境内货源地填报出口货物在国内的产地或原始发货地。出口货物产地难以确定的，填报最早发运该出口货物的单位所在地。

本栏目按海关规定的《国内地区代码表》选择填报相应的国内地区名称及代码。

▌知识链接▐

境内目的地/境内货源地填写注意事项

境内目的地和境内货源地要求填报国内地区名称或代码。那么，地区名称填写要具体到什么程度呢？因为填报的地区名称可以用代码替代，所以要求填报的地区名称要和代码表达出的具体的行政区域一致。在上面的填报要求中已指出国内地区的代码与经营单位代码的前5位相同，而经营单位代码前5位的含义表达到行政区域的经济区划，所以填报的国内地区名称也要表达到经济区划一级。例如，境内目的地为收货单"中外合资沈阳贝沈钢帘有限公司（210123×××）"所在地。境内目的地要填报的具体地区名称也就是沈阳贝沈钢帘有限公司海关编码前5位表达的含义，而编码前5位"21012"中前两位"21"表示辽宁，第3位、第4位"01"表示沈阳，第5位"2"表示经济技术开发区，因此，境内目的地地区名称应填写"沈阳经济技术开发区"，而不能仅填写辽宁沈阳或沈阳（不够具体）。

境内目的地的填写主要有以下几种情况。

① 委托有外贸进出口经营权的企业进口货物的单位所在地。

一般情况下委托单位也就是报关单上最终消费使用的单位，故其所在地为境内目的地。

② 自行从境外进口货物的单位所在地。

自行从境外进口货物的单位并不是受委托进口的，因此，它本身就是货物最终消费使用的单位，故其所在地为境内目的地。

▌例题解析▐

境内目的地/境内货源地的确定

例1："大连机械设备进出口公司（2102910×××）进口一批电视机零件，其中发票第1项——商品对应进料非对口手册第23项料件，法定计量单位为千克；发票第2~4项为一般贸易进口货物。装载货物的运输工具于2003年8月12日申报进境。"请确定境内目的地。

解析：题目中没有提到任何其他的单位，属于自行进口。进口单位为大连机械设备进出口公司。根据其名称可以确定企业位于大连，而根据其经营单位编码前5位"21029"中的第5位"9"的含义，可以确定境内目的地栏目应该填写"辽宁大连其他"。

例2："广州轻工机械进出口公司（440191××××）受广州粤港服装有限公司（440123×××××）委托在投资总额内进口服装加工设备。货物于××××年×月×日运抵口岸，次日委托广州鸿发报关公司持编号为Z××××××××××××的征免税证明向海关报关。"请确定境内目的地。

解析：题目中的广州粤港服装有限公司（440123××××）是委托方，并且进口的是享受特定减免税的设备，而在投资总额内进口的特定减免税的设备必须是企业自用，因此，该委托单位就是该进口设备最终使用单位，境内目的地应填该委托单位所在地区的名称。从该单位名称中可知该单位位于广州市，而其经营单位编码第5位"2"代表经济技术开发区，因此，境内目的地栏目应填"广州经济技术开发区"，或者直接填写"44012"。

（二十）许可证号

本栏目填报以下许可证的编号：进（出）口许可证、两用物项和技术进（出）口许可证、两用物项和技术出口许可证（定向）、纺织品临时出口许可证。

一份报关单只允许填报一个许可证号。

┃知识链接┃

许可证号的确定

例如，明示资料说"该批货物已向领监管证件，代码为'4'，的编号为06-AA-204966"，则根据代码为"4"可判断为出口许可证，许可证号栏填"06-AA-204966"。

┃知识链接┃

监管证件代码表

许可证或批文代码	许可证或批文名称
1	进口许可证
2	两用物项和技术进口许可证
3	两用物项和技术出口许可证
4	出口许可证
5	纺织品临时出口许可证
6	旧机电产品禁止进口
7	自动进口许可证
8	禁止出口商品
9	禁止进口商品
A	入境货物通关单
B	出境货物通关单
D	出/入境货物通关单（毛坯钻石用）
E	濒危物种出口允许证
F	濒危物种进口允许证
G	两用物项和技术出口许可证（定向）
I	精神药物进（出）口准许证
J	金产品出口证或中国人民银行总行进口批件
O	自动进口许可证（新旧机电产品）
P	进口废物批准证书
Q	进口药品通关单
S	进出口农药登记证明
T	银行调运外币现钞进出境许可证
U	合法捕捞产品通关证明
W	麻醉药品进出口准许证
X	有毒化学品环境管理放行通知单
Z	进口音像制品批准单或节目提取单
E	关税配额外优惠税率进口棉花配额证

续表

许可证或批文代码	许可证或批文名称
R	预归类标志
s	适用 ITA 税率的商品用途认定证明
t	关税配额证明

（二十一）成交方式

本栏目应根据进出口货物实际成交价格条款，按海关规定的《成交方式代码表》选择填报相应的成交方式代码。

无实际进出境的报关单，进口填报 CIF，出口填报 FOB，如表 5-3 所示。

表 5-3　　　　　　　　　　　　成交方式代码表

成交方式代码	成交方式名称	成交方式代码	成交方式名称
1	CIF	4	C&I
2	CFR （C&F/CNF）	5	市场价
3	FOB	6	垫仓

《2010 通则》11 种贸易术语与报关单"成交方式"栏一般对应关系如表 5-4 所示。

表 5-4

组别	E组	F组			C组				D组		
术语	EXW	FCA	FAS	FOB	CFR	CPT	CIF	CIP	DAT	DAP	DDP
成交方式	FOB				CFR		CIF				

▌例题解析▐

成交方式的确定

例 1：晶达电子（苏州）有限公司（3205341319）从宁波富瑞电子科技有限公司（3302542327）购入液晶电视机用零件（法定计量单位：千克）一批，用于加工外销液晶电视机成品。

请根据以上资料，确定该批零件进口报关单中"成交方式"的填制。

解析：该批货物为非实际进境货物，"成交方式"栏填报"CIF"，代码为"1"。

例 2：中商华联贸易有限公司（海关注册编码 1102918123）代理湖南长沙家佳纺织有限责任公司（海关注册编码 4301962104）进口未梳棉花（法定检验检疫商品，法定计量单位为千克）。货物系合同卖方中国台湾地区某公司在 2008 年 4 月于棉花原产国采购后运输进境并存放于某公用型保税仓库。2008 年 8 月，华联公司与中国台湾公司签订合同后，自上述保税仓库提取合同约定数量棉花出库并办理进口报关手续，申报时华联公司向海关提交编号为 843020080505007 的"关税配额外优惠税率进口棉花配额证"（监管证件代码：e）。海关放行后，华联公司安排将货物运至境内目的地，交由家佳公司用于生产内销成品。

请根据以上资料，确定该批货物进口报关单中"成交方式"的填制。

解析：该批货物为非实际进境货物，"成交方式"栏填报"CIF"，代码为"1"。

（二十二）运费

本栏目填报进口货物运抵我国境内输入地点起卸前的运输费用，出口货物运至我国境内输出地点装载后的运输费用。

运费可按运费单价、总价或运费率三种方式之一填报，注明运费标记（运费标记"1"表示运费率，"2"表示每吨货物的运费单价，"3"表示运费总价），并按海关规定的《货币代码表》选择填报相应的币种代码。

知识链接

运费填报的三种形式

① 运费率方式直接填报运费率的数值。如 5% 的运费率填报为 5；实际填写时运费率的标记不体现，免填。

② 运费单价方式填报"币制代码/运费的单价数值/运费单价标记"。如 24 美元/吨的运费单价填报为 502/24/2，其中的含义分别是：币制代码（502 为美元的代码）/运费的单价（24 美元每吨）/运费标记（2 表示运费以单价计算）。

③ 运费总价方式填报"币制代码/运费的总价数值/运费总价标记"。如 7 000 欧元的运费总价填报为 300/7 000/3，其中的含义分别是：币制代码（300 为欧元的代码）/运费的总价（运费共为 7 000 欧元）/运费标记（"3"表示运费以总价计算）。

④ 运保费合并计算的，运保费填报在本栏目。所谓的运报费合并计算是指外方提供给我方或者我方提供给外方的是一个运费和保险费的合计费用，并没有分开列列。合并计算的运保费一般都是运保费的总价，海关要运保费合并计算时该费用填报在运费栏。

例题解析

运费的确定

2007 年 5 月，杭州凌云文具有限公司（3301944018）出口自产打孔机铁件一批，出口报关单号为 310420070546636188，出口收汇核销单号为 039997791。货到目的地后客商检验发现货物存在质量问题，双方协商同意将货物退回凌云公司。2007 年 10 月，该批打孔机铁件与凌云公司自同一客商购买的旧点焊机同批进境（运费共计 3 300 美元），其中旧点焊机重 16 000 千克，打孔机铁件重 1 600 千克，在向口岸海关办理转关手续（转关申报单编号为@0731049999505171）后，运抵指运地海关办理正式进口报关手续。点焊机属自动进口许可证管理商品，为凌云公司投资额内进口减免税货物。产品的价格是 FCA NOGALES 17100USD，请问运费栏如何填写？

解析：FCA 贸易术语，报关单"成交方式"栏应按照要求填报为"FOB"。当实际进境的方式为"FOB"时，报关单"运费"栏应按照要求填报该份报关单所含全部货物的国际运输，因旧点焊机重 16 000 千克，打孔机铁件重 1 600 千克，故本题点焊机分摊的运费为 3 000 美元，应填报运费。答案为 502/3000/3。

（二十三）保费

本栏目填报进口货物运抵我国境内输入地点起卸前的保险费用，出口货物运至我国境内输出地点装载后的保险费用。

保费可按保险费总价或保险费率两种方式之一填报，注明保险费标记（保险费标记"1"表示保险费率，"3"表示保险费总价），并安海关规定的《货币代码表》选择填报相应的币种代码。

知识链接

保费的确定

① 在文字说明资料中写有"保险费：USD 200"，这表明保险费的总价是 200 美元，则保险费栏应该填写"502/200/3"。

② 在文字说明资料中写有"保险费率：2.7‰"，则保费栏应填"0.27"。需要注意的是，给出的保险费率是 2.7‰，因为填报的保险费率是以百分率来填写的，因此要把 2.7‰ 转化成 0.27%，然后填报 0.27/1。

> 特别说明：如果进口货物的保险费无法确定或者未实际发生，海关按照"货价+运费"两者总额的 3‰ 计算保险费。据此规定，如果在考试中进口货物是以 CFR、FOB 或 CPT、FCA 实际成交的，而题目中没有给出具体的保险费率和保险费总金额，考生应该知道保费栏要填报"0.3"，或者计算填报保险总金额[CFR 价×3‰=（FOB 价+运费）×3‰]。没有填写是错误的填报。
>
> 另外请注意：进口货物成交价格包含前述保险费用或者出口货物成交价格不包含前述保险费用的，本栏目免予填报。
>
> 进口货物成交价格不包含保险费的和出口货物成交价格含有保险费的，即进口成交方式为 FOB、CFR 或出口成交方式为 CIF、C&I 的，应在本栏填报保费。

（二十四）杂费

杂费是指成交价格以外的，按照《关税条例》等相关规定应计入完税价格或者应从完税价格中扣除的费用，如手续费、佣金、折扣等费用。

1. 杂费的填写要求

（1）填报成交方式总价以外的、应计入完税价格的费用，如佣金、经济费、包装费、特许权使用费等。或填报成交方式总价以内的，计算完税价格时应该扣除的费用，如回扣、折扣、安装费等。

（2）填报形式：可按杂费总价或杂费率两种方式之一填报，同时注明杂费标记，并按海关规定的《货币代码表》选择填报相应的币种代码。

杂费标记"1"表示杂费率，"3"表示杂费总价。例如：

应计入完税价格的 1.5% 的杂费率，填报为"1.5"；杂费率的标记不体现，免填。

应从完税价格中扣除的 1% 的杂费率，填报为"−1"。

应计入完税价格的总价为 500 英镑杂费，填报为"303/500/3"。

应从完税价格中扣除的总价为 10 000 港币的折扣，填报为"110/−10000/3"（负号填在金额前）。

（3）应计入完税价格的杂费填报为正值或正率。不应包含在完税价格中的，应该扣除的杂费填报为负值或负率。

（4）无杂费时，本栏目免填。

2. 杂费填写的注意事项

（1）进口成交方式中包括的杂费，按完税价格审定办法应该扣除的就应该填写在杂费栏，并在前面标上"−"。

（2）进口成交方式总价中未包括的杂费按完税价格审定办法应该计入的，应该填写在杂费栏，并在前面标上"+"，如表 5-5 所示。

表 5-5　　　　　　　　　　　　　　运费、保费、杂费填写例表

项目	费率 1	单价 2	总价 3
运费	5% → 5/1	USD50/MT → 502/50/2	HKD5 000 → 110/5 000/3
保费	0.27% →0.27/1	—	EUR5 000 → 300/5 000/3
杂费（计入）	1% →1/1	—	GBP5 000 → 303/5 000/3
杂费（扣除）	1% → −1/1	—	JPY5 000 → 116/−5 000/3

例题解析

杂费的确定

例题：一张发票的价格部分的内容如下：

CFR DALIAN IN USD　　PRICE(PER M/T OF ACTUAL NET WEIGHT)：500.00

SUB TOTAL：52 561.70

FREIGHT(PER M/T OF ACTUAL NET WEIGHT)：20.00　　SUB TOTAL：54 664.17

PACKING CHARGES INCLUDED：200.00

LESS 10%OF DISCOUNT：5 486.42

TOTAL AMOUNT：54 864.17

90%OF INVOICE VALUE：49 377.75

解析：此例中的成交方式是 CFR，而 CFR 的总价是 TOTAL AMOUNT：54 864.17，它包括了包装费 200 元（PACKING CHARGES INCLUDED：200.00）以及 10%的折扣。但在我方支付给外方的货款中，10%的折扣（LESS 10%OF DISCOUNT：5 486.42）是不需要支付的，因而在确定完税价格时应该从 CFR 的总价中扣除。所以，折扣 5 486.42 美元应该作为扣除的杂费填报在杂费栏，填写格式如下"502/-5 486.42/3"

（二十五）合同协议号

本栏目填报进出口货物合同（包括协议或订单）编号的全部字头和号码。未发生商业性交易的免予填报。

知识链接

合同协议号的确定

对于使用《征免税证明》和《加工贸易手册》进口的投资设备和加工贸易进口料件，本栏目填写的合同协议号应与《征免税证明》和《加工贸易手册》上备案的合同号码一致。

如果在发票中既有"Contract No."又有其他英文表示的订单号、订购号等，以"Contract No."对应的号码为合同协议号。它是对合同协议号最精准的表达。

例如，发票中有"Contract No.04EUWTJ704317T054"，也有"our Order No.888/1178-1"，则合同协议号栏应该填"04EUWTJ704317T054"。

（二十六）件数

本栏目填报有外包装的进出口货物的实际件数。特殊情况填报要求如下：

1. 舱单件数为集装箱的，填报集装箱个数。
2. 舱单件数为托盘的，填报托盘数。

本栏目不得填报为零，裸装货物填报为"1"。

例题解析

某公司以每双 10 美元的价格出口皮鞋 640 双，每双鞋都装入一个纸盒中，而每 16 双鞋装入一个大纸箱中，共计装有 40 个纸箱，然后装入集装箱发运。

解析：640 双是买卖双方成交的数量，"双"为计算成交数量和价格的单位。大纸箱是为了运输方便而使用的包装，它的数量是 40 个，那么，40 就是件数。

（二十七）包装种类

本栏目应根据进出口货物的实际外包装种类，按海关规定的《包装种类代码表》选择填报相应的包装种类代码。

> **知识链接**
>
> 裸装及散装货物填写"裸装"或"散装"。件货应填报件货的运输包装种类及其制作材料，不能仅填写箱、桶等，根据实际填写木箱、纸箱、木桶、铁桶、托盘。文字说明资料中如写"舱单件数与装箱单同"类似字样，包装种类多填"托盘"。包装种类要填报包装种类的中文，不能填写英文。

（二十八）毛重（千克）

本栏目填报进出口货物及其包装材料的重量之和，计量单位为千克，不足1千克的填报为"1"。

> **知识链接**
>
> 本栏目填报所申报的进（出）口货物实际毛重，计量单位为千克（公斤），不足 1 千克的填报为"1"。1 千克以上，其小数点后保留 4 位，第 5 位及其后的略去。
>
> 毛重栏目要求填写重量单位是公斤（kg），单证中给出可能是吨或者克，甚至是磅这样的重量单位，填写时必须转换成 kg 填写。不常见的重量单位会给出换算率。

（二十九）净重（千克）

本栏目填报进出口货物的毛重减去外包装材料后的重量，即货物本身的实际重量，计量单位为千克，不足一千克的填报为"1"。

> **知识链接**
>
> ### 毛重、净重填制要求
>
> 如单证中是"GROSS WEIGHT 1.5MT"，则此栏应填"1 500"。
>
> 如单证中是"GROSS WEIGHT0.4KG"，则应填"1"。
>
> 如单证中是"GROSS WEIGHT 98.22889KG"，则应填"98.2288"。
>
> 如单证中是"G. WT 234.5KG"，则应填"234.5"，小数点后实际有多少位填多少位，不必刻意用 0 补齐。

（三十）集装箱号

本栏目填报装载进出口货物（包括拼箱货物）集装箱的箱体信息。一个集装箱填一条记录，分别填报集装箱号（在集装箱箱体上标示的全球唯一编号）、集装箱的规格和集装箱的自重。非集装箱货物填报为"0"。

> **知识链接**
>
> ### 集装箱号的填制
>
> 例如，1×40′Container No.：EASU9608490，TARE WGHT4250KG（表示一个 40 英尺的集装箱，集装箱号栏应该填写"EASU9608490/40/4250"）。
>
> 该栏目应该填写"集装箱号"＋"/"＋"规格"＋"/"＋"自重"，多个集装箱的，第一个集装箱号等信息填报在"集装箱号"栏，其他依次按相同的格式填在"标记唛码及备注"栏中。非集装箱货物本栏目填报"0"（不能为空）。

（三十一）随附单证

本栏目根据海关规定的《监管证件代码表》选择填报除本规范第十八条规定的许可证件以外的其他进出口许可证件或监管证件代码及编号。

本栏目分为随附单证代码和随附单证编号两栏，其中代码栏应按海关规定的《监管证件代码表》选择填报相应证件代码；编号栏应填报证件编号。

1. 加工贸易内销征税报关单，随附单证代码栏填写"C"，随附单证编号栏填写海关审核通过的内销征税联系单号。

2. 优惠贸易协定项下进出口货物。

有关优惠贸易协定项下报关单填制要求将另行公告。

┃例题解析┃

随附单证的填写

一般监管证件的名称和编号都会在文字说明资料中给出。

例如，资料："经营单位持编号为：05062456789 的原产地证书（货物为 CEPA 香港项下的受惠商品，优惠贸易协定代码为 03）和入境货物通关单：44010104064457 向海关申报。"

则报关单中，备案号栏填"Y05062456789"；随附单据栏填"Y:（03）"；标记唛码及备注栏填"A：440100104064457"。

解析：例中涉及有两个监管证件的填写以及 CEPA 香港原产地证书的填写，结合填报要求体会上面各栏目的填写方法。另外，资料中只提到原产地证书和入境货物通关单，学生必须知道它们的代码分别是 Y 和 A，这样才能够正确地填写。

（三十二）标记唛码及备注

本栏目填报要求如下。

1. 标记唛码中除图形以外的文字、数字。

2. 受外商投资企业委托代理其进口投资设备、物品的进出口企业名称。

3. 与本报关单有关联关系的，同时在业务管理规范方面又要求填报的备案号，填报在电子数据报关单中"关联备案"栏。

加工贸易结转货物及凭《征免税证明》转内销货物，其对应的备案号应填报在"关联备案"栏。

减免税货物结转进口（转入），报关单"关联备案"栏应填写本次减免税货物结转所申请的《中华人民共和国海关进口减免税货物结转联系函》的编号。

减免税货物结转出口（转出），报关单"关联备案"栏应填写与其相对应的进口（转入）报关单"备案号"栏中《征免税证明》的编号。

4. 与本报关单有关联关系的，同时在业务管理规范方面又要求填报的报关单号，填报在电子数据报关单中"关联报关单"栏。

加工贸易结转类的报关单，应先办理进口报关，并将进口报关单号填入出口报关单的"关联报关单"栏。

办理进口货物直接退运手续的，除另有规定外，应当先填写出口报关单，再填写进口报关单，并将出口报关单号填入进口报关单的"关联报关单"栏。

减免税货物结转出口（转出），应先办理进口报关，并将进口（转入）报关单号填入出口（转出）报关单的"关联报关单"栏。

5. 办理进口货物直接退运手续的，本栏目填报《进口货物直接退运表》或者《海关责令进口货物直接退运通知书》编号。

6. 保税监管场所进出货物，在"保税/监管场所"栏填写本保税监管场所编码，其中涉及货物在保税监管场所间流转的，在本栏填写对方保税监管场所代码。

7. 涉及加工贸易货物销毁处置的，填写海关加工贸易货物销毁处置申报表编号。

8. 当监管方式为"暂时进出货物"（2600）和"展览品"（2700）时，如果为复运进出境货物，在进出口货物报关单的本栏内分别填报"复运进境"、"复运出境"。

9. 跨境电子商务进出口货物，在本栏目内填报"跨境电子商务"。

10. 加工贸易副产品内销，在本栏内填报"加工贸易副产品内销"。

11. 公式定价进口货物应在报关单备注栏内填写公式定价备案号，格式为："公式定价"+备案编号+"@"。对于同一报关单下有多项商品的，如需要指明某项或某几项商品为公式定价备案的，则备注栏内填写应为："公式定价"+备案编号+"#"+商品序号+"@"。

12. 获得《预审价决定书》的进出口货物，应在报关单备注栏内填报《预审价决定书》编号，格式为：预审价（P+2 位商品项号+决定书编号），若报关单中有多项商品为预审价，需依次写入括号中，如：预审价（P01VD511500018P02VD511500019）。

13. 含预归类商品报关单，应在报关单备注栏内填写预归类 R-3-关区代码-年份-顺序编号，其中关区代码、年份、顺序编号均为 4 位数字，例如 R-3-0100-2016-0001。

14. 含归类裁定报关单，应在报关单备注栏内填写归类裁定编号，格式为"C"+4 位数字编号，例如 c0001。

15. 申报时其他必须说明的事项填报在本栏目。

知识链接

备注的举例

（1）涉及经营单位填报需要备注说明的内容：受外商投资企业委托代理其在投资总额内进口投资设备、物品的外贸企业名称填写在本栏。应填写"委托××××××公司进口"。（××××××为代理的外贸企业名称）

（2）关联备案号在此栏填写。

例如：加工贸易企业甲从事进料加工业务，取得《加工贸易手册》（C×××××××××××），加工成品设备 A 出口。而经批准新成立的合资企业乙欲从国外进口设备 A（享受特定减免税），得知甲生产该设备后与甲签约，从甲企业购买，并向海关申请取得编号为 Z×××××××××××的《征免税证明》。则甲乙两企业向海关正确的申报如下：

甲企业按出口报关填写加工贸易出口货物报关单，报关单的"备案号"栏填手册编号"C×××××××××××"。而乙企业的征免税证明编号对于甲企业来说就是报关单上要填写的关联备案号。其关联备案号填写在"标记唛码及备注"栏，填写的形式为："转至 Z×××××××××××征免税证明"。乙企业按进口报关填写进口货物报关单，进口报关单的"备案号"栏填征免税证明编号"Z×××××××××××"。而甲企业的加工贸易手册编号对于乙企业来说就是报关单上要填写的关联备案号。其关联备案号填写在"标记唛码及备注"栏，填写的形式为："转自 C×××××××××××加工贸易手册"。

例如：加工贸易深加工结转货物，同样一批货物，作为转出企业加工成品报出口，而转入企业将其作为料件报进口。按海关的规定，应该先由转入企业报进口，并且在进口报关后把其进口报关单号等信息通知转出企业。转出企业再报出口，并将转入企业的进口报关单号作为关联报关单号填写在"标记唛码及备注"栏。

上面提到的两种加工贸易结转类的报关中，由于是先报进口，所以只有出口报关单填写关联报关单号。应该填写在"标记唛码及备注"栏。以含义解析中的例子为例，具体填报为：转至××××……报关单（关联报关单号）。

（3）集装箱号：一票货物有多个集装箱需要填报的，在本栏目填写其余集装箱的信息。填写的格式与集装箱号栏相同，即"集装箱号/规格/自重"（应按单证中的所给集装箱顺序填写）。

（4）随附单据栏：一个以上监管证件的，本栏目填写其余的监管证件的代码及编号。

具体填报要求为："监管证件代码"+"："+"监管证件号码"。监管证件是优惠贸易协定下的原产地证书的，按联网与不联网的原产地证书的填报格式填写。

（三十三）项号

本栏目分两行填报及打印。第一行填报报关单中的商品顺序编号；第二行专用于加工贸易、减免税等已备案、审批的货物，填报和打印该项货物在《加工贸易手册》或《征免税证明》等备案、审批单证中的顺序编号。

有关优惠贸易协定项下报关单填制要求将另行公告。

加工贸易项下进出口货物的报关单，第一行填报报关单中的商品顺序编号，第二行填报该项商品在《加工贸易手册》中的商品项号，用于核销对应项号下的料件或成品数量。其中第二行特殊情况填报要求如下：

1. 深加工结转货物，分别按照《加工贸易手册》中的进口料件项号和出口成品项号填报。

2. 料件结转货物（包括料件、制成品和未完成品折料），出口报关单按照转出《加工贸易手册》中进口料件的项号填报；进口报关单按照转进《加工贸易手册》中进口料件的项号填报。

3. 料件复出货物（包括料件、边角料），出口报关单按照《加工贸易手册》中进口料件的项号填报；如边角料对应一个以上料件项号时，填报主要料件项号。料件退换货物（包括料件、不包括未完成品），进出口报关单按照《加工贸易手册》中进口料件的项号填报。

4. 成品退换货物，退运进境报关单和复运出境报关单按照《加工贸易手册》原出口成品的项号填报。

5. 加工贸易料件转内销货物以及按料件办理进口手续的转内销制成品、残次品、未完成品应填制进口报关单，填报《加工贸易手册》进口料件的项号；加工贸易边角料、副产品内销，填报《加工贸易手册》中对应的进口料件项号，如边角料或副产品对应一个以上料件项号时，填报主要料件项号。

6. 加工贸易成品凭《征免税证明》转为减免税货物进口的，应先办理进口报关手续。进口报关单填报《征免税证明》中的项号，出口报关单填报《加工贸易手册》原出口成品项号，进、出口报关单货物数量应一致。

7. 加工贸易货物销毁，本栏目应填报《加工贸易手册》中相应的进口料件项号。

8. 加工贸易副产品退运出口、结转出口，本栏目应填报《加工贸易手册》中新增的变更副产品的出口项号。

9. 经海关批准实行加工贸易联网监管的企业，按海关联网监管要求，企业需申报报关清单的，应在向海关申报进出口（包括形式进口）报关单前，向海关申报"清单"。一份报关清单对应一份报关单，报关单上的商品由报关清单归并而得。加工贸易电子账册报关单中项号、品名、规格等栏目的填制规范比照《加工贸易手册》。

> **知识链接**
>
> 某公司使用进料加工贸易手册进口手册（备案号为C×××××××××××）中的纯棉斜纹布3 000米。该斜纹布在备案时位列手册备案进口料件第三项，备案总数为7 000米。
>
> 在填写进口报关单时备案号栏应该填写"C×××××××××××"，项号栏第一栏第一行填报申报商品的序号，假设只进口这一项商品，则第一行填"1"，而第一栏的第二行应该填报为"3"，因为该项商品是列在备案手册的第三项商品。则海关的计算机系统就会根据备案号调用已存入计算机系统的备案号为"C×××××××××××"的备案文件，除了核对相关信息外还将根据项号第二行是"3"而对计算机系统内备案的第三项商品进行核销，即从原来的备案数7 000米中减去此次进口的3 000米。而该公司在下次进口该纯棉斜纹布仍将进行核销，如果下次申报进口是4 000米，则该料件就核销完毕。如果该公司下次申报进口是5 000米，因为第一次已进口并核销掉了3 000米，余量只剩4 000米，这时所申报的报关单就不能够通过计算机的审核。这就达到了监管和核销的目的。填报要求规定一份报关单最多填报50项商品，所说的一份报关单是指一个报关单号下。

例题解析

项号的填写

例如，一张出口发票中有 4 项商品，分别是：

男式腰带 1 000 条　3 美元/条　3 000 美元

男羽绒短上衣 1 000 件　10 美元/件　10 000 美元（位列手册第 3 项）

女羽绒短上衣 1 000 件　8 美元/件　8 000 美元（位列手册第 2 项）

女式腰带 1 000 条　3 美元/条　3 000 美元

解析：此例中，某公司出口的商品属于加工贸易项下出口男、女羽绒短上衣分列发票第 3 项、第 2 项的意思是男羽绒短上衣对应手册的第 3 项商品，女羽绒短上衣对应手册第 2 项商品。

项号栏的填写按惯例都填两位，如申报的第一项商品项号填"01"，列第 2 项的填"02"，以此类推。但只写一位也是正确的，比如第一项商品填报"1"，第二项商品填报"2"。

（三十四）商品编号

本栏目填报的商品编号由 10 位数字组成。前 8 位为《中华人民共和国进出口税则》确定的进出口货物的税则号列，同时也是《中华人民共和国海关统计商品目录》确定的商品编码，后 2 位为符合海关监管要求的附加编号。

（三十五）商品名称、规格型号

本栏目分两行填报及打印。第一行填报进出口货物规范的中文商品名称，第二行填报规格型号。具体填报要求如下。

1. 商品名称及规格型号应据实填报，并与进出口货物收发货人或受委托的报关企业所提交的合同、发票等相关单证相符。

2. 商品名称应当规范，规格型号应当足够详细，以能满足海关归类、审价及许可证件管理要求为准，可参照《中华人民共和国海关进出口商品规范申报目录》中对商品名称、规格型号的要求进行填报。

3. 加工贸易等已备案的货物，填报的内容必须与备案登记中同项号下货物的商品名称一致。

4. 对需要海关签发《货物进口证明书》的车辆，商品名称栏应填报"车辆品牌+排气量（注明 cc）+车型（如越野车、小轿车等）"。进口汽车底盘不填报排气量。车辆品牌应按照《进口机动车辆制造厂名称和车辆品牌中英文对照表》中"签注名称"一栏的要求填报。规格型号栏可填报"汽油型"等。

5. 由同一运输工具同时运抵同一口岸并且属于同一收货人、使用同一提单的多种进口货物，按照商品归类规则应当归入同一商品编号的，应当将有关商品一并归入该商品编号。商品名称填报一并归类后的商品名称；规格型号填报一并归类后商品的规格型号。

6. 加工贸易边角料和副产品内销，边角料复出口，本栏目填报其报验状态的名称和规格型号。

7. 进口货物收货人以一般贸易方式申报进口属于《需要详细列名申报的汽车零部件清单》（海关总署 2006 年第 64 号公告）范围内的汽车生产件的，应按以下要求填报。

（1）商品名称填报进口汽车零部件的详细中文商品名称和品牌，中文商品名称与品牌之间用"/"相隔，必要时加注英文商业名称；进口的成套散件或者毛坯件应在品牌后加注"成套散件""毛坯"等字样，并与品牌之间用"/"相隔。

（2）规格型号填报汽车零部件的完整编号。在零部件编号前应当加注"S"字样，并与零部件编号之间用"/"相隔，零部件编号之后应当依次加注该零部件适用的汽车品牌和车型。

汽车零部件属于可以适用于多种汽车车型的通用零部件的，零部件编号后应当加注"TY"字样，并用"/"与零部件编号相隔。

与进口汽车零部件规格型号相关的其他需要申报的要素，或者海关规定的其他需要申报的要素，如"功率""排气量"等，应当在车型或"TY"之后填报，并用"/"与之相隔。

汽车零部件报验状态是成套散件的，应当在"标记唛码及备注"栏内填报该成套散件装配后的最终完整品的零部件编号。

8. 进口货物收货人以一般贸易方式申报进口属于《需要详细列名申报的汽车零部件清单》（海关总署 2006 年第 64 号公告）范围内的汽车维修件的，填报规格型号时，应当在零部件编号前加注"W"，并与零部件编号之间用"/"相隔；进口维修件的品牌与该零部件适用的整车厂牌不一致的，应当在零部件编号前加注"WF"，并与零部件编号之间用"/"相隔。其余申报要求同上条执行。

知识链接

商品名称、规格型号填制

分两行填报
（1）第一行填报进出口货物规范的中文商品名称。
（2）第二行填报规格型号。

在"Description of Goods""Product and Description""Name of commodity"后面所对应的内容则为商品名称及规格，如果商业发票中的名称不是中文名称要翻译成中文填报，必要时加注原文。

（三十六）数量及单位

本栏目分三行填报及打印。

1. 第一行应按进出口货物的法定第一计量单位填报数量及单位，法定计量单位以《中华人民共和国海关统计商品目录》中的计量单位为准。

2. 凡列明有法定第二计量单位的，应在第二行按照法定第二计量单位填报数量及单位。无法定第二计量单位的，本栏目第二行为空。

3. 成交计量单位及数量应填报并打印在第三行。

4. 法定计量单位为"千克"的数量填报，特殊情况下填报要求如下：

（1）装入可重复使用的包装容器的货物，应按货物扣除包装容器后的重量填报，如罐装同位素、罐装氧气及类似品等。

（2）使用不可分割包装材料和包装容器的货物，按货物的净重填报（即包括内层直接包装的净重），如采用供零售包装的罐头、化妆品、药品及类似品等。

（3）按照商业惯例以公量重计价的商品，应按公量重填报，如未脱脂羊毛、羊毛条等。

（4）采用以毛重作为净重计价的货物，可按毛重填报，如粮食、饲料等大宗散装货物。

（5）采用零售包装的酒类、饮料，按照液体部分的重量填报。

5. 成套设备、减免税货物如需分批进口，货物实际进口时，应按照实际报验状态确定数量。

6. 具有完整品或制成品基本特征的不完整品、未制成品，根据《商品名称及编码协调制度》归类规则应按完整品归类的，按照构成完整品的实际数量填报。

7. 加工贸易等已备案的货物，成交计量单位必须与《加工贸易手册》中同项号下货物的计量单位一致，加工贸易边角料和副产品内销、边角料复出口，本栏目填报其报验状态的计量单位。

8. 优惠贸易协定项下进出口商品的成交计量单位必须与原产地证书上对应商品的计量单位一致。

9. 法定计量单位为立方米的气体货物，应折算成标准状况（即零摄氏度及 1 个标准大气压）下的体积进行填报。

知识链接

项号	商品编号	商品名称、规格型号	数量及单位	原产国（地区）	单价	总价	币值	征免
01	（略）	尼龙染色布	9 144.00 米		0.336 8	3 368	美元	全免
03		100% NYLON	1 255.4 千克					
			10 000 码					
02	（略）	麻棉梳织布	45 720 米		2.2	110 000	美元	全免
04		50%LJNEN50%COTTON	15 420 千克					
			50 000 码					

本题成交计量单位是码（YARD）（根据发票可知），第一项商品尼龙染色布的成交数量是100 000码，因为对应关系成立：数量（10 000）×单价（0.336 8）：总价（3 368.00）。

法定计量单位在文字说明资料中以文字"计量单位：米/千克 1yard：0.914 4metre"给出。米为法定第一计量单位，千克为法定第二计量单位。

而填报的法定第一计量单位的数量是通过资料中所给的换算率（1yard：0.914 4metre）换算出来的。成交数量是10 000 码×0.9144 米/码：9 144 米。

填报的法定第二计量单位千克的数量是根据装箱单中成交数量对应的净重得来的，成交数量10 000 码的净重在装箱单中给出了是1 255.4 千克。也就是说，法定第二计量单位下的数量是1 255.4。

同理，第二项商品麻棉梳织布的成交计量单位和数量，以及法定第一和第二计量单位的数量通过同样的方法可得出。

（三十七）原产国（地区）

原产国（地区）应依据《中华人民共和国进出口货物原产地条例》《中华人民共和国海关关于执行〈非优惠原产地规则中实质性改变标准〉的规定》以及海关总署关于各项优惠贸易协定原产地管理规章规定的原产地确定标准填报。同一批进出口货物的原产地不同的，应分别填报原产国（地区）。进出口货物原产国（地区）无法确定的，填报"国别不详"（代码701）。

本栏目应按海关规定的《国别（地区）代码表》选择填报相应的国家（地区）名称及代码。

知识链接

原产国（地区）填写

与启运国（地区）的填写要求相同，"中国香港"和"台澎金马关税区"的规范必须正确。

欧盟不能作为国家或地区填报在原产国（地区）栏目，因为《国别（地区）代码表》没有欧盟。原产国（地区）中括号内地区的含义主要指中国台湾、中国香港这样的在代码表中列出的地区。它们是我国的一部分，不是独立的国家。

进口货物原产国（地区）无法确定时，报关单"原产国（地区）"栏应该填报"国别不详"或"701"。

同一票货物中即使是同一种货物，如果原产国（地区）不同要分项（分栏）填报。即在不同的项号下填报。比如，我国内地某公司从香港地区进口100 台计算机，其中40 台原产于美国，60 台原产于日本，即使这100 台计算机相同，但因原产地不同也要分项填报。正确的填报应该是：

项号	商品编号	商品名称、规格型号	数量及单位	原产国（地区）	单价	总价	币值	征免
01	（略）	计算机（略）	40台	美国	（略）			（略）
02	（略）	计算机（略）	60台	日本	（略）			（略）

（三十八）最终目的国（地区）

最终目的国（地区）填报已知的进出口货物的最终实际消费、使用或进一步加工制造国家（地区）。不经过第三国（地区）转运的直接运输货物，以运抵国（地区）为最终目的国（地区）；经过第三国（地区）转运的货物，以最后运往国（地区）为最终目的国（地区）。同一批进出口货物的最终目的国（地区）不同的，应分别填报最终目的国（地区）。进出口货物不能确定最终目的国（地区）时，以尽可能预知的最后运往国（地区）为最终目的国（地区）。

本栏目应按海关规定的《国别（地区）代码表》选择填报相应的国家（地区）名称及代码。

例题解析

例1：北京五矿进出口公司，向我国香港（地区）（国别（地区）代码110）某公司，出口铁矿粉一批。得知该公司又将本批货物直接卖给日本（国别代码116）某公司。

其出口货物报关单上的"最终目的国（地区）"应填报为：

（1）香港（110）　（2）日本（116）

解析：《规范》规定："最终目的国（地区）"是指已知的出口货物的最终实际消费、使用或进一步加工制造国家（地区）。同时，应按照海关规定的《国别（地区）代码表》所示，选择填报相应的国家（地区）名称或代码。该题所涉出口货物，在出售时，卖方已经知道了其最终消费使用的国家（地区）是日本某公司，而不是中国香港某公司，因此，最终目的国（地区）应填报为：日本（116）。

例2：北京某服装加工贸易企业，经海关批准，将原从日本（国别代码116）进口的来料加工贸易料件，结转至本企业的另一个来料加工贸易合同，继续加工后，出口美国（国别代码502）。

其出口货物报关单上的"最终目的国（地区）"应填报为：

（1）中国（142）　（2）美国（502）

解析：《规范》规定："最终目的国（地区）"是指已知的出口货物的最终实际消费、使用或进一步加工制造国家（地区）。同时，应按照海关规定的《国别（地区）代码表》所示，选择填报相应的国家（地区）名称或代码。加工贸易料件结转货物的出口报关单，填报"中国"（142），进口报关单填报原料件生产国。该题所涉货物，是加工贸易企业内部结转的原进口料件，因此，最终目的国（地区）应填报为：中国或142。

（三十九）单价

本栏目填报同一项号下进出口货物实际成交的商品单位价格。无实际成交价格的，本栏目填报单位货值。

（四十）总价

本栏目填报同一项号下进出口货物实际成交的商品总价格。无实际成交价格的，本栏目填报货值。

（四十一）币制

本栏目应按海关规定的《货币代码表》选择相应的货币名称及代码填报，如《货币代码表》中无实际成交币种，需将实际成交货币按申报日外汇折算率折算成《货币代码表》列明的货币真报。

（四十二）征免

本栏目应按照海关核发的《征免税证明》或有关政策规定，对报关单所列每项商品选择海关规定的《征减免税方式代码表》中相应的征减免税方式填报。

加工贸易货物报关单应根据《加工贸易手册》中备案的征免规定填报；《加工贸易手册》中备案的征免规定为"保金"或"保函"的，应填报"全免"，如表5-6所示。

表 5-6 征减免税方式代码表

征减免税方式代码	征减免税方式名称
1	照章征税
2	折半征税
3	全免
4	特案
5	征免性质
6	保证金
7	保函
8	折半补税
9	全额退税

（四十三）特殊关系确认

本栏目根据《中华人民共和国海关审定进出口货物完税价格办法》（以下简称《审价办法》）第十六条，填报确认进出口行为中买卖双方是否存在特殊关系，有下列情形之一的，应当认为买卖双方存在特殊关系，在本栏目应填报"是"，反之则填报"否"。

1. 买卖双方为同一家族成员的。
2. 买卖双方互为商业上的高级职员或者董事的。
3. 一方直接或者间接地受另一方控制的。
4. 买卖双方都直接或者间接地受第三方控制的。
5. 买卖双方共同直接或者间接地控制第三方的。
6. 一方直接或者间接地拥有、控制或者持有对方 5%以上（含 5%）公开发行的有表决权的股票或者股份的。
7. 一方是另一方的雇员、高级职员或者董事的。
8. 买卖双方是同一合伙的成员的。

买卖双方在经营上相互有联系，一方是另一方的独家代理、独家经销或者独家受让人，如果符合前款的规定，也应当视为存在特殊关系。

（四十四）价格影响确认

本栏目根据《审价办法》第十七条，填报确认进出口行为中买卖双方存在的特殊关系是否影响成交价格，纳税义务人如不能证明其成交价格与同时或者大约同时发生的下列任何一款价格相近的，应当视为特殊关系对进出口货物的成交价格产生影响，在本栏目应填报"是"，反之则填报"否"。

1. 向境内无特殊关系的买方出售的相同或者类似进出口货物的成交价格。
2. 按照《审价办法》倒扣价格估价方法的规定所确定的相同或者类似进出口货物的完税价格。
3. 按照《审价办法》计算价格估价方法的规定所确定的相同或者类似进出口货物的完税价格。

┃知识链接┃

海关为何要增加"特殊关系确认"项呢

众所周知，海关在对进出口货物实施估价时坚持的指导思想和原则是"客观、公平、统一"。在海关估价过程中最常用的估价方法是"成交价格法"。此方法运用的数据必须来源于进出口贸易活动中存在的真实数据，必须是可量化的，因此企业在申报时必须提供进出口商对外实际签订的货物销售合同为基础，如果销售合同是真实且符合成交价格定义和条件的，海关则以其实际成交价格为基础实施估价，反之海关将使用其他估价方法。

而在海关估价的公平原则上最大的影响因素就是买卖双方存在的特殊关系，在海关审价范畴中所认定的特殊关系为。

（1）买卖双方为同一家族成员的；（2）买卖双方互为商业上的高级职员或者董事的；（3）一方直接或者间接地受另一方控制的；（4）买卖双方都直接或者间接地受第三方控制的；（5）买卖双方共同直接或者间接地控制第三方的；（6）一方直接或者间接地拥有、控制或者持有对方 5% 以上（含 5%）公开发行的有表决权的股票或者股份的；（7）一方是另一方的雇员、高级职员或者董事的；（8）买卖双方是同一合伙的成员的。

买卖双方在经营上相互有联系，一方是另一方的独家代理、独家经销或者独家受让人，如果符合上述的规定，也应当视为存在特殊关系。

那当买卖双方存在特殊关系时海关就必然认定会影响成交价格吗？答案当然是"否"。如果企业能提供进口货物海关接受申报之日前后 45 天内以下任何一款价格相近的依据，应当视为特殊关系未对进口货物的成交价格产生影响。

（1）向境内无特殊关系的买方出售的相同或者类似进口货物的成交价格；（2）按照倒扣价格估价方法所确定的相同或者类似进口货物的完税价格；（3）按照计算价格估价方法所确定的相同或者类似进口货物的完税价格。

海关在使用上述价格进行比较时，会考虑到商业水平和进口数量的不同，以及买卖双方有无特殊关系造成的费用差异。

如果双方存在特殊关系本身并不一定说明价格不能接受，海关在审核关联交易的申报价格时，进出口方提供合规、足够的说明依据是重中之重。

（四十五）支付特许权使用费确认

本栏目根据《审价办法》第十三条，填报确认进出口行为中买方是否存在向卖方或者有关方直接或者间接支付特许权使用费。特许权使用费是指进出口货物的买方为取得知识产权权利人及权利人有效授权人关于专利权、商标权、专有技术、著作权、分销权或者销售权的许可或者转让而支付的费用。如果进出口行为中买方存在向卖方或者有关方直接或者间接支付特许权使用费的，在本栏目应填报"是"，反之则填报"否"。

（四十六）版本号

本栏目适用加工贸易货物出口报关单。本栏目应与《加工贸易手册》中备案的成品单耗版本一致，通过《加工贸易手册》备案数据或企业出口报关清单提取。

（四十七）货号

本栏目适用加工贸易货物进出口报关单。本栏目应与《加工贸易手册》中备案的料件、成品货号一致，通过《加工贸易手册》备案数据或企业出口报关清单提取。

（四十八）录入员

本栏目用于记录预录入操作人员的姓名。

（四十九）录入单位

本栏目用于记录预录入单位名称。

（五十）海关批注及签章

本栏目供海关作业时签注。

本规范所述尖括号（<>）、逗号（,）、连接符（-）、冒号（:）等标点符号及数字，填报时都必须使用非中文状态下的半角字符。

相关用语的含义。

报关单录入凭单：指申报单位按报关单的格式填写的凭单，用作报关单预录入的依据。该凭单的编号规则由申报单位自行决定。

预录入报关单：指预录入单位按照申报单位填写的报关单凭单录入、打印由申报单位向海关申报，海关尚未接受申报的报关单。

报关单证明联：指海关在核实货物实际进出境后按报关单格式提供的，用作进出口货物收发货人向国税、外汇管理部门办理退税和外汇核销手续的证明文件。

任务二 报关单填制操作实例

一、出口报关单的填制实例

2008 年 4 月 14 日，当浙江海洲国际货运代理有限公司通知配舱成功之后，浙江金苑进出口有限公司外贸单证员陈红应根据以下相关信息马上办理、制作和备齐出口货物报关单、报关委托书等报关单证，同时与报检委托书、出境货物换证凭条一起寄给浙江海洲国际货运代理有限公司，委托其办理报检和报关手续。总运费 1 700 美元，保险费 198.95 美元。

（一）商业发票

ZHEJIANG JINYUAN IMPORT AND EXPORT CO., LTD.

118 XUEYUAN STREET, HANGZHOU, P.R.CHINA

TEL：0086-×××-86739178　　　　FAX：0086-×××-86739178

COMMERCIAL INVOICE

To:	SIK TRADING CO., LTD. 16 TOM STREET, DUBAI, U.A.E.		Invoice No.:	JY08018
			Invoice Date:	APR. 10, 2008
			S/C No.:	ZJJY0739
			S/C Date:	FEB. 15, 2008
From:	SHANGHAI, CHINA	To:	DUBAI, U.A.E.	
Letter of Credit No.:	FFF07699	Issued By:	HSBC BANK PLC, DUBAI, U.A.E.	
Date of Issue:	FEB. 25, 2008			

Marks and Numbers	Number and kind of package Description of goods	Quantity	Unit Price	Amount
SIK S/C no.：ZJJY0739 Style no.：L357/ L358 Port of destination： DUBAI, U.A.E. Carton no.：1-502				CIF DUBAI, U.A.E.
	LADIES JACKET SHELL: WOVEN TWILL 100% COTTON, LINING: WOVEN 100% POLYESTER, ORDER NO.SIK768 Style no. L357 Style no. L358 PACKED IN 9 PCS/CTN, TOTALLY FIVE HUNDRED AND TWO CARTONS ONLY.	2250PCS 2268PCS	USD12.00/PC USD12.00/PC	USD27000.00 USD27216.00
	TOTAL:	**4518PCS**		USD 45216.00
SAY TOTAL:	**U.S. DOLLARS FIFTY FIVE THOUSAND TWO HUNDRED AND SIXTEEN ONLY**			

ZHEJIANG JINYUAN IMPORT AND EXPORT CO., LTD.

李 立

（二）装箱单

ZHEJIANG JINYUAN IMPORT AND EXPORT CO.,LTD.

118 XUEYUAN STREET, HANGZHOU, P.R.CHINA

TEL：0086-571-86739178　　　FAX：0086-571-86739178

PACKING LIST

To:	SIK TRADING CO., LTD. 16 TOM STREET, DUBAI, U.A.E.		Invoice No.:	JY08018
			Invoice Date:	APR. 10, 2008
			S/C No.:	ZJJY0739
			S/C Date:	FEB. 15, 2008

From:	SHANGHAI, CHINA	To:	DUBAI, U.A.E.
Letter of Credit No.:	FFF07699	Issued By:	HSBC BANK PLC，DUBAI, U.A.E.
Date of Issue:	FEB. 25, 2008		

Marks and Numbers	Number and kind of package Description of goods	Quantity	Package	G.W	N.W	Meas.
SIK S/C no.：ZJJY0739 Style no.：L357/ L358 Port of destination：DUBAI, U.A.E. Carton no.：1-502	LADIES JACKET Style no. L357 Style no. L358 PACKED IN 9 PCS/CTN, SHIPPED IN 40'FCL.	2250PCS 2268PCS	250CTNS 252CTNS	2500KGS 2520KGS	2250KGS 2268KGS	29.363m^3 29.597m^3
TOTAL:		4518PCS	502CTNS	5020KGS	4518KGS	58.96m^3

SAY TOTAL:	FIVE HUNDRED AND TWO CARTONS ONLY.

（三）海运提单

Shipper Insert Name, Address and Phone	B/L No. 2651

ZHEJIANG JINYUAN IMPORT AND EXPORT CO., LTD.

118 XUEYUAN STREET, HANGZHOU, P.R.CHINA

Consignee Insert Name, Address and Phone

TO ORDER

Notify Party Insert Name, Address and Phone

SIK TRADING CO., LTD.

16 TOM STREET, DUBAI, U.A.E.

TEL: +971-4-3535111 FAX: +971-4-3535112

中远集装箱运输有限公司

COSCO CONTAINER LINES

TLX: 33057 COSCO CN

FAX: +86(021) 6545 8984

ORIGINAL

Ocean Vessel Voy. No.	Port of Loading
QING YUN HE，VOY. NO. 132S	SHANGHAI, CHINA
Port of Discharge	Port of Destination
DUBAI, U.A.E.	

Port-to-Port

BILL OF LADING

Shipped on board and condition except as other…

Marks & Nos. Container / Seal No.	No. of Containers or Packages	Description of Goods	Gross Weight Kgs	Measurement
SIK S/C no.：ZJJY0739 Style no.：L357/ L358 Port of destination： DUBAI, U.A.E. Carton no.：1-502 CN: GATU8585677 SN:3320999	502CARTONS 1×40'FCL	LADIES JACKET L/C NO.: FFF07699 DATE: FEB. 25, 2008 NAME OF ISSUING BANK: HSBC BANK PLC，DUBAI, U.A.E.	5020 KGS FREIGHT PREPAID	58.96m³

Description of Contents for Shipper's Use Only (Not part of This B/L Contract)

Total Number of containers and/or packages (in words) **FIVE HUNDRED AND TWO CARTONS ONLY.**

Ex. Rate:	Prepaid at	Payable at	Place and date of issue
	SHANGHAI		SHANGHAI FEB. 17, 2008
	Total Prepaid	No. of Original B(s)/L	Signed for the Carrier
		THREE (3)	COSCO CONTAINER LINES +++

制作报关单

1. 预录入编号

指申报单位或预录入单位对该单位填制录入的报关单的编号，用于该单位与海关之间引用其申报后尚未批准放行的报关单。

报关单录入凭单的编号规则由申报单位自行决定。预录入报关单及 EDI 报关单的预录入编号由接受申报的海关决定编号规则，计算机自动打印。（免予填报）

2. 海关编号

指海关接受申报时给予报关单的编号。

海关编号由各海关的接受申报环节确定，应标识在报关单的每一联上。报关单海关编号为 18 位数码，由各直属海关统一管理。各直属海关对进口报关单和出口报关单应分别编号，并确保在同一公历年度内，能按进口和出口唯一地标识本关区的每一份报关单。（免予填报）

3. 进口口岸/出口口岸

指货物实际进（出）口我国关境口岸海关的名称。

本栏目应根据货物实际进（出）口的口岸海关选择填报《关区代码表》中相应的口岸海关名称及代码。在不同出口加工区之间转让的货物，填报对方出口加工区海关名称及代码。无法确定进（出）口口岸以及无实际进出口的报关单，填报接受申报的海关名称及代码。

▲本业务（详见 185 页）填写的内容：上海海关（代码）

4. 备案号

指进出口企业在海关办理加工贸易合同备案或征、减、免税审批备案等手续时，海关给予《进料加工登记手册》、《来料加工及中小型补偿贸易登记手册》、《外商投资企业履行产品出口合同进口料件及加工出口成品登记手册》（以下均简称《登记手册》）、《进出口货物征免税证明》（以下简称《征免税证明》）或其他有关备案审批文件的编号。

具体填报要求如下：

（1）加工贸易出口报关单填报《登记手册》编号；进口报关单填报《征免税证明》等审批证件编号。

（2）凡涉及减免税备案审批的报关单，本栏目填报《征免税证明》编号，不得为空。

（3）无备案审批文件的报关单，本栏目免予填报。

（4）一份的报关单只能填报一个备案号，备案号长度为 12 位。

▲本业务填写的内容：无

5. 进口日期/出口日期

进口日期指运载所申报货物的运输工具申报进境的日期。本栏目填报的日期必须与相应的运输工具申报进境日期一致。

出口日期指运载所申报货物的运输工具办结出境手续的日期。本栏目供海关打印报关单证明联用，预录入报关单及 EDI 报关单均免予填报。

无实际进出口的报关单填报办理申报手续的日期。本栏目为 6 位数，顺序为年、月、日各两位，例如"031020"。

▲本业务填写的内容：暂时不填

6. 申报日期

指海关接受进（出）口货物的收、发货人或代理人申请办理货物进（出）口手续的日期。预录入及 EDI 报关单填报向海关申报的日期，与实际情况不符时，由审单关员按实际日期修改批注。本栏目为 6 位数，顺序为年、月、日各两位。

▲本业务填写的内容：暂时不填

7. 收发货人（原经营单位）

收发货人指对外签订并执行进出口贸易合同的中国境内企业或单位。

本栏目应填报经营单位名称及 18 位统一社会信用代码（经营单位编码）。经营单位编码为十位数字，指进出口企业在所在地主管海关办理注册登记手续时，海关给企业设置的注册登记编码。

▲本业务填写的内容：浙江金苑进出口有限公司 3301215555

8. 运输方式

指载运货物进出关境所使用的运输工具的分类。

本栏目应根据实际运输方式按海关规定的《运输方式代码表》选择填报相应的运输方式。

特殊情况下运输方式的填报原则如下。

（1）非邮政方式进出口的快递货物，按实际运输方式填报。

（2）进出境旅客随身携带货物，按旅客所乘运输工具填报。

（3）进口转关运输货物根据载运货物抵达进境地的运输工具填报，出口转关运输货物根据载运货物驶离出境地的运输工具填报。

（4）无实际进出口的，根据实际情况选择填报《运输方式代码表》中的运输方式。

（5）出口加工区与区外之间进出口的货物，填报"Z"；同一出口加工区内或不同出口加工区的企业之间相互结转（调拨）的货物，填报"9"（其他运输）。

▲本业务填写的内容：水路运输（2）

9. 运输工具名称

指载运货物进出境的运输工具的名称或运输工具编号。

一份报关单只能填写一个运输工具名称。本栏目填制内容应与运输部门向海关申报的载货清单一致。

具体填报要求如下。

（1）水路运输填报船名及航次，或载货清单编号（注：按受理申报海关要求选填）。

（2）公路运输填报该跨境运输车辆的国内行驶车牌号码。

（3）铁路运输填报车次或车厢号，以及进出境日期。

（4）航空运输填报分运单号，无分运单的，本栏目为空。

（5）邮政运输填报邮政包裹单号。

▲本业务填写的内容：QING YUN HE/132S

10. 提/运单号

指进出口货物提单或运单的编号。

本栏目填报的内容应与运输部门向海关申报的载货清单所列内容一致。一票货物对应多个提运单时，应按接受申报的海关规定，分单填报。

具体填报要求如下。

（1）运输填报进口提单号或出口运单号。

（2）铁路运输填报运单号。

（3）汽车运输免予填报。

（4）航空运输填报总运单号。

（5）邮政运输填报邮政包裹单号。

（6）无实际进出口的，本栏目为空。

（7）转关运输货物免予填报。

▲本业务填写的内容：2651

11. 消费使用单位/生产销售单位（原收/发货人单位）

消费使用单位指进口货物在境内的最终消费、使用单位，包括：（1）自行从境外进口货物的单位；（2）委托有外贸进出口经营权的企业进口货物的单位。

生产销售单位指出口货物在境内的生产或销售单位，包括：（1）自行出口货物的单位；（2）委托有进出口经营资格的企业出口货物的单位。

本栏目应填报生产销售单位的中文名称及其海关注册编码。加工贸易中，报关单的收发货单位应与《登记手册》的"货主单位"一致。

▲本业务填写的内容：根据实际情况，填写生产销售单位的中文名称及其海关注册编码。

12. 申报单位

自理报关的，本栏目填报进出口企业的名称及编码；委托代理报关的，本栏目填报报关企业名称及编码。本栏目可选填18位法人和其他组织统一社会信用代码或10位海关注册编码任意一项。

本栏目还包括报关单左下方用于填报申报单位有关情况的相关栏目，包括报关人员、申报单位签章。本栏目填报的时候要填报名称和编码，两者缺一不可。

▲本业务填写的内容：浙江海洲国际货运代理有限公司（18位法人和其他组织统一社会信用代码或10位海关注册编码）

13. 监管方式（原贸易方式）

本栏目应根据实际情况按海关规定的《监管方式代码表》选择填报相应的监管方式简称及代码。一份报关单只允许填报一种监管方式。

出口加工区内企业填制的《出口加工区进（出）境货物备案清单》应选择填报适用于出口加工区货物的监管方式简称及代码。

▲本业务填写的内容：一般贸易（0110）

14. 征免性质

指海关对进出口货物实施征、减、免税管理的性质类别。

本栏目应按照海关核发的《征免税证明》中批注的征免性质填报，或根据实际情况按海关规定的《征免性质代码表》选择填报相应的征免性质简称及代码。一份报关单只允许填报一种征免性质。

加工贸易中，报关单本栏目应按照海关核发的《登记手册》中批注的征免性质填报相应的征免性质简称及代码。

特殊情况下填报的具体要求如下。

（1）保税工厂经营的加工贸易，根据《登记手册》填报"进料加工"或"来料加工"。

（2）三资企业按内外销比例为加工内销产品而进口料件，填报"一般征税"，或其他相应的征免性质。

（3）加工贸易转内销的货物，按实际应享受的征免性质填报。

（4）料件退运出口、成品退运进口货物填报"其他法定"。

（5）加工贸易结转货物本栏为空。

▲本业务填写的内容：一般征税（101）

15. 备案号

备案号是指进出口货物收发货人办理报关手续时，应向海关递交的备案审批文件的编号，如加工贸易手册编号、加工贸易电子账册编号、征免税证明编号、实行优惠贸易协定项下原产地证书联网管理的原产地证书编号、适用 ITA 税率的商品用途认定证明编号等。

▲本业务填写的内容：无

16. 许可证号

本栏目用于应申领进（出）口许可证的货物。

此类货物必须填报商务部及其授权发证机关签发的进（出）口货物许可证的编号。应申领进（出）口许可证的货物，必须在此栏目填报，不得为空。不需要许可证的商品免填（可为空）。一份报关单只允许填报一个许可证号。

▲本业务填写的内容：无

17. 贸易国（地区）

本栏目填报对外贸易中与境内企业签订贸易合同的外方所属的国家（地区）。进口填报购自国，出口填报售予国。

▲本业务填写的内容：阿联酋（138）

18. 运抵国（地区）

运抵国（地区）指出口货物直接运抵的国家（地区）。

本栏目应按海关规定的《国别（地区）代码表》选择填报相应的运抵国（地区）中文名称及代码。无实际进出口的，本栏目填报"中国"（代码"142"）。对发生运输中转的货物，如中转地未发生任何商业性交易，则运抵地不变；如中转地发生商业性交易，则以中转地作为运抵国（地区）填报。

▲本业务填写的内容：阿联酋（138）

19. 指运港

指运港指出口货物运往境外的最终目的港；最终目的港不可预知的，可按尽可能预知的目的港填报。

本栏目应根据实际情况按海关规定的《港口航线代码表》选择填报相应的港口中文名称及代码。无实际进出口的，本栏目填报"中国境内"。

▲本业务填写的内容：迪拜（代码）

20. 境内货源地

境内货源地指出口货物在国内的产地或原始发货地。

本栏目应根据进口货物的收货单位、出口货物生产厂家或发货单位所属地区，按海关规定的《国内地区代码表》选择填报相应的国内地区名称及代码。

▲本业务填写的内容：杭州经济技术开发区（代码）

21. 成交方式

本栏目应根据实际成交价格条款按海关规定的《成交方式代码表》选择填报相应的成交方式代码。无实际进出口的，进口填报 CIF 价，出口填报 FOB 价。

▲本业务填写的内容：CIF（1）

22. 运费

本栏目用于成交价格中不包含运费的进口货物或成交价格中含有运费的出口货物，应填报该份报关单所含全部货物的国际运输费用。

可按运费单价、总价或运费率三种方式之一填报，同时注明运费标记，并按海关规定的《货币代码表》选择填报相应的币种代码。运保费合并计算的，运保费填报在本栏目。运费标记"1"表示运费率，"2"表示每吨货物的运费单价，"3"表示运费总价。例如，5%的运费率填报为5/1。

▲本业务填写的内容：502/1700/3

23. 保费

本栏目用于成交价格不包含保险费的进口货物或成交价格中含有保险费的出口货物，应填报该份报关单所含全部货物国际运输的保险费用。

可按保险费总价或保险费率两种方式之一填报，同时注明保险费标记，并按海关规定的《货币代码表》选择填报相应的币种代码。运保费合并计算的，运保费填报在运费栏目中。保险费标记"1"表示保险费率，"3"表示保险费总价。例如，3‰的保险费填报为0.3/1；10 000港元保险费总价填报为110/10000/3。

▲本业务填写的内容：502/198.95/3

24. 杂费

指成交价格以外的、应计入完税价格或应从完税价格中扣除的费用，如手续费、佣金、回扣等。

可按杂费总价或杂费率两种方式之一填报，同时注明杂费标记，并按海关规定的《货币代码表》选择填报相应的币种代码。应计入完税价格的杂费填报为正值或正率，应从完税价格中扣除的杂费填报为负值或负率。杂费标记"1"表示杂费率，"3"表示杂费总价。例如，应计入完税价格的1.5%的杂费率填报为1.5/1；应从完税价格中扣除的1%的回扣率填报为-1/1；应计入完税价格的500英镑杂费总价填报为303/500/3。

▲本业务填写的内容：无

25. 合同协议号

本栏目应填报进（出）口货物合同（协议）的全部字头和号码。

▲本业务填写的内容：ZJJY0739

26. 件数

本栏目应填报有外包装的进（出）口货物的实际件数。

特殊情况下填报要求如下：（1）舱单件数为集装箱的，填报集装箱个数；（2）舱单件数为托盘的，填报托盘数；（3）本栏目不得填报为零，裸装货物填报为"1"。

▲本业务填写的内容：502

27. 包装种类

本栏目应填报进（出）口货物的实际外包装种类，如集装箱（container）、托盘（pallets）、木箱（wooden cases）、纸箱（cartons）、铁桶（iron drums）、散装（bulk）等。

▲本业务填写的内容：纸箱

28. 毛重（公斤）

本栏目填报进（出）口货物实际毛重，计量单位为千克。不足1千克填报为"1"。

▲本业务填写的内容：5020

29. 净重（公斤）

本栏目填报进（出）口货物的实际净重，计量单位为千克。不足1千克填报为"1"。

▲本业务填写的内容：4518

30. 集装箱号

指装载货物进出境的集装箱两侧标识的全球唯一的编号。

本栏目填报装载进（出）口货物的集装箱编号，集装箱数量比照标准箱四舍五入填报整数，非集装箱货物填报为"0"。一票货物多集装箱装载的，填报其中之一，其余集装箱编号在备注栏填报或随附清单。

▲本业务填写的内容：GATU8585677*1（2）

31. 随附单据

本栏目填写随进（出）口货物报关单一并向海关递交的单证或文件。合同、发票、装箱单、许可证等必备的随附单证不在本栏目填报。

本栏目应按海关规定的《监管证件名称代码表》选择填报相应证件的代码，并填报每种证件的编号（编号打印在备注栏下半部分），由代理报关行填写。

▲本业务填写的内容：出境货物通关单

32. 标记唛码与备注

本栏目下部供打印随附单据栏中监管证件的编号，上部用于选报以下内容：

（1）受外商投资企业委托代理其进口投资设备、物品的外贸企业名称。

（2）一票货物多个集装箱的，在本栏目填报其余的集装箱号。

（3）一票货物多个提运单的，在本栏目填报其余的提运单号。

（4）标记的唛码等其他申报时必须说明的事项。

此外，凡申报采用协定税率的商品，必须在报关单本栏目填报原产地证明标记，具体填报方法为：在一对"＜＞"内以"协"字开头，依次填入该份报关单内企业能提供原产地证明的申报商品项号，各商品项号之间以"，"隔开。如果商品项号是连续的，则填报"起始商品项号"＋"-"＋"终止商品项号"，例如，某份报关单的第2、5、16项商品，企业能够提供原产地证明，则填报"＜协2，5，16＞"；某份报关单的第4、9、10、11、12、17项商品，企业能够提供原产地证明，则填报"＜协4，9-12，17＞"。

▲本业务填写的内容：

SIK

ZJJY0739

L357/L358

DUBAI，U.A.E.

C/NO.：1-502

随附单证号：×××××××

33. 项号

本栏目分两行填报及打印，第一行打印报关单中的商品排列序号；第二行专用于加工贸易等已备案的货物，填报和打印该项货物在《登记手册》中的项号。

▲本业务填写的内容：01

34. 商品编号

指按海关规定的商品分类编码规则确定的进（出）口货物的商品编号。

▲本业务填写的内容：6204320090

35. 商品名称、规格型号

本栏目分两行填报及打印，第一行打印进（出）口货物规范的中文商品名称，第二行打印规格型号。必要时加注原文。

具体填报要求：（1）商品名称及规格型号应据实填报，并与所提供的商业发票相符；（2）商品名称应当规范，规格型号应当足够详细，以能满足海关归类、审价以及许可证管理要求为准。（3）加工贸易等已备案的货物，本栏目填报录入的内容必须与备案登记中同项号下货物的名称与规格型号一致。

▲本业务填写的内容：全棉女式夹克

36. 数量及单位

本栏目填写进（出）口商品的实际成交数量及计量单位。本栏目分三行填报及打印。具体填报要求如下：

（1）进出口货物必须按法定计量单位填报。法定第一计量单位及数量打印在本栏目第一行。

（2）凡海关列明第二计量单位的，必须报明该商品第二计量单位及数量，打印在本栏目第二行。无统计第二计量单位的，本栏目第二行为空。

（3）成交计量单位与海关统计计量单位不一致时，还需填报成交计量单位及数量，打印在本栏目第三行；成交计量单位与海关统计法定计量单位一致时，本栏目第三行为空。

（4）加工贸易等已备案的货物，成交计量单位必须与备案登记中同项号下货物的计量单位一致，不相同时必须修改备案或转换一致后填报。

▲本业务填写的内容：4 518 件　　4 518 千克

37. 最终目的国（地区）

最终目的国（地区）指出口货物的最终实际消费、使用或进一步加工制造国家（地区）。

本栏目应按海关规定的《国别（地区）代码表》选择填报相应的国家（地区）名称及代码。例如，日本（116）。

▲本业务填写的内容：阿联酋（138）

38. 单价

本栏目应填报同一项号下进（出）口货物实际成交的商品单位价格。无实际成交价格的，本栏目填报货值。

▲本业务填写的内容：12

39. 总价

本栏目应填报同一项号下进（出）口货物实际成交的商品总价。无实际成交价格的，本栏目填报货值。

▲本业务填写的内容：54 216.00

40. 币制

本栏目填写进（出）口货物实际成交价格的币种。

本栏目应根据实际成交情况按海关规定的《货币代码表》选择填报相应的货币名称或代码，例如，"美元（502）"或"USD（502）"。如《货币代码表》中无实际成交币种，需转换后填报。

▲本业务填写的内容：美元（502）

41. 征免

本栏目填写海关对进（出）口货物进行征税、减税、免税或特案处理的实际操作方式。本栏目应按照海关核发的《征免税证明》或有关政策规定，对报关单所列每项商品选择填报海关规定的《征免税方式代码表》中相应的征减免税方式。

▲本业务填写的内容：照章征收（1）

42. 特殊关系确认：否　　　价格影响确认：否　　　支付特许权使用费确认：否

43. 录入员

本栏目用于预录入和 EDI 报关单，打印录入人员的姓名。

▲本业务填写的内容：无

44. 录入单位

本栏目用于预录入和 EDI 报关单，打印录入单位名称。

▲本业务填写的内容：无

45. 海关审单批注栏

本栏目指供海关内部作业时签注的总栏目，由海关关员手工填写在预录入报关单上，其中"放行"栏填写海关对接受申报的进出口货物做出放行决定的日期。

<h3 align="center">中华人民共和国海关出口货物报关单（最新版）</h3>

预录入编号：   海关编号：

收发货人（3301215555） 浙江金苑进出口有限公司	出口口岸（代码） 上海海关	出口日期	申报日期
生产销售单位（3301215555） 浙江金苑进出口有限公司	运输方式（2） 水路运输	运输工具名称 QING YUN HE/132S	提运单号 2651
申报单位（代码） 浙江海洲国际货运代理有限公司	贸易方式（0110） 一般贸易	征免性质（101） 一般征税	备案号
贸易国（代码） 阿联酋	运抵国（地区） （代码）阿联酋	指运港（138） 迪拜	境内货源地（代码） 杭州经济技术开发区
许可证号	成交方式（1） CIF	运费 502/1700/3	保费 501/198.95/3	杂费
合同协议号 ZJJY0739	件数 502	包装种类（2） 纸箱	毛重（千克） 5 020	净重（千克） 4 518
集装箱号 GATU8585677*1（2）	随附单据 出境货物通关单		

标记唛码及备注
SIK
ZJJY0739
L357/ L358
DUBAI, U.A.E.
C/NO.：1-502
随附单证号：×××××××（出境货物通关单号）

项号	商品编号	商品名称、规格型号	数量及单位	最终目的国（地区）	单价	总价	币制	征免
01	6204320090	全棉女士夹克	4 518 件 4 518 千克	阿联酋（138）	12	54 216.00	美元（502）	照章征收（1）

特殊关系确认：否   价格影响确认：否   支付特权使用费确认：否

录入员 录入单位 报关人员	兹声明以上申报无讹并承担法律责任 申报单位（签章）	海关审单批注及放行日期（签章） 审单 审价

二、进口报关单的填制实例

2014年4月14日，湖南浏阳×××烟花出口厂（18位统一社会信用代码）委托广州鑫运货运代理有限公司在广州（埔新港关5202）办理进口铝粉报关报检等相关事宜。外贸单证员陈红应根据以下相关信息马上办理、制作和备齐进口货物报关单、报关委托书等报关单证。货船入境时间是2015年1月6日。

BILL OF LADING FOR OCEAN TRANSPORT
OR MULTIMODAL TRANSPORT

SCAC SAFM

B/L No. 754578421

Shipper
THE ▮▮▮NIUM INDUS▮▮ ▮.T▮.

S▮▮▮, ▮▮▮ ▮▮▮ ▮▮▮,
TAMI▮...

Booking No
754578421

Export references

Svc Contract
150928

Onward inland routing (Not part of Carriage as defined in clause 1. For account and risk of Merchant)

Consignee (negotiable only if consigned "to order", "to order of" a named Person or "to order of bearer")
TO THE ORDER

Notify Party (see clause 22)
TO▮ ▮▮▮▮▮ ▮▮▮▮▮ ▮▮▮▮▮ ▮F
W▮▮▮
T▮
FAX: ▮▮

Vessel (see clause 1 + 19)
MCP HAMBURG

Voyage No.
100S

Place of Receipt. Applicable only when document used as Multimodal Transport B/L. (see clause 1)

Port of Loading
X X

Port of Discharge
HUANGPU, CHINA

Place of Delivery. Applicable only when document used as Multimodal Transport B/L. (see clause 1)

PARTICULARS FURNISHED BY SHIPPER

Kind of Packages; Description of goods; Marks and Numbers; Container No./Seal No.	Weight	Measurement
	23929.500 KGS	40.0000 CBM

1 Container Said to Contain 295 DRUMS

1 X 40' FCL
IN 295 M.S DRUMS EACH 75 KGS NETT.
ALUMINIUM POWDER "DARK" GRADE - 22125 KGS.
INVOICE NO. 091/2014-2015 DT.05.12.2014
S.B.NO: 6548233 DT.10.12.2014
NET.WT:22125.000 KGS.
FREIGHT PREPAID
HS CODE:76031010
PACKING GROUP : III
IMCO CLASS : 4.1
UN NO   : 1309
IMDG PAGE   : 4121

EXPORT TO CHINA
DRUM SL NO.
7793-7808
7836-7848

VERIFY COPY

PROFORMA INVOICE

Exporter THE ▮▮▮ ▮USTRIES(P)LTD., The ▮▮▮ ▮fset ▮▮ ur.d, /▮ ▮▮▮▮▮ ▮) Slv., ▮▮▮ ▮▮▮ ▮	Invoice No.& Date : 069/2014 – 2015 Date : 24.10.2014
	Buyer's Order No.& Date
	Email Dated : 23.10.2014
	Other Reference : IEC No.3598003781
CONSIGNEE TO▮ ▮▮▮▮▮ ▮▮▮▮▮ ▮▮▮▮▮ ▮▮ ▮▮▮▮ .N▮ Fa: ▮▮▮	Buyer (if other than consignee) ▮▮▮▮ ▮▮▮▮

Pre-Carrier -----	Place of receipt by pre-carrier	Country of origin of Goods INDIA	Country of final destination CHINA
Place of Receipt by ---------------	Port of Loading ANY INDIAN PORT	Terms of Delivery and payments : By means of USD 20000 Advance as Swift Transfer along with order and balance by swift transfer on submission of shipment details by mail.	
Port of Discharge HUANGPU	Final Destination HUANGPU		

Marks & No.	No& kinds of Pkgs.	Description of Goods	Quantity (KGS)	Rates (USD)	Amount (USD)
Export to CHINA		1 x 40' FCL		PER KG. CIF HUANGPU	
	IN 295 MS DRUMS EACH 75 KGS NETT.	Aluminium Powder Dark Grade	22,125	4.750	105,093.75
		SHIPMENT : Within 45 days from the date of confirmed order			
		Banker's Name & Address : ▮▮▮▮ ▮▮▮▮ ▮▮▮▮ ▮▮▮▮			
Made In India					
					105,093.75
Amount Chargeable (In words) US DOLLARS ONE HUNDRED FIVE THOUSAND NINETYTHREE AND SEVENTY FIVE CENTS ONLY					

PACKING LIST

EXPORTER		Invoice No.& Date : 091/ 2014-2015 DT : 05.12.2014
		Buyer's Order No.& Date : Proforma INV .No.069/2014-15 Dated : 24.10.2014
		Other reference : IEC NO:3598003781
CONSIGNEE		Buyer (if other than consignee)
Pre – carriage by	Place of receipt by pre – carrier	
Vessel / Flight No. By Vessel	Port of Loading ×× Port	Country of origin of Goods INDIA	Country of final destination CHINA
Port of Discharge HUANGPU	Final Destination HUANGPU	Terms of Delivery and payments : USD 20000 advance as swift Transfer along with order and balance by swift transfer on Submission of shipment details by mail.

Marks & No.	No& kinds of Pkgs.	Description of Goods	TARE WT. (KGS)	NETT WT. (KGS)	GROSS WT. (KGS)
Export to CHINA Drum Sl No: 7793-7808 7836-7848 7897-7906 7933-7945 8018-8030 8123-8161 8300-8347 8428-8448 8517-8544 8559-8570 8664-8675 8782-8794 8996-9005 9213-9259 Made in India	IN 295 M.S DRUMS EACH 75KGS. NETT	**1 X 40' HCL** ALUMINIUM POWDER "DARK" Grade PACKING GROUP – III IMCO CLASS – 4.1 UN NO. – 1309 IMDG Page : 4121	1804.500 1084.500	22125 22125	23929.500 23929.500

For The Arasan Aluminium Industries (P) Ltd.

中华人民共和国海关进口货物报关单（最新版）

预录入编号：　　　　　　　　　　海关编号：×××××××××××××

收发货人 18 位统一社会信用代码 浏阳市××××烟花出口厂	进口口岸 5202 埔新港关		进口日期 20150106	申报日期 20150108
消费使用单位 18 位统一社会信用代码 浏阳市××××烟花出口厂	运输方式 水路运输	运输工具名称 MCP HAMBURG /100S		提运单号 754578421
申报单位 18 位统一社会信用代码 广州鑫运货运代理有限公司	监管方式 0110 一般贸易	征免性质 101 一般征税		备案号
贸易国（地区） 111 ××	启运国（地区）111 ××		装货港 （代码） ××	境内目的地 45019 长沙其他
许可证号	成交方式 CIF（1）	运费	保费	杂费
合同协议号 TAAI/EXP/01/2014-2015	件数 295	包装种类 桶装	毛重（千克） 23 929.50	净重（千克） 22 125
集装箱号 MRKU3991329*1（2）	随附单证 入境货物通关单，原产地证明			
标记唛码及备注				

随附单证号：444×××××××00

项号	商品编号	商品名称、规格型号	数量及单位	原产国（地区）	单价	总价	币制	征免
01	76031000.90	铝粉（烟花铝粉） 非片状铝粉，材质：非合金铝，成分：铝 22 125 千克	22 125 千克	印度（111）	4.75	105 093.75	美元（502）	照章征税 （1）

特殊关系确认：否	价格影响确认：否		支付特许权使用费确认：否	
录入员	录入单位	兹申明对以上内容承担如实申报、依法纳税之法 律责任		海关批注及签章
报关人员		申报单位（签章） 广州鑫运货运代理有限公司		

任务三　QP系统操作

一、QP系统介绍

中国电子口岸是海关总署、商务部、国家税务总局、中国人民银行、国家工商总局、公安部等12个部门，利用现代信息技术，借助国家电信公网，在互联网上建立的公共数据中心。该中心向企业提供全天候、全方位和方便快捷的网上"大通关"服务，从而提高贸易效率，降低贸易成本，方便合法企业进出，并有效防范和打击走私违法活动。

为了全面贯彻落实《海关保税加工和保税物流监管改革分步实施方案》，遵照国家关于加快纸质手册电子化指示的精神，在加工贸易手册备案、通关和核销结案等环节采用电子手册取代纸质手册，并通过与其他部委的联网逐步取消其他纸质单证作业，实现纸质手册电子化，最终实现"电子申报、网上备案、无纸通关、无纸报核"。海关总署加贸司在2006年7月提出了实现纸质手册电子化的目标。

QP系统是中国电子口岸数据中心受海关总署委托，为规范加工贸易企业进出口行为和加工秩序，为解决业务现场疲于应付单证作业和重复劳动的问题，必须充分利用信息化的手段以达到海关的监管资源重新配置和重心向实际监管转移的目的而开发的新一代加工贸易手册系统。该系统通过公共网络以中国电子口岸为平台，通过以合同为单元建立备案资料库和通关手册，企业根据备案后的通关手册进行通关及核销。海关根据企业备案数据及实际进出口情况对手册进行手册核算、结案操作。

用户凭企业操作员IC卡或IKEY通过无纸化手册系统向海关进行加工贸易各项业务的备案与变更，凭具有中国电子口岸系统操作权的报关员IC卡通过报关申报系统向海关办理报关申报业务，同时还可利用"查询"功能，进行数据及回执查询，以了解所办理业务的进展情况。该系统的应用范围为所有加工贸易企业。

二、QP系统业务流程

QP系统的主体操作流程如下。

（1）备案资料库备案。

加工贸易企业的所有料件、成品的预归类信息，包含货号、商品编码、商品名称、计量单位、是否主料等数据。海关审批通过后，返回备案资料库编号。

（2）通关手册备案。

进行通关备案表头、表体的录入及申报（表体的录入需要调用备案资料库数据）。海关审批通过后，返回通关手册编号，企业即可进行通关业务操作。

（3）通关处理。

企业在报关申报系统中录入报关单，向海关申报。同于现有"报关单"通关流程。

（4）数据报核。

企业的加工贸易合同完成后，通过系统的数据报核界面，向海关进行报核。数据报核、海关核算并结案后，该流程结束。

三、如何登录和使用QP系统

用户通过从"开始"→"所有程序"→"中国电子口岸数据中心"→"电子口岸预录入客户端"的路径启动电子口岸预录入客户端，如图5-1所示。

系统版本自动检查，弹出登录界面，如图5-2所示。

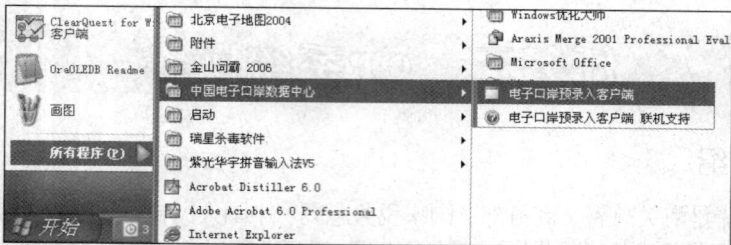

图 5-1 中国电子口岸预录入客户端的启动

图 5-2 系统登录界面

操作员将 IC 卡插入读卡器中或将 IKEY 插入计算机 USB 接口中，输入用户口令，单击"确认"，进入系统主选单界面，如图 5-3 所示。

图 5-3 统主选单界面

现以普通进口报关单为例进行简要介绍。

（一）录入

在图 5-3 所示的系统主选单中单击"报关申报"图标，系统跳转至报关申报子系统。在报关申报子系统的功能菜单上单击"报关单"，弹出下拉菜单，选择下拉菜单中的"进口报关单"，如图 5-4所示。按报关单填制要求进行录入操作。

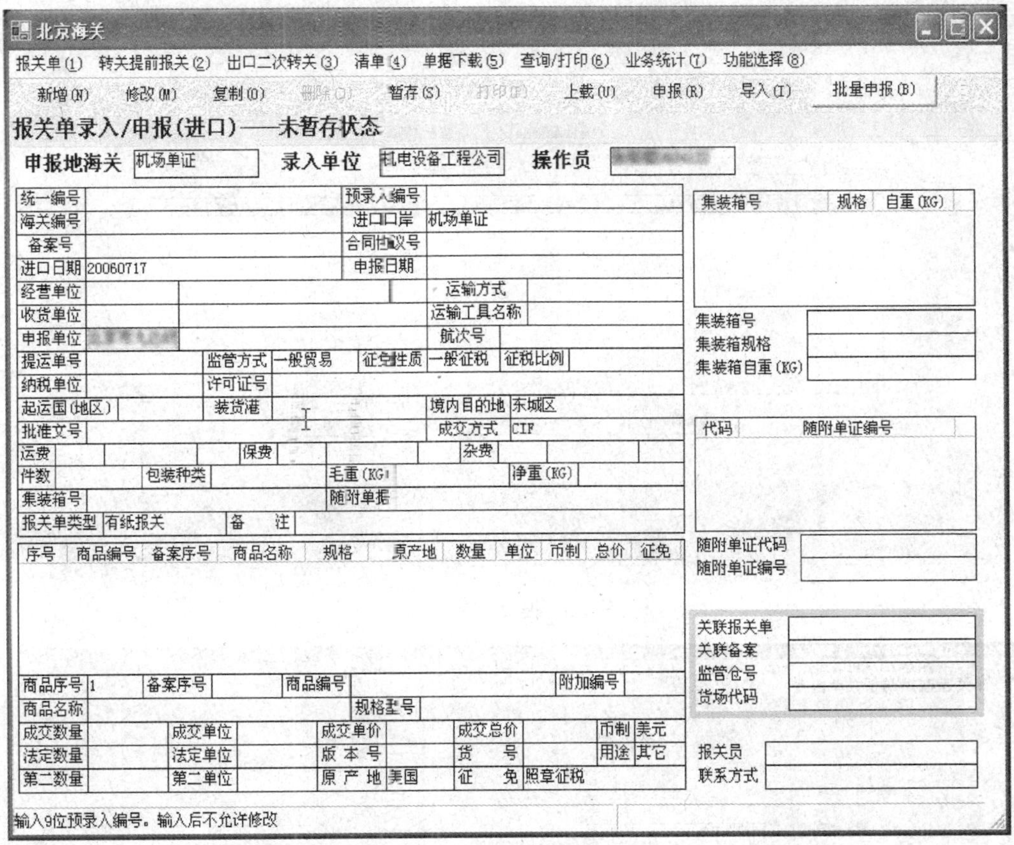

图 5-4　进口报关单录入界面

（二）申报

数据录入完毕后，需要向海关申报的，单击"申报"按钮，系统通过逻辑校验和单证校验，该票进口报关单数据将传送至数据中心，并由数据中心将数据传送到海关审单中心，进入审单环节。申报成功，系统弹出对话框，如图 5-5 所示。

图 5-5　报关单申报成功提示

（三）查询

对于在电子口岸预录入系统录入申报的报关单，系统提供查询功能，通过查询可查看到报关单的详细数据以及当前状态。在功能菜单上单击"查询/打印"，弹出下拉菜单，选择下拉菜单中的"单据查询/打印"，即进入单据查询/打印页面，如图 5-6 所示。

选择查询方式，输入查询条件，单击"开始查询"，系统即显示出所有符合查询范围的数据，如图 5-7 所示。

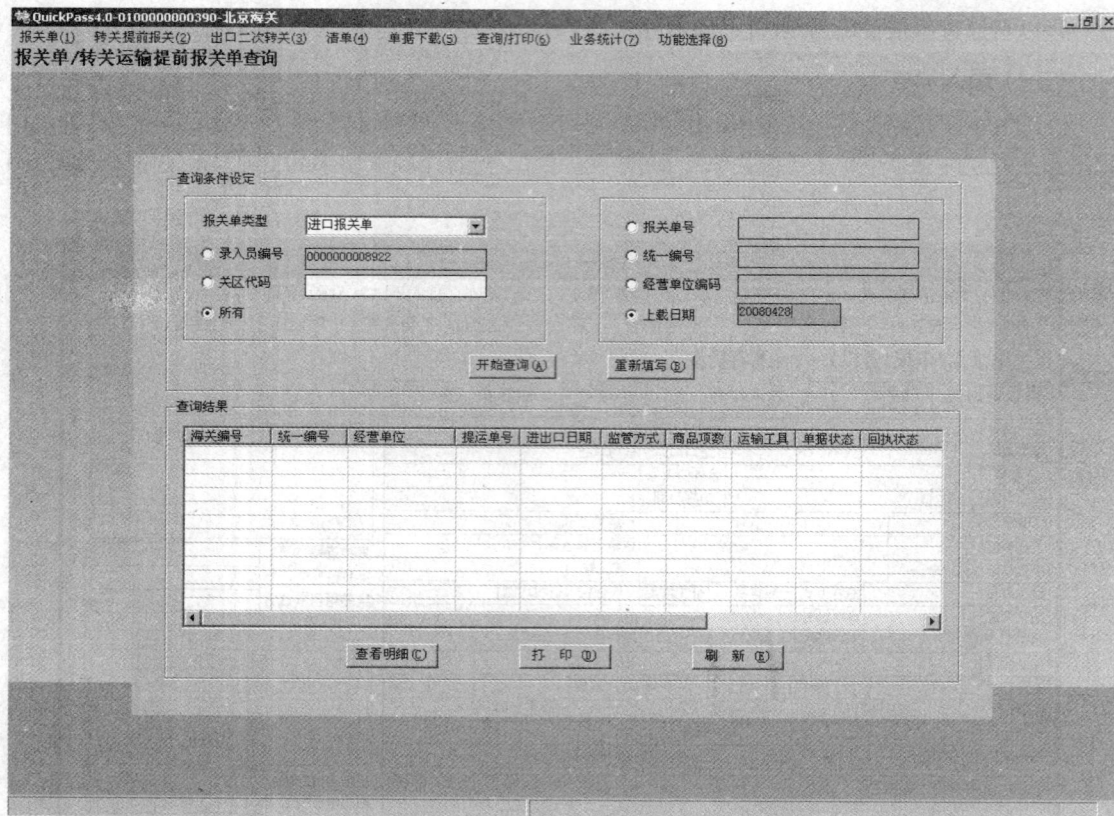

图 5-6 报关单查询界面

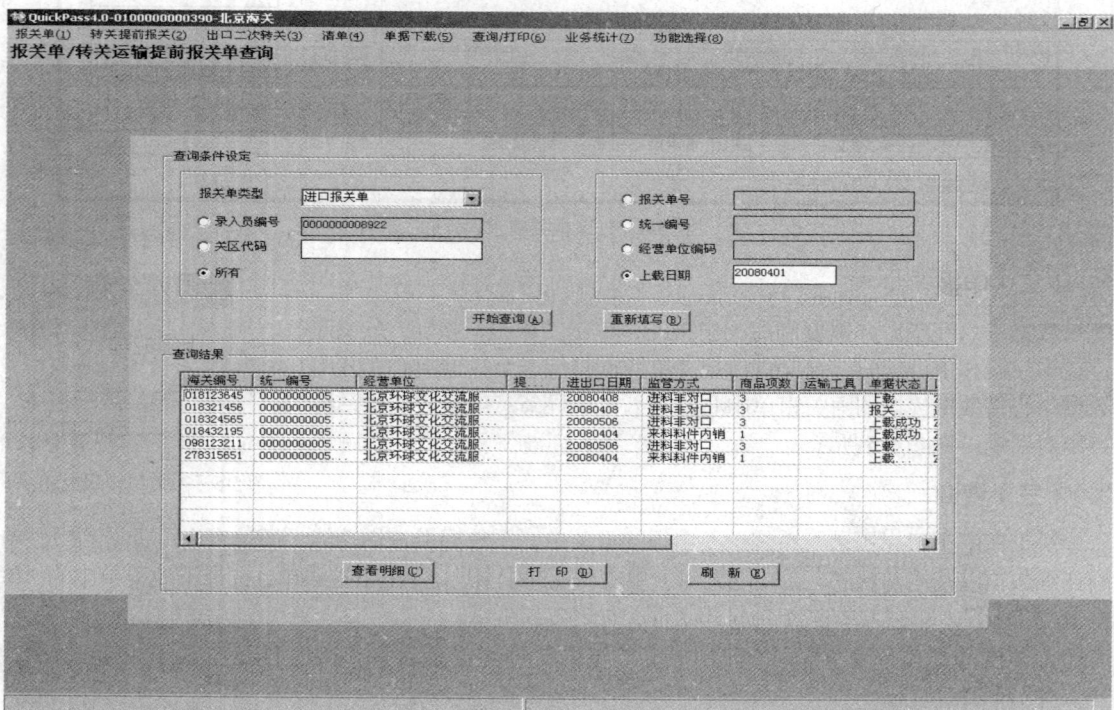

图 5-7 查询结果显示界面

关键术语

❖❖❖❖❖

扫一扫

职业技能训练

❖❖❖❖❖

一、单选题

1. 海关规定的出口货物的出口日期是指（　　　）。
    A. 申报货物办结海关手续的日期
    B. 向海关申报货物出口的日期
    C. 运载货物的运输工具申报出境的日期
    D. 所申报货物运离海关监管场地或仓库的日期

2. 汕头某合资企业使用投资总额内资金委托广东省机械设备进出口公司与美国某公司签约进口工程机械，并委托汕头外运公司代理报关，在填制进口报关单时，"收发货人"栏目应填报为（　　　）。
    A. 汕头某合资企业
    B. 广东省机械设备进出口公司
    C. 美国某公司
    D. 汕头外运公司

3. 中国粮油进出口公司收购广东省粮油进出口公司在番民炼油厂生产的一批花生油，申报时，报关员在出口报关单上填写的"生产销售单位"应为（　　　）。
    A. 中国粮油进出口公司　　　　　　　B. 番民炼油厂
    C. 广东省粮油进出口公司　　　　　　D. 上海浦东港

4. 美国某商人从广州购买一批陶瓷工艺品，在广州报关后运至我国香港地区，以空运方式经加拿大运至纽约，在填制报关单时，该报关单的"运抵国（地区）"应填报（　　　）。
    A. 加拿大　　　　　B. 中国香港　　　　C. 纽约　　　　D. 美国

5. 某进出口公司向某国出口 500 吨散装小麦。该批小麦分装在一条船的三个船舱内。出口报关单上的"件数"和"包装种类"两栏的正确填报应是（　　　）。
    A. 件数为 500，包装种类为"吨"
    B. 件数为 1，包装种类为"船"
    C. 件数为 3，包装种类为"船舱"
    D. 件数为 1，包装种类为"散装"

6. 我国内地某进出口公司从我国香港地区购进一批日产 SONY 电视机，其中显像管为韩国生产，集成电路板由新加坡生产，其他零件均为马来西亚生产。最后由韩国组装成整机。某进出口公司向海关申报进口该批电视机时，"原产地"栏应填报（　　）。

    A. 日本   B. 韩国   C. 新加坡   D. 马来西亚

    7. 海关规定对在海关注册登记的企业给予 10 位数代码编号，称为"经营单位代码"。下列选项中属于经营单位代码正确组成的是（　　）。

    A. 地区代码、企业性质代码和顺序代码

    B. 企业详细地址代码、特殊地区代码、企业性质代码和顺序代码

    C. 企业所在省、直辖市代码及特殊地区代码、企业性质代码和顺序代码

    D. 企业所在省、直辖市代码及省辖市、县、计划单列市、沿海开放城市代码，企业性质代码，特殊地区代码和顺序代码

    8. 联合国救灾协调员办事处在美国市场采购原产于加拿大的冰雪救灾物资无偿援助我国，该批物资在洛杉矶装船，在日本东京中转后运抵我国，这种情况进口报关"启运国（地区）"栏应填报为（　　）。

    A. 日本   B. 加拿大   C. 美国   D. 联合国

    9. 某公司一次到货一批进口木材，分属甲（一般贸易合同）、乙（加工贸易合同）两个合同项下，清单简列如下：

    （1）胶合板，三种规格，合同甲，海运提单号：A01、A02、A03

    （2）地板条，一种规格，合同甲，海运提单号：A04

    （3）锯材，两种规格，合同乙，海运提单号：B01、B02

    （4）薄板，两种规格，合同乙，海运提单号：B03、B04

该公司在向海关一次性申报进口时，应填的报关单份数是（　　）。

    A. 1 份   B. 2 份   C. 4 份   D. 8 份

    10. 大连某中日合资企业委托辽宁省机械设备进出口公司与日本三菱重工签约进口工程机械，并委托大连外运公司代理报关，在填制进口报关单时，"收发货人"应为（　　）。

    A. 大连某中日合资企业   B. 辽宁省机械设备进出口公司

    C. 日本三菱重工   D. 大连外运公司

    11. 武汉某中外合资企业专营玻璃加工生产，其于 2000 年 6 月与香港地区某公司签约购买一套平板玻璃深加工设备，该设备属于鼓励类进口项目。设备于 2001 年 2 月 1 日（星期四）由华阳运输公司的"HUADONGVOY.302"轮船载运进口。武汉某中外合资企业委托上海某报关行于 2001 年 2 月 2 日向上海海关办理转关申请手续，后"长江号"轮船于 2001 年 2 月 5 日运抵武汉，并于 2001 年 2 月 20 日向武汉海关办理进口报关手续，货物经海关查验后放行。这种情况，该企业应在向海关递交的进口货物报关单"运输工具名称"栏的正确填报为（　　）。

    A. HUADONG/302   B. @+16 位转关申报单预录入号

    C. HUADONG/@/302   D. 长江号

    12. 某中外合资经营企业为生产内销产品，从境外购进一批生产原料。其中 30%加工产品内销，50%加工产品直接返销境外，20%加工产品结转给另一关区其他加工贸易企业继续加工后返销境外。料件进口前，某中外合资经营企业已向海关办妥加工贸易合同登记备案手续。料件同批进口。该批料件进口时，应以下列哪种方式办理进口申报手续？（　　）

    A. 料件用途虽不相同，但因同批进口，故应视其主要用途按"进料对口"以一份报关单一次完成申报

    B. 应视料件用途分单申报，其中 30%按"一般贸易"申报，70%按"进料对口"申报

    C. 应视料件用途分单申报，其中 30%按"一般贸易"申报，50%按"进料对口"申报，20%按"进料非对口"申报

    D. 应视料件用途分单申报，50%按"一般贸易"申报，50%按"进料对口"申报

二、多选题

1. 进出口报关单"备案号"栏是用于填写进出口企业在海关办理加工贸易合同备案或征免税审批等手续时，海关给予的备案审批文件的编号，下列属于该范围的有（　　）。
   A. 加工贸易登记手册的编号
   B. 出入出口加工区的保税货物的电子账册的编号
   C. 进出口货物征免税证明的编号
   D. 实行原产地证书联网管理的原产地证书的编号

2. 下列关于报关单的"收发货人"栏的填报，属于正确的有（　　）。
   A. 援助、赠送、捐赠货物，填报直接接收货物的单位
   B. 进出口企业之间相互代理进出口，填报代理方
   C. 外商投资企业委托外贸企业进口投资设备、物品的，填报外商投资企业
   D. 签订和执行合同如为两个单位，填报执行合同的单位

3. 下列关于运输方式填写规范的表述，属于正确的有（　　）。
   A. 非邮政方式进出口的快递货物，按实际运输方式填报
   B. 进出境旅客携带的货物，按旅客所乘坐的运输工具填报
   C. 转关运输货物，按载运货物抵达进境地的运输工具填报
   D. 出口加工区与区外之间进出口的货物，区外企业填报"出口加工区"

4. 我国内地某进出口公司（甲方）与美国某公司（乙方）签订一份出口合同，货物从黄埔装船运往我国香港再从我国香港用飞机运至美国某城市。在签订合同时，甲方得知该批货物到美国后还要再运至加拿大。根据上述情况，填写报关单时，下列填报不正确的有（　　）。
   A. 运抵国（地区）为"美国"，最终目的国（地区）为"加拿大"
   B. 运抵国（地区）为"中国香港"，最终目的国（地区）为"加拿大"
   C. 运抵国（地区）为"加拿大"，最终目的国（地区）为"加拿大"
   D. 运抵国（地区）为"中国香港"，最终目的国（地区）为"美国"

5. 我国某进出口公司与澳大利亚签订一批原产于加拿大的土豆进口合同，货物在旧金山装船，途经日本东京后换船运达广州新风港，以下填写正确的有（　　）。
   A. 原产国：加拿大　　　　　　　　B. 启运国：美国
   C. 装货港：东京　　　　　　　　　D. 境内目的地：中国

6. 下列（　　）类型的单位可以作为经营单位进行填报。
   A. 对外签订合同但并非执行合同的单位
   B. 非对外签订合同但具体执行合同的单位
   C. 委托外贸公司对外签订并执行进口投资设备合同的外商投资企业
   D. 接受并办理进口溢卸货物报关手续的单位

7. 下列进口贸易行为哪些属于一般贸易性质？（　　）
   A. 进料加工贸易中，对方有价或免费提供的机器设备
   B. 贷款援助的进出口货物
   C. 外商投资企业进口供加工内销产品的料件
   D. 经营保税仓库业务的企业购进供自用的货物

三、判断题

1. 某企业出口一批货物，该批货物从广州顺德海关（关区代码 5150）申报，再转关到深圳蛇口海关（关区代码 5304），由蛇口海关监管出境。申报时，报关单的"出口口岸"栏应填广州的"顺德海关 5150"。（　　）

2. A 厂加工的鞋底经批准结转到 B 厂加工皮鞋复出口，由于该货物是境内厂与厂之间的结转，

没实际进出关境，因此，该批货物申报时，其报关单的"进（出）口口岸"栏应以接受申报的申报地海关来填写。（　　）

3. 某服装进出口公司属下的服装加工厂以来料加工的方式进口一批布料，该批布料从香港用汽车运抵目的地后，其进口报关单的"随附单据"栏应填报该货物的"加工贸易登记手册"编号。（　　）

4. 中国粮油进出口总公司（经营单位代码 110291×××× ）与伊朗签订出口 5 万吨食品油的合同，该合同由广东粮油分公司（经营单位代码 440191×××× ）执行，组织货源并安排出口。申报时，报关单"经营单位"栏应填报为"广东粮油分公司 440191×××× "。（　　）

5. 某企业经海关批准，把一批货物用汽车从保税区运往非保税区，向海关申报时，其报关单"运输方式"栏应填"汽车运输"。（　　）

6. 广东省某水产进出口公司进口一批鱼苗，该鱼苗由美国用飞机运至广州机场，在广州机场海关转关申报时其"运输方式"栏应填"航空运输"，后再通过汽车转关运输至新华海关，该公司在向新华海关办理进口手续时，由于该鱼苗最终运至新华海关的运输工具为汽车，因此，报关单的"运输方式"栏应填"汽车运输"。（　　）

7. 对于一张报关单多份提运单的货物，其报关单的填写可以是：其中一份提运单填写在报关单的"提运单号"栏，其余的填写在报关单的"备注"栏。（　　）

8. 一批出口物资从广州内港码头装船运往香港，再从我国香港换船转运至美国纽约，后再转运至加拿大的渥太华，报关单"指运港"应填报"加拿大"。（　　）

9. 某企业在广州海关属下的肇庆海关办理货物进出口报关手续，其报关单的"进出口口岸"栏应填报"广州海关 5100"，不能填报"肇庆海关 5170"。（　　）

10. 某进口单位申报进口租赁期在 1 年以上的租赁贸易货物并表示要分期按租金缴税，只填制了一份贸易方式为"租赁贸易"的报关单，海关认为其申报有误。（　　）

11. 某公司进口一批总重量为 1 万千克的饲料，该饲料的外包装为纸袋，但单据上并没有标明扣除纸袋的净重。在这种情况下可以将毛重作为净重来申报。（　　）

12. 某汽车进出口公司进口 50 辆德国产小轿车，每辆车上附带一套法国生产的维修工具。进口报关时，维修工具的原产国应按小轿车填报为德国。（　　）

13. 某租赁有限公司从事国内租赁业务，其委托广州某对外贸易公司从日本进口 50 台混凝土搅拌车，用于租借给国内的建筑公司。由广州某对外贸易公司对外订货，向海关办理进口报关手续时，该批用于租赁货物的贸易方式应填报为"一般贸易"。（　　）

14. 某化工进出口公司下属某厂以进料加工贸易方式进口一批原料，经海运抵港后，进口报关单的"备案号"栏应填报为该货物的加工贸易手册的编号。（　　）

15. 联合国世界卫生组织向我国提供援助 1 台德国产的医疗仪器。德国受联合国的委托将该批货物送往我国。在这种情况下，在进口报关单上"启运国（地区）"栏应填报为"联合国"，"原产国（地区）"栏应填报为"德国"。（　　）

16. 北京煤炭进出口总公司对巴基斯坦签约出口"水洗炼焦煤"10 万吨，由唐山煤炭分公司执行合同、组织货源，并安排出口。在这一情况下，报关单"经营单位"栏应填报为"北京煤炭进出口总公司 11091×××× "。（　　）

17. 中国仪器进出口公司从日本松下公司购买的分属 3 个合同的 6 种不同规格的精密仪器同船一并运达。由于这些货物品种单一且数量不大，申报时可以用一份进口货物报关单准确、真实、齐全、清楚地填报。（　　）

四、实务操作题

（一）编制出口货物报关单

资料 1：广州达华模具有限公司（经营单位代码：440194×××× ）委托广东省对外贸易集团公司（经营单位代码：440191×××× ）进口设备一批，于 2004 年 4 月 14 日进口，次日由广东省粤海货运信托公司持"检验检疫入境货物通关单"（证件号码 A：440130104001804）和"征免税证明"（证明号：Z51011A00422）及有关单据向佛山新港海关（关区代码 5189）代理报关。商品编码：8462.9110，法定计量单位：台。

资料 2：

中华人民共和国海关进口货物报关单（最新版）

预录入编号：　　　　　　　　　　海关编号：

收发货人		进口口岸		进口日期		申报日期
消费使用单位		运输方式		运输工具名称		提运单号
申报单位		监管方式		征免性质		备案号
贸易国（地区）		启运国（地区）		装货港		境内目的地
许可证号		成交方式		运费	保费	杂费
合同协议号		件数	包装种类	毛重（千克）	净重（千克）
集装箱号			随附单证			
标记唛码及备注						

项号	商品编号	商品名称、规格型号	数量及单位	原产国（地区）	单价	总价	币制	征免

特殊关系确认：　　　　价格影响确认：　　　　支付特许权使用费确认：

录入员　　　　录入单位	兹申明对以上内容承担如实申报、依法纳税之法律责任	海关批注及签章
报关人员	申报单位（签章）	

资料 3：发票

WAN NEN DA ENTERPRISE CORP. LONDON

INVOICE

No. DF-0412　　　　　　　　　　　　　　Date: Apr.12, 2004

For account and risk of Messrs GUANGZHOU DAHUA MOLD CO. LTD.

PINGSHA VILLAGE, NEW CITY, GUANGDONG CHINA. 广州达华模具有限公司（广东佛山）

Shipped by WAN NEN DA LIMITED　per_____

Sailing on or about _____ From LONDON to GUANGDONG FOSHAN

L/C No.　　　　　　　　　　　Contract No. LD11-088

Marks & Nos.	Description of Goods	Quantity	Unit Price	Amount
		SET	USD	USD
C.C.F.	型材压力机 DM-408	3	9 907.12	29 721.36
LONDON	型材压力机 DM-540	1	10 156.25	10 156.25
P/NO. 1-5	型材压力机 CNC-6440	1	13 281.25	13 281.25
MADE IN ITALY				CIF FOSHAN
	TOTAL: 5 PALLET	5 SETS		USD 53 158.86
SAY TOTAL US. FIFTY- THREE THOUSAND ONE HUNDRED FIFTY-EIGHT AND CENTS EIGHT-SIX ONLY.				

WAN NEN DA ENTERPRISE CORP. LONDON
Authorized Signature(s)

资料4：装箱单

WAN NEN DA ENTERPRISE CORP. LONDON
INVOICE

No. <u>DF-0412</u>   Date: <u>Apr.12, 2004</u>

For account and risk of Messrs <u>GUANGZHOU DAHUA MOLD CO. LTD.</u>
<u>PINGSHA VILLAGE, NEW CITY, GUANGZHOU CHINA.</u>
Shipped by <u>WAN NEN DA LIMITED</u>   per _____
Sailing on or about _____ From <u>LONDON to GUANGDONG FOSHAN</u>
Vessel Voyage No., DAHEA.048
B/L No. <u>LD 010182</u>

Marks & Nos.	Description of Goods	Quantity	Net Weight	Gross Weight
		SET	kg	kg
C.C.F.				
LONDON	型材压力机 DM-408	3	6 300	7 900
P/NO. 1-5	型材压力机 DM-540	1	3 350	4 050
MADE IN ITALY	型材压力机 CNC-6440	1	3 500	4 100
	CONTAINERS NO			
	YMLU 8899223 (40')			
	TAREWGT 4 800 kg			
	TOTAL: 5 PALLET	5 SETS	13 150 kg	16 050 kg

WAN NEN DA ENTERPRISE CORP. LONDON
Authorized Signature(s)

资料5：通关单
中华人民共和国出入境检验检疫
入境货物通关单

1. 收货人 广州达华模具有限公司		5. 标记及号码 C.C.F. LONDON P/NO. 1-5 MADE IN ITALY
2. 发货人 ***		
3. 合同/提（运）单号 /LD010182	4. 输出国家或地区 英国	
6. 运输工具名称及号码 船舶 OAHEA/048	7. 目的港 广东省广州市	8. 集装箱规格及数量 海运 40 尺普通 1 个

9. 商品名称及规格型材压力机 DM-408	10. HS 编码	11. 申报总值	12. 数/重量、包装数量及种类
力机 DM-408	84629110	29 721.36 美元	3 台
***	***	***	6 300 千克
***	***	***	4 件
型材压力机 DM-540	84629110	10 156.25 美元	1 台
***	***	***	3 350 千克
***	***	***	2 件
型材压力机 CNC-6440	84629110	13 281.25 美元	1 台
***	***	***	3 500 千克
***	***	***	3 件
*******	*******	*******	*******

13. 证明
上述货物业已报检/申报，请海关予以放行。 签字：   日期：2004 年 04 月 16 日
14. 备注

A 142853   ①货物通关   [2-1-1 （2004.1.1）]

（二）编制出口货物报关单

资料 1：广州天马自行车公司（企业代码 440191××××）出口货物一批，该货物于 2004 年 10 月 26 日由该公司自理向广州新凤窖心海关（关区代码 5109）申报。经营单位与发货单位相同。生产厂家为星辉儿童专业厂。"检验检疫出境货物通关单"（B:440300201016448），商品编码：9501.0000，法定计量单位：辆。

资料 2：

中华人民共和国海关出口货物报关单（最新版）

预录入编号：　　　　　　　　　　　　　　海关编号：

收发货人		出口口岸	出口日期	申报日期
生产销售单位		运输方式	运输工具名称	提运单号
申报单位		监管方式	征免性质	备案号
贸易国（地区）	运抵国（地区）	指运港		境内货源地
许可证号	成交方式	运费	保费	杂费
合同协议号	件数	包装种类	毛重（千克）	净重（千克）
集装箱号	随附单证			
标记唛码及备注				

项号	商品编号	商品名称、规格型号	数量及单位	最终目的国（地区）	单价	总价	币制	征免

特殊关系确认：　　价格影响确认：　　支付特许权使用费确认：

录入员　录入单位	兹申明对以上内容承担如实申报、依法纳税之法律责任 申报单位（签章） 报关人员	海关批注及签章

资料3:

国税

广东省出口商品发票
Guangdong Province Export Goods Invoice

出口专用
For Export
0000666880
No. 0061809

购货单位: HAI TIAN (KOREA) LTD
Purchaser: 韩国

地址:　　　　　电话:　　　　　开票日期: 2004 年 10 月 23 日
Add:　　　　　Tel:　　　　　Issued date: Year Mouth Date

合同号码 Contract No.	2004GBE 2-88A	贸易方式 Trade Method	一般贸易	收汇方式 Foreign Exchange Collection Form	T/T
开户银行及账号 Bank where Account opened & A/C Number		发运港 PortofDeparture	新风	转运港\Port of Transshipment	
信用证号 L/C No.		运输工具 Means of Transportation	船舶	目的港 Port of Destination	仁川

标记唛头号码 Marks & Nos	品名规格 Description and Specification of Goods	单位 Unit	数量 Quantity	销量单位 Unit Price	销售总额 Total Sales Amount
				18.50	
N/M	儿童三轮车 AA08	辆	730		13 505.00
				FOB 新风	

合计金额 (币种: USD) Total Amount (Currency)	美元壹万叁仟伍佰零伍元整	13 505.00
备注 Notes	44E818954	

填票:　　　　　　　　业户名称 (盖章) Seller(Seal):
Filler:　　　　　　　　地址:

资料 4：装箱单

广州天马自行车公司
GUANGZHOU TIAN MA BICYCLE COMPANY

装箱单

To:　　　　　　　　　　　　　　　　　　Dated: 2004/10/23
Messrs: HAITIAN (KOREA) LTD　　　　　　B/L No. GZXF010382
Vessel Voyage No. FEIDA/5368　　　　　　Shipping Mark: N/M
（核销单号）: No.44E818954

CASE No.	Commodity	Quantity		Cross Weight (kilos)	Net Weight (kilos)	Measurement
1-730	儿童三轮车 AA08	730 辆	730 箱	7 154	6 570	62cm×17cm×40cm
Total: 1×20		730 辆	730 箱	7 154	6 570	30.78cm
Packed in: 纸箱						
Containers NO. TEXU2326802(20')TAREWGT 2 280kg						

GUANGZHOU TAIAN MA BICYCLE COMPANY

资料 5：合同

SALES CONFIRMATION

NO. <u>2004GBE2-88A</u>   DATE: <u>2004/09/23</u>

The Sellers: <u>GUANGZHOU TIAN MA BICYCLE COMPANY</u>

Address:

The Buyers: <u>HAI TIAN (KOREA) LTD.</u>

Address:

The undersigned Sellers and Buyers have agreed to close the following transactions according to the terms and conditions stipulated below:

1. Description	2. Specification	3. Quantity	4. Unit Price	5. Amount
CHILDREN'S TRICYCLES 儿童三轮车	AA08	730 SETS	FOB XINFENG USD18.50	USD13 505.00
Total Value: U.S. DOLLARS THIRTEEN THOUSAND FIVE HUNDRED AND FIVE ONLY.				

With 5% more or less both in amount and quantity allowed at the seller's option.

6. Packing: IN CARTON.

7. Times of Shipment: BEFORE NOV. 10, 2004.

8. Loading Port and Destination: ANY PORT, P.R. CHINA TO INCHON, KOREA.

10. Terms of Payment: By Irrevocable Letter of Credit to be available by 60 days draft to reach the sellers before NOV.9, 2004

11. Shipping mark: N/M

13. Others

THE SELLERS（卖方）

天马自行车公司

THE BUYERS（买方）

项目六

进出口税费计算

学习目标

【能力目标】

1. 能正确确定完税价格与适用税率；
2. 能准确计算进出口关税和有关海关代征税费。

【知识目标】

1. 掌握进出口货物成交价格估价方法等；
2. 熟悉原产地规则、确定标准，税率适用规定与条件等；
3. 掌握有关进出口税费的计算步骤与计算公式。

项目简介

　　进出口税费是在进出口环节中，由海关依按照《海关法》《进出口关税条例》及其他有关法律法规征收的关税、消费税、增值税、船舶吨税及海关监管手续费等税费。完税价格是计征税费的基础，因此本项目首先介绍如何确定完税价格，然后在确定原产地的基础上，运用税率适用规定确定计征税率，最后运用税费计算公式计算有关进出口关税、进口环节代征税以及滞纳金和滞报金等。

任务一　完税价格的确定

　　进出口货物完税价格是海关对进出口货物征收从价税时审查估定的应税价格，是凭以计征进出口货物关税及进口环节代征税税额的基础。

　　目前，我国海关审价的法律依据可分为以下三个层次。

第一，法律层次：《海关法》。

第二，行政法规层次：《关税条例》。

第三，部门规章层次：《审价办法》《征管办法》。

根据《海关法》规定："进出口货物的完税价格，由海关以该货物的成交价格为基础审查确定。成交价格不能确定时，完税价格由海关估定。"

一、进口货物完税价格的审定

海关确定一般进口货物完税价格的方法主要有 6 种：进口货物成交价格法、相同货物成交价格法、类似货物成交价格法、倒扣价格法、计算价格法、合理方法。这 6 种方法必须依次采用，但如果进口货物纳税义务人提出要求，经海关统一，可以颠倒倒扣价格法和计算价格法的适用次序，如图 6-1 所示。

图 6-1 一般进口货物完税价格方法顺序

（一）进口货物成交价格估价法

根据《审价办法》规定，进口货物成交价格法是第一种估价方法，进口货物的完税价格应首先以成交价格估价方法审查确定。

思考题

完税价格与成交价格的区别？

1. 完税价格

《审价办法》规定：进口货物的完税价格，由海关以该货物的成交价格为基础审查确定，并应包括货物运抵中华人民共和国境内输入地点起卸前的运输及相关费用、保险费。"相关费用"主要是指与运输有关的费用，如装卸费、搬运费等属于广义的运费范围内的费用。

2. 成交价格

进口货物的成交价格，是指卖方向中华人民共和国境内销售该货物时买方为进口该货物向卖方实付、应付的，并按有关规定调整后的价款总额，包括直接支付的价款和间接支付的价款。关于成交价格的理解，需注意以下两点。

（1）此处的"实付或应付"是指必须由买方支付，支付的目的是为了获得进口货物，支付的对象既包括卖方也包括与卖方有联系的第三方，且包括已经支付和将要支付两者的总额。

（2）成交价格不完全等同于贸易中实际发生的发票价格，需要按有关规定进行调整，还应考虑价格调整因素。

3. 成交价格的调整因素

成交价格的调整因素包括计入项目和扣除项目，如图 6-2 所示。

（1）计入项目

下列项目若由买方支付，必须计入完税价格，这些项目包括。

① 除购货佣金以外的佣金和经纪费

佣金通常可分为购货佣金和销售佣金。

购货佣金：指买方向其采购代理人支付的佣金，按照规定不计入完税价格中。

销售佣金：指卖方向其销售代理人支付的佣金，若该佣金是由买方直接付给卖方的代理人，按照规定应计入完税价格中。

经纪费：指买方为购进进口货物向代表买卖双方利益的经纪人支付的劳务费用，根据规定应计入完税价格中。

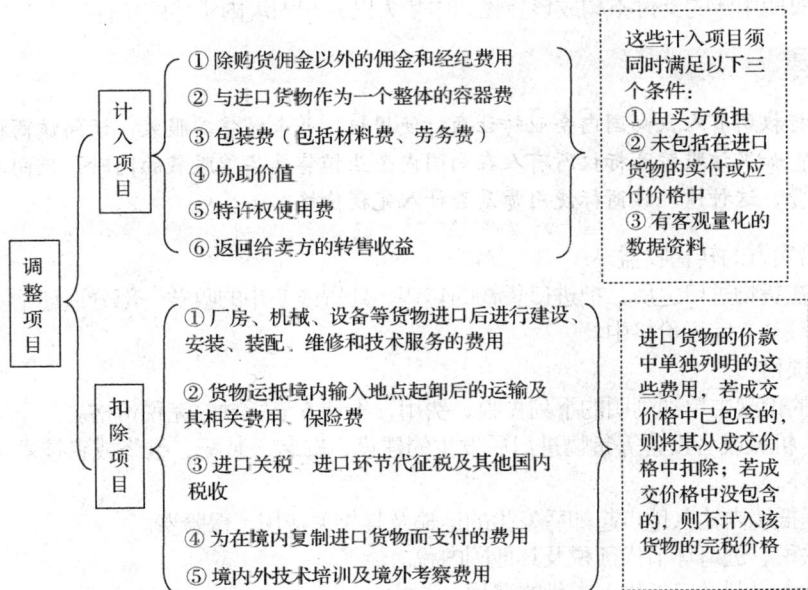

图 6-2 成交价格调整因素

② 与进口货物作为一个整体的容器费

与有关货物归入同一个税号的容器与该货物视作一个整体，比如说，酒瓶与酒构成一个不可分割的整体，两者归入同一税号，如果没有包括在酒的完税价格中，则应该计入。

③ 包装费

这里包装费既包括材料费，也包括劳务费。

按照商业惯例，除裸装和散装货物不需要包装外，一般卖方均会提供包装，且包装费一般已包含在合同货价内，不需另行计算。但是如果由买方另行支付的包装费没包含在货价内，则应将这些费用计入完税价格中合并征税。

④ 协助价值

协助价值：是指在国际贸易中，买方以免费或以低于成本价的方式向卖方提供了一些货物或者服务的价值。协助价值计入进口货物完税价格中应满足以下条件。

——由买方以免费或低于成本价的方式直接或间接提供。

——未包括在进口货物的实付或应付价格之中。

——与进口货物的生产和向中华人民共和国境内销售有关。

——可按适当比例分摊。

下列各项协助费用应计入。

——进口货物所包含的材料、部件、零件和类似货物的价值。

——在生产进口货物过程中使用的工具、模具和类似货物的价值。

——在生产进口货物过程中消耗的材料的价值。

⑤ 特许权使用费

特许权使用费：是指进口货物的买方为取得知识产权权利人及权利人有效授权人关于专利权、商标权、专有技术、著作权、分销权或者销售权的许可或者转让而支付的费用。

以成交价格为基础审查确定进口货物的完税价格时，未包括在该货物实付、应付价格中的特许权使用费需计入完税价格，但是符合下列情形之一的除外。

——特许权使用费与该货物无关。

——特许权使用费的支付不构成该货物向中华人民共和国境内销售的条件。

思考题

某服装商标权所有人仅向国内企业转让商标使用权，并未销售其服装，请问该商标转让费是否计入完税价格？如果该服装商标权所有人在向国内企业销售其品牌服装的同时，又向其收取了该服装的商标使用费，这种情况该商标使用费是否计入完税价格？

⑥ 返回给卖方的转售收益

如果买方在货物进口之后，把进口货物的转售、处置或使用的收益一部分返还给卖方，这部分收益的价格应该计入完税价格中。

（2）扣减项目

进口货物的价款中单独列明的下列税收、费用，不计入该货物的完税价格。

① 厂房、机械或者设备等货物进口后发生的建设、安装、装配、维修或者技术援助费用，但是保修费用除外。

② 货物运抵境内输入地点起卸后发生的运输及其相关费用、保险费。

③ 进口关税、进口环节代征税及其他国内税。

④ 为在境内复制进口货物而支付的费用。

⑤ 境内外技术培训及境外考察费用。

知识链接

码头装卸费

码头装卸费（Terminal Handling Charge，THC）是指货物从船舷到集装箱堆场间发生的费用，属于货物运抵中华人民共和国境内输入地点起卸后的运输相关费用，因此不应计入货物的完税价格。

此外，同时符合下列条件的利息费用不计入完税价格。

A. 利息费用是买方为购买进口货物而融资所产生的。

B. 有书面的融资协议的。

C. 利息费用单独列明的。

D. 纳税义务人可以证明有关利率不高于在融资当时当地此类交易通常具有的利率水平，且没有融资安排的相同或者类似进口货物的价格与进口货物的实付、应付价格非常接近的。

例题解析

完税价格的确定

某企业从德国进口放映设备 1 台，发票分别列明：交易价格 CIF 上海 100 000 美元，包装费 150 美元，境外考察费 2 500 美元，销售佣金 1 500 美元，购货佣金 1 400 美元，合同另规定，该设备投入使用后，买方应从票房收益中支付卖方 10 000 美元，该批货物应向海关申报的成交价格应为多少？

解析：根据题意，完税价格应该包含交易价格、包装费、销售佣金和买方支付卖方的收益，不包含购货佣金、境外考察费。

所以，完税价格＝CIF 上海 100 000 美元＋包装费 150 美元＋销售佣金 1 500 美元＋买方支付卖方收益 10 000 美元＝111 650 美元。

4. 成交价格本身须满足的条件

成交价格必须满足一定的条件才能被海关所接受，否则不能适用成交价格法。根据规定，成交价格必须具备以下 4 个条件。

（1）买方对进口货物的处置和使用不受限制。

如果买方对进口货物的处置权或者使用权受到限制，则进口货物就不适用成交价格法。有下列情形之一的，视为对买方处置或者使用进口货物进行了限制。

A. 进口货物只能用于展示或者免费赠送的。

B. 进口货物只能销售给指定第三方的。

C. 进口货物加工为成品后只能销售给卖方或者指定第三方的。

但是以下三种限制并不影响成交价格的成立：国内法律、行政法规或规章规定的限制；对货物转售地域的限制；对货物价格无实质影响的限制。

（2）货物的出口销售或价格不应受到某些条件或因素的影响，由于这些条件或因素，导致该货物的价格无法确定。

有下列情形之一的，视为进口货物的价格受到了使该货物成交价格无法确定的条件或者因素的影响。

A. 进口货物的价格是以买方向卖方购买一定数量的其他货物为条件而确定的。

B. 进口货物的价格是以买方向卖方销售其他货物为条件而确定的。

C. 其他经海关审查，认定货物的价格受到使该货物成交价格无法确定的条件或者因素影响的。

（3）卖方不得直接或间接从买方获得因转售、处置或使用进口货物而产生的任何收益，除上述收益能够被合理确定。

（4）买卖双方之间的特殊关系不影响价格。

根据规定，有下列情形之一的，应当认定买卖双方有特殊关系。

A. 买卖双方为同一家族成员。

B. 买卖双方互为商业上的高级职员或董事。

C. 一方直接或间接地受另一方控制。

D. 买卖双方都直接或间接地受第三方控制。

E. 买卖双方共同直接或间接地控制第三方。

F. 一方直接或间接地拥有、控制或持有对方 5%以上（含 5%）公开发行的有表决权的股票股份。

G. 一方是另一方的雇员、高级职员或董事。

H. 买卖双方是同一合伙的成员。

此外，买卖双方在经营上相互有联系，一方是另一方的独家代理、经销或受让人，若与以上规定相符，也应当视为有特殊关系。买卖双方有特殊关系这个事实本身并不能构成海关拒绝成交价格的理由，买卖双方之间存在特殊关系，但是纳税义务人能证明其成交价格与同时或者大约同时发生的下列任何一款价格相近的，视为特殊关系未对进口货物的成交价格产生影响。

A. 向境内无特殊关系的买方出售的相同或者类似进口货物的成交价格。

B. 按照倒扣价格估价方法所确定的相同或者类似进口货物的完税价格。

C. 按照计算价格估价方法所确定的相同或者类似进口货物的完税价格。

海关在使用上述价格进行比较时，需考虑商业水平和进口数量的不同，以及买卖双方有无特殊关系造成的费用差异。

进口货物成交价格法是海关估价中使用最多的一种估价方法，但是如果货物的进口非因销售引起或销售不能符合成交价格须满足的条件，就不能采用成交价格法，而应该依次采用下列方法审查确定货物的完税价格。

（二）相同及类似货物成交价格法

相同及类似进口货物成交价格法，即以与被估货物同时或大约同时向中华人民共和国境内销售的相同货物及类似货物的成交价格为基础，审查确定进口货物完税价格的方法。

1. 相同货物和类似货物的区别

（1）相同货物

相同货物：是指与进口货物在同一国家或者地区生产的，在物理性质、质量和信誉等所有方面都相同的货物，但是表面的微小差异允许存在。

（2）类似货物

类似货物：指与进口货物在同一国家或者地区生产的，虽然不是在所有方面都相同，但是却具有相似的特征、相似的组成材料、相同的功能，并且在商业中可以互换的货物。

2. 相同或类似货物的时间要素

时间要素是指相同或类似货物必须与进口货物同时或大约同时进口，其中的"同时或大约同时"指在海关接受申报之日的前后各 45 天以内。

3. 关于相同及类似货物成交价格法的运用

在运用这两种估价方法时，首先应使用和进口货物处于相同商业水平、大致相同数量的相同或类似货物的成交价格，并优先使用同一生产商生产的相同或类似货物的成交价格。

在采用该方法时应注意以下几个问题。

（1）只有进口货物无相同商业水平、大致相同数量的相同或类似货物的成交价格时，才可采用以不同商业水平和不同数量销售的相同或类似进口货物的价格，但不能将上述价格直接作为进口货物的价格，还须对由此而产生的价格方面的差异做出调整。

（2）只有在没有同一生产商生产的相同或类似货物的成交价格时，才可以使用同一生产国或地区不同生产商生产的相同或类似货物的成交价格。如果有多个相同或类似货物的成交价格，应当以最低的成交价格为基础估定进口货物的完税价格。

（3）对进口货物与相同或类似货物之间由于运输距离和运输方式不同而在成本和其他费用方面产生的差异应进行调整。

（4）上述调整都必须建立在客观量化的数据资料的基础上。

（三）倒扣价格法

倒扣价格法即以进口货物、相同或类似进口货物在境内第一环节的销售价格为基础，扣除境内发生的有关费用来估定完税价格。上述"第一环节"是指有关货物进口后进行的第一次转售，且转售者与境内买方之间不能有特殊关系。

1. 采用倒扣价格法应同时满足的条件

（1）在被估货物进口时或大约同时，以其相同或类似货物在境内销售价格为基础。

其中"进口时或大约同时"为在进口货物接受申报之日的前后各 45 天以内。如果进口货物、相同或者类似货物没有在海关接受进口货物申报之日前后 45 天内在境内销售，可以将在境内销售的时间延长至接受货物申报之日前后各 90 天内。

（2）按照该货物进口时的状态销售的价格。

如果没按进口时状态销售价格，应纳税义务人要求，可使用经加工后在境内销售的价格作为倒扣的基础。

（3）在境内第一环节销售的价格。

"第一环节"是指有关货物进口后进行的第一次转售，且转售者与境内买方之间不能有特殊关系。

（4）向境内无特殊关系方销售的价格。

这里所说的"特殊关系"即成交价格估价法规定的特殊关系。

（5）按该价格销售货物合计销售总量最大。

即必须使用被估的进口货物、相同或类似进口货物售予境内无特殊关系方合计销售总量最大的价格为基础估定完税价格。

2. 倒扣价格法的倒扣项目

确定销售价格以后，在使用倒扣价格法时，还必须扣除一些费用，这些倒扣项目根据规定有以下4项。

（1）该货物的同级或同种类货物在境内第一环节销售时，通常支付的佣金以及利润和一般费用（包括直接和间接费用）。

（2）货物运抵境内输入地点之后的运输及其相关费用、保险费。

（3）进口关税、进口环节代征税及其他国内税。

（4）加工增值额，如果以货物经过加工后在境内转售的价格作为倒扣价格的基础，则必须扣除上述加工增值部分。

（四）计算价格法

计算价格法既不是以成交价格，也不是以在境内的转售价格作为基础，它是以发生在生产国或地区的生产成本作为基础的价格。

1. 计算价格的构成项目

按有关规定采用计算价格法时进口货物的完税价格由下列各项目的总和构成：

（1）生产该货物所使用的料件成本和加工费用。

"料件成本"是指生产被估货物的原料成本，包括原材料的采购价值，以及原材料投入实际生产之前发生的各类费用。"加工费用"是指将原材料加工为制成品过程中发生的生产费用，包括人工成本、装配费用及有关间接成本。

（2）向境内销售同等级或者同种类货物通常的利润和一般费用。

这里一般费用包括直接费用和间接费用。

（3）货物运抵国内输入地点起卸前的运输及其相关费用、保险费。

2. 运用计算价格法的注意事项

（1）计算价格法按顺序为第五种估价方法，但如果进口货物纳税义务人提出要求，并经海关同意，可以与倒扣法颠倒顺序使用。

（2）海关在征得境外生产商同意并提前通知有关国家或者地区政府后，可以在境外核实该企业提供的有关资料。

（五）合理方法

合理方法，是指当海关不能根据成交价格估价法、相同货物成交价格估价法、类似货物成交价格估价法、倒扣价格估价法和计算价格估价法确定完税价格时，根据公平、统一、客观的估价原则，以客观量化的数据资料为基础审查确定进口货物完税价格的估价方法。在运用合理方法估价时，禁止使用以下6种价格。

1. 境内生产的货物在境内的销售价格。

2. 在两种价格中选择高的价格。

3. 依据货物在出口地市场的销售价格。

4. 以计算价格法规定之外的价值或者费用计算的相同或者类似货物的价格。

5. 依据出口到第三国或地区货物的销售价格。

6. 依据最低限价或武断、虚构的价格。

二、出口货物完税价格的审定

（一）出口货物的完税价格

出口货物的完税价格由海关以该货物的成交价格为基础审查确定，包括货物运至中华人民共和国境内输出地点装载前的运输及其相关费用、保险费。

（二）出口货物的成交价格

出口货物的成交价格，是指该货物出口销售时，卖方为出口该货物向买方直接收取和间接收取的价款总额。

（三）不计入出口货物完税价格的项目

1. 出口关税。
2. 在货物价款中单独列明的货物运至中华人民共和国境内输出地点装载后的运费及其相关费用、保险费。
3. 在货物价款中单独列明由卖方承担的佣金。

（四）出口货物其他估价方法

出口货物的成交价格不能确定的，海关经了解有关情况，并与纳税义务人进行价格磋商后，依次以下列价格审查确定该货物的完税价格。

1. 同时或者大约同时向同一国家或者地区出口的相同货物的成交价格。
2. 同时或者大约同时向同一国家或者地区出口的类似货物的成交价格。
3. 根据境内生产相同或者类似货物的成本、利润和一般费用（包括直接费用和间接费用）、境内发生的运输及其相关费用、保险费计算所得的价格。
4. 按照合理方法估定的价格。

任务二　原产地规则与税率的适用

一、进口货物原产地的确定

在国际贸易中，原产地这个概念是指货物生产的国家（地区），就是货物的"国籍"。随着世界经济一体化和生产国际化的发展，准确认定进出口货物的"国籍"变得更为重要。因为确定了进口货物"国籍"，就直接确定了其依照进口国的贸易政策所适用的关税和非关税待遇。原产地的不同决定了进口商品所享受的待遇不同。

各国为了适应国际贸易的需要，并为执行本国关税及非关税方面的国别歧视性贸易措施，必须对进口商品的原产地进行认定。为此，各国以本国立法形式制定出其鉴别货物"国籍"的标准，这就是原产地规则。

WTO《原产地规则协议》将原产地规则定义为：一国（地区）为确定货物的原产地而实施的普遍适用的法律、法规和行政决定。

从适用目的讲，原产地规则分为两大类：一类为优惠原产地规则，另一类为非优惠原产地规则。

（一）优惠原产地规则

1. 优惠原产地规则的含义

优惠原产地规则是指一国为了实施国别优惠政策而制定的法律、法规，是以优惠贸易协定通过双边、多边协定形式或者是由本国自主形式制定的一些特殊原产地认定标准，因此也称为协定原产地规则。

优惠原产地规则下的进口货物享受比最惠国税率更优惠的待遇。

2. 优惠原产地规则的实施方式

优惠原产地规则主要有以下两种实施方式。

一是通过自主方式授予，如欧盟普惠制（GSP）、中国对最不发达国家的特别优惠关税待遇；二是通过协定以互惠性方式授予，如北美自由贸易协定、中国—东盟自贸区协定等。

3. 优惠原产地标准

优惠原产地标准主要分为完全获得标准和实质性改变标准。

（1）完全获得标准

该标准适用于完全在一国（地区）获得或生产的货物，即从优惠贸易国协定成员国（地区）[以下简称该国（地区）]直接运输进口货物是完全在成员国（地区）获得或生产的。这些货物指。

① 在该国（地区）领土或领海开采、提取的矿产品。

② 在该国（地区）境内收获、采摘或采集的植物产品。

③ 在该国（地区）境内出生并饲养的活动物。

④ 其他符合相应优惠贸易协定项下完全获得标准的货物。

（2）实际性改变标准

该标准适用于非完全在一国（地区）获得或生产的货物。实质性改变标准是指使用进口的原材料在出口国（地区）内制造、加工的货物，并由于在该成员国（地区）内的制造和加工程序，改变了它们原有的特征并达到了实质性的改变。经过多种加工、制造程序，利用进口原材料生产的制成品在性质、形状或用途上已经产生了不同于进口原材料的永久性和实质性变化。只要货物经过加工符合这几个标准之一，即可以视这个国家（地区）为该货物的原产地。

① 税则归类改变

税则归类改变，是指原产于非成员国（地区）的材料在成员国（地区）境内进行制造、加工后，所得货物在《协调制度》中税则归类发生变化。

② 区域价值成分

区域价值成分，是指出口货物出口 FOB 价扣除该货物生产过程中该成员国（地区）非原产材料价格后，所余价款中占货物 FOB 价的比重，公式表示如下。

区域价值成分=（货物出口 FOB 价-非原产材料价格）/货物出口 FOB 价×100%

③ 制造加工工序

制造加工工序，是指赋予加工后所得货物基本特征的主要工序。

④ 其他标准

其他标准，是指除上述标准外，成员国（地区）一致同意采用的确定货物原产地的其他标准。

各自由贸易协定和优惠贸易安排对具体商品适用何种标准均作出规定，实际确定原产地时需按各种商品具体标准执行。

4. 直接运输规则

直接运输规则是指在普惠制与特惠税规定中，受惠国的原产品须从该受惠国直接运至进口给惠国。但由于地理的原因或运输的需要，也允许货物经过产品原产国以外的第三国（地区）的领土，不论在运输途中是否转换运输工具或者临时储存，同时符合下列一定的条件下，也视同为"直接运输"。

（1）该货物在经过第三国（地区）时，除装卸和为使货物保持良好状态而做的必要处理外，未经任何再加工和其他处理的。

（2）该货物在经过第三国（地区）时，未超过相应优惠贸易协定规定的期限的。

（3）该货物在第三国（地区）临时储存时，处于该国（地区）海关的监督之下。

不同协定框架下的优惠原产地规则均包含"直接运输"规则，详见各相关贸易协定。

┃知识链接┃

解读海关总署发布2015年第57号、第60号公告

由于我国签订自由贸易协定的时间跨度较大，尤其是不同协定文本之间关于"直接运输规则"的差异较大，使得企业在实际报关时因无法提供相关证明文件，对认定为"直接运输"货物产生阻碍的情况时有发生。为此，海关总署于2015年12月分别发布了2015年第57号、第60号公告，从而进一步便利各优惠贸易安排中"直接运输"条款的实施。

公告内容主要传达了以下几层意思。

1. 无论经何地中转，能够提交符合要求的"单份运输单证"的，可不再提交中转地海关证明文件。

2. 对于"已实现原产地电子数据交换"的优惠贸易协定项下集装箱运输货物，提交可确认货物集装箱柜号、封志号未发生变动的"全程运输单证"。

3. 不符合上述两种情形的，进口人应按照以下规定提交证明。

（1）非经香港、澳门中转货物，按各协定署令和公告提交单证。

（2）经香港、澳门中转货物，按不同情况，提交中转确认书或未再加工证明。

（二）非优惠原产地认定标准

目前，我国的非优惠原产地认定标准主要有完全获得标准和实质性改变标准。

1. 完全获得标准

适用于完全在一个国家（地区）获得的货物原产地的确定。在确定货物是否在一个国家（地区）完全获得时，为运输、储存期间保存货物而做的加工或者处理，为货物便于装卸而做的加工或者处理，为货物销售而做的包装等加工或者处理等，不予考虑。

2. 实质性改变标准

适用于两个及其以上国家（地区）所参与生产货物原产地的确定。实质性改变标准以税则归类改变为基本标准，税则归类改变不能反映实质性改变的，以从价百分比、制造或者加工工序等为补充标准。

（1）税则归类改变

是指在某一国家（地区）对非该国（地区）原产材料进行制造、加工后，所得货物在《进出口税则》中的4位数税目归类发生改变。

（2）制造或者加工工序

是指在某一国家（地区）进行的赋予制造、加工后所得货物基本特征的主要工序。

（3）从价百分比

是指在某一国家（地区）对非该国（地区）原产材料进行制造、加工后的增值部分，超过所得货物价值的30%。用公式表示如下。

$$[工厂交货价-非该国（地区）原材料价值]/工厂交货价×100\% \geqslant 30\%$$

上述公式涉及两个价值具体是指。

① "工厂交货价"：是指支付给制造厂所生产的成品的价格。

② "非该国（地区）原产材料价值"：是指直接用于制造或装配最终产品而进口原料、零部件的价值（含原产地不明的原料、零配件），以其进口的成本、保险费加运费价格（CIF价）计算。

以上述"制造、加工工序"和"从价百分比"作为标准来判定实质性改变的货物在《实质性改变标准规定》所附的"适用制造或者加工工序及从价百分比标准的货物清单"中具体列明，并按列明的标准判定是否发生实质性改变。对未列入上述清单货物的，其实质性改变的判定，应当适用税则归类改变标准。

二、税率的适用

税率的适用是指进出口货物在征税、补税或退税时选择所适用的税率。

（一）税率种类适用规定

国家对征收出口关税的货物设置出口税率，部分征收出口关税的货物还没有暂定税率。征收关税的出口货物有暂定税率的，应适用暂定税率。

这里主要介绍进口税率的种类与适用原则。

1. 进口税率的设置种类

进口税则分设最惠国税率、协定税率、特惠税率、普通税率、关税配额税率等税率。对进口货物在一定期限内可以实行暂定税率。

（1）最惠国税率

原产于共同适用最惠国待遇条款的 WTO 成员的进口货物，原产于与中华人民共和国签订含有相互给予最惠国待遇条款的双边贸易协定的国家或者地区的进口货物，以及原产于中华人民共和国境内的进口货物，适用最惠国税率。

（2）协定税率

原产于与中华人民共和国签订含有关税优惠条款的区域性贸易协定的国家或者地区的进口货物，适用协定税率。

（3）特惠税率

原产于与中华人民共和国签订含有特殊关税优惠条款的贸易协定的国家或者地区的进口货物，适用特惠税率。

（4）普通税率

上述之外的国家或者地区的进口货物，以及原产地不明的进口货物，适用普通税率。

（5）暂定税率

对适用最惠国税率、协定税率、特惠税率的进口货物在一定期限内可以实行暂定税率。

（6）ITA 税率

除上述税率外，自 2002 年起我国对部分非全税目信息技术产品的进口按 ITA 税率征税。适用该税率的前提是进口单位需事先在进口地直属海关关税部门办理"适用 ITA 税率商品用途认定证明"。

（7）附加关税税率

进口税率除上述常规税率设置外，国家还针对某些特殊情况下进口货物的税款征收规定了反倾销税率、反补贴税率、保障措施税率、报复性关税税率等附加税率，该类税率一般具有临时性特点。附加税税种及税率由国务院关税税则委员会做出决定，海关负责征收。

2. 进口税率种类的适用原则

（1）对于同时适用多种税率的进口货物，在选择适用的税率时，只能按照税率适用原则选取其一，并"从低适用"，特殊情况除外。

（2）适用最惠国税率的进口货物有暂定税率的，应当适用暂定税率。

（3）适用协定税率、特惠税率的进口货物有暂定税率的，应当从低适用税率。

（4）对于无法确定原产国（地区）的进口货物，按普通税率征税。适用普通税率的进口货物，不适用暂定税率。

（5）按照国家规定实行关税配额管理的进口货物，关税配额内的，适用关税配额税率；关税配额外的，其税率的适用按其所适用的其他相关规定执行。

（6）按照有关法律、行政法规的规定对进口货物采取反倾销、反补贴、保障措施的，其税率的适用按照《反倾销条例》《反补贴条例》和《保障措施条例》的有关规定执行。

（7）任何国家或者地区违反与中华人民共和国签订或者共同参加的贸易协定及相关协定对中华人民共和国在贸易方面采取禁止、限制、加征关税或者其他影响正常贸易的措施的对原产于该国家或者地区的进口货物可以征收报复性关税，适用报复性关税税率。征收报复性关税的货物、适用国别、税率、期限和征收办法，由国务院关税税则委员会决定并公布。

（8）同时有两种及以上税率可适用的进出口货物最终适用税率，如表 6-1 所示。

表 6-1　　　　　　　　　　　　　　　　最终适用税率汇总表

货物可选用的税率	适用税率
同时适用最惠国税率、进口暂定税率	应当适用暂定税率
同时适用最惠国税率、减征税率	优先适用减征税率
同时适用减征税率、协定税率、特惠税率、进口暂定税率	应当从低适用税率
适用普通税率的进口货物，存有进口暂定税率	适用普通税率
适用关税配额税率、其他税率	关税配额内的，适用关税配额税率；关税配额外的，按其对应的进口税率征收
同时适用 ITA 税率、其他税率	适用 ITA 税率
适用出口税率的出口货物，存有暂定税率	适用出口暂定税率

（二）税率适用时间原则

关税税率适用具有时间性，同一税则号列货物即使产地相同，但因计征税费时间不同，可能导致税率不同。根据《关税条例》和《海关征税管理办法》规定，进出口货物应当适用海关接受该货物申报进口或者出口之日实施的税率。在实际运用时应区分以下不同情况：

1. 按申报进出口之日实施税率

（1）进口货物到达前，经海关核准先行申报的，应当适用装载该货物的运输工具申报进境之日实施的税率。

（2）进口转关运输货物，应当适用指运地海关接受该货物申报进口之日实施的税率；货物运抵指运地前，经海关核准先行申报的，应当适用装载该货物的运输工具抵达指运地之日实施的税率。

（3）出口转关运输货物，应当适用启运地海关接受该货物申报出口之日实施的税率。

（4）经海关批准，实行集中申报的进出口货物，应当适用每次货物进出口时海关接受该货申报之日实施的税率。

（5）因超过规定期限未申报而由海关依法变卖的进口货物，其税款计征应当适用装载该货物的运输工具申报进境之日实施的税率。

2. 按违反规定行为发生之日实施税率

因纳税义务人违反规定需要追征税款的进出口货物，应当适用违反规定的行为发生之日实施的税率；行为发生之日不能确定的，适用海关发现该行为之日实施的税率。

3. 按再次填写报关单申报办理纳税及有关手续之日实施税率

已申报进境并放行的保税货物、减免税货物、租赁货物或者已申报进出境并放行的暂时进出境货物，有下列情形之一需缴纳税款的，应当适用海关接受纳税义务人再次填写报关单申报办理纳税及有关手续之日实施的税率。

（1）保税货物经批准不复运出境的。

（2）保税仓储货物转入国内市场销售的。

（3）减免税货物经批准转让或者移作他用的。

（4）可暂不缴纳税款的暂时进出境货物，经批准不复运出境或者进境的。

（5）租赁进口货物，分期缴纳税款的。

（6）进出口货物关税的补征和退还，按照上述规定确定适用的税率。

任务三　进出口税费的核算

进出口税费是指在进出口环节中由海关依法征收的关税、消费税、增值税等税费。依法征收税费是海关的任务之一。依法缴纳税费是有关纳税义务人的基本义务。学会如何缴纳进出口税费是报关员应该具备的报关技能之一。

进出口税费征收的法律依据主要是《海关法》《关税条例》以及其他有关法律、行政法规。另外，按规定船舶吨税也由海关代征，因此相关内容也在此一并介绍。

一、进出口税费的种类

（一）进口关税

进口关税是指一国（地区）海关对进境的货物和物品征收的关税。它是关税中最主要的一种。以是否按照税则税率征收税款，可将其分为正税和附加税。

1. 正税

正税主要包括从价税、从量税、复合税、滑准税。

（1）从价税

从价税是以货物、物品的价格作为计税标准，以应征税额占货物价格的百分比为税率，价格和税额成正比例关系的关税。我国对进口货物征收进口关税主要采用从价税计税标准。

（2）从量税

从量税是以货物和物品的计量单位（如重量、数量、容量等）作为计税标准，按每一计量单位的应征税额征收的关税。我国目前对冻整鸡及鸡产品、石油原油、啤酒、胶片等类进口商品征收从量税。

（3）复合税

复合税是在《进出口税则》中，一个税目的商品同时使用从价、从量两种标准计税，计税时按两者之和作为应征税额征收的关税。我国目前对录像机、放像机、摄像机等进口商品征收复合关税。

（4）滑准税

滑准税是在《进出口税则》中预先按产品的价格高低分档制定若干不同的税率，然后根据进口商品价格的变动而增减进口税率的一种关税。当商品价格上涨时采用较低税率，当商品价格下跌时则采用较高税率，其目的是使该种商品的国内市场价格保持稳定。目前我国对关税配额外进口一定数量的棉花实行滑准税。

2. 附加税

（1）反倾销税

反倾销税是为抵制外国商品倾销进口，保护国内相关产业而征收的一种进口附加税，即在倾销商品进口时除征收进口关税外，另外加征反倾销税。根据我国《反倾销条例》的规定，凡进口产品以低于其正常价值出口到我国且对我国相关企业造成实质性损害的即为倾销。反倾销税由海关负责征收，其税额不超出倾销幅度。我国目前征收的进口附加税主要是反倾销税，主要以化工产品居多，也有部分农产品和钢铁制品等。

（2）反补贴税

反补贴税是指为了抵消进口商品在制造、生产和输出时直接或间接接受的任何奖金或补贴而征收的附加税。即在补贴商品进口时除征收进口关税外，另外征收反补贴税。根据我国《反补贴条例》的规定，"补贴"是指出口国（地区）政府或任何公共机构提供的为接受者带来利益等的财政资助及任何形式的收入或价格支持。它是一种政府行为，也是一种财政性措施，补贴须授予受补贴方某种利益，并为生产者或销售者所获得。目前，我国征收该税的商品主要有白羽肉鸡、取向性硅电钢、太阳能级多晶硅、马铃薯淀粉等。

（3）保障措施关税

保证措施关税是指因进口产品数量剧增，对生产同类产品或直接竞争产品的国内产业带来巨大威胁或损害时而征收的关税。该关税分为临时保障措施关税和最终保障措施关税。该关税不分国别，对来自所有国家（地区）的同一产品，一般只适用一个税率。我国曾对钢板征收过保障措施关税。

（4）报复性关税

报复性关税是指为报复他国对本国出口货物的关税歧视，而对相关国家的进口货物征收的一种进口附加税。任何国家或者地区对其进口的原产于我国的货物征收歧视性关税或者给予其他歧视性待遇的，我国对原产于该国家或者地区的进口货物征收报复性关税。我国曾对日本汽车、空气调节器等征收过报复性关税。

（二）进口环节海关代征税

进口货物、物品在办理海关手续放行后，进入国内流通领域，与国内货物同等对待，所以应缴纳应征的国内税。进口货物、物品的一些国内税依法由海关在进口环节征收。目前，进口环节海关代征税（简称进口环节代征税）主要有增值税、消费税两种。

1. 增值税

增值税是以商品的生产、流通和劳务服务各个环节所创造的新增价值为课税对象的一种流转税。进口环节增值税是在货物、物品进口时，由海关依法向进口货物的法人或自然人征收的一种增值税，基本涉及所有进口货物。

2. 消费税

消费税是以消费品或消费行为的流转额作为课税对象而征收的一种流转税。我国开征消费税的目的是调节我国的消费结构，引导消费方向，确保国家财政收入。它是在对货物普遍征收增值税的基础上，选择少数消费品再予征收的税，例如，汽车等高能耗消费品、贵重首饰及珠宝等奢侈品。

（三）出口关税

出口关税是指一国（地区）海关以出境货物、物品为课税对象所征收的关税。为鼓励出口，世界各国一般不征收出口关税或仅对少数商品征收出口关税。征收的目的主要是限制和调控某些商品过度无序的出口，特别是防止本国一些重要自然资源和原材料无序出口。目前，我国主要对资源型、高耗能类商品征收出口关税。

（四）其他税费

1. 滞报金

滞报金是由于进口货物收货人或其代理人超过法定期限向海关报关而产生的一种行政罚款。根据《海关法》的有关规定，进口货物自运输工具申报进境之日起 14 日内，应当向海关申报。未按规定向海关申报的,由海关自起征之日起,至海关接受申报之日止,按日征收相应的货物完税价格0.5‰的滞报金,计算公式为:进口货物完税价格×0.5‰×滞报天数。

2. 滞纳金

这里所说的滞纳金指纳税义务人或代理人不按纳税期限缴纳税款,海关按滞纳天数加收滞纳款项一定比例的金额。按照规定关税和进口环节代征税纳税义务人或其代理人,应自海关填发税款缴款书之日起15日内向指定银行缴纳税款。逾期缴纳税款的,由海关自缴期限届满之日起至缴清税款之日止,按日征收晚于规定期限缴纳税款0.5‰的滞纳金,计算公式为:应纳税款×0.5‰×滞纳天数。

二、进出口税费的核算

海关征收的关税、进口环节增值税、进口环节消费税、船舶吨税、滞纳金等税费一律以人民币计征,起征点为人民币50元。完税价格、税额采用四舍五入法计算至分。

进出口货物的成交价格及有关费用以外币计价的,计算税款前海关按照该货物适用税率之日所适用的计征汇率折合为人民币计算完税价格。海关每月使用的计征汇率为上一个月第三个星期三(第三个星期三为法定节假日的,顺延采用第四个星期三)中国人民银行公布的外币对人民币的基准汇率。以基准汇率币种以外的外币计价的,采用同一时间中国银行公布的现汇买入价和现汇卖出价的中间值(人民币元后采用四舍五入法保留4位小数)。如果上述汇率发生重大波动,海关总署认为必要时,可另行规定计征汇率,并对外公布。

(一)进口关税税款的核算

1. 从价税

(1)计算公式

$$应征税额=进口货物的完税价格×进口从价税税率$$
$$减税征收的进口关税税额=进口货物的完税价格×减按进口关税税率$$

(2)计算步骤

① 按照归类原则确定税则归类,将应税货物归入适当的税号。

② 根据原产地规则和税率适用规定,确定应税货物所适用的税率。

③ 根据审定完税价格办法的有关规定,确定应税货物的CIF价格。

④ 根据汇率适用规定,将以外币计价的CIF价格折算成人民币(完税价格)。

⑤ 按照从价税计算公式正确计算应征税款。

(3)操作案例

案例一:广州某公司购进日本产液压千斤顶10台,成交价格合计为FOB横滨15 000美元。已知运费210美元,保险费率2.5‰,适用的外汇折算价为1美元=6.515 8元人民币,计算应征进口关税。

计算步骤:

① 确定税则归类,液压千斤顶归入税号8 425.421 0。

② 原产国日本适用最惠国税率3%。

③ 审定CIF价格为(15 000美元+210美元)÷(1-2.5‰)=15 248.12美元。

④ 折算人民币完税价格为15 248.12美元×6.515 8=99 353.70元。

⑤ 计算应征税款:

应征进口关税税额=完税价格×关税税率

$$=99\ 353.70×3\%$$

$$=2\ 980.61(元)$$

案例二：广州 A 公司从德国购进一套船用无线电导航设备，成交价格为 FOB 汉堡 154 500 美元，运费 950 美元，保险费金额 308 元人民币，经过批准该设备进口关税税率按 1%计征。汇率 1 美元=6.515 8 元人民币。求应征进口关税。

计算步骤：

① 根据税则归类，该设备归入税号 8 526.919 0。

② 原产国德国适用最惠国税率 2%，减按 1%计征。

③ 审定 CIF 价格=154 500+950+308÷6.515 8≈155 497.27（美元）。

④ 折算人民币完税价格为 155 497.27×6.515 8≈1 013 189.11（元）。

⑤ 计算应征税款：应征进口关税税额=完税价格×减按进口关税税率

$$=1\ 013\ 189.11×1\%$$

$$≈10\ 131.89（元）$$

2. 从量税

（1）计算公式

$$应征税额=进口货物数量×单位税额$$

（2）计算步骤

① 按照归类原则确定税则归类，将应税货物归入适当的税号。

② 根据原产地规则和税率适用规定，确定应税货物所适用的税率，即单位税额。

③ 确定其实际进口货物数量。

④ 按照从量税计算公式正确计算应征税款。

（3）操作案例

案例三：广州某公司从香港购进冻整鸡 60 吨，成交价格为 CIF 境内某口岸 5 600 港币/吨。已知适用中国银行的外汇折算价为 1 港币=人民币 0.836 6 元，计算应征进口关税。

计算步骤：

① 确定税则归类，整鸡归入税号 0207.1200。

② 香港地区产的冻整鸡适用最惠国税率 1.3 元/千克。

③ 确定其实际进口量 60 吨=60 000 千克。

④ 计算应征收税税款：

应征进口关税税额=货物数量×单位税额

$$=60\ 000×1.3=78\ 000.00（元）$$

3. 复合关税

（1）计算公式

$$应征税额=进口货物数量×单位税额+进口货物的完税价格×进口从价税税率$$

（2）计算步骤

① 按照归类原则确定税则归类，将应税货物归入适当的税号。

② 根据原产地规则和税率适用规定，确定应税货物所适用的税率。

③ 确定其实际进口货物数量。

④ 根据审定完税价格的有关规定，确定应税货物的完税价格。

⑤ 根据汇率适用规定，将外币折算成人民币。

⑥ 按照计算公式正确计算应征税款。

（3）操作案例

案例四：国内某公司从韩国进口磁带放像机 40 台，其中有 20 台成交价格为 CIF 境内某口岸 1 800 美元/台，其余 20 台成交价格为 CIF 境内某口岸 2 300 美元/台。已知适用的外汇折算价为 1

美元=6.515 8 元人民币，计算应征进口关税。

计算步骤：

① 确定税则归类，该批磁带放像机归入税号 8 521.102 0。

② 货物适用符合税率。原产国为韩国，适用最惠国税率，经查关税税率为：完税价格不高于 2 000 美元/台的，关税税率为单一从价税率 30%；完税价格高于 2 000 美元/台的，关税税率为 3%，每台加 3 283 元从量税。

③ 审定 CIF 价格分别为 36 000 美元（20 台×1 800 美元）和 46 000 美元（20 台×2 300 美元）。

④ 折算人民币完税价格分别为 234 568.8 元和 299 726.8 元。

⑤ 按照计算公式分别计算进口关税税款：

20 台单一从价进口关税税额=完税价格×关税税率

$$=234\ 568.8×30\%=70\ 370.64（元）$$

20 台复合进口关税税额=货物数量×单位税额+完税价格×关税税率

$$=20×3\ 283+299\ 726.8×3\%=65\ 660+8\ 991.804≈74\ 651.80（元）$$

40 台合计进口关税税额=从价进口关税税额+复合进口关税税额

$$=70\ 370.64+74\ 651.80=145\ 022.44（元）$$

（二）附加税—反倾销税税款的计算

1. 计算公式

$$反倾销税税额=完税价格×适用的反倾销税税率$$

2. 计算程序

（1）按照归类原则确定税则归类，将应税货物归入适当的税号。

（2）根据反倾销税有关规定，确定应税货物所适用的反倾销税税率。

（3）根据审定完税价格的有关规定，确定应税货物的完税价格。

（4）根据汇率适用规定，将外币折算成人民币。

（5）按照计算公式正确计算应征反倾销税税款。

3. 操作案例

案例五：广州某公司从韩国购进厚度为 0.8 毫米的冷轧卷材 100 吨，成交价格为 CIF 广州 600 美元/吨，生产厂商为韩国某制钢株式会社，已知适用中国银行的外汇折算价为 1 美元=人民币 6.515 8 元，计算应征的反倾销税税款。

计算步骤：

① 确定税则归类，厚度为 0.8 毫米的冷轧卷材归入税号 7209.1790。

② 根据有关规定，进口韩国厂商韩国某制钢株式会社生产的冷轧卷板反倾销税税率为 14%。

③ 审定成交价格为 60 000 美元。

④ 将外币价格折算成人民币为 60 000×6.515 8=390 948（元）。

⑤ 反倾销税税额=完税价格×反倾销税税率

$$=390\ 948×14\%$$
$$=54\ 732.72（元）$$

（三）进口环节海关代征税的核算

1. 消费税税款的核算

（1）计算公式

① 从价征收的消费税按照组成的计税价格计算，其计算公式为：

消费税组成计税价格=（进口关税完税价格+进口关税税额）/（1-消费税税率）

应纳税额=消费税组成计税价格×消费税税率

② 从量征收的消费税的计算公式为：

应纳税额=应征消费税消费品数量×消费税单位税额

③ 同时实行从量、从价征收的消费税是运用上述两种征税方法计算的税额之和，其计算公式为：应纳税额=应征消费税消费品数量×消费税单位税额+消费税组成计税价格×消费税税率。

（2）计算程序

① 按照归类原则确定税则归类，将应税货物归入适当的税号。

② 根据有关规定，确定应税货物所适用的消费税税率。

③ 根据审定完税价格的有关规定，确定应税货物的 CIF 价格。

④ 根据汇率适用规定，将外币折算成人民币（完税价格）。

⑤ 按照计算公式正确计算消费税税款。

（3）操作案例

案例六：广州进出口公司进口德国啤酒 3 600 升，经海关审核其成交价格总值为 CIF 广州 2 400 美元。其适用中国银行的外汇折算价为 1 美元=人民币 6.515 8 元，计算应征的进口环节消费税税款。

计算步骤：

① 确定税则归类，啤酒归入税号 2203.0000。

② 消费税税率为从量税，进口完税价格≥370 美元/吨的消费税税率为 250 元/吨；进口完税价格<370 美元/吨的消费税税率为 220 元/吨。

③ 进口啤酒数量：3 600 升÷988 升/吨≈3.644 吨；计算完税价格单价：2 400 美元÷3.644 吨≈658.62 美元/吨（进口完税价格>370 美元/吨），则消费税税率为 250 元/吨。

④ 按照计算公式计算进口环节消费税：

进口环节消费税税额=应征消费税消费品数量×单位税额

$$=3.644×250=911（元）$$

案例七：广州某公司进口美国产香烟 40 标准箱（1 标准箱=250 标准条），成交价格为 CIF 广州 3 000 美元/标准箱。已知适用的外汇折算价为 1 美元=6.515 8 元人民币，关税税率为 25%，计算应征的进口环节消费税税额。

计算步骤：

① 确定税则归类，香烟归入 2402.2000。

② 香烟征收复合消费税：每标准条进口完税价格≥50 元人民币，按 45%从价税率+150 元/标准箱从量税征收；每标准条进口完税价格<50 元人民币时，按 30%从价税率+150 元/标准箱从量税征收。

③ 人民币完税价格=3 000 美元×40 标准箱×6.515 8=781 896（元）。

④ 因为每标准条完税价格=3 000×6.515 8÷250≈78.19 元>50，所以适用税率为 45%+150 元/标准箱。

⑤ 关税=781 896×25%=195 474（元）。

⑥ 从量消费税额=进口数量×从量税率=40×150=6 000（元）。

⑦ 消费税组成计税价格=（完税价格+关税税额+从量消费税额）/(1-从价税率)=（781 896 +195 474 +6 000）/(1-45%) ≈ 1 787 945.45（元）。

⑧ 消费税应纳税额=消费税组成计税价格×从价税率+从量消费税额

$$=1 787 945.45×45\%+6 000≈810 575.45（元）。$$

2. 增值税税款的核算

（1）计算公式

应纳税额=增值税组成计税价格×增值税税率

增值税组成计税价格=进口关税完税价格+进口关税税额+消费税税额

（2）计算程序

① 按照归类原则确定税则归类，将应税货物归入适当的税号。

② 根据有关规定，确定应税货物所适用的增值税税率。

③ 根据审定完税价格的有关规定，确定应税货物的 CIF 价格。

④ 根据汇率适用规定，将外币折算成人民币（完税价格）。

⑤ 按照计算公式正确计算关税税款。

⑥ 按照计算公式正确计算消费税税款、增值税税款。

（3）操作案例

案例八：广州某进出口公司进口某批不需征进口消费税的货物，经海关审核其成交价格总值为 CIF 境内某口岸 500.00 美元。已知该批货物的关税税率为 35%，增值税税率为 13%，其适用中国银行的外汇折算价为 1 美元=人民币 6.515 8 元。请计算该货物应征增值税税额。

计算步骤：

① 计算完税价格：完税价格=500.00×6.515 8=3 257.9（元）。

② 计算关税税额：应征关税税额=完税价格×关税税率

$$=3\ 257.9×35\%$$
$$≈1\ 140.27（元）$$

③ 计算增值税税额：

应征增值税税额=（完税价格+关税税额）×增值税税率

$$=(3\ 257.9+1\ 140.27)×13\%$$
$$≈571.76（元）$$

案例九：广州某公司进口货物一批，经海关审核其成交价格为 1 500.00 美元，其适用中国银行的外汇折算价为 1 美元=人民币 6.515 8 元。已知该批货物的关税税率为 20%，消费税税率为 10%，增值税税率为 17%，计算应征增值税税额。

计算步骤：

首先计算关税税额，然后计算消费税税额，最后再计算增值税税额。

① 将外币价格折算成人民币完税价格：1 500×6.515 8=9 773.7（元）。

② 计算关税税额：应征关税税额=关税完税价格×关税税率

$$=9\ 773.7×20\%$$
$$=1\ 954.74（元）$$

③ 计算消费税税额：

应征消费税税额=[（关税完税价格+关税税额）÷（1-消费税税率）]×消费税税率

$$=[（9\ 773.7+1\ 954.74）÷（1-10\%）]×10\%$$
$$=13\ 031.6×10\%$$
$$=1\ 303.16（元）$$

④ 计算增值税税额：

应征增值税税额=（关税完税价格+关税税额+消费税税额）×增值税税率

$$=（9\ 773.7+1\ 954.74+1\ 303.16）×17\%$$
$$=13\ 031.6×17\%$$
$$≈2\ 215.37（元）$$

（四）出口关税的核算

1. 计算公式

$$应征出口关税税额=出口货物完税价格×出口关税税率$$

其中，出口货物完税价格=FOB（中国境内口岸）/（1+出口关税税率）

即出口货物是以 FOB 价成交的，应以该价格扣除出口关税后作为完税价格；如果以其他价格成交的，应换算成 FOB 价后再按上述公式计算。

2. 计算程序

（1）按照归类原则确定税则归类，将应税货物归入适当的税号。

（2）根据审定完税价格的有关规定，确定应税货物的成交价格。

（3）根据汇率适用规定，将外币折算成人民币。

（4）按照计算公式正确计算应征出口关税税款。

3. 操作案例

案例十： 西北五金矿产进出口公司出口钨矿砂一批，FOB 价格 150 000 美元，收到海关填发的税款交纳凭证，当日人民币对美元汇率的中间价为 6.515 8 元，计算应交纳的出口关税税额。

计算步骤：

① 确定税则归类，该批钨矿砂归入税号 2611.0000，出口税率为 20%。

② 审定完税价格：FOB/（1+出口关税税率）=150 000/（1+20%）=125 000（美元）。

③ 将外币折算成人民币：125 000×6.515 8=814 475（元）。

④ 应纳出口关税额=出口货物完税价格×出口关税税率

=814 475×20%=162 895（元）

（五）其他税费的核算

1. 滞报金的核算

（1）有关规定

进口货物滞报金按日计征，起始日和截止日均计入滞报期间。按规定申报期限内含有星期六、星期日或法定节假日的不予以扣除。规定的起征日如遇有休息日或法定节假日，则顺延至其后的第一个工作日。国务院临时调整休息日与工作日的，海关应按调整后的情况确定滞报金的起征日。

滞报金的日征收金额为进口货物完税价格的 0.5‰，起征点为人民币 50 元，以人民币"元"为计征单位，不足人民币 1 元的部分免予计收，即数值计算至元，小数点以后的直接舍去，例如，算出金额为 58.99 元，则实缴 58.00 元。

根据海关规定，因不可抗力等特殊情况产生的滞报可以向海关申请减免滞报金。

> ┌ **知识链接** ┤
>
> ### 征收滞报金的情形
>
> 进口货物收货人未按规定期限向海关申报产生滞报的，由海关按规定征收滞报金。具体情形包括以下几方面。
>
> **1. 超过规定期限申报的**
>
> 进口货物应自货物运输工具申报进境之日起 14 日内向海关申报，未按规定期限向海关申报的，由海关按规定征收滞报金。滞报金的征收，以自运输工具申报进境之日起第 15 日为起征日，以海关接受申报之日为截止日。
>
> **2. 超过规定期限提交纸质单证，撤销后重新申报的**
>
> 进口货物收货人在向海关传送报关单电子数据申报后，未在规定期限或核准的期限内提交纸质报关单，海关予以撤销电子数据报关单处理，进口货物收货人因此重新向海关申报产生滞报的。滞报金的征收，以自运输工具申报进境之日起第 15 日为起征日，以海关重新接受申报之日为截止日。

3. 超过规定期限发送修改后的电子数据报关单，撤销后重新申报的

海关已接受申报的报关单电子数据，人工审核确认需退回修改的，进口货物收货人应在 10 日内修改完毕并重新发送报关单电子数据。超过规定期限的，海关予以撤销电子数据报关单处理，进口货物收货人因此重新向海关申报产生滞报的。滞报金的征收，以自运输工具申报进境之日起第 15 日为起征日，以海关重新接受申报之日为截止日。

4. 按规定撤销原申报，重新申报的

进口货物收货人申报后依法撤销原报关单电子数据重新申报，因删单重报产生滞报的，以撤销原报关单之日起第 15 日为起征日，以海关重新接受申报之日为截止日。

5. 超过规定期限未申报，提取变卖后发还余款的

进口货物因收货人在运输工具申报进境之日起超过 3 个月未向海关申报，被海关提取作变卖处理后，收货人申请发还余款的，滞报金的征收，以自运输工具申报进境之日起第 15 日为起始日，以该 3 个月期限的最后一日为截止日。

（2）计算公式

$$滞报金额=进口货物完税价格×0.5‰×滞报期间（滞报天数）$$

（3）操作案例

案例十一：广州某公司以总价 CIF 广州 USD35 000.00 进口零配件。船舶于 2016 年 3 月 11 日（周五）向海关申报进境，4 月 1 日该公司向海关报关。海关按当时的人民币对美元汇率（美元∶人民币=1∶6.506 2）计征。请计算该公司的滞报金。

计算步骤：

① 确定滞报天数：起征日 3 月 11 日（星期五）+15 天=3 月 26 日（星期六），因该日为星期六，按规定应顺延到其后的第一个工作日，即 3 月 28 日为起征日，该公司 4 月 1 日纳税，滞报天数为 5 天。

② 转化为人民币完税价格=35 000.00×6.506 2=227 717.00（元）

③ 滞报金额=进口货物完税价格× 0.5‰×滞报期间（滞报天数）

$$=227 717.00×0.5‰×5$$

$$=569.292 5≈569（元）（小数点直接去掉）$$

2. 滞纳金的核算

（1）有关规定

按照规定，如纳税义务人或其代理人逾期缴纳税款的，由海关自缴款期限届满之日起至缴清税款之日止，按日加收滞纳税款 0.5‰的滞纳金。海关征收的关税、进口环节增值税和消费税、船舶吨税等的纳税义务人，应当自海关填发滞纳金缴款书之日起 15 日内向指定银行缴纳滞纳金。

在实际计算纳税期限时，应从海关填发税款缴款书之日的第二天起计算，当天不计入。缴纳期限的最后一日是星期六、星期天等休息日或法定节假日的，关税缴纳期限顺延至休息日或法定节假日过后的第一个工作日。国务院临时调整休息日与工作日的，按调整后的情况计算缴纳期限。如果税款缴纳期限内含有的星期六、星期天或法定节假日，则不予扣除。滞纳天数按照实际滞纳天数计算，其中的星期六、星期天或法定节假日一并计算。

例如，如果缴纳期限最后一天是 4 月 30 日，该日恰好为星期六，国务院决定劳动节从 5 月 1 日到 3 日放假，4 月 30 日改为工作日，则缴纳期限最后一天不顺延，滞纳天数从 5 月 1 日开始计算；但是如果国务院决定劳动节从 4 月 30 日到 5 月 2 日放假，则缴纳期限最后一天应顺延至节后第一个工作日 5 月 3 日，滞纳天数从 5 月 4 日开始计算。

滞纳金按每票货物的关税、进口环节增值税和消费税，单独计算，起征点均为 50 元，不足 50 元的免征。滞纳金计算四舍五入至分，例如算出金额为 58.986 元，则实缴 58.99 元。

思考题

请问该滞纳金和滞报金在计算滞纳天数和滞报天数时有何区别?

（2）计算公式

$$关税滞纳金金额=滞纳关税税额×0.5‰×滞纳天数$$

$$进口环节代征税滞纳金金额=滞纳的进口环节海关代征税税额×0.5‰×滞纳天数$$

（3）操作案例

案例十二： 广州某公司进口货物一批，已知该批货物应征关税税额为 19 547.45 元，应征进口环节消费税为 13 031.66 元，进口环节增值税税额为 22 153.73 元。海关于 2016 年 3 月 4 日（星期五）填发海关专用缴款书，该公司于 2016 年 3 月 28 日缴纳税款。请计算应征的滞纳金。

计算步骤：

① 确定滞纳天数：缴纳期限截止日 3 月 4 日（星期五）+15 天=3 月 19 日（星期六），因该日为星期六，按规定应顺延到其后的第一个工作日，即 3 月 21 日为最后缴纳期限，起征日从 3 月 22 日开始计算，该公司 3 月 28 日纳税，滞纳天数为 7 天。

② 关税滞纳金=滞纳关税税额×0.5‰×滞纳天数=19 547.45×0.5‰×7≈68.42（元）

③ 进口环节消费税滞纳金=进口环节消费税税额×0.5‰×滞纳天数=13 031.66×0.5‰×7≈45.61（元）。由于消费税滞纳金不足 50 元，所以免征。

④ 进口环节增值税滞纳金=进口环节增值税税额×0.5‰×滞纳天数

$$=22 153.73×0.5‰×7≈77.54（元）$$

关键术语

扫一扫

职业技能训练

一、单选题

1. 海关确定进口货物完税价格的方法有：合理方法①；成交价格法②；倒扣价格法③；计算价格法④；类似货物成交价格法⑤；相同货物成交价格法⑥。采用上述六种估计方法的正确顺序为（　　）。

A. ①②③④⑤⑥　　B. ②⑤⑥①③④　　C. ②⑥⑤③④①　　D. ①②⑥⑤④③

2. 在确定进口货物的完税价格时，下列哪一项费用或价值不应计入？（　　　）

　　A. 买方负担的除购货佣金以外的佣金和经纪费

　　B. 作为销售条件，由买方直接或间接支付的特许权使用费

　　C. 厂房、机械等货物进口后的基建、安装等费用

　　D. 卖方直接或间接从买方转售、处置或使用中获得的收益

3. 某工厂从美国某企业购买了一批机械设备，成交条件为 CIF 广州，该批货物的发票列示如下：机械设备 USD400 000，运保费 USD5 000，卖方佣金 USD25 000，培训费 USD2 000，设备调试费 USD2 000。该批货物向海关申报的总价应是（　　　）。

　　A. USD427 000　　　B. USD430 000　　　C. USD432 000　　　D. USD452 000

4. 某进出口贸易公司从美国进口了一台电梯，发票列明如下：成交价格为 CIF 珠海 USD100 000，电梯进口后的安装、调试费 USD6 000。经海关审查上述成交价格属实，且安装、调试已包含在成交价格中，则海关审定该台电梯的完税价格为（　　　）。

　　A. USD100 000　　　B. USD106 000　　　C. USD94 000　　　D. USD6 000

5. 某企业从德国进口医疗检查设备一台，发票分别列明：CIF 上海 50 000 美元/台，境外培训费 3 000 美元。此外，合同列明设备投入使用后买方从收益中另行支付卖方 20 000 美元。该批货物经海关审定的成交价格应为（　　　）。

　　A. 73 000 美元　　　B. 50 000 美元　　　C. 70 000 美元　　　D. 53 000 美元

6. 某企业以 CIF 成交方式购进一台砂光机，先预支付设备款 25 000 港币，发货时再支付设备价款 40 000 港币，并另直接支付给境外某专利所有人专用技术使用费 15 000 港币。此外，提单上列明 THC 费为 500 港币。该批货物经海关审定的成交价格为（　　　）。

　　A. 65 500 港币　　　B. 65 000 港币　　　C. 80 500 港币　　　D. 80 000 港币

7. 海关于 9 月 6 日（周五）填发税款缴款书，纳税人应当最迟于（　　　）到指定银行缴纳关税。

　　A. 9 月 20 日　　　B. 9 月 21 日　　　C. 9 月 22 日　　　D. 9 月 23 日

8. 内地某公司从我国香港地区购进孟加拉国产的某商品一批。设该商品的最惠国税率为 10%，普通税率为 30%，亚太协定税率为 9.5%，我国香港 CEPA 项下税率为 0，该商品进口时适用的税率是（　　　）。

　　A. 10%　　　　　B. 30%　　　　　C. 9.5%　　　　　D. 0

9. 内地某公司从我国香港地区进口日本产的食品生产线 2 条，成交价格 CIF 广州 50 000 美元/条，设 1 美元=6.5 元人民币，最惠国税率为 7%，应征进口关税额为（　　　）人民币。

　　A. 22 750 元　　　B. 45 500 元　　　C. 97 500 元　　　D. 195 000 元

10. 进口货物收货人申报后依法撤销原报关单电子数据重新申报，因删单重报产生滞报的，以（　　　）为起征日。

　　A. 运输工具申报进境之日起第 14 日　　　B. 撤销原报关单之日起第 14 日

　　C. 运输工具申报进境之日起第 15 日　　　D. 撤销原报关单之日起第 15 日

11. 某公司按暂定价格申报进口完税价格为 270 000 元人民币货物，滞报 3 天，支付滞报金后，完税价格调整为 300 000 元人民币，申报修改申报被海关接受，该公司应补交滞报金（　　　）元。

　　A. 450　　　　　B. 405　　　　　C. 45　　　　　D. 0

12. 某公司进口红酒一批，海关于 2009 年 1 月 12 日（星期一）填发税款缴款书，该公司于 2 月 11 日（星期三）缴纳税款（注：1 月 25 日至 31 日为法定节假日），税款滞纳天数为（　　　）。

　　A. 3 天　　　　　B. 10 天　　　　　C. 11 天　　　　　D. 15 天

13. 装载进口货物的运输工具于 7 月 1 日（周四）申报进境，进口货物收货人于 7 月 20 向海

关申报，海关当天即受理了申报并发出了现场交单通知，则滞报的天数为（　　　）。

    A. 0 天　　　　　　B. 3 天　　　　　　C. 4 天　　　　　　D. 5 天

14. 装载进口货物的运输工具于 7 月 1 日（周五）申报进境，进口货物收货人于 7 月 20 向海关申报，海关当天即受理了申报并发出了现场交单通知，则滞报的天数为（　　　）。

    A. 0 天　　　　　　B. 3 天　　　　　　C. 4 天　　　　　　D. 5 天

15. 境内某公司从越南进口木材一批，海关于 2012 年 12 月 17 日（星期一）填发海关专用缴款书，该公司于 2013 年 1 月 7 日（星期一）缴纳税款（注：1 月 1 日为元旦，1 月 2 日至 3 日为调休日），税款滞纳天数为（　　　）。

    A. 3 天　　　　　　B. 4 天　　　　　　C. 5 天　　　　　　D. 6 天

二、多选题

1. 进口时在货物的价款中列明的下列税收、费用，不计入货物关税完税价格的有（　　　）。

    A. 厂房、机械、设备等货物进口后进行建设、安装、装配、维修和技术服务的费用

    B. 进口货物运抵境内输入地点起卸后的运输及相关费用、保险费

    C. 进口关税及国内税收

    D. 作为该货物向我国境内销售条件，买方必须支付的，与该货物有关的特许权使用费

2. 下列哪些情况海关可以拒绝接受申报价格而另行估价？（　　　）

    A. 买方对进口货物的处置受到了卖方的限制，具体表现在买方必须将进口货物转售给卖方指定的第三方

    B. 买卖双方达成的销售价格是以买方同时向卖方购买一定数量的其他货物为前提

    C. 进口方在国内销售进口货物所产生的收益中有一部分返还给出口方，然后这一部分收益的具体金额尚不能被确定

    D. 进口方和出口方是母子公司，但上述关系并未对成交价格产生影响

3. 下列属进出口环节由海关依法征收的进出口税费是（　　　）。

    A. 关税　　　　　　　　　　　　　　B. 消费税

    C. 进口车辆购置附加费　　　　　　　D. 船舶吨税

4. 目前我国实行从量计税的进口商品是（　　　）。

    A. 冻乌鸡　　　　　B. 鲜啤酒　　　　　C. 未梳原棉　　　　　D. 盘装胶卷

5. 下列属于关税附加税的是（　　　）。

    A. 反倾销税　　　　B. 反补贴税　　　　C. 消费税　　　　　D. 增值税

6. 下列哪些税费的起征点为人民币 50 元（　　　）。

    A. 关税　　　　B. 进口环节代征税　　C. 滞纳金　　　　D. 滞报金

7. 货物运抵中华人民共和国境内输入地点起卸前的（　　　）应计入进口货物完税价格。

    A. 运输费　　　　　B. 装卸费　　　　　C. 搬运费　　　　　D. 保险费

8. 以下关于税率适用的原则，表述正确的是（　　　）。

    A. 适用协定税率的进口货物有暂定税率的，应当从低适用税率

    B. 适用最惠国税率的进口货物有暂定税率的，应当适用最惠国税率

    C. 适用最惠国税率的进口货物有暂定税率的，应当适用暂定税率

    D. 适用普通税率的进口货物，不适用暂定税率

9. 对应征进口环节消费税的货物，其进口环节消费税组成计税价格包括（　　　）。

    A. 进口货物关税完税价格　　　　　　B. 进口货物关税税额

    C. 进口环节消费税税额　　　　　　　D. 进口环节增值税税额

10. 优惠原产地规则下，适用非完全一国（地区）获得或生产的货物，实质性改变标准主要包括（　　）。

　　A. 完全获得标准　　B. 税则归类改变　　C. 区域价值成分　　D. 制造加工工序

三、判断题

1. 海关审定的进口货物的成交价格，是指卖方向中华人民共和国境内销售该货物时买方为进口该货物向卖方实付、应付的价格总额，包括直接支付的价格和间接支付的价款。（　　）

2. 某公司从境外进口清凉饮料 2 000 箱（24×300mL/箱），申报价格 CIF 广州 45 港币/箱，海关审核单证发现合同规定：货售完后，买方须将销售利润的 20%返还卖方。海关认定该成交价格受到影响，不予接受其申报价格 45 港币/箱来确定完税价格。（　　）

3. 海关在审定货物的完税价格时，如买卖双方在经营上有相互联系，一方是另一方的独家代理、经销或受让人的，应当视为特殊关系。（　　）

4. 滞纳金起征日遇星期六、星期日等休息日或者法定节假日的，应当顺延至休息日或法定节假日之后的第一个工作日。（　　）

5. 类似货物是指与进口货物在同一国家或者地区生产的，在物理性质、质量和信誉等所有方面都相同的货物，但是表面的微小差异允许存在。（　　）

四、实务操作题

案例一：

广州某公司从我国香港地区购进日本产丰田卡罗拉轿车手动版 10 辆，成交价格合计为 FOB 香港 146 352 美元，实际支付运费 6 000 美元，保险费 900 美元。已知汽车的规格为 4 门 5 座，气缸容量 1 598cc，排量 1.6 升，适用中国银行的外汇折算价为 1 美元=人民币 6.515 8 元，计算应征进口关税。

案例二：

内地某公司从我国香港购进彩色摄像胶卷 50 000 卷（宽度 35 毫米，长度 2 米），成交价格合计为 CIF 境内某口岸 15.00 港币/卷，已知适用中国银行的外汇折算价为 1 港币=人民币 0.836 6 元；以规定单位换算表折算，规格 "135/36" 的彩色胶卷 1 卷=0.057 75 平方米，计算应征进口关税。

案例三：

国内某公司，从日本购进广播级电视摄像机 40 台，其中有 20 台成交价格为 CIF 境内某口岸 4 000 美元/台，其余 20 台成交价格为 CIF 境内某口岸 5 200 美元/台，已知适用中国银行的外汇折算价为 1 美元=人民币 7.064 8 元，计算应征进口关税。

案例四：广州某企业出口合金生铁一批，申报出口量 86 吨，每吨成交价格为 98 美元，其适用中国银行的外汇折算价为 1 美元=人民币 6.515 8 元，计算出口关税。

模块三

报关业务篇

项目七

一般进出口货物报关业务操作

学习目标

【能力目标】

掌握一般进出口货物的进出口申报、配合查验、缴纳税费、提取或装运货物的报关程序。

【知识目标】

1. 了解海关监管货物的类型；
2. 掌握一般进出口货物的含义；
3. 熟悉一般进出口货物的报关程序。

项目简介

报关程序是指进出口货物收发货人、进出境运输工具负责人、进出境物品所有人或其代理人按照海关的规定，办理货物、运输工具、物品的进出境手续及相关海关事务的过程。

根据《中华人民共和国海关法》规定，一般进出口货物的报关程序主要包括：报关单位向海关如实申报其进出境货物的情况，配合海关查验货物，对部分货物还需要缴纳进出口税费，最后海关放行货物。除此以外，根据海关监管的要求，对于保税货物、特定减免税货物以及暂准进出口货物在向海关申报前还需办理备案申请、在海关放行后还需办理核销结案等其他海关手续。一般进出口货物的报关是报关从业人员所必须掌握的基本技能。

任务一　一般进出口货物的概述

一、海关监管货物概述

（一）海关监管货物含义

海关监管货物是指所有进出境货物，包括海关监管时限内的进出口货物，过境、转运、通运货物，特定减免税货物，以及暂时进出口货物、保税货物和其他尚未办结海关手续的进出境货物。

实践之中，"海关监管货物"主要处于以下两种状态：一是进境货物尚未办理海关进口手续或出口货物虽已办理海关出口手续但尚未装运出口，仍存放于海关监管场所的进出口货物；二是进境货物已办理海关进口放行手续，但仍处于海关监管之下，需要纳入海关后续管理范畴，这一类海关监管货物主要包括保税进口、暂时进口和特定减免税进口的货物等。

无论处于上述哪一种状态的货物都必须接受海关监管，未经海关许可，以任何方式处置这些货物，或者未按照规定办理相关手续，都将中断和破坏海关监管活动，甚至会造成影响国家进出口贸易管制和税费征收的后果，是一种比较严重的违反海关监管规定的行为。

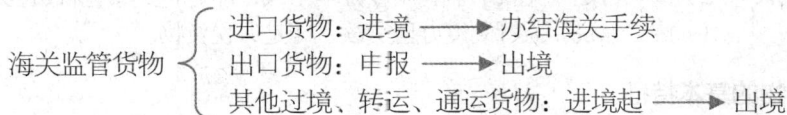

$$海关监管货物 \begin{cases} 进口货物：进竟 \longrightarrow 办结海关手续 \\ 出口货物：申报 \longrightarrow 出境 \\ 其他过境、转运、通运货物：进境起 \longrightarrow 出境 \end{cases}$$

知识链接

过境、转运、通运货物定义

1. 过境货物

是指以某种运输工具从一个国家的境外启运，在该国边境不论换装运输工具与否，通过该国家境内的陆路运输，继续运往境外其他国家的货物。

2. 转运货物

是指以某一运输工具从一个国家的国境启运，在该国境内设立海关的地点换装另一运输工具后，不经过该国境内陆路继续运往其他国家的货物。

3. 通运货物

通运货物是指从境外启运，不通过该国境内陆路运输，运进境后由原运输工具载运出境的货物。

（二）海关监管货物分类

根据货物进出境目的的不同，淮关监管货物可以分成六大类。

1. 一般进出口货物，包括一般进口货物和一般出口货物。一般进口货物是指办结海关手续进入国内生产、消费领域流通的进口货物；一般出口货物是指办结海关手续到境外生产、消费领域流通的出口货物。

2. 保税货物，是指经海关批准未办理纳税手续进境，在境内储存、加工、装配后复运出境的货物。保税货物又分为保税加工货物和保税物流货物两大类。

3. 特定减免税货物，是指经海关依法准予免税进口的用于特定地区、特定企业，有特定用途的货物。

4. 暂准进出境货物，包括暂准进境货物和暂准出境货物。暂准进境货物是指经海关批准凭担保进境，在境内使用后原状复运出境的货物；暂准出境货物是指经海关批准凭担保出境，在境外使用后原状复运进境的货物。

5. 过境、转运、通运货物，是指由境外启运，通过中国境内继续运往境外的货物。

6. 其他进出境货物，是指上述货物以外尚未办结海关手续的其他进出境货物。海关按照对各种监管货物的不同要求，分别建立了相应的海关监管制度。

二、一般进出口货物概述

（一）一般进出口货物的含义

一般进出口货物是指在进出境环节缴纳了应征的进出口税费并办结了所有必要的海关手续，海关放行后不再进行监管的进出口货物。

（二）一般进出口货物与一般贸易货物的区别

它们之间的区别主要就是它们被划分的角度不同。

1. 一般进出口货物是按照海关监管方式划分的进出口货物，是海关的一种监管制度的体现。它是相对于保税货物、暂准进出口货物、特定减免税货物而言。

2. 一般贸易货物是按照国际贸易方式划分的进出口货物，也就是说一般贸易是属于国际贸易方式中一种贸易方式。一般贸易是国际贸易中的一种交易方式，有别于易货贸易、补偿贸易等。

一般贸易货物是按"一般贸易"交易方式进出口的货物。在进出口时，
- （1）按"一般进出口"监管制度办理手续，即是一般进出口货物。
- （2）按"特定减免税"监管制度办理手续，即是特定减免税货物。
- （3）按"保税"监管制度办理手续，即是保税货物。

（三）一般进出口货物的基本特征

1. 进出口时缴纳进出口税费

"进出境环节"是指进口货物办结海关手续以前，出口货物已向海关申报尚未装运离境时，处于海关监管之下的状态。在这一环节，进口货物的收货人、出口货物的发货人应当按照《海关法》和其他有关法律、法规的规定，向海关缴纳关税、海关代征税、规费及其他费用。

2. 进出口时提交相关的许可证件

货物进出口受国家法律、法规管制的，进出口货物收发货人或其代理人应当向海关提交相关的进出口许可证件。

3. 海关放行

海关征收了全额的税费，审核了相关的进出口许可证件以后，按规定签印放行。这时，进出口货物收发货人或其代理人才能办理提取进口货物或者装运出口货物的手续。对一般进出口货物来说，海关放行即意味着海关手续已经全部办结，货物可以在关境内自由流通或运往境外。

任务二　一般进出口货物的报关业务操作

一、报关程序概述

（一）报关程序含义

报关程序是指进出口货物的收、发货人，运输负责人，物品的所有人或其专业代理人按照海关的规定，办理货物、物品、运输工具进出境及相关海关事务的手续及步骤。

（二）报关基本程序

报关过程中的三个阶段：前期阶段、货物进出境阶段、后续阶段。不同类别的进出境货物对应不同的报关阶段，有着不同的货物报关程序，如表 7-1 所示。

表 7-1

报关程序 货物类别	前期阶段（货物在进境前办理）	进出境阶段（货物在进出境时办理的 4 个环节）	后续阶段（进出关境后需要办理才能接结关的手续）
一般进出口货物	不需要办理	申报（接受申报） ↓ 配合查验（查验） ↓ 缴纳税费（征税） ↓ 提取货物（放行）	不需要办理
保税进出口货物	备案、申请登记手册		保税货物核销申请
特定减免税货物	特定减免税申请和申领免税证明		解除海关监管申请
暂准进出境货物	展览品备案申请		暂准进出境货物销案申请
其他进出境货物	出料加工货物的备案		办理销案手续

1. 前期阶段：也就是说货物在进出关境之前，向海关办理备案手续的过程。并不是所有的货

物都要经过这个阶段。

主要适用于保税货物、特定减免税货物、暂准进出境货物中的展览品以及其他进出境货物中的部分货物。

2. 进出境阶段：包括 4 个环节，从进出口货物收发货人来说，程序如下。

（1）进出口申报：指进出口货物收发货人或其代理人在海关规定期限内，按海关规定的形式，向海关报告进出口货物的情况，提请海关按其申报的内容放行进出口货物的工作环节。

（2）配合查验：指申报进出口的货物经海关决定查验时，进出口货物的收发货人或者办理进出口申报具体手续的报关员应到达查验现场，配合海关查验货物，并负责按照海关的要求搬移、开拆或重封被查验货物的工作环节。

（3）缴纳税费：进出口货物的收发货人或代理人接到海关发出的税费缴纳通知书后，向海关指定的银行办理税费款项的缴纳手续，由银行将税费款项缴入海关专门账户的工作环节。

（4）提取或装运货物：提取或装运货物是指提取进口货物或装运出口货物。在办理了上述手续后海关决定放行，凭海关加盖放行章的进口提货凭证或出口装货凭证到货物出境地或者进境地的港区、机场、车站、邮局等地的海关监管仓库办理离境手续或者提取货物。

3. 后续阶段：指根据海关对保税加工货物、特定减免税货物、暂准进出口货物等的监管要求，进出口货物收发货人或其代理人在货物进出境储存、加工、装配、使用后，在规定的期限内按照规定的要求向海关办理上述进出口货物核销、销案、申请解除监管手续的过程。

二、一般进出口货物的报关程序

（一）基本程序

一般进出口货物报关的 4 个环节如图 7-1 所示。

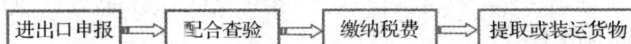

进出口申报 ⟹ 配合查验 ⟹ 缴纳税费 ⟹ 提取或装运货物

图 7-1

（二）进出口申报

1. 概述

表 7-2

含义	进出口货物收发货人或其代理人，依照《海关法》及有关法律、行政法规和规章的要求，在规定的期限、地点，采用电子数据和纸质报关单的形式，向海关报告实际进出口货物的情况，并接受海关审核的行为	
申报单位	申报单位是指对申报内容的真实性直接向海关负责的企业或单位。属于自理报关的，应填报进（出）口货物的经营单位名称及编码；属于委托代理报关的，应填报经海关批准的报关企业名称及编码	
申报地点	进口货物	一般向进境地海关申报，经申请同意向设有海关的货物指运地申报
	出口货物	一般向出境地海关申报，经申请同意向设有海关的货物启运地申报
	经电缆、管道及其他特殊方式进出境的货物	按照海关的规定定期向指定的海关申报
	保税货物、展览及其他特殊目的等方式进境后	转为实际进口货物时，向货物所在地主管海关申报
申报期限	1. 进口——自装载货物的运输工具申报进境之日起 14 日内申报。 2. 出口——货物运抵海关监管区后，装货的 24 小时前申报。 3. 进口集中申报——在规定期限录入"集中申报清单"电子数据向海关申报，海关审结之日起 3 日内现场交单。 4. 经电缆、管道及其他特殊方式进出境货物——按海关规定定期申报。 5. 滞报金：进口货物的收发货人未按照规定期限向海关申报，由海关按规定征收滞报金。征收进口货物滞报金应当按日计征，以自运输工具申报进境之日第十五日为起征日，以海关接受申报之日为截止日，起征日和截止日均计入滞报期间，另有规定的除外。滞报金的日征收金额为进口货物完税价格的千分之零点五，以人民币"元"为计征单位，不足人民币一元的部分免予计征。 征收滞报金的计算公式为：进口货物完税价格×0.5‰×滞报期间 滞报金的起征点为人民币 50 元。 运输工具申报进境之日起超过 3 个月未报关的，海关提取变卖处理	

2. 申报的具体步骤

（1）准备申报单证。

申报的单证可以分为报关单和随附单证两大类，其中随附单证包括基本单证和特殊单证。

报关单是由报关员按照海关规定格式填制的申报单，是指进（出）口货物报关单或者带有进（出）口货物报关单性质的单证，比如，特殊监管区域进出境备案清单、进出口货物集中申报清单、ATA 单证册、过境货物报关单、快件报关单等。一般来说，任何货物的申报，都必须有报关单。

基本单证是指进出口货物的货运单据和商业单据，主要有进口提货单据、出口装货单据、商业发票、装箱单等。一般来说，任何货物的申报，都必须有基本单证。

特殊单证主要有进出口许可证件、加工贸易电子化手册和电子账册、征免性质税证明、作为有些货物进出境证明的原进（出）口货物报关单、原产地证明书、贸易合同等。某些货物的申报，必须有特殊单证，比如，租赁贸易货物进口申报，必须要有租赁合同；修理物品进出口或复运进出口申报要有委托修理协议；退运货物进出口申报要有退运协议。货物实际进出口前，海关已对该货物做出预归类决定的，进出口货物的收发货人、受委托的报关企业在货物实际进出口申报时应当向海关提交"预归类决定书"。

进出口货物收发货人或其代理人应向报关员提供基本单证、特殊单证，报关人员审核这些单证后据以填制进（出）口货物报关单。

申报单证
- ① 基本单证——货运单据、商业单据，包括进口提货单据、出口装货单据、商业发票、装箱单等
- ② 特殊单证——进出口许可证件、国家外经贸主管部门的批准文件、加工贸易登记手册、减免税证明、外汇收付核销单证、担保文件等贸易合同、原产地证明书、进出口企业的有关证明文件等
- ③ 报关单

准备申报单证的原则是：单证必须齐全、有效、合法；报关单填制必须真实、准确、完整；报关单与随附单证数据必须一致。

（2）申报前看货取样：向海关或主管部门提出书面申请，经同意由海关派员到场监管。

进口货物的收货人向海关申报前，因确定货物的品名、规格、型号、归类等原因，可以向海关提出查看货物或者提取货样的书面申请。海关审核同意的，派员到场实际监管。查看货物或提取货样时，海关开具取样记录和取样清单；提取货样的货物涉及动植物及产品，以及其他须依法提供检疫证明的，应当按照国家的有关法律规定，在取得主管部门签发的书面批准证明后提取。提取货样后，到场监管的海关关员与报关人员在取样记录和取样清单上签字确认。

《海关法》关于申报前允许看货、取样的规则对加强海关管理和维护管理相对人合法权利都有着积极意义，一方面可以严格要求收货人履行如实申报的义务，加快通关速度，提高贸易效率；另一方面也可以避免在出现申报内容与实际货物不符时，报关人员以"错发货"为由逃避承担责任。

（3）申报方式：申报采用电子数据报关单申报形式和纸质报关单申报形式。电子数据报关单和纸质报关单均具有法律效力。

电子数据报关单申报形式是指进出口货物的收发货人、受委托的报关企业通过计算机系统按照《中华人民共和国海关进出口货物报关单填制规范》（以下简称《报关单填制规范》）的要求向海关传送报关单电子数据并且备齐随附单证的申报方式。

纸质报关单申报形式是指进出口货物的收发货人、受委托的报关企业，按照海关的规定填制纸质报关单，备齐随附单证，向海关当面递交的申报方式。

进出口货物的收发货人、受委托的报关企业应当以电子数据报关单形式向海关申报，与随附单

证一并递交的纸质报关单的内容应当与电子数据报关单一致；特殊情况下经海关同意，允许先采用纸质报关单形式申报，电子数据事后补报，补报的电子数据应当与纸质报关单内容一致。在向未使用海关信息化管理系统作业的海关申报时可以采用纸质报关单申报形式。

目前，全国海关的全部通关业务现场正积极开展试点通关作业无纸化申报。所谓"通关作业无纸化"，是指海关以企业分类管理和风险分析为基础，按照风险等级对进出口货物实施分类，运用信息化技术改变海关验核进出口企业递交纸质报关单及随附单证办理通关手续的做法，是直接对企业通过中国电子口岸录入申报的报关单及随附单证的电子数据进行无纸审核、验放处理的通关作业方式。

（4）申报日期。申报日期是指申报数据被海关接受的日期。不论以电子数据报关单方式申报，还是以纸质报关单方式申报，海关以接受申报数据的日期为接受申报的日期。

采用先电子数据报关单申报，后提交纸质报关单，或者仅以电子数据报关单方式申报的，申报日期为海关计算机系统接受申报数据时记录的日期，该日期将反馈给原数据发送单位，或公布于海关业务现场，或通过公共信息系统发布。电子数据报关单经过海关计算机检查被退回的，视为海关不接受申报，进出口货物收发货人或其代理人应当按照要求修改后重新申报，申报日期为海关接受重新申报的日期。海关已接受申报的报关单电子数据，人工审核确认需要退回修改的，进出口货物收发货人、受委托的报关企业应当在10日内完成修改并且重新发送报关单电子数据，申报日期仍为海关接受原报关单电子数据的日期；超过10日的，原报关单无效，进出口货物收发货人、受委托的报关企业应当另行向海关申报，申报日期为海关再次接受申报的日期。

3. 修改申报内容或撤销申报

海关接受进出口货物申报后，报关单证及其内容不得修改或者撤销；符合规定情形的，可以修改或者撤销；进（出）口货物报关单的修改或者撤销，应当遵循修改优先原则；确实不能修改的，予以撤销。

（1）有以下情形之一的，进出口收发货人或其代理人可以向原接受申报的海关办理进（出）口货物报关单修改或者撤销手续：①出口货物放行后，由于装运、配载等原因造成原申报货物部分或者全部退关、变更运输工具的；②进出口货物在装载、运输、存储过程中发生溢短装，或者由于不可抗力造成灭失、短损等，导致原申报数据与实际货物不符的；③由于办理退补税、海关事务担保等其他海关手续而需要修改或者撤销报关单数据的；④根据贸易惯例先行采用暂时价格成交、实际结算时按商检品质认定或者国际市场实际价格付款方式需要修改申报内容的；⑤已申报进口货物办理直接退运手续，需要修改或者撤销原进口货物报关单的；⑥由于计算机、网络系统等技术原因导致电子数据申报错误的。

发生上述情形及由于报关人员操作或者书写失误造成申报内容需要修改或者撤销的，进出口收发货人或其代理人应当向海关提交"进（出）口货物报关单修改／撤销表"及相应的证明材料。

（2）海关发现进（出）口货物报关单需要修改或者撤销，可以采取以下方式主动要求进出口收发货人或其代理人修改或者撤销：①将电子数据报关单退回，并详细说明修改的原因和要求进出口收发货人或其代理人应当按照海关要求进行修改后重新提交，不得对报关单其他内容进行变更；②向进出口收发货人或其代理人制发"进（出）口货物报关单修改／撤销确认书"，通知其要求修改或者撤销的内容，进出口收发货人或其代理人应当在5日内对进（出）口货物报关单修改或者撤销的内容进行确认，确认后海关完成对报关单的修改或者撤销。

（3）除不可抗力外，进出口收发货人或其代理人有以下情形之一的，海关可以直接撤销相应的电子数据报关单：①海关将电子数据报关单退回修改，进出口收发货人或其代理人未在规定期限内重新发送的；②海关审结电子数据报关单后，进出口收发货人或其代理人未在规定期限内递交纸质报关单的；③出口货物申报后未在规定期限内运抵海关监管场所的；④海关总署规定的其他情形。

（4）海关已经决定布控、查验及涉嫌走私或者违反海关监管规定的进出口货物，在办结相关手续前不得修改或者撤销报关单及其电子数据；已签发报关单证明联的进出口货物，当事人办理报关单修改或者撤销手续时应当向海关交回报关单证明联；由于修改或者撤销进（出）口货物报关单导致需要变更、补办进出口许可证件的，进出口收发货人或其代理人应当向海关提交相应的进出口许可证件。

（三）配合查验

1. 海关查验

（1）海关查验的含义。海关查验是指海关为确定进出口货物收发货人向海关申报的内容是否与进出口货物的真实情况相符，或者为确定商品的归类、价格、原产地等，依法对进出口货物进行实际核查的执法行为。

（2）海关查验的地点。查验应当在海关监管区内实施。因货物易受温度、静电、粉尘等自然因素影响，不宜在海关监管区内实施查验，或者因其他特殊原因，需要在海关监管区外查验的，经进出口货物收发货人或者其代理人书面申请，海关可以派员到海关监管区外实施查验。

（3）海关查验的方法。海关实施查验可以彻底查验，也可以抽查。按照操作方式，可以分为人工查验和机检查验。人工查验包括外形查验、开箱查验等方式。海关可以根据货物情况以及实际执法需要，确定具体的查验方式。

（4）海关复验与径行开验。复验是指海关对经初次查验未能查明货物的真实属性，需要对已查验货物的某些性状做进一步确认的，或货物涉嫌走私违规，需要重新查验的，或进出口货物收发货人对海关查验结论有异议，提出复验要求并经海关同意而再次进行的查验。已经参加过查验的查验人员不参加对同一票货物的复验。

2. 配合查验

（1）配合查验的含义。配合查验是报关人员的义务，查验货物时，进出口货物收发货人或者其代理人应当到场，配合海关的查验。

（2）配合查验的权利与义务。负责按照海关要求搬移货物，开拆和重封货物的包装，并如实回答查验人员的询问及提供必要的资料；协助海关提取需要做进一步检验、化验或鉴定的货样，收取海关出具的取样清单；查验结束后，查验人员应当如实填写查验记录并签名，查验记录应当由在场的进出口货物收发货人或者其代理人签名确认。进出口货物收发货人或者其代理人拒不签名的，查验人员应当在查验记录中予以注明，并由货物所在监管场所的经营人签名证明。

（3）海关损坏货物的索赔。对于查验过程中由于海关工作人员责任造成的货物损失，报关人员可以要求海关就货物损坏的实际情况进行赔偿。根据规定，海关赔偿的范围为进出口货物直接的经济损失，间接的经济损失不包括在海关赔偿的范围之内。以下情况不属于海关赔偿的范围：报关人员搬移、开拆、重封包装或保管不善等自身原因造成的损失；易腐、易失效货物在海关正常的工作时间内造成的变质或失效；海关正常查验所造成的不可避免的磨损；不可抗力造成的损失；在海关查验之前或之后发生的损失或损坏。

（四）缴纳税费

1. 缴纳税款的含义

缴纳税款是指进出口货物收发货人或其代理人收到海关对货物应缴纳关税、进口环节增值税、进口环节消费税、滞报金、滞纳金等所开具的关税和代征税缴款书或收费专用票据后，在规定的时间内，到银行办理缴纳税费手续，或者在网上向指定银行缴纳，再持已缴纳的税款缴款书到海关办理税费核销手续的活动。

2. 缴纳税款的方式

进出口货物收发货人或其代理人应在规定时间内持"海关专用缴款书"向指定银行或在 EDI 终端办理缴纳手续，也可以通过电子口岸进行"网上支付"。由银行将款项缴入海关专用账户。

基本程序如图 7-2 所示：

图 7-2

（五）提取或装运货物

1. 海关放行和结关

海关放行：相关手续办完后，海关对进出口货物做出结束海关进出境现场监管决定，允许进出口货物离开监管现场。

海关放行有两种情况：一种情况是结关，另一种情况是进入海关的后期监管。

结关：已办结所有的海关手续，海关不再监管。

一般进出口货物，海关放行即等于结关

非一般进出口货物，海关放行不等于结关，海关继续监管

2. 提取或装运货物：凭单办理取货（进口）或装运（出口）

进口：进口货物收货人或者其代理人，凭着加盖"海关放行章"的进口提货凭证提货。

出口：出口货物发货人或者其代理人，凭着加盖"海关放行章"的出口货物装货凭证办理货物装运手续。

3. 申请签发报关单证明联和办理其他证明手续

需要海关签发证明的，可以向海关提出申请，海关在签发证明的同时通过电子口岸执法系统向有关单位传送相关数据进行备案。常见证明如下。

（1）申请签发报关单证明联

A. 进口付汇证明联：海关签发，用于办理进口付汇核销。

B. 出口收汇证明联：海关签发，用于办理出口收汇核销。

C. 出口退税证明联：用于办理出口退税。

（2）其他证明手续

（1）出口收汇核销单：海关盖章，用于办理出口收汇核销（国家外汇部门签发）。

（2）进口货物证明书。

关键术语

扫一扫

职业技能训练

一、单选题

1. 货物进出境阶段，进出口货物收发货人或其代理人应当按照哪些步骤完成报关工作？（　　）
   A. 进出口的申报——配合查验——缴纳税费——提取或装运货物
   B. 提取或装运货物——进出口的申报——配合查验——缴纳税费
   C. 进出口的申报——配合查验——提取或装运货物——缴纳税费
   D. 提取或装运货物——配合查验——进出口的申报——缴纳税费

2. 进口货物的收货人自运输工具申报进境之日起，超过（　　）时间未向海关申报的，其进口货物由海关提取依法变卖处理（　　）。
   A. 1个月　　　　　B. 3个月　　　　　C. 6个月　　　　　D. 1年

3. 出口货物的发货人或其代理人除海关特准的外，根据规定应当在（　　）向海关申报。
   A. 装货前24小时　　　　　　　　B. 装货的24小时前
   C. 货物运抵口岸24小时内　　　　D. 承载的运输工具启运（或起航）的24小时前

4. 下列有关进出口货物的报关时限说法正确的有（　　）。
   A. 进口货物自运输工具申报进境之日起7日内
   B. 进口货物自运输工具申报进境之日起14日内
   C. 货物运抵口岸24小时内
   D. 货物运抵口岸48小时内

5. 一般情况下，进口货物应当在（　　）海关申报。
   A. 进境地　　　　　B. 启运地海关　　　　　C. 目的地海关　　　　　D. 附近海关

6. 申报日期是指（　　）。
   A. 向海关提交电子数据报关单的日期　　　B. 向海关提交纸质报关单的日期
   C. 申报数据被海关接受的日期　　　　　　D. 海关放行日期

7. 滞报金计征起始日为运输工具申报进境之日起第（　　）日为起始日，海关接受申报之日为截止日。
   A. 7　　　　　B. 10　　　　　C. 14　　　　　D. 15

8. 滞报金按日征收，为进口货物完税价格的（　　）。
   A. 1‰　　　　　B. 0.5‰　　　　　C. 3‰　　　　　D. 5‰

9. 滞报金的起征点为（　　）。
   A. 10　　　　　B. 50　　　　　C. 100　　　　　D. 500

10. 海关在决定放行进出口货物后，需在有关报关单上加盖（　　），进出口货物收发货人凭此办理提取进口货物或装运出口货物手续。
    A. 海关验讫章　　　B. 海关监管章　　　C. 海关放行章　　　D. 海关结算章

二、多选题

1. 报关程序按时间先后可以分为（　　）。
   A. 前期阶段　　　　B. 进出境阶段　　　　C. 提货阶段　　　　D. 后续阶段

2. 根据货物进出境的不同目的，海关监管货物分为（　　）。
   A. 一般进出口货物　　　　　　　B. 保税货物
   C. 特定减免税货物　　　　　　　D. 暂准进出口货物
   E. 其他进出境货物

3. 下列属于一般进出口货物特征的是（　　　）。

    A. 在进出境时缴纳应当缴纳的进出口税费

    B. 进出口时如需提交许可证的，提交相关的许可证

    C. 海关放行即办结了海关手续

    D. 暂不纳税

4. 下列属于一般进出口货物的是（　　　）。

    A. 易货贸易、补偿贸易进出口货物　　　B. 在展览会中展示或示范用的进口货物、物品

    C. 边境小额贸易进出口货物　　　　　　D. 承包工程项目实际进出口货物

5. 下列免费提供的货物中，属于一般进出口货物的是（　　　）。

    A. 外交活动中，两个国家领导人互赠的纪念品

    B. 外商在经济贸易活动中赠送的进口货物

    C. 外商在经济贸易活动中免费提供的试车材料等

    D. 我国在境外的企业、机构向国内单位赠送的进口货物

6. 下列单证中，属于基本单证的是（　　　）。

    A. 提单　　　　　　B. 装箱单　　　　　　C. 商业发票　　　　　　D. 原产地证明书

7. 关于海关接受申报的时间，下列表述正确的是（　　　）。

    A. 以电子数据报关单方式申报的，申报日期为海关计算机系统接受申报数据时记录的日期

    B. 经海关批准单独以纸质报关单形式向海关申报的，以海关在纸质报关单上进行登记处理的时间为接受申报的时间

    C. 在先以电子数据报关单向海关申报，经过海关计算机系统检查被退回的，要重新申报，申报的日期为海关接受重新申报的日期

    D. 在采用电子和纸质报关单申报的情况下，海关接受申报的时间以海关接受电子数据报关单申报的日期为准

8. 进出口货物收发货人或其代理人配合海关查验的工作主要包括（　　　）。

    A. 负责搬运货物、开箱、封箱

    B. 回答提问，提供有关单证

    C. 需要做进一步检验、化验或鉴定的货样，收取海关开具的取样清单

    D. 签字确认查验记录

9. 关于进出口货物报关，下列说法正确的是（　　　）。

    A. 进口货物的收货人经海关同意，可以在申报前查看货物或者提取货样

    B. 所有的进出口货物必须经过海关彻底查验后才能放行

    C. 对于鲜活、易腐、易烂等不宜长期保存的货物，经收发货人或其代理人申请，海关可以优先安排实施查验

    D. 海关正常查验时产生的不可避免的磨损，不属于海关的赔偿范围

三、判断题

1. 报关程序是指进出口货物的收发货人、运输负责人、物品的所有人或其专业代理人按照海关的规定，办理货物、物品、运输工具进出境及相关海关事务的手续及步骤。（　　　）

2. 所有的货物进出口都要经过前期的申报备案阶段。（　　　）

3. 一般进出口货物就是一般贸易货物。（　　　）

4. 一般进出口货物报关程序由进出口申报、配合查验、缴纳税费、提取或装运货物 4 个环节构成。（　　　）

5. 报关单位收到海关发送的"接受申报"的报文和"现场交单"或"放行交单"通知，表示电子申报成功。（　　　）

6. 对于一般进出口货物来说，海关放行意味着全部海关手续已经全部办结。（　　）

7. 在一般情况下，进出口货物收发货人或其代理人应当先以纸制的报关单向海关申报，然后再以电子数据报关单形式向海关申报。（　　）

8. 在海关查验进出口货物时，报关员应按时到场，负责搬移货物，开拆和重封货物的包装。（　　）

9. 对于经电缆、管道等方式输送进出口的货物，由于是特殊货物，因此无需向海关申报。（　　）

10. 海关关员在实施查验过程中，造成被查验货物损坏的间接经济损失也要负赔偿责任。（　　）

四、简答题

1. 一般进出口货物的含义。

2. 进出口货物的申报期限。

3. 什么是海关查验？海关查验的方式有哪几种？

五、实务操作题

大连新华天河无线电厂是一家民营企业，该厂向日本订购了冷轧不锈钢带一批，委托大连达诚贸易公司（3122210077）外贸代理进口。达诚贸易公司将报关事务委托给了三川报关行，三川报关行将于 2011 年 5 月 25 日向大连海关办理进口报关手续。具体单证资料有提单、商业发票和装箱单等。

李丽作为三川报关行的报关员，将如何完成此单报关业务？

项目八

保税加工货物报关业务操作

学习目标

【能力目标】

1. 能为保税加工货物报关进行流程设计；
2. 能顺利完成保税加工货物的报关业务操作。

【知识目标】

1. 掌握保税加工货物的含义、种类和特征等；
2. 熟悉保税加工货物不同情形下的报关业务流程与特点；
3. 理解保税加工货物监管模式与特征。

项目简介

　　根据海关总署公告 2014 年第 21 号（关于执行《中华人民共和国海关加工贸易货物监管办法》有关问题的公告）加工贸易备案（变更）、外发加工、深加工结转、余料结转、核销、放弃核准等业务不再按照《中华人民共和国行政许可法》的要求办理行政许可手续，其名称相应变更为加工贸易手册设立、外发加工备案、深加工结转申报、余料结转申报、核销申报，同时取消放弃核准。随着无纸化进程深入各项报关业务，保税加工货物纸质手册管理模式逐步被电子化手册代替。本项目主要让学习者理解保税加工的含义、形式、特征、监管模式等，熟悉电子账册与电子化手册管理下的保税加工货物的操作流程与特点。

任务一　保税加工货物概述

一、保税加工货物概述

（一）含义

保税加工货物通常被称为加工贸易保税货物，是指经海关批准未办理纳税手续进境，在境内加工、装配后复运出境的货物。

加工贸易保税货物不完全等同于加工贸易货物。"加工贸易"是指经营企业进口全部或者部分原辅材料、零部件、元器件、包装物料（以下统称料件），经过加工或者装配后，将制成品复出口的经营活动，包括来料加工和进料加工。

加工贸易俗称"两头在外"的贸易，即料件从境外进口，在境内加工装配后，成品运往境外的贸易。加工贸易货物只有经过海关批准才能保税进口。经海关批准准予保税进口的加工贸易货物就是保税加工货物。

（二）加工贸易形式

加工贸易通常有两种形式。

1. 来料加工

来料加工是指由境外企业提供料件，经营企业不需要付汇进口，按照境外企业的要求进行加工或装配，只收取加工费，制成品由境外企业销售的经营活动。

2. 进料加工

进料加工是指境内经营企业用外汇购买料件进口，制成成品后外销出口的经营活动。

思考题

来料加工与进料加工的相同点与不同点分别是什么？

表 8-1　　　　　　　　　　　　来料加工与进料加工的异同

对比项	进料加工	来料加工
保税	是	是
货物所有权	原料进口和成品出口是两笔不同的交易，均发生了所有权的转移	原料运进和成品运出属同一笔交易，原料供应者即是成品接受者
料件	由境内经营企业从国外购买	由境外企业提供，不需购买
兑付外汇	是	否
利润来源	销售利润	加工费
营销风险	境内经营企业自筹资金、自寻销路、自担风险、自负盈亏	境内经营企业不承担销售风险，风险由境外企业承担
与出口退税相关的税收政策	实行增值税免抵退税政策	实行增值税不征不退政策

（三）加工贸易企业类型

加工贸易企业，包括经海关注册登记的经营企业和加工企业。

1. 经营企业

是指负责对外签订加工贸易进出口合同的各类进出口企业和外商投资企业，以及经批准获得来料加工经营许可的对外加工装配服务公司。

2. 加工企业

是指接受经营企业委托，负责对进口料件进行加工或者装配，并且具有法人资格的生产企业，以及由经营企业设立的虽不具有法人资格，但是实行相对独立核算并已经办理工商营业证（执照）的工厂。

（四）特征

保税加工货物有以下特征。

1. 料件进口时暂缓缴纳进口关税及进口环节海关代征税，成品出口时除另有规定外无须缴纳关税。

2. 料件进口时除国家另有规定外免交进口许可证件，成品出口时凡属许可证件管理的，必须交验出口许可证件。

3. 进出境海关现场放行并未结关。

（五）范围

保税加工货物包括。

1. 料件：即专为加工、装配出口产品而从境外进口且海关准予保税的原辅材料、零部件、元器件、包装物料等。

2. 制成品：即用进口保税料件生产的成品、半成品等。

3. 其他：在保税加工生产过程中产生的副产品、残次品、边角料和剩余料件。

（六）经营方式

保税加工业务的境内经营方式主要有以下几种。

1. 本地加工

本地加工的含义是加工贸易经营企业对外签约，自行或委托本地加工贸易企业完成加工，并在所在地海关办理手续。

2. 异地加工

（1）含义

经营企业对外签约，委托异地生产企业完成加工，并在异地生产企业（加工企业）所在地海关办理手续。根据海关对开展异地加工贸易的管理规定，经营企业与加工企业的海关管理类别不相同时，按其中较低类别管理。

（2）开展异地加工贸易须提供的资料

经营单位开展异地加工贸易，须提供以下资料。

① 经营单位所在地商务主管部门核发的《加工贸易业务批准证》。

② 加工企业所在地商务主管部门出具的《加工贸易加工企业生产能力证明》。

③ 经营企业对外签订的加工贸易合同。

④ 经营单位与加工企业双方签订的"委托加工合同"。

3. 外发加工

（1）含义

因自身加工贸易企业生产条件特点和条件限制，经海关批准并办理有关手续，委托其他承揽者对加工贸易货物进行加工。

（2）有关规定

① 企业应当在货物首次外发之日起 3 个工作日内向海关备案外发加工基本情况。以合同为单元管理的，首次外发是指在本手册项下对同一承揽者第一次办理外发加工业务；以企业为单元管理

的，首次外发是指本核销周期内对同一承揽者第一次办理外发加工业务。

② 企业应当在货物外发之日起 10 日内向海关申报实际收发货情况，同一手（账）册、同一承揽者的收、发货情况可合并办理。

③ 企业外发加工备案信息发生变化的，应当向海关变更有关信息。

④ 经营企业开展外发加工业务，不得将加工贸易货物转卖给承揽者；承揽者不得将加工贸易货物再次外发。

⑤ 经营企业将全部工序外发加工的，应当在办理备案手续的同时向海关提供相当于外发加工货物应缴税款金额的保证金或者银行、非银行金融机构保函。企业变更外发加工信息时，涉及企业应缴纳外发加工保证金数量增加的，企业应补缴保证金或者保函。

⑥ 外发加工的成品、剩余料件以及生产过程中产生的边角料、残次品、副产品等加工贸易货物，经营企业向所在地主管海关办理相关手续后，可以不运回本企业。

⑦ 企业未按规定向海关办理外发加工手续，或者实际外发情况与申报情况不一致的，按照《中华人民共和国海关行政处罚实施条例》有关规定予以处罚。

4. 深加工结转

（1）含义

加工贸易企业将加工产品转至另一加工贸易企业进一步加工后复运或返销出口。

（2）加工贸易企业不得办理深加工结转手续的情形。

① 不符合海关监管要求，被海关责令限期整改，在整改期内的。

② 有逾期未报核手册的。

③ 由于涉嫌走私已经被海关立案调查，尚未结案的。

（3）有关规定

① 加工贸易企业开展深加工结转的，转入企业、转出企业应当向各自的主管海关申报，办理实际收发货以及报关手续。

② 企业在办理深加工结转业务时，有未按照有关规定进行收发货申报及报关情形的，不得再次办理深加工结转手续。在补办有关手续前，海关不再受理新的《深加工结转申报表》，并可根据实际情况暂停已办理《深加工结转申报表》的使用。

③ 企业应按照有关规定撤销或者修改深加工结转报关单；对已放行的深加工结转报关单，不能修改，只能撤销。

④ 转出、转入企业违反有关规定的，海关按照《中华人民共和国海关法》及《中华人民共和国海关行政处罚实施条例》的规定处理；构成犯罪的，依法追究其刑事责任。

思考题

异地加工、外发加工与深加工结转的区别。

（七）监管模式

海关对保税加工货物的监管模式有两大类，分别是物理围网的监管模式和非物理围网的监管模式。

1. 物理围网模式

所谓物理围网监管，是指海关对专门划定区域内开展保税加工业务实施封闭式管理。目前，该模式主要适用于出口加工区、保税港区、综合保税区等海关监管特殊区域内企业开展加工贸易。在该模式下，海关对保税加工企业实行联网监管，以企业为海关监管单元，以核查企业电子底账作为海关监管的主要手段，不实行银行保证金台账管理等海关事务担保措施。

2. 非物理围网模式

非物理围网，是指海关针对经营企业的不同情况分别以电子化手册和电子账册作为海关监管手段的管理模式。这种监管方式又分为两种，一种是针对大型企业的，以建立电子账册为主要标志，以企业为单元进行管理,海关对以电子账册作为海关监管手段的保税加工企业以企业作为监管单元，实行联网监管，除特殊情况外，一般不实行银行保证金台账管理等海关事务担保措施；另一种是针对中小企业的，以建立电子化手册为主要标志，海关对电子化手册作为海关监管手段的保税加工企业，以保税加工手册作为监管单元，实行银行保证金台账管理等海关事务担保措施。

二、监管办法

根据 2014 年发布的海关总署令第 219 号（《中华人民共和国海关加工贸易货物监管办法》）加工贸易货物实行以下有关监管办法。

（一）有关进口料件与出口成品的监管办法

1. 除国家另有规定外，加工贸易进口料件属于国家对进口有限制性规定的，经营企业免于向海关提交进口许可证件。

2. 加工贸易出口制成品属于国家对出口有限制性规定的，经营企业应当向海关提交出口许可证件。

3. 加工贸易项下进口料件实行保税监管的，加工成品出口后，海关根据核定的实际加工复出口的数量予以核销。

4. 加工贸易项下进口料件按照规定在进口时先行征收税款的，加工成品出口后，海关根据核定的实际加工复出口的数量退还已征收的税款。

5. 加工贸易项下的出口产品属于应当征收出口关税的，海关按照有关规定征收出口关税。

（二）担保制度与抵押办法

海关按国家规定对加工贸易货物实行担保制度。未经海关批准，加工贸易货物不得抵押。

1. 不予办理抵押手续的情形

（1）抵押影响加工贸易货物生产正常开展的。

（2）抵押加工贸易货物或者其使用的保税料件涉及进出口许可证件管理的。

（3）抵押加工贸易货物属来料加工货物的。

（4）以合同为单元管理的，抵押期限超过手册有效期限的。

（5）以企业为单元管理的，抵押期限超过一年的。

（6）经营企业或者加工企业涉嫌走私、违规，已被海关立案调查、侦查，案件未审结的。

（7）经营企业或者加工企业因为管理混乱被海关要求整改，在整改期内的。

（8）海关认为不予批准的其他情形。

2. 办理抵押手续时，应提交的材料

经营企业在申请办理加工贸易货物抵押手续时，应向主管海关提交以下材料。

（1）正式书面申请。

（2）银行抵押贷款书面意向材料。

（3）海关认为必要的其他单证。

3. 抵押与备案

经审核符合条件的，经营企业在缴纳相应保证金或者银行、非银行金融机构保函（以下简称保证金或者保函）后，主管海关准予其向境内银行办理加工贸易货物抵押，并将抵押合同、贷款合同复印件留存主管海关备案。

保证金或者保函按抵押加工贸易保税货物对应成品所使用全部保税料件应缴税款金额收取。

（三）记账和核算办法

加工贸易企业应当根据《中华人民共和国会计法》以及海关有关规定，设置符合海关监管要求

的账簿、报表以及其他有关单证，记录与本企业加工贸易货物有关的进口、存储、转让、转移、销售、加工、使用、损耗和出口等情况，凭合法、有效凭证记账并且进行核算。

（四）分开管理办法

加工贸易企业应当将加工贸易货物与非加工贸易货物分开管理。加工贸易货物应当存放在经海关备案的场所，实行专料专放。企业变更加工贸易货物存放场所的，应当经海关批准。

1. "分开管理"是指加工贸易货物应与非加工贸易货物分开存放，分别记账。对确实无法实现货物分开存放的，须经主管海关在审核企业内部信息化管理系统、确认其能够通过联网监管系统实现加工贸易货物与非加工贸易货物数据信息流分开后，认定其符合"分开管理"的监管条件。企业应当确保保税货物流与数据信息流的一致性。

2. "海关备案的场所"是指加工贸易企业在办理海关注册登记以及加工贸易业务时向海关备案的经营场所。

3. 加工贸易企业改变或者增加存放场所，应经主管海关批准。主管海关应要求加工贸易企业提交注明存放地址、期限等有关内容的书面申请和存放场所的所有权证明复印件，如属租赁场所还需提交租赁合同。

4. 除外发加工等业务需要外，加工贸易货物不得跨直属海关辖区进行存放。

（五）有关料件监管办法

1. 料件之间串换办法

加工贸易货物应当专料专用。来料加工保税进口料件不得串换。

经海关核准，经营企业可以在保税料件之间、保税料件与非保税料件之间进行串换，但是被串换的料件应当属于同一企业，并且应当遵循同品种、同规格、同数量、不牟利的原则。

企业申请内部料件串换的，应遵循以下原则。

（1）保税料件之间以及保税料件和进口非保税料件之间的串换，必须符合同品种、同规格、同数量的条件。

（2）保税料件和国产料件（不含深加工结转料件）之间的串换必须符合同品种、同规格、同数量、关税税率为零，且商品不涉及进出口许可证件管理的条件。

（3）经营企业因保税料件与非保税料件之间发生串换，串换下来同等数量的保税料件，经主管海关批准后，由企业自行处置。

2. 非保税料件使用办法

由于加工工艺需要使用非保税料件的，经营企业应当事先向海关如实申报使用非保税料件的比例、品种、规格、型号、数量。

经营企业按照规定向海关申报的，海关核销时应当在出口成品总耗用量中予以核扣。

3. 进口料件退换办法

经营企业进口料件由于质量存在瑕疵、规格型号与合同不符等原因，需要返还原供货商进行退换，以及由于加工贸易出口产品售后服务需要而出口未加工保税料件的，可以直接向口岸海关办理报关手续。

经营企业因加工贸易出口产品售后服务需要而申请出口加工贸易手册项下进口的未加工保税料件的，可以按"进料料件复出"或"来料料件复出"的贸易方式直接申报出口。

已经加工的保税进口料件不得进行退换。

4. 进口料件转内销办法

加工贸易保税进口料件或者成品因故转为内销的，海关凭主管部门准予内销的有效批准文件，对保税进口料件依法征收税款并且加征缓税利息，另有规定的除外。

进口料件属于国家对进口有限制性规定的，经营企业还应当向海关提交进口许可证件。

经营企业申请办理加工贸易货物内销手续，除特别规定外，应当向海关提交下列单证。

（1）主管部门签发的《加工贸易保税进口料件内销批准证》。

（2）经营企业申请内销加工贸易货物的材料。

（3）提交与归类和审价有关的材料。

经营企业申请办理加工贸易货物内销手续，应当如实申报《加工贸易货物内销征税联系单》，凭以办理通关手续。

5. 余料结转管理办法

加工贸易企业可以向海关申请将剩余料件结转至另一个加工贸易合同生产出口。但必须在同一经营单位、同一加工企业、同样的进口料件和同一加工贸易方式的情况下进行结转。经营企业申报剩余料件结转的，应当如实申报《加工贸易剩余料件结转联系单》，凭以办理通关手续。

经营企业申报剩余料件结转的，应当向海关提交下列单证。

（1）经营企业申报剩余料件结转的材料。

（2）经营企业拟结转的剩余料件清单。

（3）海关需要收取的其他单证和材料。

任务二 电子化手册管理下的保税加工货物业务操作

加工贸易手册，全称"中华人民共和国海关加工贸易手册"，也称海关手册，在行业内经常简称手册。加工贸易手册经历了 3 个阶段：纯纸质手册——电子化纸质手册——无纸化（电子化）通关手册。目前无纸化通关手册（电子化手册）已经普遍应用，适用于电子化手册管理的保税加工业务。根据规定，经营企业应当向加工企业所在地主管海关办理加工贸易货物的手册设立手续。

一、电子化手册管理概述

电子化手册管理以保税加工手册作为监管单元，实行银行保证金台账管理等海关事务担保措施。电子化手册管理有以下特点。

1. 以电子数据取代传统纸质加工贸易手册，以企业 IC 卡或 I-Key 卡作为系统操作的身份认证。

2. 企业的加工贸易电子化手册设立，进出口数据申报，数据报核大部分通过网络办理。一般情况下，仅当企业需提交资料、样品或领取相关单证时，才需要到海关业务现场。

3. 备案资料库管理。通过对加工贸易料件及成品进行预处理，建立企业备案资料库，企业在进行电子化手册设立时可直接调用备案资料库数据，以此减少企业再办理电子化手册时的审批时间。

二、电子化手册管理的保税加工业务作业流程

电子化手册管理的保税加工业务作业流程如图 8-1 所示。

（一）主管部门业务批准

加工贸易企业向商务主管部门申办"加工贸易企业经营情况及生产能力证明"（见表 8-2）和"加工贸易业务批准证申请表"（见表 8-3），取得商务主管部门对开展加工贸易业务的批准。

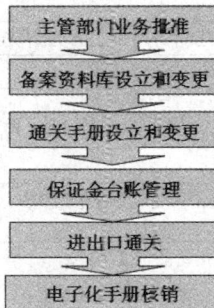

图 8-1 电子化手册管理的保税加工作业流程

1. 加工贸易企业经营情况及生产能力证明

海关对加工贸易货物手册设立的管理规定提及的开展加工贸易业务的有效批准文件中"加工贸

易企业经营情况及生产能力证明"一般由商务主管部门出具。

"加工贸易企业经营情况及生产能力证明"简称"生产能力证明",是确定企业开展加工贸易业务资格和审批机构进行加工贸易业务审批的重要依据。

申请从事加工贸易的企业,须如实申报生产能力证明各项内容,各级商务主管部门须实地勘察,据实审核。未通过加工贸易企业经营状况及生产能力核查的企业,商务主管部门不得批准其从事加工贸易业务。

生产能力证明有效期1年,加工贸易企业在生产能力证明有效期内申请加工贸易业务总量一般不超过生产能力证明核定的总量。

企业填报生产能力证明分为两种情形:在经营企业委托加工企业开展生产加工时,经营企业填报表8-2(表一);经营企业自行开展生产加工时,填报表8-2(表二);加工企业填报表8-2(表三)。

表8-2　　　　　　　　　　　　加工贸易企业经营情况及生产能力证明(样表)

表一:加工贸易经营状况(由进出口经营企业填写)

企业名称:				
进出口企业代码:		海关注册编码:		法人代表:
外汇登记号:		联系电话:		联系传真:
税务登记号:		邮政编码:		工商注册日期:　年　月　日
基本账号及开户银行:				
地址:				
企业类型(选中画"√"):□1. 国有企业　□2. 外商投资企业　□3. 其他企业				
海关分类评定级别(选中画"√"):□A类　□B类　□C类　□D类　(以填表时为准)				
是否对外加工装配服务公司或外经发展公司的加工企业　　　　　□是　　□否				
(外商投资企业填写)(万$)	注册资本:	累计实际投资总额(截至填表时)	实际投资来源地:(按投资额度或控股顺序填写前五位国别/地区及累计金额) 1. 2. 3. 4. 5.	外商本年度拟投资额: 外商下年度拟投资额:
(非外商投资企业填写)(万¥)	注册资本:	资产总额(截至填表时):	净资产额(截至填表时):	本年度拟投资额: 下年度拟投资额:
研发机构: □改进型 自主型 □核心 □外围 研发机构投资总额(万$):			是□ 否□ 世界500强公司投资(选择"√") (根据美国《财富》杂志年评结果,主要考察投资主体)	
产品技术水平:□A 世界先进水平　　□B 国内先进水平　　□C 行业先进水平				
累计获得专利情况:　1. 国外(　　　个)　　2. 国内(　　　个)				
企业员工总数:		文化程度:1. 本科以上(　　　) 2. 高中、大专(　　　) 3. 初中及以下(　　　) (在括号内填入人数)		
经营范围:(按营业执照)				

年度	营业额(万¥):	利润总额(万¥):	
	纳税总额(万¥):	企业所得税(万¥):	
	工资总额(万¥):	个人所得税总计(万¥):	
	加工贸易进出口额(万$):	出口额(万$):	进口额(万$):
	进料加工进出口额(万$):	出口额(万$):	进口额(万$):
	来料加工进出口额(万$):	出口额(万$):	进口额(万$):

续表

年度	加工贸易合同份数：	进料加工合同份数：	来料加工合同份数：
	进出口结售汇差额（万$）：	出口结汇额（万$）：	进口售汇额（万$）：
	进料加工结售汇差额（万$）：	进料加工结汇（万$）：	进料加工售汇（万$）：
	加工贸易转内销额（万$）：	内销补税额：（万¥含利息）	来料加工（工缴费 万$）：
	内销主要原因：1. 国外市场方面　2. 国外企业方面　3. 国外法规调整　4. 客户 （*可多项选择*）　5. 国内市场方面　6. 国内企业方面　7. 国内法规调整　8. 产品质量		
	深加工结转总额（万$）：	转出额（万$）：	转进额（万$）：
	本企业采购国产料件额（万¥）：（不含深加工结转料件和出口后复进口的国产料件）		
	国内上游配套企业家数：	国内下游用户企业家数：	
	直接出口订单来源：□A 跨国公司统一采购　□B 进口料件供应商　□C 自有客户　□D 其他客户		

上年度加工贸易主要进口商品（*按以下分类序号选择"√"，每类可多项选择*）		
大类：□1. 初级产品 □2. 工业制成品		
中类：□A 机电　□B 高新技术　□C 纺织品　□D 工业品　□E 农产品　□F 化工产品		
小类：□a 电子信息　□b 机械设备　□c 纺织服装　□d 鞋类　□e 旅行品、箱包　□f 玩具 　　　□g 家具　　□h 塑料制品　□i 金属制品　□j 其他　□k 化工产品		
上年度加工贸易主要出口商品（*按以下分类序号选择"√"，每类可多项选择*）		
大类：□1. 初级产品 □2. 工业制成品		
中类：□A 机电　□B 高新技术　□C 纺织品　□D 工业品　□E 农产品　□F 化工产品		
小类：□a 电子信息　□b 机械设备　□c 纺织服装　□d 鞋类　□e 旅行品、箱包　□f 玩具 　　　□g 家具　　□h 塑料制品　□i 金属制品　□j 其他　□k 化工产品		
企业承诺：以上情况真实无讹并承担法律责任	法人代表签字：	企业盖章 　　　年　　月　　日
商务部门审核意见：	审核人：	审核部门签章 　　　年　　月　　日
备注：		

说明：1. 有关数据如无特殊说明均填写上年度数据；

　　　2. 如无特别说明，金额最小单位为"万美元"和"万元"；

　　　3. 涉及数值、年月均填写阿拉伯数字；

　　　4. 进出口额、深加工结转额以海关统计或实际发生额为准；

　　　5. 此证明自填报之日起有效期为 1 年。

表二：加工贸易经营状况及生产能力证明【由各类有进出口经营权的生产型企业（含外商投资企业）填写】

企业名称：				
进出口企业代码：		海关注册编码：		法人代表：
外汇登记号：		联系电话：		联系传真：
税务登记号：		邮政编码：		工商注册日期：　年　月　日
基本账号及开户银行：				
经营企业地址：				
加工企业地址：				
企业类型（*选中画"√"*）：□1. 国有企业　□2. 外商投资企业　□3. 其他企业				
海关分类评定级别（*选中画"√"*）：□A 类　□B 类　□C 类　□D 类　（*以填表时为准*）				
（*外商投资企业填写*） （*万$*）	注册资本：	累计实际投资总额 （截至填表时）：	实际投资来源地：（按投资额度或控股顺序填写前五位国别/地区及累计金额） 1. 2. 3. 4. 5.	外商本年度拟设投资额： 外商下年度拟投资额：

（非外商投资企业填写）（万¥）	注册资本：	资产总额(截至填表时)：	净资产额（截至填表时）：		本年度拟投资额： 下年度拟投资额：
研发机构数量： □改进型 自主型 □核心 □外围			是□ 否□ 世界500强公司投资（选择"√"） （根据美国《财富》杂志年评结果，主要考察投资主体）		
研发机构投资总额（万美元）：					
产品技术水平：□A 世界先进水平 □B 国内先进水平 □C 行业先进水平					
累计获得专利情况： 1. 国外（ 个） 2. 国内（ 个）					
企业员工总数：		文化程度：1. 本科以上（ ） 2. 高中、大专（ ） 3. 初中及以下（ ） （在括号内填入人数）			
经营范围：（按营业执照）					

年度	营业额（万¥）：		利润总额（万¥）：			
	纳税总额（万¥）：		企业所得税（万¥）：			
	工资总额（万¥）：		个人所得税总计（万¥）：			
	加工贸易进出口额（万$）：		出口额（万$）：		进口额（万$）：	
	进料加工进出口额（万$）：		出口额（万$）：		进口额（万$）：	
	来料加工进出口额（万$）：		出口额（万$）：		进口额（万$）：	
	加工贸易合同份数：		进料加工合同份数：		来料加工合同份数：	
	进出口结售汇差额（万$）：		出口结汇额（万$）：		进口售汇额（万$）：	
	进料加工结售汇差额（万$）：		进料加工结汇（万$）：		进料加工售汇（万$）：	
	加工贸易转内销额（万$）：		内销补税额：（万¥含利息）		来料加工（万$工缴费）：	
	内销主要原因：□1. 国外市场方面 □2. 国外企业方面 □3. 国外法规调整 □4. 客户 （可多项选择）□5. 国内市场方面 □6. 国内企业方面 □7. 国内法规调整 □8. 产品质量					
	深加工结转总额（万$）：		转出额（万$）：		转进额（万$）：	
	本企业采购国产料件额（万¥）：（不含深加工结转料件和出口后复进口的国产料件）					
	国内上游配套企业家数：		国内下游用户企业家数：			
	直接出口订单来源：A 跨国公司统一采购 B 进口料件供应商 C 自有客户 D 其他客户					

上年度加工贸易主要进口商品（按以下分类序号选择"√"，每类可多项选择）

大类：□1. 初级产品 □2. 工业制成品

中类：□A 机电 □B 高新技术 □C 纺织品 □D 工业品 □E 农产品 □F 化工产品

小类：□a 电子信息 □b 机械设备 □c 纺织服装 □d 鞋类 □e 旅行品、箱包 □f 玩具

□g 家具 □h 塑料制品 □i 金属制品 □j 其他 □k 化工产品

上年度加工贸易主要出口商品（按以下分类序号选择"√"，每类可多项选择）

大类：□1. 初级产品 □2. 工业制成品

中类：□A 机电 □B 高新技术 □C 纺织品 □D 工业品 □E 农产品 □F 化工产品

小类：□a 电子信息 □b 机械设备 □c 纺织服装 □d 鞋类 □e 旅行品、箱包 □f 玩具

□g 家具 □h 塑料制品 □i 金属制品 □j 其他 □k 化工产品

续表

生产能力	厂房面积：(平方米)		仓库面积：(平方米)		生产性员工人数：
	生产加工范围：				
	生产规模：(主要产出成品数量及单位)				
	累计生产设备投资额(万$)：(截至填表时)				
	上年度生产设备投资额(万$)：				
	累计加工贸易进口不作价设备额(万$)：(截至填表时)				
企业承诺：以上情况真实无讹并承担法律责任			法人代表签字：		企业盖章 　　年　　月　　日
商务部门审核意见：			审核人：		审核部门签章 　　年　　月　　日
备注：					

说明：1. 有关数据如无特殊说明均填写上年度数据；

2. 如无特别说明，金额最小单位为"万美元"和"万元"；

3. 涉及数值、年月均填写阿拉伯数字；

4. 只统计本企业既为经营企业又为加工企业的加工贸易业务，受委托的从事加工贸易业务由相关经营企业统计；

5. 进出口额、深加工结转额以海关统计或实际发生额为准；

6. 此证明自填报之日起有效期为一年。

表三：加工贸易生产能力证明（由无经营权、承接委托加工贸易业务的企业填写）

企业名称：				
企业代码：		海关代码：		法人代表或企业负责人：
税务登记号：		外汇登记号：		注册时间：　年　月　日
基本账号及开户银行：		联系电话/传真：		
通信地址及邮编：				
企业类型(选中画"√")：□1. 国有企业　□2. 外商投资企业　□3. 民营、私营 □4. 其他企业				
海关分类评定级别(选中画"√")：□A类　□B类　□C类　□D类　(以填表时为准)				
注册资本：	资产总额(万元)：	净资产额(万元)：		本年度拟投资额(万元)： 下年度拟投资额(万元)：
研发机构数量：□改进型 自主型：□核心　□外围		是□　否□　世界500强公司投资(选择"√") (根据美国《财富》杂志年评结果，主要考察投资主体)		
研发机构投资总额(万美元)：				
技术水平：A 世界先进水平　　　B 国内先进水平　　　C 行业先进水平				
累计获得专利情况：　1. 国外(　　个)　　2. 国内(　　个)				
员工总数：	文化程度：1. 本科以上(　) 2. 高中、大专(　)　3. 初中及以下(　) (在括号内填入人数)			
经营范围：(按营业执照)				
上年度	总产值(万元)：(进料加工企业填写)		来料加工出口额(万美元)：(来料加工企业填写)	
	营业额(万元)：(进料加工企业填写)		来料加工工缴费(万美元)：(来料加工企业填写)	
	利润总额(万元)：			
	纳税总额(万元)：		企业所得税(万元)：	
	工资总额(万元)：		个人所得税总计(万元)：	
	加工贸易进口料件总值(万美元)：		加工贸易出口成品总值(万美元)：	
	进料加工合同数量：		来料加工合同数量：	

续表

<table>
<tr><td rowspan="9">上年度</td><td colspan="2">进料加工进口料件总值（万美元）：</td><td colspan="2">进料加工出口成品总值（万美元）：</td></tr>
<tr><td colspan="2">加工贸易转内销额（万美元）：</td><td colspan="2">内销补税额：（万元，含利息）</td></tr>
<tr><td colspan="4">内销主要原因：1. 国外市场方面 2. 国外企业方面 3. 国外法规调整 4. 客户
（可多项选择）5. 国内市场方面 6. 国内企业方面 7. 国内法规调整 8. 产品质量</td></tr>
<tr><td colspan="2">深加工结转转入料件总值（万美元）：</td><td colspan="2">深加工结转转出料件总值（万美元）：</td></tr>
<tr><td colspan="2">国内上游配套企业家数：</td><td colspan="2">国内下游用户企业家数：</td></tr>
<tr><td colspan="4">本企业采购国产料件额（万美元）：</td></tr>
</table>

<table>
<tr><td colspan="5">上年度加工贸易主要投入商品（按以下分类序号选择"√"，每类可多项选择）</td></tr>
<tr><td>大类：</td><td colspan="4">□1. 初级产品 □2. 工业制成品</td></tr>
<tr><td>中类：</td><td colspan="4">□A 机电 　□B 高新技术 　□C 纺织品 　□D 工业品 　□E 农产品 　□F 化工产品</td></tr>
<tr><td>小类：</td><td colspan="4">□a 电子信息 □b 机械设备 □c 纺织服装 □d 鞋类 □e 旅行品、箱包 □f 玩具
□g 家具 　　□h 塑料制品 □i 金属制品 □j 其他 　□k 化工产品</td></tr>
</table>

<table>
<tr><td colspan="5">上年度加工贸易主要产出商品（按以下分类序号选择"√"，每类可多项选择）</td></tr>
<tr><td>大类：</td><td colspan="4">□1. 初级产品 □2. 工业制成品</td></tr>
<tr><td>中类：</td><td colspan="4">□A 机电 　□B 高新技术 　□C 纺织品 　□D 工业品 　□E 农产品 　□F 化工产品</td></tr>
<tr><td>小类：</td><td colspan="4">□a 电子信息 □b 机械设备 □c 纺织服装 □d 鞋类 □e 旅行品、箱包 □f 玩具
□g 家具 　　□h 塑料制品 □i 金属制品 □j 其他 　□k 化工产品</td></tr>
</table>

<table>
<tr><td rowspan="4">生产能力</td><td>厂房面积：（平方米）</td><td>仓库面积：（平方米）</td></tr>
<tr><td colspan="2">生产规模：（主要产出成品数量及单位）</td></tr>
<tr><td colspan="2">累计生产设备投资额（万美元）：（截至填表时）</td></tr>
<tr><td colspan="2">累计加工贸易进口不作价设备额（万美元）：（截至填表时）</td></tr>
</table>

<table>
<tr><td>企业承诺：以上情况真实无讹并愿承担法律责任</td><td>企业负责人签字：</td><td>企业盖章
　　年　　月　　日</td></tr>
<tr><td>外经贸审核部门意见：</td><td>审核人：</td><td>审核部门签章
　　年　　月　　日</td></tr>
<tr><td colspan="3">备注：</td></tr>
</table>

录入人员姓名：　　　　　　　　　　　　　　　录入日期：

说明：

1. 有关数据如无特殊说明均填写上年度数据；
2. 如无特殊说明，金额最小单位为"万美元"和"万元"；
3. 涉及数值、年月均填写阿拉伯数字；
4. 进出口额、深加工结转额以海关统计或实际发生额为准；
5. 此证明自填报之日起有效期为 1 年。

2. 加工贸易业务批准证

加工贸易业务批准证（见表 8-3），是指经营企业向商务主管部门申请开展加工贸易业务，由商务主管部门核发的加工贸易业务批准文件。

加工贸易企业凭生产能力证明等材料向商务主管部门办理加工贸易业务批准证。

表 8-3　　　　　　　　　　　　　加工贸易业务批准证申请表

1. 经营企业名称：	4. 加工企业名称：
2. 经营企业地址、联系人、电话：	5. 加工企业地址、联系人、电话：
3. 经营企业类型： 　　经营企业编码：	6. 加工企业类型： 　　加工企业编码：

7. 加工贸易类型:		8. 来料加工项目协议号:	
进料加工	9. 进口合同号:	来料加工	12. 合同外商:
	10. 出口合同号:		13. 合同号:
	11. 客供辅料合同号:		14. 加工费（美元）:
15. 进口主要料件（详细目录见清单）:		18. 出口主要制成品（详细目录见清单）:	
16. 进口料件总值（美元）:		19. 出口制成品总值（美元）:	
17. 进口口岸:		20. 出口口岸:	
21. 出口制成品返销截止日期:		22. 加工地主管海关:	
23. 加工企业生产能力审查单位:		24. 经营企业银行基本账户账号:	
25. 选项说明: （　）（1）本合同项下产品不涉及地图内容，不属于音像制品、印刷品。 （　）（2）本合同项下产品涉及地图内容，已取得国家测绘局批准文件。 （　）（3）本合同项下产品属音像制品、印刷品，已取得省级新闻出版行政机关批准文件。		27. 备注:	28. 经办人: 审核: 签发: 日期: （此栏由审批机关使用）
26. 申请人申明: 本企业的生产经营和所加工产品符合国家法律、法规的规定			

（二）备案资料库设立和变更

通过建立备案资料库，定义企业的加工能力和进出口商品范围。若企业由于规模及业务扩大等原因需增加其资料库底账，如增加进出口货物的范围等，则必须进行资料库的变更。企业可通过电子口岸海关申报作业的综合业务系统（QP 系统）的相关功能向海关申报变更数据。一家加工贸易企业只能设立一个备案资料库。

所有企业在通关手册设立前需要向主管海关提供该企业所涉及保税商品归类、商品归并资料，海关对其进行核对。经主管海关核对后，为企业建立加工贸易项号级备案资料数据库（或称备案底账）。

备案资料库备案相当于对料件及成品进行预归类，企业在没有与外商签订加工合同以前，可以将本企业以前开展加工的料件及成品，或者以后将可能开展加工的料件及成品向海关进行预归类。

1. 备案资料库的内容

（1）成品和料件的 HS 编码。

（2）成品和料件的名称。

（3）成品和料件的计量单位。

（4）申报最近一年的加工贸易业绩，以进口总值计。

2. 备案资料库设立的核心事务

（1）商品归类

加工贸易企业首先需要确定所有保税料件、成品的预归类信息，包括货号、商品编码、商品名称及计量单位、是否主料等。

（2）商品归并

企业和海关对货物（料件、成品）的管理重点不同：生产企业内部对货物管理的精确程度要求较高，企业必须区分全部不同种类、规格、功能、大小甚至颜色的货物。海关对特殊的、敏感的、需重点监管的货物，进行详细管理，而对一般货物，无须对其逐项区分和计算。所以企业一般会按照海关认可的归并原则对货物进行归并，将近似、非敏感的货物合并为一项向海关申报。

商品归并就是根据《商品名称及编码协调制度》的要求，在商品归类的基础上，对加工贸易进口料件和成品按海关监管和申报要求，进行分类、合并工作，将多种相同归类、相同属性料件或成品合并为一项（即归并至备案资料库同一项目）。

① 料件归并

对同时满足以下条件的料件，原则上可以归并。

第一，10 位 HS 编码相同的。

第二，申报计量单位相同的。

第三，商品名称相同，或虽商品名称不同，但商品属性或用途相近，可替代使用的。

第四，商品名称、申报计量单位、HS 编码相同，并且能够满足口岸海关查验和海关核销要求，价格相近。

对有以下情况之一的，一般不做归并。

第一，不符合以上归并条件的。

第二，主料。

第三，有特殊关税要求的商品。

第四，属许可证管理商品。

第五，加工贸易限制类商品。

第六，因管理需要，海关或企业认为需单列的商品。

料件归并情况举例如表 8-4 所示。

表 8-4 料件归并情况示例表

归并前料件				归并后料件			
物料编码	料件名称	商品编码	计量单位	项号	中文名	商品编码	计量单位
Ld001	1mm 螺钉	7616100000	个	01	螺钉	7616100000	个
Ld002	4mm 螺钉	7616100000	个				
Ld003	5mm 螺钉	7616100000	个				
Ld004	6mm 螺钉	7616100000	个				
Ld005	8mm 铝钉	7616100000	个	02	铝钉	7616100000	个

② 成品归并

海关对同时符合下列条件的成品，原则上可以归并，成品归并举例如表 8-5 所示。

第一，10 位 HS 编码相同的。

第二，申报计量单位相同的。

第三，成品名称相同的。

第四，对应料件单耗相同的。

表 8-5 成品归并表

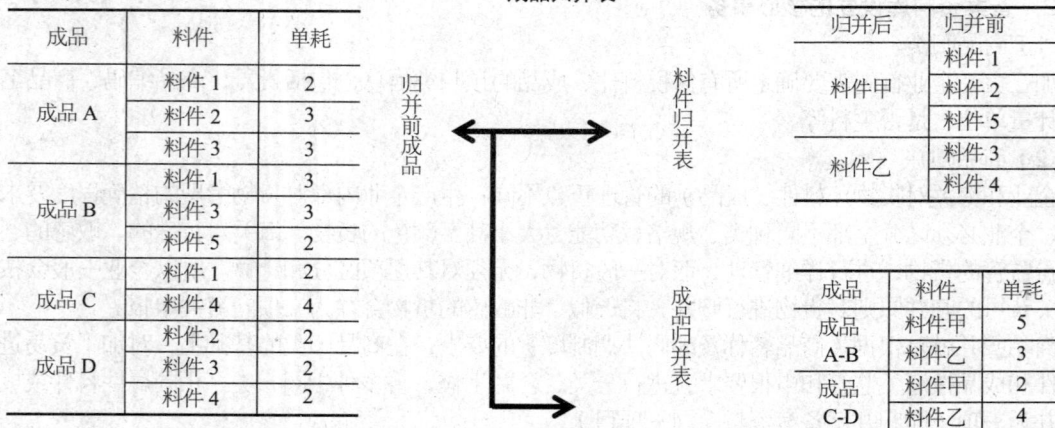

（3）备案资料库信息申报

备案资料库相关资料准备完毕后，加工贸易经营企业需通过 QP 系统向主管海关申报备案信息，主要包括基本信息、进口料件信息和出口成品信息。上述信息经海关审核通过后，备案资料库设立完成。备案资料库界面如图 8-2 所示。

图 8-2　备案资料库界面

3. 备案资料库变更的程序

（1）申请人将有关资料提供给海关，由经办关员进行审核后，认为齐全、有效、符合海关要求的予以受理。对不符合要求的告知企业，由申请人补充完毕后，再行申报。

（2）申请人在收到海关准予受理的通知后，录入备案资料库的电子预申请数据后，向海关发送。

（3）海关经办关员对企业提交的电子数据进行审核，审核后认为符合要求的予以通过；认为商品名称、编码或计量单位等内容不符合海关监管要求或有关文件、政策规定的予以退单，由申请企业修改后重新申报。

4. 备案资料库变更需提交的材料

（1）《加工贸易企业经营状况及生产能力证明》（生产能力、经营范围发生变更时收取）。

（2）经营单位和加工单位的工商营业执照复印件（经营范围发生变更时收取）。

（3）海关认为其他需提交的有关单证。

（三）手册的设立

根据《中华人民共和国海关加工贸易货物监管办法》（海关总署令第 219 号）规定，经营企业或其代理人在加工贸易经商务主管部门批准并建立备案资料库后，料件尚未进口前，凭合同、批件等到加工企业所在地主管海关办理手册设立手续，由海关确认监管方式、征免性质、商品名称、数量、金额、单耗等情况。一家加工贸易企业可设立多本通关手册。

1. 设立手册的经营企业应具备的资格与条件

（1）企业需具有进出口经营权。

（2）企业已取得海关注册登记编码或临时注册编码。

2. 通关手册的内容

通关手册主要内容包括。

（1）进口料件的 HS 编码、名称、规格、计量单位、单价、数量。

（2）出口成品的 HS 编码、名称、规格、计量单位、单价、数量。

（3）出口成品的单损耗情况。

单位耗料量，是指加工贸易企业在正常生产条件下加工生产单位出口成品所耗用的进口料件的数量，简称单耗。

3. 手册设立的办事程序

通关手册设立的办事程序可以简单概括为：申报→交单→审核→办理保证金台账手续→核发手册，具体步骤如下。

（1）申报

企业进行手册设立数据预录入，选择台账银行和单耗申报环节，如实申报贸易方式、单耗、进出口口岸，以及进口料件和出口成品的商品名称、商品编号、规格型号、价格和原产地等情况。

（2）交单

企业向主管海关办理手册设立手续，应提交以下单证。

① 主管部门签发的同意开展加工贸易业务的有效批准文件。

② 经营企业自身有加工能力的，应当提交主管部门签发的《加工贸易加工企业生产能力证明》。

③ 经营企业委托加工的，应当提交经营企业与加工企业签订的委托加工合同、主管部门签发的加工企业《加工贸易加工企业生产能力证明》。

④ 经营企业对外签订的合同。

⑤ 海关认为需要提交的其他证明文件和材料。

（3）受理审核

主管海关对企业提交的资料进行审核，经审核提交齐全、有效的单证材料，申报设立手册的，海关应当自接受企业手册设立申报之日起 5 个工作日内完成加工贸易手册设立手续。

（4）办理保证金台账手续

企业前往指定的台账银行办理保证金台账手续，完成保证金台账登记，打印台账联系单。

（5）核发手册

企业完成保证金台账登记后，海关自动核发电子化手册。

4. 其他规定

（1）担保制度

需要办理担保手续的，经营企业按照规定提供担保后，海关办理手册设立手续。有下列情形之一的，海关应当在经营企业提供相当于应缴税款金额的保证金或者银行、非银行金融机构保函后办理手册设立手续。

① 涉嫌走私，已经被海关立案侦查，案件尚未审结的。

② 由于管理混乱被海关要求整改，在整改期内的。

有下列情形之一的，海关可以要求经营企业在办理手册设立手续时提供相当于应缴税款金额的保证金或者银行、非银行金融机构保函。

① 租赁厂房或者设备的。

② 首次开展加工贸易业务的。

③ 加工贸易手册延期两次（含两次）以上的。

④ 办理异地加工贸易手续的。

⑤ 涉嫌违规，已经被海关立案调查，案件尚未审结的。

（2）不得办理手册设立手续的情形

加工贸易企业有下列情形之一的，不得办理手册设立手续。

① 进口料件或者出口成品属于国家禁止进出口的。

② 加工产品属于国家禁止在我国境内加工生产的。

③ 进口料件不宜实行保税监管的。

④ 经营企业或者加工企业属于国家规定不允许开展加工贸易的。

⑤ 经营企业未在规定期限内向海关报核已到期的加工贸易手册，又重新申报设立手册的。

（3）申报不符事实的处理办法

经营企业办理加工贸易货物的手册设立，申报内容、提交单证与事实不符的，海关应当按照下列规定处理。

① 货物尚未进口的，海关注销其手册。

② 货物已进口的，责令企业将货物退运出境。

（4）领取分册和续册

已办理加工贸易货物手册设立手续的经营企业可向海关领取加工贸易手册分册、续册。

（四）手册的变更

加工贸易货物手册设立内容发生变更的，经营企业应当在加工贸易手册有效期内办理变更手续。需要报原审批机关批准的，还应当报原审批机关批准，另有规定的除外。

1. 手册变更的文件依据

（1）《中华人民共和国海关法》。

（2）《中华人民共和国海关加工贸易货物监管办法》。

2. 办理条件

经营企业已办理了加工贸易手册设立，并在海关批准的加工贸易手册有效期内申请办理变更手续。

3. 应提交的材料

电子化手册变更需交验以下材料。

（1）《〈加工贸易业务批准证〉变更证明》（经营企业属广东省的除外）。

（2）合同变更协议或其他单证。

（3）海关认为其他需收取的有关单证。

4. 手册变更办理程序

申请人将有关资料提供给海关，由经办关员验核单证是否齐全、有效，并调取申请人录入申报的电子数据，校对单证与电子数据是否一致。经办关员对变更内容进行审核后，符合要求的予以通过；认为不符合海关监管要求或有关文件、政策规定的予以退单。由申请企业修改后重新申报。

注意：变更分为备案资料库变更和电子化手册变更，先变更"备案资料库"，再变更电子化手册。

5. 办理时限：自受理申请之日起5个工作日内

6. 受理部门：各有关隶属海关业务现场

（五）保证金台账管理

加工贸易银行保证金台账是国家对加工贸易业务管理的一项制度，加工生产企业主管海关所在地的中国银行分（支）行各银行是台账设立、核销的办事机构，海关是台账设立和核销的重要环节之一。

经营企业向海关办理通关手册设立手续时，如需要缴纳保证金，海关出具银行保证金台账开设联系单，由企业至银行办理台账手续。企业至海关办理银行保证金台账开设联系单回执登记手续，海关登记回执后，系统生产电子化手册。

1. 保证金台账制度的含义

银行保证金台账制度，全称为加工贸易银行保证金台账制度，是指经营加工贸易的单位或企业凭海关核准的手续，按合同备案料件全额向指定银行申请设立加工贸易进口料件保证金台账，加工成品在规定的加工期限内全部出口，经海关核销合同后，再由银行核销保证金台账。

2. 保证金台账分类管理措施

根据国家对外贸管理规定，加工贸易商品分为禁止类商品、限制类商品和允许类商品三大类。海关根据企业的资信状况对加工贸易企业实行高级认证企业、一般认证企业、一般信用企业和失信企业4个类别的管理。除禁止类商品外，海关根据商品类别和企业类别采取不同的保证金台账管理措施。

（1）加工贸易商品属于限制类商品

高级认证企业、一般认证企业台账空转，东部地区一般信用企业50%实转，中西部地区一般信用企业台账空转，失信企业100%实转。

┨知识链接┠

关于加工贸易限制类商品目录的公告

根据商务部、海关总署于2015年11月25日联合公告2015年第63号，为保持外贸稳定增长、调整进出口商品结构，现对加工贸易限制类目录进行调整，并将有关事项公告如下：

一、根据2015年海关商品编码，调整后的限制类目录共计451项商品编码。其中，限制出口95项商品编码，限制进口356项商品编码。

二、海关根据企业信用状况将企业认定为高级认证企业、一般认证企业、一般信用企业和失信企业。企业按照海关信用管理分类缴纳台账保证金，在规定期限内加工成品出口并办理核销结案手续后，保证金及利息予以退还。

（一）对管理方式为"实转"的81个商品编码，高级认证企业与一般认证企业实行"空转"管理（即无须缴纳台账保证金），东部地区一般信用企业缴纳按实转商品项下保税进口料件应缴进口关税和进口环节增值税之和50%的保证金；对其他370个商品编码，高级认证企业、一般认证企业与一般信用企业均实行"空转"管理。

（二）经营企业及其加工企业同时属于中西部地区的，开展限制类商品加工贸易业务，高级认证企业、一般认证企业和一般信用企业实行银行保证金台账"空转"管理。

（三）失信企业开展限制类商品加工贸易业务均须缴纳100%台账保证金。

三、本公告所指中西部地区是指除东部地区以外的其他地区。东部地区包括北京市、天津市、上海市、辽宁省、河北省、山东省、江苏省、浙江省、福建省、广东省。

四、本公告不适用于出口加工区、保税区等海关特殊监管区域，以及海关特殊监管区域外以深加工结转方式在国内转入限制进口类商品和转出限制出口类商品的加工贸易业务。

五、本公告自发布之日起执行，此前有关规定与本公告不一致的，以本公告为准。

（2）加工贸易商品属于允许类商品

高级认证企业不设台账，一般认证企业和一般信用企业台账空转，失信企业100%实转。

（3）补充说明

① 东部地区包括辽宁省、北京市、天津市、河北省、山东省、江苏省、上海市、浙江省、福建省、广东省。中西部地区指东部地区以外的中国其他地区。

② 50%实转、100%实转是指海关对手册料件收取应征进口关税及进口环节增值税税款等额50%、100%的台账保证金。

③ 对于同一本加工贸易手册，如果经营企业和加工企业管理类别不一致，海关以较低企业的类别进行管理。

3. 台账开设

第一步：经营单位或企业向主管海关申请办理加工贸易合同登记备案。

第二步：经主管海关审核符合加工贸易合同备案要求的，签发《银行保证金台账开设联系单》，交由企业前往银行办理台账开设手续。

第三步：企业前往指定银行办理保证金台账手续。银行审核有关资料后，根据有关情况为企业开设台账，出具《银行保证金台账登记通知单》。

第四步：企业凭银行签发的《银行保证金台账登记通知单》到海关办理正式合同备案手续。

4. 台账变更

第一步：当加工贸易合同发生变更时，经营单位或企业向主管海关提出变更申请。

第二步：经主管海关审核可以办理合同变更手续的，签发《银行保证金台账变更联系单》，交由企业前往指定银行办理台账变更手续。

第三步：企业前往指定银行办理保证金台账手续。银行审核有关资料后，根据情况签发《银行保证金台账变更通知单》。

注：如涉及增加台账保证金的，企业应按规定补交，但合同变更后减少的台账保证金暂不退还，待合同结案后予以退还。

第四步：企业凭银行签发的《银行保证金台账变更通知单》到海关办理加工贸易合同变更手续。

5. 台账核销

第一步：加工贸易合同执行完毕后，经营单位或企业向主管海关提出核销申请。

第二步：经主管海关审核可以核销结案的，主管海关签发《银行保证金台账核销联系单》，交由企业前往指定银行办理台账核销手续。

第三步：银行凭海关签发的《银行保证金台账核销联系单》办理台账核销手续，根据有关情况签发《银行保证金台账核销通知单》。

注：对需办理台账保证金退还手续的，银行按活期存款利率计付利息。对在合同规定的加工期限内未能出口或经批准转内销的，海关通知银行将保证金转为税款，并由企业支付缓税利息。

第四步：企业凭银行签发的《银行保证金台账核销通知单》到海关办理加工贸易合同核销结案手续。

6. 其他规定

（1）办事对象义务

在办理加工贸易合同登记、变更和核销的相应阶段出具《银行保证金台账开设联系单》《银行保证金台账变更通知单》和《银行保证金台账核销联系单》。

（2）办事机构义务

加工贸易经营单位或企业的备案、变更和核销申请符合加工贸易管理要求的，主管海关相应出具《银行保证金台账开设联系单》《银行保证金台账变更通知单》和《银行保证金台账核销联系单》。

（3）办事时限

企业在相应环节交验单证齐全有效的，接受企业申请后备案阶段在 5 天内签发台账开设联系单或者 5 天内签发台账变更通知单，核销阶段在 45 天内签发台账核销联系单。

（六）进出口通关申报

企业可在 QP 报关申报系统口录入报关单，向海关申报。企业可直接申报通关手册备案项下的商品，如图 8-3 所示。

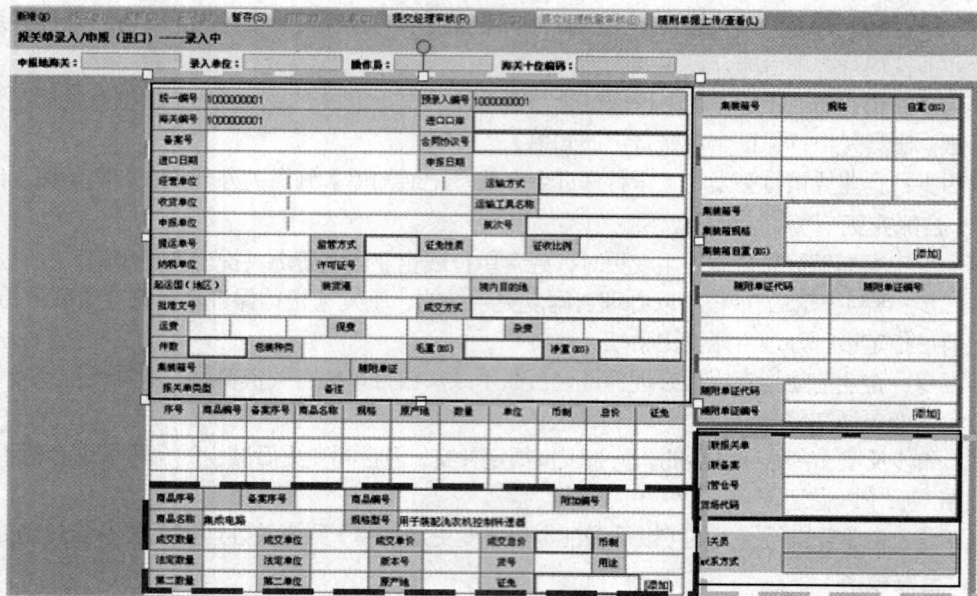

图 8-3　报关单录入/申报界面

填制说明:

1. 上图实线框部分为表头部分,根据报关单草单依次填写有关栏目。

2. 上图虚线框部分为商品项栏目,通常情况下先录入"商品名称",后录入"商品编码"。商品项填制完后,相关内容会显示在商品项填制空格上方的列表上,如图 8-4 所示。

序号	商品编号	备案序号	商品名称	规格	原产地	数量	单位	币制	总价	征免
1			集成电器	用于装配洗衣机控制转速器						
2 编辑　删除			焊丝	电弧焊用的锡焊丝|焊剂						

图 8-4　商品项栏目界面

3. 右上方框处为"集装箱"填制栏目,根据报关单草单分别录入集装箱号、规格代号、自重等信息。集装箱信息录入完成后,回车,集装箱信息自动保存至上方表格,同时在表体"集装箱号"栏目显示集装箱个数。

4. 界面右侧中间为"随附单证"填制栏目。该栏目可根据草单依次录入"随附单证代码""随附单证编号"后,回车,信息自动保存至上方表格中,同时在表体如果草单此栏为空,则无须录入;如果该"随附单证"栏目显示所有单证代码,如有多个随附单证,则重复上述操作。

5. 报关单录入填制完后,需要点击界面上方"暂存(S)"按钮进行保存。

6. 发送报关单电子数据前需要在"随附单证"界面选择"电子代理报关委托协议"。并上传需提交的随附单证电子数据文件。

7. 对预录入的报关单数据审核无误后,点击界面上方"申报(R)"按钮正式申报。

8. 系统显示"申报成功",表示电子数据成功进入海关通关作业系统,至此完成电子申报作业。

(七)电子化手册报核

企业的加工贸易合同完成后,可通过 QP 系统向海关进行电子化手册报核。

1. 文件依据

（1）《中华人民共和国海关法》。

（2）《中华人民共和国海关对加工贸易货物监管办法》。

2. 申请条件

已办理加工贸易手册设立的企业。

3. 应提交的材料

（1）进出口报关单。

（2）其他需收取的单证和材料（如内销征税缴款通知书复印件、国内购料情况说明等）。

4. 办理流程

电子化手册报核基本作业流程，如图 8-5 所示。

（1）申请人录入发送报核数据发往并将纸质单证送交海关。

（2）经办关员收取有关单证后，验核单证是否齐全、有效，校对单证与电子数据是否一致，并对核算内容进行审核。

① 无台账、无转税、无补税：经海关审核无误，直接结案。

② 有台账：经审核结果正常的，由经办关员在系统中通过核算、结案并选定台账的核销方式，企业至银行办理台账核销手续，并出具银行台账联系单，企业到海关办理台账核销联系单回执登记手续，即完成电子化手册核销全过程。

③ 转料、补税：经审核，报核手册中有剩余料件需要办理余料结转、内销征税、退运或销毁手续的，由经办关员通知企业办理相关手续。

④ 退单：经审核，对电子数据不齐全或录入有误的，由经办关员操作"退单"，待企业修改后重新申报。

（3）对经核销结案的加工贸易手册，海关向经营企业签发《核销结案通知书》。

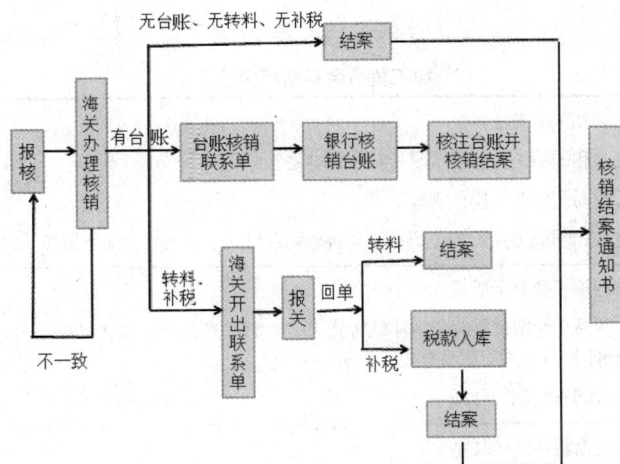

图 8-5　电子化手册报核基本作业流程图

5. 办理核销时限

（1）经营企业应当在规定的期限内将进口料件加工复出口，并且自加工贸易手册项下最后一批成品出口或者加工贸易手册到期之日起 30 日内向海关报核。

（2）经营企业对外签订的合同提前终止的，应当自合同终止之日起 30 日内向海关报核。

（3）海关应当自受理报核之日起 30 日内予以核销。特殊情况需要延长的，经直属海关关长或者其授权的隶属海关关长批准可以延长 30 日。

6. 受理部门

各有关隶属海关业务现场。

7. 核销方式

海关核销可以采取纸质单证核销、电子数据核销的方式；必要时可以下厂核查，企业应当予以配合。

8. 有关规定

（1）加工贸易保税进口料件或者成品因故转为内销的，海关凭主管部门准予内销的有效批准文件，对保税进口料件依法征收税款并且加征缓税利息，另有规定的除外。

（2）进口料件属于国家对进口有限制性规定的，经营企业还应当向海关提交进口许可证件。

（3）经营企业因故将加工贸易进口料件退运出境的，海关凭有关退运单证核销。

（4）经营企业在生产过程中产生的边角料、剩余料件、残次品、副产品和受灾保税货物，按照海关对加工贸易边角料、剩余料件、残次品、副产品和受灾保税货物的管理规定办理，海关凭有关单证核销。

（5）经营企业遗失加工贸易手册的，应当及时向海关报告。海关按照有关规定处理后对遗失的加工贸易手册予以核销。

（6）经营企业已经办理担保的，海关在核销结案后按照规定解除担保。

（7）加工贸易货物的手册设立和核销单证自加工贸易手册核销结案之日起留存 3 年。

（8）加工贸易企业出现分立、合并、破产、解散或者其他停止正常生产经营活动情形的，应当及时向海关报告，并且办结海关手续。

（9）加工贸易货物被人民法院或者有关行政执法部门封存的，加工贸易企业应当自加工贸易货物被封存之日起 5 个工作日内向海关报告。

知识链接

加工贸易余料结转申报	
文件 依据	《中华人民共和国海关法》
	《中华人民共和国海关对加工贸易货物监管办法》
	《海关加工贸易监管业务操作规程》
	《中华人民共和国海关关于加工贸易边角料、剩余料件、残次品、副产品和受灾保税货物的管理办法》
申请 条件	（一）已办理加工贸易手册设立的企业；
	（二）加工贸易企业申请将剩余料件结转到另一个加工贸易合同使用，限同一经营单位、同一加工厂、同样进口料件和同一加工贸易方式；
	（三）应在合同有效期内办理
应提交材料	《加工贸易剩余料件结转联系单》
办理 程序	（一）申请人将申请材料、其他相关纸质资料报送海关；
	（二）经审核符合法律、行政法规、规章和海关有关规定的，由经办关员在《加工贸易剩余料件结转联系单》签注意见并加盖海关业务单证章，交企业办理通关手续
受理部门	各有关隶属海关业务现场

任务三　电子账册管理下的保税加工货物业务操作

一、联网监管与电子账册概述

（一）联网监管的含义

海关对加工贸易企业实施联网监管：是指加工贸易企业通过数据交换平台或者其他计算机网络方式向海关报送能满足海关监管需要的物流、生产经营等数据，海关对数据进行核对、核算，并结合实物进行核查的一种海关保税加工监管方式。

（二）联网监管种类

1. 电子账册管理：是以"企业整体加工贸易业务"为单元实施对保税加工货物的监管；只设立一个电子账册。

2. 电子手册管理：是以企业的"单个加工合同"为单元实施对保税加工货物的监管。

（三）电子账册模式联网监管的基本管理原则

一次审批、分段备案、滚动核销、控制周转、联网核查。

（四）电子账册特点

1. 对经营资格、经营范围、加工生产能力一次性审批。不再对加工贸易合同进行逐票审批。

2. 先备案进口料件，在生产成品出口前再备案成品以及申报实际的单耗情况。

3. 建立以企业为单元的电子账册，实行滚动核销制度。取代以合同为单元的纸质手册。

4. 对进出口保税货物的总价值按照企业生产能力进行周转量控制，取消对进出口保税货物备案数量控制。

5. 企业通过计算机网络向商务部门和海关申请办理审批、备案及变更等手续。

6. 不实行银行保证金台账制度。

7. 纳入电子账册的加工贸易货物全额保税。

8. 凭电子身份认证卡实现全国口岸的通关。

二、电子账册的设立

（一）加工贸易经营企业的联网监管申请和审批

1. 电子账册模式联网监管企业的条件

（1）在中国境内具有独立法人资格，具备加工贸易资格，在海关注册，以出口生产为主。

（2）守法，实行全程计算机管理。

（3）按照海关的要求提供真实、准确、完整并具有被核查功能的数据 。

（4）有足够的资产或资本为本企业实行联网监管应承担的经济责任提供总担保。

2. 申请联网监管应当提交的单证

商务主管部门审批同意后，加工贸易企业可以向所在地直属海关申请加工贸易联网监管，提出书面申请，并提交以下单证。

（1）《海关实施加工贸易联网监管通知书》（复印件）。

（2）商务主管部门签发的联网企业业务批准证件。

（3）商务主管部门签发的《加工贸易企业经营状况及生产能力证明》。

（4）由报关企业报关员办理的，应递交《代理报关委托书/委托报关协议》。

（5）其他海关需要的单证和材料。

3. 办理流程

（1）企业发送电子数据并递交纸面单证。

（2）海关审核通过设立账册。

（二）加工贸易业务的申请和审批

1. 向商务主管部门提出，商务主管部门总审定联网企业的加工贸易资格、业务范围和加工生产能力。

2. 企业向商务主管部门提交有关材料。

（三）建立商品归并关系和电子账册

1. 联网企业凭商务主管部门签发的"联网监管企业加工贸易业务批准证"向所在地主管海关申请建立电子账册，取代纸质加工贸易登记手册。

2. 电子账册包括"经营范围电子账册"和"便捷通关电子账册"。

（1）"经营范围电子账册"不能直接报关，主要是用来检查控制"便捷通关电子账册"进出口商品的范围。

（2）"便捷通关电子账册"用于加工贸易货物的备案、通关和核销。

3. 建立商品归并关系

电子账册是在商品归并关系确立的基础上建立起来的，没有商品归并关系就不能建立电子账册。

（1）商品归并关系含义

指海关与联网企业根据监管的需要按照中文品名、HS 编码、价格、贸易管制等条件，将联网企业内部管理的"料号级"商品与电子账册备案的"项号级"商品归并或拆分，建立一对多或多对一的对应关系。

"料号级"商品指企业进出口的保税料件和成品。

"项号级"是办理"便捷通关电子账册"时备案的内容。

（2）满足的条件

商品归并应该同时满足以下条件，才可以归入同一个联网监管商品项号。

① 10 位 HS 编码相同的。

② 商品名称相同的。

③ 申报计量单位相同的。

④ 规格、型号虽不同但单价相差不大的。

根据归并原则基础产生的"企业物料表"及归并关系数据，据此生成电子账册。

三、电子账册的变更

（一）办理材料

需要向海关递交的材料。

1. 电子账册企业申请核销的书面报告。

2. 由报关企业报关员办理的，应递交《代理报关委托书/委托报关协议》。

3. 盘库报告。

4. 视情提供以下单证。

（1）销毁货物需提供处置单位出具的接收单据和处置证明等资料。

（2）受灾货物需视情提供商务主管部门的签注意见、保险公司出具的保险赔款通知书或者检验检疫部门出具的证明文件及其他有效证明文件。

5．其他海关需要的单证和材料。

（二）办理流程

（1）企业发送电子数据并递交纸面单证。

（2）海关下厂盘库。

（3）海关审核通过账册核销。

（三）办理时间

自受理之日起 3 个工作日（不包括核查）。

四、电子账册核销

（一）办理材料

需要向海关递交的材料如下。

1．电子账册企业申请核销的书面报告。

2．由报关企业报关员办理的，应递交《代理报关委托书/委托报关协议》。

3．盘库报告。

4．视情提供以下单证。

（1）销毁货物需提供处置单位出具的接收单据和处置证明等资料。

（2）受灾货物需视情提供商务主管部门的签注意见、保险公司出具的保险赔款通知书或者检验检疫部门出具的证明文件及其他有效证明文件。

5．其他海关需要的单证和材料。

（二）办理流程

1．企业发送电子数据并递交纸面单证。

2．海关下厂盘库。

3．海关审核通过账册核销。

（三）办理时间

电子账册下个核销日期前。

扫一扫

知识链接

关键术语

扫一扫

职业技能训练

一、单选题

1. 因自身加工贸易企业生产条件特点和条件限制，经海关批准并办理有关手续，委托其他承揽者对加工贸易货物进行加工的方式是指（　　）。

    A. 本地加工　　　　B. 异地加工　　　　C. 外发加工　　　　D. 深加工结转

2. 生产能力证明有效期（　　）年。

    A. 半　　　　　　　B. 1　　　　　　　C. 2　　　　　　　D. 3

3. 加工贸易企业凭生产能力证明等材料向（　　）办理加工贸易业务批准证。

    A. 海关　　　　　　B. 商务主管部门　　C. 检验机构　　　　D. 税务机构

4. 主管海关对企业提交的资料进行审核，经审核符合规定的，海关应自接受企业手册设立申报之日起（　　）个工作日内完成加工贸易手册设立手续。

    A. 1　　　　　　　B. 5　　　　　　　C. 10　　　　　　D. 15

5. 手册变更办理时限应自受理申请之日起（　　）个工作日内。

    A. 1　　　　　　　B. 5　　　　　　　C. 10　　　　　　D. 15

6. 当加工贸易商品属于限制类商品，下列说法错误的是（　　）。

    A. 高级认证企业、一般认证企业台账空转

    B. 东部地区一般信用企业 50%实转

    C. 中西部地区一般信用企业台账实转

    D. 失信企业 100%实转

7. 电子化手册管理方式下的经营企业应当在规定的期限内将进口料件加工复出口，并且自加工贸易手册项下最后一批成品出口或者加工贸易手册到期之日起（　　）日内向海关报核。

    A. 10　　　　　　B. 15　　　　　　C. 20　　　　　　D. 30

8. 电子化手册管理方式下的经营企业对外签订的合同提前终止的，应当自合同终止之日起（　　）日内向海关报核。

    A. 10　　　　　　B. 15　　　　　　C. 20　　　　　　D. 30

二、多选题

1. 加工贸易通常有两种形式（　　）。

    A. 来料加工　　　　B. 补偿贸易　　　　C. 进料加工　　　　D. 易货贸易

2. 下列说法正确的是（　　）。

    A. 进料加工原料进口和成品出口是两笔不同的交易，均发生了所有权的转移

    B. 来料加工的境内经营企业自筹资金、自寻销路、自担风险、自负盈亏

    C. 进料加工实行增值税免抵退税政策

    D. 来料加工由境内经营企业从国外购买

3. 下列属于保税加工特征的是（　　）。

    A. 料件进口时暂缓缴纳进口关税及进口环节海关代征税

    B. 成品出口时需缴纳关税

    C. 料件进口时除国家另有规定外免交验进口许可证件

    D. 进出境海关现场放行并未结关

4. 保税加工货物范围包括（　　　）。

  A. 料件   B. 半成品   C. 成品   D. 残次品

5. 保税加工业务的境内经营方式包括（　　　）。

  A. 本地加工   B. 异地加工   C. 外发加工   D. 来料结转

6. 海关对保税加工货物的监管模式有两大类（　　　）。

  A. 物理围网的监管模式   B. 非物理围网的监管模式

  C. 化学围网的监管模式   D. 非化学围网的监管模式

7. 备案资料库的内容（　　　）。

  A. 成品和料件的 HS 编码

  B. 成品和料件的名称

  C. 成品和料件的计量单位

  D. 申报最近一年的加工贸易业绩，以进口总值计

8. 海关对同时符合下列条件的成品，原则上可以归并（　　　）。

  A. 10 位 HS 编码相同的   B. 申报计量单位相同的

  C. 成品名称相同的   D. 对应料件单耗相同的

9. 通关手册主要内容包括（　　　）。

  A. 进口料件的 HS 编码、名称、规格、计量单位、单价、数量

  B. 出口成品的 HS 编码、名称、规格、计量单位、单价、数量

  C. 进口料件的单损耗情况

  D. 出口成品的单损耗情况

三、判断题

1. 来料加工是指境内经营企业用外汇购买料件进口，制成成品后外销出口的经营活动。（　　　）

2. 进料加工原料运进和成品运出属同一笔交易，原料供应者即是成品接受者。（　　　）

3. 外发加工是指加工贸易企业将加工产品转至另一加工贸易企业进一步加工后复运或返销出口。（　　　）

4. 加工贸易业务批准证申请表，是确定企业开展加工贸易业务资格和审批机构进行加工贸易业务审批的重要依据。（　　　）

5. 一家加工贸易企业只能设立一个备案资料库。（　　　）

6. 电子账册是以企业的"单个加工合同"为单元实施对保税加工货物的监管。（　　　）

四、实务操作题

上海申华进出口公司【加工贸易一般认证管理企业（原 A 类企业）】从境外购进价值 100 000 美元的涤纶长丝一批，委托浙江嘉兴嘉顺针织制品公司【加工贸易一般信用管理企业原 B 类企业】加工生产出口袜子。该加工合同履行期间，因境外发货有误，部分原料未能及时到货。为确保履行成品出口合同，申华公司报经主管海关核准，使用本企业其他进口非保税料件进行内部串换。合同执行完毕，尚有剩余料件，拟结转加工。根据上述案例，解答下列问题：

1. 本案例涉及的委托加工在海关管理中称为（　　　）。

  A. 跨关区外发加工   B. 跨关区异地加工

  C. 跨关区深加工结转   D. 跨关区联合加工

2. 本案例涉及的加工贸易合同设立手续应由（　　　）。

  A. 申华公司到嘉顺公司所在地主管海关申请办理

  B. 申华公司在所在地主管海关申请办理

  C. 嘉顺公司在所在地主管海关申请办理

  D. 嘉顺公司到申华公司所在地主管海关申请办理

3. 该加工贸易合同设立时，其银行保证金台账应按下列规定办理（　　）。

    A. 不设台账

    B. 设台账，但无须缴付保证金

    C. 设台账，并按进口料件应征税款的 50%缴付保证金

    D. 设台账，并按进口料件应征税款缴付保证金

4. 该加工贸易合同执行期间所发生的料件串换及处置，应符合下列规定（　　）。

    A. 串换的料件必须是同品种、同规格、同数量

    B. 串换的料件关税税率为零

    C. 串换的料件不涉及进出口许可证件管理

    D. 串换下来的同等数量料件由企业自行处置

5. 该加工贸易合同内剩余料件的结转，应符合下列规定（　　）。

    A. 应在同一经营单位、同一加工厂的情况下结转

    B. 应在同样的进口料件和同一加工贸易方式的情况下结转

    C. 应向海关提供申请结转的书面申请、剩余料件清单等单证和材料

    D. 应办理正式进口报关手续，缴纳进口税和缓税利息

减免税货物报关业务操作

【能力目标】

1. 能为减免税货物报关进行流程设计；
2. 能顺利完成减免税货物的报关业务操作。

【知识目标】

1. 掌握减免税货物的含义、种类、特点等；
2. 熟悉减免税货物的报关要点和业务流程等。

项目简介

根据我国《海关法》第 56 条、第 57 条和第 58 条规定，关税减免分为三大类，即法定减免税、特定减免税和临时减免税。本项目主要介绍减免税货物的含义、分类、海关监管期限以及减免税货物报关业务操作要点与流程。

任务一　减免税货物的概述

一、关税减免的概述

关税减免又称为关税优惠，是减征关税和免征关税的合称。根据《海关法》规定，关税减免分为三大类：法定减免税、特定减免税和临时减免税。

特定减免税和临时减免税都属于政策性减免税范围，两者并无明显区别。

法定减免税，一般是指《海关法》《进出口关税条例》以及其他法律、法规所实施的减免税，大多与国际通行规则相一致，除国外政府、国际组织无偿赠送的物资外，其他法定减免税货物一般无须办理减免税审批手续。

政策性减免税，是指根据国家政治、经济政策的需要，经国务院批准，对特定地区、特定企业或有特定用途的进出口货物，给予减免进出口税收的优惠政策，包括基于特定目的实行的临时减免税政策。

政策性减免税纳税义务人必须在货物进出口前办理减免税审批手续，货物放行后，在其监管年限内应接受海关监管，未经海关核准并交纳关税，不得移作他用。可以在两个享受同等税收优惠待遇的单位之间转让并无须补税。

自 2009 年 1 月 1 日起，国家实施增值税转型改革后，大部分进口减免税货物恢复征收进口增值税，只免征进口关税。

二、关税减免的分类

（一）法定减免税

法定减免税是指按照《海关法》《进出口关税条例》和其他法律、行政法规的规定，进出口货物可以享受的减免关税优惠。海关对法定减免税货物一般不进行后续管理。

下列进出口货物、进出境物品，适用减征或者免征关税。

1. 关税税额在人民币 50 元以下的一票货物。
2. 无商业价值的广告品和货样。
3. 外国政府、国际组织无偿赠送的物资。
4. 在海关放行前遭受损坏或者损失的货物。
5. 进出境运输工具装载的途中必需的燃料、物料和饮食用品。
6. 中华人民共和国缔结或者参加的国际条约规定减征、免征关税的货物、物品。
7. 法律规定减征、免征关税的其他货物、物品。

（二）特定减免税

1. 含义

特定减免税是指海关根据国家规定，对特定地区、特定用途和特定企业给予的减免关税和进口环节海关代征税的优惠，也称政策性减免税。特定减税或者免税的范围和办法由国务院规定，海关根据国务院的规定单独或会同国务院其他主管部门制定具体实施办法并加以贯彻执行。

（1）特定地区：是指我国关境内由行政法规规定的某一特别限定区域。享受减免税优惠的进口货物只能在这一特别限定的区域内使用。

（2）特定企业：是指由国务院制定的行政法规专门规定的企业。享受减免税优惠的进口货物只能由这些专门规定的企业使用。

（3）特定用途：是指国家规定可以享受减免税优惠的进口货物只能用于行政法规专门规定的用途。

2. 特征

特定减免税货物有以下特征。

（1）特定条件下减免进口关税

特定减免税是我国关税优惠政策的重要组成部分，是国家无偿向符合条件的进口货物使用企业提供的关税优惠，其目的是优先发展特定地区的经济，鼓励外商在我国的直接投资，促进国有大中型企业和科学、教育、文化、卫生事业的发展。因而，这种关税优惠具有鲜明的特定性，只能在国家行政法规规定的特定条件下实施。

（2）进口申报应当提交进口许可证件

特定减免税货物是实际进口货物。按照国家有关进出境管理的法律、法规，凡属于进口需要交验许可证件的货物，收货人或其代理人都应当在进口申报时向海关提交进口许可证件，法律、行政法规另有规定的除外。

（3）进口后在特定的海关监管期限内接受海关监管

进口货物享受特定减免税的条件之一就是在规定的期限内，用于规定的地区、企业和用途，并接受海关的监管。

3. 范围

特定减免税货物大体有以下三大类。

（1）特定地区减免税货物

特定地区的进口货物主要包括保税区、出口加工区、保税物流园区、保税港区、自贸试验区等特定区域进口的区内生产性基础设施项目所需的机器、设备和基础物资等；区内企业进口企业自用的生产、管理设备等；区内管理机构自用合理数量的管理设备和办公用品等。

（2）特定企业减免税货物

特定企业的进口货物主要包括外商投资项目投资额度内进口自用设备及随设备进口的配套技术、配件、备件；国家重点鼓励发展产业的国内投资项目在投资总额内进口的自用设备；外国政府贷款和国际金融组织贷款项目进口的自用设备等。

（3）特定用途减免税货物

特定用途的进口货物主要包括具备资格的科研机构和大专院校进口的国内不能生产或者性能不能满足需要的科学研究和教学用品；残疾人专用品及残疾人组织和单位进口的货物等。

4. 管理

（1）特定减免税货物一般应提交进口许可证件；外商投资企业在投资总额内进口涉及机电产品自动进口许可管理的，可以免予交验有关许可证件。

（4）特定减免税进口设备可以在两个享受特定减免税优惠的企业之间结转。结转手续应当分别向企业主管海关办理。

（三）临时减免税

临时减免税是指法定减免税和特定减免税以外的其他减免税，国务院根据某个单位、某类商品、某个时期或某批货物的特殊情况和需要，给予特别的临时性减免税优惠。

如汶川地震灾后重建进口物资。为支持和帮助汶川地震受灾地区积极开展生产自救，重建家园，自 2008 年 7 月 1 日起，对受灾地区企业、单位或支援受灾地区重建的企业、单位，进口国内不能满足供应并直接用于灾后重建的大宗物资、设备等 3 年内免征进口关税和进口环节增值税。

思考题

法定减免税与特定减免税和临时减免税有何区别？

三、海关监管期限及有关规定

（一）海关监管期限

海关监管期限自货物进口放行之日起计算，按照货物种类的不同，分为以下几种。

1. 船舶、飞机，8 年。
2. 机动车辆，6 年。
3. 其他货物，5 年。

（二）有关规定

1. 递交报告书

海关监管年限内，减免税申请人应当自进口减免税货物放行之日起，在每年的第 1 季度向主管海关递交《减免税货物使用状况报告书》，如表 9-1 所示，报告减免税货物使用状况。

减免税申请人未按照有关规定向海关报告其减免税货物状况，向海关申请办理减免税备案、审批手续的，海关不予受理。

表 9-1　　　　　　　　　　　　　　**减免税货物使用状况报告书**

_____海关：

现将我单位在海关监管年限内的进口减免税货物在_____年度的使用情况（详见附表）呈报你关。我单位保证报告内容真实、完整，并愿承担因未如实申报产生的法律责任。

联系人：

联系电话：

　　减免税申请人（签章）：　　　法定代表人签字：

　　　　　　　　　　　年　月　日

附表：1. 减免税货物使用情况年报表

　　　2. 减免税进口货物使用情况明细表

附表 1

减免税货物使用情况年报表

减免税申请人名称：　　　　　　　　　自查年度：

自查内容	减免税申请人自查情况
1. 减免税进口货物安装地点、使用情况	
2. 减免税进口货物调换、抵押、质押、留置、转让、出售、移作他用、退运境外或进行其他处置的情况	
3. 减免税进口货物未按照特定用途、特定地区、特定企业使用的情况	
4. 实际进口的减免税货物的规格、型号和技术参数是否与申报减免税申请时相同	
5. 减免税申请人改制、股权转让、合并、分立及其他资产重组情况	
6. 减免税进口货物是否已入本单位固定资产账	
7. 其他需要向海关说明的情况	
备注	

注：1. 自查范围，以年为单位；2. 如内容多，可附页说明。

减免税申请人（签章）

年　月　日

附表 2

减免税进口货物使用情况明细表

序号	货物名称	规格型号	数量	征免税证明号	进口放行日期	使用状况

注：减免税申请人进口减免税货物存在《减免税货物使用情况年报表》中列明有关问题的，应填写本明细表。

2. 使用地点

在海关监管年限内，减免税货物应当在主管海关核准的地点使用。需要变更使用地点的，减免税申请人应当向主管海关提出申请、说明理由，经海关批准后方可变更使用地点。

减免税货物需要移出主管海关管辖地使用的，减免税申请人应当事先持有关证件以及需要异地使用的说明材料向主管海关申请办理异地监管手续，经主管海关审核同意并通知转入地海关后，减免税申请人可以将减免税货物运至转入地海关管辖地，转入地海关确认减免税货物情况后进行异地监管。

减免税货物在异地使用结束后，减免税申请人应当及时向转入地海关申请办结异地监管手续，经转入地海关审核同意并通知主管海关后，减免税申请人应当将减免税货物运回主管海关管辖地。

3. 变更情形

在海关监管年限内，减免税申请人发生分立、合并、股东变更、改制等变更情形的，权利义务承受人（以下简称承受人）应当自营业执照颁发之日起 30 日内，向原减免税申请人的主管海关报告主体变更情况及原减免税申请人进口减免税货物的情况。

经海关审核，需要补征税款的，承受人应当向原减免税申请人主管海关办理补税手续；可以继续享受减免税待遇的，承受人应当按照规定申请办理减免税备案变更或者减免税货物结转手续。

4. 终止和退运等情形

在海关监管年限内，因破产、改制或者其他情形导致减免税申请人终止，没有承受人的，原减免税申请人或者其他依法应当承担关税及进口环节海关代征税缴纳义务的主体应当自资产清算之日起 30 日内向主管海关申请办理减免税货物的补缴税款和解除监管手续。

在海关监管年限内，减免税申请人要求将进口减免税货物退运出境或者出口的，应当报主管海关核准。

任务二　减免税货物报关业务操作

进出口货物减免税申请人（以下简称减免税申请人）应当向其所在地海关申请办理减免税备案、审批手续，特殊情况除外。

投资项目所在地海关与减免税申请人所在地海关不是同一海关的，减免税申请人应当向投资项目所在地海关申请办理减免税备案、审批手续。

投资项目所在地涉及多个海关的，减免税申请人可以向其所在地海关或者有关海关的共同上级海关申请办理减免税备案、审批手续。有关海关的共同上级海关可以指定相关海关办理减免税备案、审批手续。

投资项目由投资项目单位所属非法人分支机构具体实施的，在获得投资项目单位的授权并经投资项目所在地海关审核同意后，该非法人分支机构可以向投资项目所在地海关申请办理减免税备案、审批手续。

减免税申请人可以自行向海关申请办理减免税备案、审批、税款担保和后续管理业务等相关手续，也可以委托他人办理上述手续。

委托他人办理的，应当由被委托人持减免税申请人出具的《减免税手续办理委托书》及其他相关材料向海关申请，海关审核同意后可准予被委托人办理相关手续。

已经在海关办理注册登记并取得报关注册登记证书的报关企业或者进出口货物收发货人可以接受减免税申请人委托，代为办理减免税相关事宜。

一、减免税备案

减免税申请人按照有关进出口税收优惠政策的规定申请减免税进出口相关货物，海关需要事先对减免税申请人的资格或者投资项目等情况进行确认的，减免税申请人应当在申请办理减免税审批手续前，向主管海关申请办理减免税备案手续。

（一）提交材料

1. 《进出口货物减免税备案申请表》。
2. 企业营业执照或者事业单位法人证书、国家机关设立文件、社团登记证书、民办非企业单位登记证书、基金会登记证书等证明材料。
3. 相关政策规定的享受进出口税收优惠政策资格的证明材料。
4. 海关认为需要提供的其他材料。

减免税申请人按照本条规定提交证明材料的，应当交验原件，同时提交加盖减免税申请人有效印章的复印件。

（二）海关受理审查

海关收到减免税申请人的减免税备案申请后，应当审查确认所提交的申请材料是否齐全、有效，填报是否规范。

减免税申请人的申请材料符合规定的，海关应当予以受理，海关收到申请材料之日为受理之日；减免税申请人的申请材料不齐全或者不符合规定的，海关应当一次性告知减免税申请人需要补正的有关材料，海关收到全部补正的申请材料之日为受理之日。

不能按照规定向海关提交齐全、有效材料的，海关不予受理。

（三）海关审核决定

海关受理减免税申请人的备案申请后，应当对其主体资格、投资项目等情况进行审核。

经审核符合有关进出口税收优惠政策规定的，应当准予备案；经审核不予备案的，应当书面通知减免税申请人。

海关应当自受理之日起 10 个工作日内做出是否准予备案的决定。

因政策规定不明确或者涉及其他部门管理职责需与相关部门进一步协商、核实有关情况等原因在 10 个工作日内不能做出决定的，海关应当书面向减免税申请人说明理由。

海关应当自情形消除之日起 15 个工作日内做出是否准予备案的决定。

（四）变更或撤销申请

减免税申请人要求变更或者撤销减免税备案的，应当向主管海关递交申请。经审核符合相关规定的，海关应当予以办理。

变更或者撤销减免税备案应当由项目审批部门出具意见的，减免税申请人应当在申请变更或者撤销时一并提供。

二、减免税审批

减免税申请人应当在货物申报进出口前，向主管海关申请办理进出口货物减免税审批手续。

（一）提交材料：

1. 《进出口货物征免税申请表》（见表 9-2）。
2. 企业营业执照或者事业单位法人证书、国家机关设立文件、社团登记证书、民办非企业单位登记证书、基金会登记证书等证明材料。
3. 进出口合同、发票以及相关货物的产品情况资料。
4. 相关政策规定的享受进出口税收优惠政策资格的证明材料。
5. 海关认为需要提供的其他材料。

　　减免税申请人按照本条规定提交证明材料的，应当交验原件，同时提交加盖减免税申请人有效印章的复印件。

表 9-2　　　　　　　　　　　　　　　　　　　进出口货物征免税申请表

编号：

企业代码		企业名称			征免性质/代码	
项目统一编号		产业政策审批条目/代码				
审批部门/代码					许可证号	
对外签约单位注册号		对外签约单位				
合同号		项目性质/代码			进出口岸	
备注						
序号	税则号列	商品名称	规格型号	数量	单位	总价	币制	原产国

申请单位签章（公章）	主管部门签章	联系人： 电话：
年　月　日	年　月　日	

（二）海关审核

　　海关收到减免税申请人的减免税审批申请后，应当审核确认所提交的申请材料是否齐全、有效，填报是否规范。对应当进行减免税备案的，还应当审核是否已经按照规定办理备案手续。

　　减免税申请人的申请材料符合规定的，海关应当予以受理，海关收到申请材料之日为受理之日；减免税申请人提交的申请材料不齐全或者不符合规定的，海关应当一次性告知减免税申请人需要补正的有关材料，海关收到全部补正的申请材料之日为受理之日。

　　不能按照规定向海关提交齐全、有效材料，或者未按照规定办理减免税备案手续的，海关不予受理。

　　海关受理减免税申请人的减免税审批申请后，应当对进出口货物相关情况是否符合有关进出口税收优惠政策规定、进出口货物的金额及数量等是否在减免税额度内等情况进行审核。对应当进行减免税备案的，还需要对减免税申请人、进出口货物等是否符合备案情况进行审核。

（三）签发证明

　　经审核符合相关规定的，应当做出进出口货物征税、减税或者免税的决定，并签发《中华人民共和国海关进出口货物征免税证明》（以下简称《征免税证明》）。

　　▌知识链接▐

企业办理进出口货物征免税证明

企业办理进出口货物征免税证明注意事项：

1. 申请办理《进出口货物征免税证明》，必须有申请单位（货物最终用户）知晓具体情况的人员在场；原则上不接受代理人员单独办理减免税手续。

2. 填报的《进出口货物征免税申请表》，一律使用按海关要求统一印制的表格，自行复印一律无效。

3. 同一合同项下的进出口货物分不同口岸或分批进口时，应按实际到货情况按照提单分别填报《进出口货物征免税申请表》。

4. 如属不同编号的许可证项下的同一合同货物或同一批次货物，必须按实际所属的不同许可证编号分别填报《进出口货物征免税申请表》（即：非同一许可证项下的货物不得一并填报）。

5. 凡海关要求提供的"商业外贸合同"（包括合同附件）、"商业发票"、"海关发票"等文件中的货物英文名称，申请单位必须在其旁边注明正确的中文名称。

6. 除另有要求外，所有向海关提供的有关商业文件均为复印件且应加盖单位印章。

申办需提交以下单证：

1. 按要求填报并加盖申请单位公章的《进出口货物征免税申请表》一份。

2. 完整的进口货物商业发票、合同（包括附件）复印件各一份。

3. 海关出具的《海关进出口货物征免税备案登记表》原件（原件经海关核销后再退回申请单位）及复印件（复印件需加盖企业公章或报关专用章）各一份。

4. 营业执照（副本）、批准证书复印件各一份。

5. 代理报关委托书原件一份。

办事程序： 向海关提交备案材料－海关初审－海关复核－科长审核－处长审核－预录入－交企业

海关应当自受理减免税审批申请之日起 10 个工作日内做出是否准予减免税的决定。

有下列情形之一，不能在受理减免税审批申请之日起 10 个工作日内做出决定的，海关应当书面向减免税申请人说明理由。

1. 政策规定不明确或者涉及其他部门管理职责需要与相关部门进一步协商、核实有关情况的。

2. 需要对货物进行化验、鉴定以确定是否符合减免税政策规定的。

3. 因其他合理原因不能在《中华人民共和国海关总署令第 179 号》第 14 条第一款规定期限内做出决定的。

有《中华人民共和国海关总署令第 179 号》第 14 条第二款规定情形的，海关应当自情形消除之日起 15 个工作日内做出是否准予减免税的决定。

（四）变更和撤销

减免税申请人申请变更或者撤销已签发的《征免税证明》的，应当在《征免税证明》有效期内向主管海关提出申请，说明理由，并提交相关材料。

经审核符合规定的，海关准予变更或者撤销。准予变更的，海关应当在变更完成后签发新的《征免税证明》，并收回原《征免税证明》。准予撤销的，海关应当收回原《征免税证明》。

（五）延期申请

减免税申请人应当在《征免税证明》有效期内办理有关进出口货物通关手续。不能在有效期内办理，需要延期的，应当在《征免税证明》有效期内向海关提出延期申请。经海关审核同意，准予办理延长《征免税证明》有效期手续。

《征免税证明》可以延期一次，延期时间自有效期届满之日起算，延长期限不得超过 6 个月。海关总署批准的特殊情况除外。

（六）重新申办

《征免税证明》有效期限届满仍未使用的，该《征免税证明》效力终止。减免税申请人需要减免税进出口该《征免税证明》所列货物的，应当重新向海关申请办理。

（七）遗失补办

减免税申请人遗失《征免税证明》需要补办的，应当在《征免税证明》有效期内向主管海关提出申请。

经核实原《征免税证明》尚未使用的，主管海关应当重新签发《征免税证明》，原《征免税证明》同时作废。

原《征免税证明》已经使用的，不予补办。

除国家政策调整等原因并经海关总署批准外，货物征税放行后，减免税申请人申请补办减免税审批手续的，海关不予受理。

┇知识链接┇

进出口货物征免税证明的使用

进出口货物征免税证明的有效期为 5 个月，持证人应当在海关签发征免税证明的 6 个月内进口经批准的特定减免税货物。如情况特殊，可以向海关申请延长，延长的最长期限为 6 个月。

进出口货物征免税证明实行一份证明只能验放一批货物的原则，即一份征免税证明上的货物只能在一个进口口岸一次性进口。如果一批特定减免税货物需要分两个或两个以上口岸进口，或者分两次或两次以上进口的，应当事先分别申领征免税证明。

三、进口报关

政策性减免税货物进口报关程序，可参看"项目七　一般进出口货物报关业务操作"中有关内容，但是政策性减免税货物进口报关的有些具体手续与一般进出口货物的报关有所不同。

（一）交单的区别

减免税货物进口报关时，进口货物收货人或其代理人除了向海关提交报关单及随附单证以外，还应当向海关提交"进出口货物征免税证明"。海关在审单时从计算机查阅征免税证明的电子数据，核对纸质的"进出口货物征免税证明"。

（二）报关单填制的区别

减免税货物进口填制报关单时，报关员应当特别注意报关单上"备案号"栏目的填写。"备案号"栏内填写"进出口货物征免税证明"上的 12 位编号，12 位编号写错将不能通过海关计算机逻辑审核，或者在提交纸质报关单证时无法顺利通过海关审单。

四、减免税货物的处置

（一）变更使用地点

在海关监管年限内，减免税货物应当在主管海关核准的地点使用。需要变更使用地点的，减免税申请人应当向主管海关提出申请、说明理由，经海关批准后方可变更使用地点。减免税货物需要移出主管海关管辖地使用的，减免税申请人应当事先持有关单证及需要异地使用的说明材料向主管海关申请办理异地监管手续，经主管海关审核同意并通知转入地海关后，减免税申请人可以将减免税货物运至转入地海关管辖地。转入地海关确认减免税货物情况后进行异地监管。

减免税货物在异地使用结束后，减免税申请人应当及时向转入地海关申请办结异地监管手续，经转入地海关审核同意并通知主管海关后，减免税申请人应当将减免税货物运回主管海关管辖地。

（二）结转

在海关监管年限内，减免税申请人将进口减免税货物转让给进口同一货物享受同等减免税优惠待遇的其他单位的，应当按照下列规定办理减免税货物结转手续。

1. 减免税货物的转出申请人持有关单证向转出地主管海关提出申请。转出地主管海关审核同意后，通知转入地主管海关。

2. 减免税货物的转入申请人向转入地主管海关申请办理减免税审批手续。转入地主管海关审核无误后签发征免税证明。

3. 转出、转入减免税货物的申请人应当分别向各自的主管海关申请办理减免税货物的出口、进口报关手续。

4. 转出地主管海关办理转出减免税货物的解除监管手续。结转减免税货物的监管年限应当连续计算，转入地主管海关在剩余监管年限内对结转减免税货物继续实施后续监管。

5. 转入地海关和转出地海关为同一海关的，按照《中华人民共和国海关总署令第 179 号》第28 条第一款规定办理。

（三）转让

在海关监管年限内，减免税申请人将进口减免税货物转让给不享受进口税收优惠政策或者进口同一货物不享受同等减免税优惠待遇的其他单位的，应当事先向主管海关申请办理减免税货物补缴税款和解除监管手续。

（四）移作他用

在海关监管年限内，减免税申请人需要将减免税货物移作他用的，应当事先向主管海关提出申请。经海关批准，减免税申请人可以按照海关批准的使用地区、用途、企业将减免税货物移作他用。主要包括以下情形。

1. 将减免税货物交给减免税申请人以外的其他单位使用。

2. 未按照原定用途、地区使用减免税货物。

3. 未按照特定地区、特定企业或者特定用途使用减免税货物的其他情形。

按照以上规定将减免税货物移作他用的，减免税申请人应当按照移作他用的时间补缴相应税款；移作他用时间不能确定的，应当提交相应的税款担保，税款担保不得低于剩余监管年限应补缴税款总额。

（五）变更、终止

1. 变更

在海关监管年限内，减免税申请人发生分立、合并、股东变更、改制等变更情形的，权利义务承受人应当自营业执照颁发之日起 30 日内，向原减免税申请人的主管海关报告主体变更情况及原减免税申请人进口减免税货物的情况。

经海关审核，需要补征税款的，承受人应当向原减免税申请人主管海关办理补税手续；可以继续享受减免税待遇的，承受人应当按照规定申请办理减免税备案变更或者减免税货物结转手续。

2. 终止

在海关监管年限内，因破产、改制或者其他情形导致减免税申请人终止，没有承受人的，原减免税申请人或者其他依法应当承担关税及进口环节海关代征税缴纳义务的主体应当自资产清算之日起 30 日内向主管海关申请办理减免税货物的补缴税款和解除监管手续。

（六）退运、出口

在海关监管年限内，减免税申请人要求将进口减免税货物退运出境或者出口的，应当报主管海关核准。

减免税货物退运出境或者出口后，减免税申请人应当持出口货物报关单向主管海关办理原进口减免税货物的解除监管手续。

减免税货物退运出境或者出口的，海关不再对退运出境或者出口的减免税货物补征相关税款。

（七）贷款抵押

在海关监管年限内，减免税申请人要求以减免税货物向金融机构办理贷款抵押的，应当向主管海关提出书面申请。经审核符合有关规定的，主管海关可以批准其办理贷款抵押手续。

减免税申请人不得以减免税货物向金融机构以外的公民、法人或者其他组织办理贷款抵押。

减免税申请人以减免税货物向境内金融机构办理贷款抵押的，应当向海关提供下列形式的担保。

1. 与货物应缴税款等值的保证金。

2. 境内金融机构提供的相当于货物应缴税款的保函。

3. 减免税申请人、境内金融机构共同向海关提交"进口减免税货物贷款抵押承诺保证书"，书面承诺当减免税申请人抵押贷款无法清偿需要以抵押物抵偿时，抵押人或者抵押权人先补缴海关税款，或者从抵押物的折（变）价款中优先偿付海关税款。

减免税申请人以减免税货物向境外金融机构办理贷款抵押的，应当向海关提交与货物应缴税款等值的保证金或者境内金融机构提供的相当于货物应缴税款的保函。

（八）解除监管

减免税货物海关监管年限届满后，自动解除监管，减免税申请人可以不用向海关申请领取"中华人民共和国海关进口减免税货物解除监管证明"。减免税申请人需要海关出具解除监管证明的，可以自办结补缴税款和解除监管等相关手续之日或者自海关监管年限届满之日起1年内，向主管海关申请领取解除监管证明。海关审核同意后出具"中华人民共和国海关进口减免税货物解除监管证明"。

在海关监管年限内的进口减免税货物，减免税申请人书面申请提前解除监管的，应当向主管海关申请办理补缴税款和解除监管手续。按照国家有关规定在进口时免予提交许可证件的进口减免税货物，减免税申请人还应当补交有关许可证件。

减免税货物退运出境或者出口后，减免税申请人应当持出口报关单向主管海关办理原进口减税货物的解除监管手续。

减免税货物退运出境或者出口的，海关不再对退运出境或者出口的减免税货物补征相关税款。

在海关监管年限及其后3年内，海关依照《海关法》和《中华人民共和国海关稽查条例》有关规定对减免税申请人进口和使用减免税货物情况实施稽查。

关键术语

扫一扫

职业技能训练

一、单选题

1. 船舶和飞机的海关监管期限是（　　　）年。
   A. 5　　　　　　B. 6　　　　　　C. 7　　　　　　D. 8

2. 海关受理减免税申请人的备案申请后，海关应当自受理之日起（　　　）个工作日内做出是否准予备案的决定。
   A. 5　　　　　　B. 10　　　　　C. 15　　　　　D. 20

3. 海关应当自受理减免税审批申请之日起（　　　）个工作日内做出是否准予减免税的决定。
   A. 5　　　　　　B. 10　　　　　C. 15　　　　　D. 20

4. 《进出口货物征免税证明》可以延期一次，延期时间自有效期届满之日起算，延长期限不得超过（　　　）个月。
   A. 1　　　　　　B. 3　　　　　　C. 6　　　　　　D. 12

5. 减免税货物进口填制报关单时，报关员应当特别注意报关单上"备案号"栏目的填写。"备案号"栏内填写"进出口货物征免税证明"上的（　　　）位编号。
   A. 8　　　　　　B. 10　　　　　C. 12　　　　　D. 15

二、多选题

1. 关税减免可以分为（　　　）。
   A. 法定减免税　　B. 特定减免税　　C. 特别减免税　　D. 临时减免税

2. 下列属于法定减免税的货物是（　　　）。
   A. 关税税额在人民币 100 元以下的一票货物
   B. 无商业价值的广告品和货样
   C. 外国政府、国际组织无偿赠送的物资
   D. 在海关放行前遭受损坏或者损失的货物

3. 下列属于特定减免税特征的是（　　　）。
   A. 特定条件下减免进口关税
   B. 进口申报应当提交进口许可证件
   C. 进口申报免予提交进口许可证件
   D. 进口后在特定的海关监管期限内接受海关监管

4. 减免税申请人办理减免税备案手续，需向海关提交（　　　）材料。
   A. 《进出口货物减免税备案申请表》
   B. 企业营业执照或者事业单位法人证书、国家机关设立文件、社团登记证书、民办非企业单位登记证书、基金会登记证书等证明材料
   C. 相关政策规定的享受进出口税收优惠政策资格的证明材料
   D. 海关认为需要提供的其他材料

5. 减免税申请人办理进出口货物减免税审批手续，应向主管海关提交（　　　）材料。
   A. 《进出口货物征免税申请表》
   B. 企业营业执照或者事业单位法人证书、国家机关设立文件、社团登记证书、民办非企业单位登记证书、基金会登记证书等证明材料

C. 进出口合同、发票以及相关货物的产品情况资料

D. 相关政策规定的享受进出口税收优惠政策资格的证明材料

三、判断题

1. 机动车辆的海关监管期限是 5 年。（　　　）

2. 减免税申请人遗失《征免税证明》需要补办的，应当在《征免税证明》有效期内向主管海关提出申请。（　　　）

3. 政策性减免税货物进口报关程序跟一般进出口货物报关程序并无不同。（　　　）

4. 在海关监管年限内，减免税申请人要求将进口减免税货物退运出境或者出口的，不需报主管海关核准。（　　　）

5. 减免税货物退运出境或者出口的，海关不再对退运出境或者出口的减免税货物补征相关税款。（　　　）

项目十

暂准进出境货物报关业务操作

学习目标

【能力目标】

1. 能为暂准进出境货物报关进行流程设计；
2. 能顺利完成暂准进出境货物的报关业务操作。

【知识目标】

1. 掌握暂准进出境货物的含义、种类、特点等；
2. 熟悉暂准进出境货物的报关要点和业务流程等。

项目简介

　　暂准进出境货物是指为了特定的目的，经海关批准暂时进境或出境，并在规定的期限内保证按原状复运出境或进境的货物。本项目主要介绍暂准进出境货物的含义、分类、ATA 单证册以及暂准进出境货物报关业务操作要点与流程。

任务一　暂准进出境货物的概述

一、含义

　　暂准进出境货物是暂准进境货物和暂准出境货物的合称。

　　1. 暂准进境货物：是指为了特定的目的，经海关批准暂时进境，按规定的期限原状复运出境的货物。

2. 暂准出境货物：是指为了特定的目的，经海关批准暂时出境，按规定的期限原状复运进境的货物。

二、范围

暂准进出境货物分为两大类。

（一）第一类暂准进出境货物

第一类暂准进出境货物包括以下类别。

1. 在展览会、交易会、会议及类似活动中展示或者使用的货物。
2. 文化、体育交流活动中使用的表演、比赛用品。
3. 进行新闻报道或者摄制电影、电视节目使用的仪器、设备及用品。
4. 开展科研、教学、医疗活动使用的仪器、设备和用品。
5. 在本款第1项至第4项所列活动中使用的交通工具及特种车辆。
6. 货样。
7. 供安装、调试、检测、修理设备时使用的仪器及工具。
8. 盛装货物的容器。
9. 其他用于非商业目的的货物。

（二）第二类暂准进出境货物

第二类是指第一类以外的暂准进出境货物，如工程施工中使用的设备、仪器及用品。

三、特征

（一）暂时免予缴纳税费

1. 第一类暂准进出境货物，在进境或者出境时向海关缴纳相当于税款的保证金或者提供其他担保的，暂时免予缴纳全部税费。

2. 第二类暂准进出境货物，应当按照该货物的完税价格和其在境内滞留时间与折旧时间的比例计算征收进口关税。

（二）免予提交进出口许可证件

暂准进出境货物不是实际进出口货物，只要按照暂准进出境货物的有关法律、行政法规办理进出境手续，可以免予交验进出口许可证件。但是，涉及公共道德、公共安全、公共卫生所实施的进出境管制制度的暂准进出境货物应当凭许可证件进出境。

（三）规定期限内按原状复运进出境

暂准进出境货物应当自进境或者出境之日起6个月内复运出境或者复运进境；经收发货人申请，海关可以根据规定延长复运出境或者复运进境的期限。

（四）按货物实际使用情况办结海关手续

暂准进出境货物都必须在规定期限内，由货物的收发货人根据货物不同的情况向海关办理核销结关手续。

任务二 暂准进出境货物的报关业务操作

一、使用ATA单证册的暂准进出境货物

（一）ATA单证册概述

1. 含义

ATA 单证册是"暂准进口单证册"的简称，是指世界海关组织通过的《货物暂准进口公约》及其附约 A 和《关于货物暂准进口的 ATA 单证册海关公约》（以下简称《ATA 公约》）中规定使用的，用于替代各缔约方海关暂准进出口货物报关单和税费担保的国际性通关文件。

2. 格式

一份 ATA 单证册一般由 8 页 ATA 单证组成：一页绿色封面单证、一页黄色出口单证、一页白色进口单证、一页白色复出口单证、两页蓝色过境单证、一页黄色复进口单证、一页绿色封底。

我国海关只接受用中文或者英文填写的 ATA 单证册。

3. 适用

在我国，使用 ATA 单证册的范围仅限于展览会、交易会、会议及类似活动项下的货物。展览会、交易会、会议及类似活动是指以下活动。

（1）贸易、工业、农业、工艺展览会及交易会、博览会。

（2）因慈善目的而组织的展览会或会议。

（3）为促进科技、教育、文化、体育交流开展旅游活动或民间友谊而组织的展览会或会议。

（4）国际组织或国际团体组织代表大会。

（5）政府举办的纪念性代表大会。

注意：在商店或其他营业场所以销售国外货物为目的而组织的非公共展览会不属于展览会、交易会、会议及类似活动。

除此以外的货物，我国海关不接受持 ATA 单证册办理进出口申报手续。

4. 管理

（1）出证担保机构

中国国际商会是我国 ATA 单证册的出证和担保机构，负责签发出境 ATA 单证册，向海关报送所签发单证册的中文电子文本，协助海关确认 ATA 单证册的真伪，并且向海关承担 ATA 单证册持证人因违反暂准进出境规定而产生的相关税费、罚款。

（2）管理机构

海关总署在北京海关设立 ATA 核销中心。ATA 核销中心对 ATA 单证册的进出境凭证进行核销、统计以及追索，应成员国担保人的要求，依据有关原始凭证，提供 ATA 单证册项下暂准进出境货物已经进境或者从我国复运出境的证明，并且对全国海关 ATA 单证册的有关核销业务进行协调和管理。

（3）延期审批

使用 ATA 单证册报关的货物暂准进出境期限为自货物进出境之日起 6 个月。超过 6 个月的，ATA 单证册持证人可以向海关申请延期。延期最多不超过 3 次，每次延长期限不超过 6 个月。延长期届满应当复运出境、进境或者办理进出口手续。

ATA 单证册项下货物延长复运出境、进境期限的，ATA 单证册持证人应当在规定期限届满 30 个工作日前向货物暂准进出境申请核准地海关提出延期申请，并提交"货物暂时进/出境延期申请书"

以及相关申请材料。

直属海关受理延期申请的，应当于受理申请之日起 20 个工作日内制发"中华人民共和国海关货物暂时进出境延期申请批准决定书"或者"中华人民共和国海关货物暂时进/出境延期申请不予批准决定书"。

参加展期在 24 个月以上展览会的展品，在 18 个月延长期届满后仍需要延期的，由主管地直属海关报海关总署审批。

ATA 单证册项下暂时进境货物申请延长期限超过 ATA 单证册有效期的，ATA 单证册持证人应当向原出证机构申请续签 ATA 单证册。续签的 ATA 单证册经主管地直属海关确认后可替代原 ATA 单证册。

续签的 ATA 单证册只能变更单证册有效期限，其他项目均应当与原单证册一致。续签的 ATA 单证册启用时，原 ATA 单证册失效。

（4）追索

ATA 单证册项下暂时进境货物未能按照规定复运出境或者过境的，ATA 核销中心向中国国际商会提出追索。自提出追索之日起 9 个月内，中国国际商会向海关提供货物已经在规定期限内复运出境或者已经办理进口手续证明的，ATA 核销中心可以撤销追索；9 个月期满后未能提供上述证明的，中国国际商会应当向海关支付税款和罚款。

（5）ATA 单证册的申办程序与要求

① 首次申请 ATA 单证册的企事业单位应办理注册手续，提交经当地工商局盖章的营业执照复印件或相应公文。

② 每申请一份 ATA 单证册，申请人应详细填写并提交一份申请表。

③ 填写并提交 ATA 单证册中特定格式的货物总清单，其中包括货物项号、品名、数量、重量、价值、原产地等内容。

④ 提交货物担保。ATA 单证册项下货物是免税进口的，如果货物在进口国因被售、被赠或其他原因而未能复出口，持证人应向进口国交纳进口各税，中国国际贸易促进委员会为此承担连带保证责任。因此，申请人应在申请时向出证机构提交符合要求的担保。

该担保可以是押金、银行或保险公司保函，或中国国际贸易促进委员会认可的单位出具的书面保证。担保金额应不低于拟去国家可能对货物征收的最高税款的 110%。保函和书面保证的有效期应不少于 33 个月。货物如从国外按期全部回国，其所抵押的担保将被立即全额退回。

⑤ 交纳手续费和保险费。

（二）报关程序

1. 进出口申报

持 ATA 单证册向海关申报进出境货物，不需向海关提交进出口许可证件，也不需另外再提供担保。但如果进出境货物受公共道德、公共安全、公共卫生、动植物检疫、濒危野生动植物保护、知识产权保护等限制的，展览品收发货人或其代理人应当向海关提交相关的进出口许可证件。

（1）进境申报

进境货物收货人或其代理人持 ATA 单证册向海关申报进境展览品时，先在海关核准的出证协会中国国际商会以及其他商会，将 ATA 单证册上的内容预录进海关与商会联网的 ATA 单证册电子核销系统，然后向展览会主管海关提交纸质 ATA 单证册、提货单等单证。

海关在白色进口单证上签注，并留存白色进口单证（正联），将存根联和 ATA 单证册其他各联退还给货物收货人或其代理人。

（2）出境申报

出境货物发货人或其代理人持 ATA 单证册向海关申报出境展览品时，向出境地海关提交国家主管部门的批准文件、纸质 ATA 单证册、装货单等单证。

海关在绿色封面单证和黄色出口单证上签注，并留存黄色出口单证（正联），将存根联和 ATA 单证册其他各联退还给出境货物发货人或其代理人。

（3）异地复运出境、进境申报

使用 ATA 单证册进出境的货物异地复运出境、进境申报，ATA 单证册持证人应当持主管地海关签章的海关单证向复运出境、进境地海关办理手续。货物复运出境、进境后，主管地海关凭复运出境、进境地海关签章的海关单证办理核销结案手续。

（4）过境申报

过境货物承运人或其代理人持 ATA 单证册向海关申报将货物通过我国转运至第三国参加展览会的，不必填制过境货物报关单。海关在两份蓝色过境单证上分别签注后，留存蓝色过境单证（正联），将存根联和 ATA 单证册其他各联退还给运输工具承运人或其代理人。

2. 转关

（1）ATA 单证册项下暂时进出境货物办理转关的，指运地、启运地海关为主管海关。

（2）使用 ATA 单证册暂时进境汽车不受国家汽车产业政策规定的整个进口指定口岸的限制，允许转关监管至指运地海关办理暂时进境手续。

（3）经海关同意在境内留购的暂时进境汽车，必须转关至整车进口指定口岸办理进口手续。

3. 结关

（1）正常结关

持证人在规定期限内将进境展览品和出境展览品复运进出境，海关在白色复出口单证和黄色复进口单证上分别签注，留存单证（正联），将存根联和 ATA 单证册其他各联退还给持证人，正式核销结关。

（2）非正常结关

ATA 单证册项下暂时进境货物复运出境时，因故未经我国海关核销、签注的，ATA 核销中心凭由另一缔约国海关在 ATA 单证上签注的该批货物从该国进境或者复运进境的证明，或者我国海关认可的能够证明该批货物已经实际离开我国境内的其他文件，作为已经从我国复运出境的证明，对 ATA 单证册予以核销。

发生上述情形的，ATA 单证册持证人应当按照规定向海关交纳调整费。在我国海关尚未发出"ATA 单证册追索通知书"前，如果持证人凭其他国海关出具的货物已经运离我国关境的证明要求予以核销单证册的，海关免予收取调整费。

使用 ATA 单证册暂准进出境货物因不可抗力的原因受损，无法原状复运出境、进境的，ATA 单证册持证人应当及时向主管地海关报告，可以凭有关部门出具的证明材料办理复运出境、进境手续；因不可抗力的原因灭失或者失去使用价值的，经海关核实后可以视为该货物已经复运出境、进境。

使用 ATA 单证册暂准进出境货物因不可抗力以外的原因灭失或者受损的，ATA 单证册持证人应当按照货物进出口的有关规定办理海关手续。

二、不使用ATA单证册报关的进出境展览品

进出境展览品的海关监管有使用 ATA 单证册的，也有不使用 ATA 单证册直接按展览品填制进出口货物报关单报关的。以下介绍不使用 ATA 单证册报关的展览品。

（一）进出境展览品的范围

1. 进境展览品

进境展览品包括在展览会中展示或示范用的货物、物品，为示范展出的机器或器具所需用的物品，展览者设置临时展台的建筑材料及装饰材料，供展览品做示范宣传用的电影片、幻灯片、录像

带、录音带、说明书、广告、光盘、显示器材等。

（1）免税的范围

下列在境内展览会期间供消耗、散发的用品（以下简称展览用品），由海关根据展览会性质、参展商规模、观众人数等情况，对其数量和总值进行核定，在合理范围内的，按照规定免征进口关税和进口环节税。

① 在展览活动中的小件样品，包括原装进口的或者在展览期间用进口的散装原料制食品或者饮料的样品。

② 为展出的机器或者器件进行操作示范被消耗或者损坏的物料。

③ 布置、装饰临时展台消耗的低值货物。

④ 展览期间免费向观众散发的有关宣传品。

⑤ 供展览会使用的档案、表格及其他文件。

注意：展览用品中的酒精饮料、烟草制品及燃料不适用有关免税的规定。展览会期间出售的小卖品，属于一般进口货物范围，进口时应当缴纳进口关税和进口环节海关代征税；属于许可证件管理的商品，应当交验许可证件。

（2）符合的条件

上述货物、物品应当符合下列条件：

① 由参展人免费提供并在展览期间专供免费分送给观众使用或者消费的。

② 单价较低，做广告样品用的。

③ 不适用于商业用途，并且单位容量明显小于最小零售包装容量的。

④ 食品及饮料的样品虽未包装分发，但确实在活动中消耗掉的。

2. 出境展览品

出境展览品包括国内单位赴国外举办展览会或参加外国博览会、展览会而运出的展览品，以及与展览活动有关的宣传品、布置品、招待品及其他公用物品。

与展览活动有关的小卖品、展卖品，可以按展览品报关出境，不按规定期限复运进境的办理一般出口手续，交验出口许可证件，缴纳出口关税。

（二）展览品的暂准进出境期限

进境展览品的暂准进出境期限是 6 个月，即自展览品进境之日起 6 个月内复运出境。出境展览品的暂准出境期限为自展览品出境之日起 6 个月内复运进境。超过 6 个月的，进出境展览品的收发货人可以向海关申请延期。延期最多不超过 3 次，每次延长期限不超过 6 个月。延长期届满应当复运出境、进境或者办理进出口手续。

展览品申请延长复运出境、进境期限的，展览品收发货人应当在规定期限届满 30 个工作日前向货物暂准进出境申请核准地海关提出延期申请，并提交"货物暂时进/出境延期申请书"以及相关申请材料。

直属海关受理延期申请的，应当于受理申请之日起 20 个工作日内制发"中华人民共和国海关货物暂时进/出境延期申请批准决定书"或者"中华人民共和国海关货物暂时进/出境延期申请不予批准决定书"。

参加展期在 24 个月以上展览会的展览品，在 18 个月延长期届满后仍需要延期的，由主管地直属海关报海关总署审批。

（三）展览品的进出境申报

1. 进境申报

（1）进境前办理备案手续

境内展览会的办展人或者参加展览会的办展人、参展人（以下简称办展人、参展人）应当在展览品进境 20 个工作日前，向主管地海关提交有关部门备案证明或者批准文件及展览品清单等相关单证办理备案手续。

展览会不属于有关部门行政许可项目的，办展人、参展人应当向主管地海关提交展览会邀请函、展位确认书等其他证明文件以及展览品清单办理备案手续。

（2）申报地点

展览品进境申报手续可以在展出地海关办理。从非展出地海关进境的，可以申请在进境地海关办理转关运输手续，将展览品在海关监管下从进境口岸转运至展览会举办地主管海关办理申报手续。

（3）需提交的单证

展览会主办单位或其代理人应当向海关提交报关单、展览品清单、提货单、发票、装箱单等。展览品中涉及检验检疫等管制的，还应当向海关提交有关许可证件。

（4）提供担保

展览会主办单位或其代理人应当向海关提供担保。在海关指定场所或者海关派专人监管的场所举办展览会的，经主管地直属海关批准，参展的展览品可以免予向海关提供担保。

（5）开箱查验及审查

海关一般在展览会举办地对展览品进行开箱查验。展览品开箱前，展览会主办单位或其代理人应当通知海关。海关查验时，展览品所有人或其代理人应当到场，并负责搬移、开拆、封装货物。

展览会展出或使用的印刷品、音像制品及其他需要审查的物品，还要经过海关的审查，才能展出或使用。对我国政治、经济、文化、道德有害的以及侵犯知识产权的印刷品、音像制品，不得展出，由海关没收、退运出境或责令更改后使用。

2. 出境申报

（1）出境前办理备案手续

境内出境举办或者参加展览会的办展人、参展人应当在展览品出境 20 个工作日前，向主管地海关提交有关部门备案证明或者批准文件及展览品清单等相关单证办理备案手续。展览会不属于有关部门行政许可项目的，办展人、参展人应当向主管地海关提交展览会邀请函、展位确认书等其他证明文件以及展览品清单办理备案手续。

（2）需提交的单证

展览品出境申报手续应当在出境地海关办理。在境外举办展览会或参加国外展览会的企业应当向海关提交国家主管部门的批准文件、报关单、展览品清单（一式两份）等单证。

（3）提供担保或许可证

展览品属于应当缴纳出口关税的，向海关缴纳相当于税款的保证金；属于核用品、核两用品及相关技术的出口管制商品的，应当提交出口许可证。

（4）开箱查验

海关对展览品进行开箱查验，核对展览品清单。查验完毕，海关留存一份清单，另一份封入"关封"交还给发货人或其代理人，凭以办理展览品复运进境申报手续。

（四）进出境展览品的核销结关

1. 复运进出境

进境展览品按规定期限复运出境，出境展览品按规定期限复运进境后，海关分别签发报关单证明联，展览品所有人或其代理人凭以向主管海关办理核销结关手续。

异地复运出境、进境的展览品，进出境展览品的收发货人应当持主管地海关签章的海关单证向复运出境、进境地海关办理手续。货物复运出境、进境后，主管地海关凭复运出境、进境地海关签章的海关单证办理核销结案手续。

展览品未能按规定期限复运进出境的，展览会主办单位或出国举办展览会的单位应当向主管海关申请延期，在延长期内办理复运进出境手续。

2. 转为正式进出口

进境展览品在展览期间被人购买的，由展览会主办单位或其代理人向海关办理进口申报、纳税手续，其中属于许可证件管理的，还应当提交进口许可证件。

出口展览品在境外参加展览会后被销售的，由海关核对展览品清单后要求企业补办有关正式出口手续。

3. 展览品放弃或赠送

展览会结束后，进口展览品的所有人决定将展览品放弃、交由海关处理的，由海关依法变卖后将款项上缴国库。

展览品的所有人决定将展览品赠送的，受赠人应当向海关办理进口手续，海关根据进口礼品或经贸往来赠送品的规定办理。

4. 展览品毁坏、丢失、被窃

进境展览品因毁坏、丢失、被窃等原因不能复运出境的，展览会主办单位或其代理人应当向海关报告。对于毁坏的展览品，海关根据毁坏程度估价征税；对于丢失或被窃的展览品，海关按照进口同类货物征收进口税。

进出境展览品因不可抗力的原因受损，无法原状复运出境、进境的，进出境展览品的收发货人应当及时向主管地海关报告，可以凭有关部门出具的证明材料办理复运出境、进境手续；因不可抗力的原因灭失或者失去使用价值的，经海关核实后可以视为该货物已经复运出境、进境。

进出境展览品因不可抗力以外其他原因灭失或者受损的，进出境展览品的收发货人应当按照货物进出口的有关规定办理海关手续。

三、其他暂准进出境货物

（一）概述

1. 范围

可以暂不缴纳税款的上述 12 项（任务一提到）暂准进出境货物，除使用 ATA 单证册报关的货物、不使用 ATA 单证册报关的展览品、集装箱箱体按各自的监管要求由海关进行监管外，其余的均按其他暂准进出境货物进行监管，均属于其他暂准进出境货物的范围。

2. 期限

其他暂准进出境货物应当自进出境之日起 6 个月内复运出境或复运进境。超过 6 个月的，收发货人可以向海关申请延期。延期最多不超过 3 次，每次延长期限不超过 6 个月。延长期届满应当复运出境、进境或者办理进出口手续。

国家重点工程、国家科研项目使用的暂准进出境货物，在 18 个月延长期届满后仍需要延期的，由主管地直属海关报海关总署审批。

3. 管理

其他暂准进出境货物进出境核准属于海关行政许可事项，应当按照海关行政许可的程序办理。

（1）暂准进出境申请和审批

暂准进出境货物收发货人向海关提出货物暂准进出境申请时，应当按照海关要求提交"货物暂时进/出境申请书"、暂准进出境货物清单、发票、合同或者协议以及其他相关单据。海关就暂准进出境货物的暂准进出境申请做出是否批准的决定后，应当制发"中华人民共和国海关货物暂时进/出境申请批准决定书"或者"中华人民共和国海关货物暂时进/出境申请不予批准决定书"。

（2）延期申请和审批

暂准进出境货物申请延长复运出境、进境期限的，收发货人应当在规定期限届满 30 个工作日前向货物暂准进出境申请核准地海关提出延期申请，并提交"货物暂时进/出境延期申请书"以及相关申请材料。直属海关做出决定并制发相应的决定书。申请延长超过 18 个月的由海关总署做出决定。

（二）报关程序

1. 进出境申报

（1）进境申报

其他暂准进境货物进境时，收货人或其代理人应当向海关提交主管部门允许货物为特定目的而暂时进境的批准文件、进口货物报关单、商业及货运单据等，向海关办理暂时进境申报手续。

其他暂准进境货物不必提交进口货物许可证件，但对国家规定需要实施检验检疫的，或者为公共安全、公共卫生等实施管制措施的，仍应当提交有关的许可证件。

其他暂准进境货物在进境时，收货人或其代理人免予缴纳进口税，但必须向海关提供担保。

（2）出境申报

其他暂准出境货物出境，发货人或其代理人应当向海关提交主管部门允许货物为特定目的而暂时出境的批准文件、出口货物报关单、货运和商业单据等，向海关办理暂时出境申报手续。

其他暂准进境货物，除易制毒化学品、监控化学品、消耗臭氧层物质、有关核出口、核两用品及相关技术的出口管制条例管制的商品以及其他国际公约管制的商品外，不需交验许可证件。

（3）异地复运出境、进境申报

异地复运出境、进境的其他暂准进出境货物，收发货人应当持主管地海关签章的海关单证向复运出境、进境地海关办理手续。货物复运出境、进境后，主管地海关凭复运出境、进境地海关签章的海关单证办理核销结案手续。

2. 结关

（1）复运进出境

其他暂准进境货物复运出境，其他暂准出境货物复运进境，进出口货物收、发货人或其代理人必须留存由海关签章的复运进出境的报关单，准备报核。

（2）转为正式进出口

其他暂准进出境货物因特殊情况，改变特定的暂准进出境目的转为正式进出口，收发货人应当在货物复运出境、进境期限届满30个工作日前向主管地海关申请，经主管地直属海关批准后，按照规定提交有关许可证件，办理货物正式进口或者出口的报关纳税手续。

（3）放弃

其他暂准进境货物在境内完成暂时进境的特定目的后，如货物所有人不准备将货物复运出境的，可以向海关声明将货物放弃，海关按放弃货物的有关规定处理。

（4）不可抗力

因不可抗力的原因受损，无法原状复运出境、进境的，收发货人应当及时向主管地海关报告，可以凭有关部门出具的证明材料办理复运出境、进境手续；因不可抗力的原因灭失或者失去使用价值的，经海关核实后可以视为该货物已经复运出境、进境。因不可抗力以外其他原因灭失或者受损的，收发货人应当按照货物进出口的有关规定办理海关手续。

其他暂准进出境货物复运出境、进境，或者转为正式进口、出口，或放弃后，收发货人向海关提交经海关签注的进出口货物报关单，或者处理放弃货物的有关单据，以及其他有关单证，申请报核。海关经审核，情况正常的，退还保证金或办理其他担保销案手续，予以结关。

关键术语

⟨⟨⟨◆⟩⟩⟩

扫一扫

职业技能训练

⟨⟨⟨◆⟩⟩⟩

一、单选题

1. （　　）是我国 ATA 单证册的出证和担保机构，负责签发出境 ATA 单证册。
   A. 中国贸易促进委员会　　　　　　B. 中国国际商会
   C. 海关总署　　　　　　　　　　　D. 外事办

2. 使用 ATA 单证册报关的货物暂准进出境期限为自货物进出境之日起（　　）个月。
   A. 1　　　　　　B. 3　　　　　　C. 6　　　　　　D. 12

3. ATA 单证册超过 6 个月的，ATA 单证册持证人可以向海关申请延期。延期最多不超过（　　），每次延长期限不超过（　　）个月。
   A. 3，3　　　　B. 3，6　　　　C. 6，6　　　　D. 2，6

4. 参加展期在（　　）个月以上展览会的展览品，在（　　）个月延长期届满后仍需要延期的，由主管地直属海关报海关总署审批。
   A. 24，18　　　B. 24，24　　　C. 18，24　　　D. 18，18

5. ATA 单证册项下货物延长复运出境、进境期限的，ATA 单证册持证人应当在规定期限届满（　　）个工作日前向货物暂准进出境申请核准地海关提出延期申请。
   A. 10　　　　　B. 15　　　　　C. 20　　　　　D. 30

二、多选题

1. 下列属于暂准进出境货物范围的是（　　）。
   A. 在展览会、交易会、会议及类似活动中展示或者使用的货物
   B. 文化、体育交流活动中使用的表演、比赛用品
   C. 进行新闻报道或者摄制电影、电视节目使用的仪器、设备及用品
   D. 开展科研、教学、医疗活动使用的仪器、设备和用品

2. 下列属于暂准进出境货物特征的是（　　）。
   A. 暂时免予缴纳税费　　　　　　　B. 免予提交进出口许可证件
   C. 需提交进出口许可证　　　　　　D. 规定期限内按原状复运进出境

3. 在我国，使用 ATA 单证册的范围仅限于展览会、交易会、会议及类似活动项下的货物。展

览会、交易会、会议及类似活动是指（   ）。

    A. 贸易、工业、农业、工艺展览会及交易会、博览会

    B. 因慈善目的而组织的展览会或会议

    C. 为促进科技、教育、文化、体育交流开展旅游活动或民间友谊而组织的展览会或会议

    D. 国际组织或国际团体组织代表大会

4. 下列展览用品在合理范围内的，按照规定免征进口关税和进口环节税有（   ）。

    A. 为展出的机器或者器件进行操作示范被消耗或者损坏的物料

    B. 布置、装饰临时展台消耗的低值货物

    C. 展览用品中的酒精饮料、烟草制品及燃料

    D. 展览会期间出售的小卖品

5. 第4题中所提及的免税进境展览品应符合以下哪些条件（   ）。

    A. 由参展人免费提供并在展览期间专供免费分送给观众使用或者消费的

    B. 单价较低，做广告样品用的

    C. 不适用于商业用途，并且单位容量明显小于最小零售包装容量的

    D. 食品及饮料的样品虽未包装分发，但确实在活动中消耗掉的

三、判断题

1. 第一类暂准进出境货物，应当按照该货物的完税价格和其在境内滞留时间与折旧时间的比例计算征收进口关税。（   ）

2. ATA 单证册是"暂准出口单证册"的简称。（   ）

3. 我国海关只接受用中文或者英文填写的 ATA 单证册。（   ）

4. 在商店或其他营业场所以销售国外货物为目的而组织的非公共展览会属于展览会、交易会、会议及类似活动。（   ）

5. 续签的 ATA 单证册只能变更单证册有效期限，其他项目均应当与原单证册一致。续签的 ATA 单证册启用时，原 ATA 单证册失效。（   ）

跨境电商货物报关业务操作

【能力目标】

1. 能为跨境电商货物报关进行流程设计；
2. 能顺利完成跨境电商货物的报关业务操作。

【知识目标】

1. 掌握跨境电商含义、特征、主要模式等；
2. 熟悉跨境电商货物报关业务流程及有关税收新政等。

项目简介

为做好跨境电子商务零售进出口商品监管工作与进口税收管理工作，海关总署于 2016 年 4 月颁布了《关于跨境电子商务零售进出口商品有关监管事宜的公告》（2016 年第 26 号）；与此同时，财政部、海关总署、国家税务总局联合颁布了《关于跨境电子商务零售进口税收政策的通知》（财关税〔2016〕18 号），两则公告均自 2016 年 4 月 8 日起实施。我国将实施跨境电子商务零售（企业对消费者，即 B2C）新的进口税收政策，并同步调整行邮税政策。本项目主要介绍跨境电子商务的含义、种类、特征、发展历程等，并结合最新政策介绍跨境电商货物报关操作业务及有关进口税收新政。

任务一 跨境电子商务的概述

一、含义

跨境电商狭义上是指 B2C 跨境电商或零售跨境电商，指的是分属于不同关境的交易主体借助计算机网络达成交易、进行支付结算，并采用快件、小包等方式通过跨境物流将商品送达消费者手中的交易过程。

跨境电商广义上包括 B2C 和 B2B 跨境电商。B2B 电商是指分属不同关境的交易主体，通过电子商务的手段将传统进出口贸易中的展示、洽谈和成交环节电子化，并通过跨境物流送达商品、完成交易的一种国际商业活动。

总的来说，跨境电商是跨境电子商务的简称，是指不同关境的交易主体，以互联网为媒介，经电子商务平台达成交易、进行支付结算，并通过跨境物流营运者送达商品、完成交易的一种国际贸易商业活动。

二、种类

（一）根据商品流向分类

1. 进口跨境电商

进口跨境电商是海外卖家将商品直销给国内的买家，一般是国内消费者访问境外商家的购物网站选择商品，然后下单，由境外卖家发国际快递给国内消费者。典型进口跨境电商平台代表为天猫国际。

2. 出口跨境电商

出口跨境电商是国内卖家将商品直销给境外的买家，一般是国外买家访问国内商家的网店，然后下单购买并完成支付，由国内的商家发国际物流至国外买家。典型出口跨境电商平台代表为速卖通。

（二）根据交易对象分类

跨境电子商务根据交易对象不同，主要分为 B2B、B2C、C2C。

1. 企业对企业的电子商务（Business to Business，B–to–B，B2B）

指境内外企业与企业之间通过互联网进行产品、服务及信息的交换。B2B 交易的双方都是商家（企业），它们使用 Internet 的技术或各种商务网络平台，利用互联网技术快速反应的优势，开展营销、发展客户、采购或者销售货物，完成商务交易。这些过程包括：发布供求信息，订货及确认订货，支付过程及票据的签发、传送和接收，确定配送方案并监控配送过程等。

2. 企业对消费者的电子商务（Business to Customer，B–to–C，B2C）

指境内外商家对消费者通过互联网进行产品、服务及信息的交换。B2C 交易的卖方通过商务网络平台，向消费者，即客户提供一个新型的在线购物环境；客户在网上购物、在线支付货款，由物流配送运营者完成交货。这种形式实际上是一种新型的商业零售模式。主要借助 Internet 开展在线跨境货物销售活动。例如，经营各种书籍、鲜花、计算机、通信用品等商品。

3. 消费者对消费者的电子商务（Customer to Customer，C–to–C，C2C）

指境内外消费者之间通过互联网进行产品、服务及信息的交换。简单地说就是消费者本身提供服务或产品给消费者，最常见的形态就是个人工作者提供服务给消费者。

其实 B2B、B2C、C2C 等，都不过是一种提法。商者无域，相融共生。生产—销售—消费，这三个环节缺一不可。生产商（B）—销售商（B）—消费者（C），这三种角色原本互相联系，互相转化。

三、特征

跨境电子商务是基于网络发展起来的，网络空间相对于物理空间来说是一个新空间，是一个由网址和密码组成的虚拟但客观存在的世界。网络空间独特的价值标准和行为模式深刻地影响着跨境电子商务，使其不同于传统的交易方式而呈现出自己的特点。

（一）产品交易全球性

网络是一个没有边界的媒介体，具有全球性和非中心化的特征。依附于网络发生的跨境电子商务也因此具有了全球性和非中心化的特性。跨境电子商务与传统的交易方式相比，其一个重要特点在于它是一种无边界交易，丧失了传统交易所具有的地理因素。互联网用户不需要考虑跨越实际上的国界就可以把产品尤其是高附加值产品和服务提交到市场。网络的全球性特征带来的积极影响是信息的最大限度的共享，消极影响是用户必须面临因文化、政治和法律的不同而产生的风险。任何人只要具备了一定的技术手段，在任何时候、任何地方都可以让信息进入网络，并开展全球性的产品交易。

（二）传输方式无形性

网络的发展使数字化产品和服务的传输盛行。而数字化传输是通过不同类型的媒介，例如数据、声音和图像在全球化网络环境中集中而进行的，这些媒介在网络中是以计算机数据代码的形式出现的，因而是无形的。电子商务是数字化传输活动的一种特殊形式，其无形性的特性使得税务机关很难控制和检查销售商的交易活动，税务机关面对的交易记录都是体现为数据代码的形式，使得税务核查员无法准确地计算销售所得和利润所得，从而给税收带来困难。数字化产品和服务基于数字传输活动的特性也必然具有无形性，传统交易以实物交易为主，而在电子商务中，无形产品却可以替代实物成为交易的对象。

（三）交易用户匿名性

由于跨境电子商务的非中心化和全球性的特性，因此很难识别电子商务用户的身份和其所处的地理位置。在线交易的消费者往往不显示自己的真实身份和自己的地理位置，重要的是这丝毫不影响交易的进行，网络的匿名性也允许消费者这样做。以 eBay 为例，eBay 是美国的一家网上拍卖公司，允许个人和商家拍卖任何物品，到目前为止 eBay 已经拥有 3 000 万用户，每天拍卖数以万计的物品，总计营业额超过 50 亿美元。但是 eBay 的大多数用户都没有准确地向税务机关报告他们的所得，存在大量的逃税现象，因为他们知道由于网络的匿名性，美国国内收入服务处（IRS）没有办法识别他们，税务机关无法查明应当纳税的在线交易人的身份和地理位置，也就无法获知纳税人的交易情况和应纳税额，更不要说去审计核实。可见，跨境电商存在交易用户匿名性，显然给税务机关带来了极大的不便与麻烦，这是目前亟待解决的主要问题之一。

（四）交易速度即时性

对于网络而言，传输的速度和地理距离无关。传统交易模式，信息交流方式如信函、电报、传真等，在信息的发送与接收间，存在着长短不同的时间差。而电子商务中的信息交流，无论实际时空距离远近，一方发送信息与另一方接收信息几乎是同时的，就如同生活中面对面交谈。某些数字化产品（如音像制品、软件等）的交易，还可以即时清结，订货、付款、交货都可以在瞬间完成。

（五）交易信息无纸化

跨境电子商务主要采取无纸化操作的方式，这是以电子商务形式进行交易的主要特征。在电子商务中，电子计算机通信记录取代了一系列的纸面交易文件。用户发送或接收电子信息。由于电子信息以比特的形式存在和传送，整个信息发送和接收过程实现了无纸化。无纸化带来的积极影响是使信息传递摆脱了纸张的限制，但由于传统法律的许多规范是以规范"有纸交易"为出发点的，因此，无纸化带来了一定程度上法律的混乱。

电子商务以数字合同、数字时间截取了传统贸易中的书面合同、结算票据，削弱了税务机关获取跨国纳税人经营状况和财务信息的能力，且电子商务所采用的其他保密措施也将增加税务机关掌据纳税人财务信息的难度。在某些交易无据可查的情形下，跨国纳税人的申报额将会大大降低，应纳税所得额和所征税款都将少于实际所达到的数量，从而引起征税国国际税收流失。例如，世界各国普遍开征的传统税种之一的印花税，其课税对象是交易各方提供的书面凭证，课税环节为各种法律合同、凭证的书立或做成，而在网络交易无纸化的情况下，物质形态的合同、凭证形式已不复存在，因而印花税的合同、凭证贴花（即完成印花税的缴纳行为）便无从下手。

（六）交易方式快速演进

互联网以前所未有的速度和无法预知的方式不断演进。基于互联网的电子商务活动也处在瞬息万变的过程中，短短的几十年中电子交易经历了从 EDI 到电子商务零售业的兴起的过程，而数字化产品和服务更是花样出新，不断地改变着人类的生活。

而一般情况下，世界各国为维护社会的稳定，都会注意保持法律的持续性与稳定性，税收法律也不例外。这就会引起网络的超速发展与税收法律规范相对滞后的矛盾。如何将分秒都处在发展与变化中的网络交易纳入税法的规范，是税收领域的一个难题。网络的发展不断给税务机关带来新的挑战，税务政策的制定者和税法立法机关应当密切注意网络的发展，在制定税务政策和税法规范时充分考虑这一因素。

可见，跨境电子商务具有不同于传统贸易的诸多特点，而传统的税法制度却是在传统的贸易方式下产生的，必然会在电子商务贸易中漏洞百出。网络深刻地影响着人类社会，也给税收法律规范带来了前所未有的冲击与挑战。

四、跨境电商发展历程

1999 年阿里巴巴实现用互联网连接中国供应商与海外买家后，中国对外出口贸易就实现了互联网化。在此之后，共经历了三个阶段，实现从信息服务，到在线交易、全产业链服务的跨境电商产业转型，如图 11-1 所示。

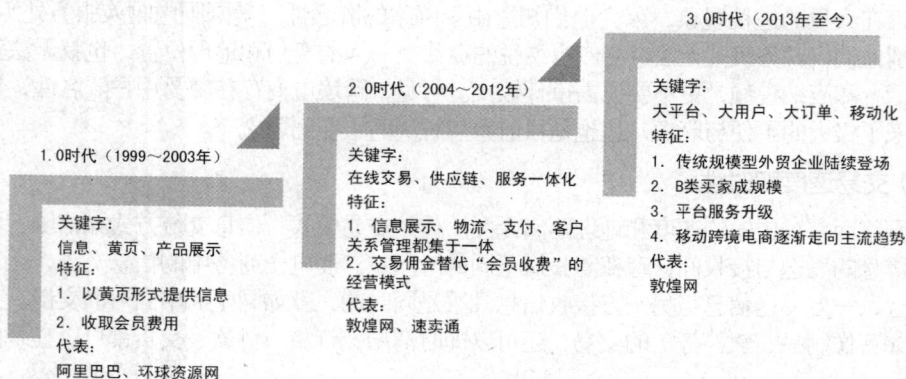

图 11-1　跨境电商三个发展阶段示意图

（一）跨境电商1.0阶段（1999～2003年）

跨境电商 1.0 时代的主要商业模式是网上展示、线下交易的外贸信息服务模式。跨境电商 1.0 阶段第三方平台主要的功能是为企业信息以及产品提供网络展示平台，并不在网络上涉及任何交易环节。此时的盈利模式主要是通过向进行信息展示的企业收取会员费（如年服务费）。跨境电商 1.0 阶段发展过程中，也逐渐衍生出竞价推广、咨询服务等为供应商提供一条龙的信息流增值服务。

在跨境电商 1.0 阶段中，阿里巴巴国际站平台以及环球资源网为典型代表平台。其中，阿里巴巴成立于 1999 年，以网络信息服务为主，线下会议交易为辅，是中国最大的外贸信息黄页平台之一。环球资源网 1971 年成立，前身为 Asian Source，是亚洲较早的提供贸易市场资讯者，并于 2000 年 4 月 28 日在纳斯达克证券交易所上市，股权代码 GSOL。

在此期间还出现了中国制造网、韩国 EC21 网、Kellysearch 等大量以供需信息交易为主的跨境电商平台。跨境电商 1.0 阶段虽然通过互联网解决了中国贸易信息面向世界买家的难题，但是依然无法完成在线交易，对于外贸电商产业链的整合仅完成信息流整合环节。

（二）跨境电商2.0阶段（2004～2012年）

2004 年，随着敦煌网的上线，跨境电商 2.0 阶段来临。这个阶段，跨境电商平台开始摆脱纯信息黄页的展示行为，将线下交易、支付、物流等流程实现电子化，逐步实现在线交易平台。

相比第一阶段，跨境电商 2.0 更能体现电子商务的本质，借助于电子商务平台，通过服务、资源整合有效打通上下游供应链，包括 B2B（平台对企业小额交易）平台模式以及 B2C（平台对用户）平台模式两种模式。跨境电商 2.0 阶段，B2B 平台模式为跨境电商主流模式，通过直接对接中小企业商户实现产业链的进一步缩短，提升商品销售利润空间。2011 年敦煌网宣布实现盈利，2012 年持续盈利。

在跨境电商 2.0 阶段，第三方平台实现了营收的多元化，同时实现后向收费模式，将"会员收费"改以收取交易佣金为主，即按成交效果来收取百分点佣金。同时还通过平台上营销推广、支付服务、物流服务等获得增值收益。

（三）跨境电商3.0阶段（2013年至今）

2013 年成为跨境电商重要转型年，跨境电商全产业链都出现了商业模式的变化。随着跨境电商的转型，跨境电商 3.0 "大时代"随之到来。

首先，跨境电商 3.0 具有大型工厂上线、B 类买家成规模、中大额订单比例提升、大型服务商加入和移动用户量爆发五方面特征。与此同时，跨境电商 3.0 服务全面升级，平台承载能力更强，全产业链服务在线化也是 3.0 时代的重要特征。

在跨境电商 3.0 阶段，用户群体由草根创业向工厂、外贸公司转变，且具有极强的生产设计管理能力。平台销售产品由网商、二手货源向一手货源好产品转变。

由于 3.0 阶段的主要卖家群体正处于从传统外贸业务向跨境电商业务艰难转型期，生产模式由大生产线向柔性制造转变，因此对代运营和产业链配套服务需求较高。另一方面，3.0 阶段的主要平台模式也由 C2C、B2C 向 B2B、M2B 模式转变，批发商买家的中大额交易成为平台主要订单。

五、跨境电商与其他贸易形式的区别

（一）跨境电商与国内电子商务的区别

1．交易主体不同

跨境电子商务是指分属不同关境的交易主体，通过电子商务平台达成交易、进行支付结算，并通过跨境物流送达商品、完成交易的一种国际商业活动，从业务模式上来看，多了国际物流、出入境清关、国际结算等业务（见图 11-2；国内电子商务主要是在国家之内达成的一种电子商务的交易模式，主要的客户群体也是国内的。其交易主体买卖双方一般属于一个国家，即国内的商家卖家在线销售给国内的买家。

图 11-2　跨境电商直购进口模式通关流程图

2. 卖家竞争程度不同

国内电子商务经过多年发展，卖家数量多，电商能力日趋成熟，市场竞争越来越大，卖家要从市场中获取流量变得越加困难，付出成本也越来越高；跨境电商尚处于初级阶段，流量获取几乎免费，成交订单较为容易。

3. 市场空间与范围不同

国内电商市场仅以国内为主，市场空间有限，交易额增速平缓；跨境电商面向全球多个国家，市场空间大，交易额逐年剧增。

（二）跨境电商和传统国际贸易的区别

跨境电商与传统国际贸易在流通环节、成本利润、信息提供、交易对象、交易时间、成交方式、销售地点、销售方法、顾客方便度及顾客需求等方面均存在一定区别。如表 11-1 所示。

表 11-1　　　　　　　　　　跨境电商与传统国际贸易的区别

区别点	跨境电商	传统国际贸易
流通环节	环节少，周期短，效率高	环节多，周期长，效率低
成本利润	成本低，利润高	成本高，利润低
信息提供	透明、准确	因销售商而异
交易对象	全球	部分地区
交易时间	24 小时	规定的营业时间内
成交方式	程序简单，成交速度快	手续烦琐，程序复杂，成交速度慢
销售地点	虚拟空间	需要一定销售空间
销售方法	完全自由购买	通过各种关系买卖
顾客方便度	顾客按自己方式选择性购买	受时间、地点限制
顾客需求	能迅速了解顾客需求，及时应对	需较长时间去掌握顾客需求

任务二　跨境电商货物的报关业务操作

一、跨境电商零售进出口货物报关业务操作

为做好跨境电子商务零售进出口商品监管工作，海关总署于 2016 年 4 月颁布了《关于跨境电子商务零售进出口商品有关监管事宜的公告》（2016 年第 26 号）。该公告自 2016 年 4 月 8 日起施行，施行时间以海关接受《申报清单》申报时间为准，未尽事宜按海关现行规定办理。自该公告施行之日起，海关总署公告 2014 年第 56 号同时废止。

（一）适用范围

电子商务企业、个人通过电子商务交易平台实现零售进出口商品交易，并根据海关要求传输相关交易电子数据的，按照《关于跨境电子商务零售进出口商品有关监管事宜的公告》（2016 年第 26 号）有关规定接受海关监管。

（二）参与跨境电子商务业务的企业应当事先向所在地海关提交以下材料

1. 企业法人营业执照副本复印件。
2. 组织机构代码证书副本复印件（以统一社会信用代码注册的企业不需要提供）。

3. 企业情况登记表，具体包括企业组织机构代码或统一社会信用代码、中文名称、工商注册地址、营业执照注册号，法定代表人（负责人）、身份证件类型、身份证件号码、海关联系人、移动电话、固定电话，跨境电子商务网站网址等。

企业按照前款规定提交复印件的，应当同时向海关交验原件。

如需向海关办理报关业务，应当按照海关对报关单位注册登记管理的相关规定办理注册登记。

（三）报关操作管理规定

1. 进口报关操作

（1）申报前传输电子信息

跨境电子商务零售进口商品申报前，电子商务企业或电子商务交易平台企业、支付企业、物流企业应当分别通过跨境电子商务通关服务平台（以下简称服务平台）如实向海关传输交易、支付、物流等电子信息。

进出境快件运营人、邮政企业可以受电子商务企业、支付企业委托，在书面承诺对传输数据真实性承担相应法律责任的前提下，向海关传输交易、支付等电子信息。

（2）身份信息核实

电子商务企业应当对购买跨境电子商务零售进口商品的个人（订购人）身份信息进行核实，并向海关提供由国家主管部门认证的身份有效信息。无法提供或者无法核实订购人身份信息的，订购人与支付人应当为同一人。

（3）办理进口报关手续

电子商务企业或其代理人应提交《中华人民共和国海关跨境电子商务零售出口商品申报清单》（以下简称《申报清单》），进口采取"清单核放"方式办理报关手续。

2. 出口报关操作

（1）申报前传输电子信息

跨境电子商务零售出口商品申报前，电子商务企业或其代理人、物流企业应当分别通过服务平台如实向海关传输交易、收款、物流等电子信息。

（2）办理出口报关手续

电子商务企业或其代理人应提交《申报清单》，出口采取"清单核放、汇总申报"方式办理报关手续。

所谓"清单核放、汇总申报"方式是指电商企业或其代理人应将上月结关的《申报清单》依据清单表头同一收发货人、同一运输方式、同一运抵国、同一出境口岸，以及清单表体同一10位海关商品编码、同一申报计量单位、同一币制规则进行归并，汇总形成《中华人民共和国海关出口货物报关单》向海关申报。

汇总形成《出口货物报关单》向海关申报时，无须再次办理进出口征免税手续及提交许可证件。

在申报时间上，要求于每月10日前（当月10日是法定节假日或者法定休息日的，顺延至其后的第一个工作日，第12月的清单汇总应当于当月最后一个工作日前完成）。

3. 申报清单填制要求

除特殊情况外，《申报清单》《中华人民共和国海关进（出）口货物报关单》应当采取通关无纸化作业方式进行申报。

《申报清单》的修改或者撤销，参照海关《中华人民共和国海关进（出）口货物报关单》修改或者撤销有关规定办理。

《申报清单》与《中华人民共和国海关进（出）口货物报关单》具有同等法律效力。

扫一扫

中华人民共和国海关跨境电子商务零售进口商品申报清单数据

（四）税收征管规定

1. 根据《财政部 海关总署 国家税务总局关于跨境电子商务零售进口税收政策的通知》（财关税〔2016〕18 号）的有关规定，跨境电子商务零售进口商品按照货物征收关税和进口环节增值税、消费税，完税价格为实际交易价格，包括商品零售价格、运费和保险费。

2. 订购人为纳税义务人。在海关注册登记的电子商务企业、电子商务交易平台企业或物流企业作为税款的代收代缴义务人，代为履行纳税义务。

3. 代收代缴义务人应当如实、准确向海关申报跨境电子商务零售进口商品的商品名称、规格型号、税则号列、实际交易价格及相关费用等税收征管要素。

跨境电子商务零售进口商品的申报币制为人民币。

4. 为审核确定跨境电子商务零售进口商品的归类、完税价格等，海关可以要求代收代缴义务人按照有关规定进行补充申报。

5. 海关对满足监管规定的跨境电子商务零售进口商品按时段汇总计征税款，代收代缴义务人应当依法向海关提交足额有效的税款担保。

海关放行后 30 日内未发生退货或修撤单的，代收代缴义务人在放行后第 31 日至第 45 日内向海关办理纳税手续。

扫一扫

中华人民共和国海关跨境电子商务零售出口商品申报清单数据

（五）物流监控

1. 跨境电子商务零售进出口商品监管场所必须符合海关相关规定。

监管场所经营人、仓储企业应当建立符合海关监管要求的计算机管理系统，并按照海关要求交换电子数据。

2. 跨境电子商务零售进出口商品的查验、放行均应当在监管场所内实施。

3. 海关实施查验时，电子商务企业或其代理人、监管场所经营人、仓储企业应当按照有关规定提供便利，配合海关查验。

4. 电子商务企业或其代理人、物流企业、监管场所经营人、仓储企业发现涉嫌违规或走私行为的，应当及时主动报告海关。

（六）退货管理

1. 在跨境电子商务零售进口模式下，允许电子商务企业或其代理人申请退货，退回的商品应当在海关放行之日起 30 日内原状运抵原监管场所，相应税款不予征收，并调整个人年度交易累计金额。

2. 在跨境电子商务零售出口模式下，退回的商品按照现行规定办理有关手续。

（七）其他事项

1. 在海关注册登记的电子商务企业、电子商务交易平台企业、支付企业、物流企业等应当接受海关后续管理。

2. 以保税模式从事跨境电子商务零售进口业务的，应当在海关特殊监管区域和保税物流中心（B型）内开展，除另有规定外，参照《关于跨境电子商务零售进出口商品有关监管事宜的公告》规定监管。

（八）有关用语的含义

1. "参与跨境电子商务业务的企业"是指参与跨境电子商务业务的电子商务企业、电子商务交易平台企业、支付企业、物流企业等。

2. "电子商务企业"是指通过自建或者利用第三方电子商务交易平台开展跨境电子商务业务的企业。

3. "电子商务交易平台企业"是指提供电子商务进出口商品交易、支付、配送服务的平台提供企业。

4. "电子商务通关服务平台"是指由电子口岸搭建，实现企业、海关以及相关管理部门之间数据交换与信息共享的平台。

二、关于跨境电子商务零售进口税收政策

为营造公平竞争的市场环境，促进跨境电子商务零售进口健康发展，财政部、海关总署、国家税务总局联合颁布了《关于跨境电子商务零售进口税收政策的通知》（财关税〔2016〕18号），经国务院批准，自2016年4月8日起，我国实施跨境电子商务零售（企业对消费者，即B2C）进口税收政策，并同步调整行邮税政策。

（一）征税的种类及纳税义务人

1. 跨境电子商务零售进口商品按照货物征收关税和进口环节增值税、消费税；实际交易价格（包括货物零售价格、运费和保险费）作为完税价格。

2. 购买跨境电子商务零售进口商品的个人作为纳税义务人；电子商务企业、电子商务交易平台企业或物流企业可作为代收代缴义务人。

（二）适用范围

跨境电子商务零售进口税收政策适用于从其他国家或地区进口的、《跨境电子商务零售进口商品清单》范围内的以下商品。

1. 所有通过与海关联网的电子商务交易平台交易，能够实现交易、支付、物流电子信息"三单"比对的跨境电子商务零售进口商品。

2. 未通过与海关联网的电子商务交易平台交易，但快递、邮政企业能够统一提供交易、支付、物流等电子信息，并承诺承担相应法律责任进境的跨境电子商务零售进口商品。

3. 不属于跨境电子商务零售进口的个人物品以及无法提供交易、支付、物流等电子信息的跨境电子商务零售进口商品，按现行规定执行。

（三）交易限额

跨境电子商务零售进口商品的单次交易限值为人民币2 000元，个人年度交易限值为人民币20 000元。在限值以内进口的跨境电子商务零售进口商品，关税税率暂设为0%；进口环节增值税、消费税取消免征税额，暂按法定应纳税额的70%征收。超过单次限值、累加后超过个人年度限值的单次交易，以及完税价格超过2 000元限值的单个不可分割商品，均按照一般贸易方式全额征税。

（四）进口税率

为完善进境物品进口税收政策，经国务院批准，国务院关税税则委员会于2016年3月16日颁布《关于调整进境物品进口税有关问题的通知》（税委会〔2016〕2号）对现行《中华人民共和国进境物品进口税率表》进行调整，该调整自2016年4月8日起实施，《国务院关税税则委员会关于调整进境物品进口税税目税率的通知》（税委会〔2011〕3号）自本通知实施之日起废止。调整后的税目税率，如表11-2所示。

表11-2　　　　　　　　　　　　　《中华人民共和国进境物品进口税率表》

税号	物品名称	税率（%）
1	书报、刊物、教育用影视资料；计算机、视频摄录一体机、数字照相机等信息技术产品；食品、饮料；金银；家具；玩具，游戏品、节日或其他娱乐用品	15
2	运动用品（不含高尔夫球及球具）、钓鱼用品；纺织品及其制成品；电视摄像机及其他电器用具；自行车；税目1、3中未包含的其他商品	30
3	烟、酒；贵重首饰及珠宝玉石；高尔夫球及球具；高档手表；化妆品	60

注：税目3所列商品的具体范围与消费税征收范围一致。

（五）退货

跨境电子商务零售进口商品自海关放行之日起 30 日内退货的，可申请退税，并相应调整个人年度交易总额。

（六）身份认证

跨境电子商务零售进口商品购买人（订购人）的身份信息应进行认证；未进行认证的，购买人（订购人）身份信息应与付款人一致。

（七）注意事项

1. 海关总署等部门在制定新税收政策时，并未将保税进口和直邮进口区别对待。

2. 有关跨境电子商务零售进口税收新政策制定后，行邮税并没取消。行邮税继续存在于原有的适用领域中，也即对"入境旅客行李物品和个人邮递物品"的征税。区别跨境电商商品和"入境旅客行李物品和个人邮递物品"的关键是三单对接，也即是否向监管机构推送了订单、运单、支付单信息。这同时意味着，有不少人可能会继续使用原有的灰色海淘通道，以享受行邮税之便。显然，海关为了保护进口跨境电商企业的合法利益，将加大对行邮通道的查验。

3. 进口跨境电商的完税价格是商品的零售价格，其中包括运费、保险费。根据新规定，进口环节增值税、消费税暂按法定应纳税额的 70% 征收，主要是因为进口跨境电商的完税价格使用的是零售价格，而一般贸易模式使用的是 CIF 价格（FOB 价格+运费+保费）。

（八）有关税收新政解读及案例分析

目前，个人自用、合理数量的跨境电子商务零售进口商品在实际操作中按照邮递物品征收行邮税。行邮税针对的是非贸易属性的进境物品，将关税和进口环节增值税、消费税三税合并征收，税率普遍低于同类进口货物的综合税率。

跨境电子商务零售进口商品虽然通过邮递渠道进境，但不同于传统非贸易性的文件票据、旅客分离行李、亲友馈赠物品等，其交易具有贸易属性，全环节仅征收行邮税，总体税负水平低于国内销售的同类一般贸易进口货物和国产货物的税负，形成了不公平竞争。为此，政策将对跨境电子商务零售进口商品按照货物征收关税和进口环节增值税、消费税。

在对跨境电子商务零售进口商品按照货物征税的同时，考虑到大部分消费者的合理消费需求，政策将单次交易限值由行邮税政策中的 1 000 元（港澳台地区为 800 元）提高至 2 000 元，同时设置个人年度交易限值为 20 000 元。在限值以内进口的跨境电子商务零售进口商品，关税税率暂设为 0%，进口环节增值税、消费税取消免征税额，暂按法定应纳税额的 70% 征收。超过单次限值、累加后超过个人年度限值的单次交易，以及完税价格超过 2 000 元限值的单个不可分割商品，将均按照一般贸易方式全额征税。考虑到现行监管条件，暂时将能够提供交易、支付、物流等电子信息的跨境电子商务零售进口商品纳入政策实施范围。不属于跨境电子商务零售进口的个人物品以及无法提供有关电子信息的跨境电子商务零售进口商品，仍将按现行规定执行。

同时，为优化税目结构，方便旅客和消费者申报、纳税，提高通关效率，我国同步调整行邮税政策，将目前的四档税目（对应税率分别为 10%、20%、30%、50%）调整为三档，其中，税目 1 主要为最惠国税率为零的商品，税目 3 主要为征收消费税的高档消费品，其他商品归入税目 2。调整后，为保持各税目商品的行邮税税率与同类进口货物综合税率的大体一致，税目 1、2、3 的税率分别为 15%、30%、60%。

以新税率对比一般贸易税率，二者总体上很接近了。本文以配方奶粉与化妆品进口为例说明税收新政实施后，应纳税额的变化情况。

1. 配方奶粉进口关税税额计算案例

一般贸易模式下，2016 年配方奶粉的关税是 5%，增值税为 17%，如果 CIF 价为 100 元/罐，那么应纳税额为：100×5%+100×（1+5%）×17%=22.85（元）；按以前政策，50元内税额免征，则该奶粉进口无须纳税。

跨境电商（新税率）下，配方奶粉关税为零，增值税为17%×70%=11.9%，无消费税，如果零售价格为200元/罐，那么应纳税额为：200×11.9%=23.8（元）。

可见，以新税率对比之前的跨境电商行邮税，对于绝大多数商品，包括100元以内的化妆品，此前可以享受50元免征额的商品，新税收政策实施后均需征税了，成本提高了，增幅至少为11.9%。正如本案例，一罐200元奶粉，以前享受50元免征额税收为零，现按新税率，要缴纳200×11.9%=23.8（元）。

2. 100元以上的化妆品进口关税税额计算案例

假设某化妆品单价为500元/支，按照之前的行邮税，税率为50%，应纳税额250元；如今按照新税率，在增值税17%及消费税30%的基础上打七折，应纳税额为：500×（17%+30%）×70%=164.5（元）。在这种情况下，显然新税率要优于之前的行邮税。

3. 税收新政对进口产品税额的影响

通过两则常见进口产品税额变化案例分析，可见，对于母婴类商品，整体成本有所提高；对于化妆品，如果是单价100元以内的，成本提高了；如果是单价100元以上的，则税收成本下降了。

对于超过单次限值、累加后超过个人年度限值的单次交易，以及完税价格超过2 000元限值的单个不可分割商品，将均按照一般贸易方式全额征税。例如，高档手表等奢侈品，此前可以享受30%行邮税，现在则是"关税+增值税+消费税"，且以零售价为完税价格。

关键术语

扫一扫

职业技能训练

一、单选题

1. 以下不属于跨境电商和传统国际贸易的区别的是（　　）。
   - A. 成本低，利润高
   - B. 周期短，效率高
   - C. 易上手，成交快
   - D. 交易主体不同
2. 在限值以内进口的跨境电子商务零售进口商品，关税税率暂设为（　　）。
   - A. 0
   - B. 1%
   - C. 5%
   - D. 10%
3. 跨境电子商务零售进口商品的申报币制为（　　）。
   - A. 人民币
   - B. 美元
   - C. 英镑
   - D. 按合同币

4. 出口采取（　　　）方式办理报关手续，进口采取"清单核放"方式办理报关手续。

    A. 清单核放、汇总申报   B. 凭单核放

    C. 月底申报   D. 逐笔申报

5. 下列不属于跨境电子商务零售进口商品按照货物征收范围的是（　　　）。

    A. 关税   B. 营业税

    C. 进口环节增值税   D. 进口环节消费税

6. 跨境电子商务零售进口商品的单次交易限值为人民币（　　　）元，个人年度交易限值为人民币（　　　）元。

    A. 1 000；10 000   B. 2 000；20 000   C. 3 000；30 000   D. 4 000；40 000

二、多选题

1. 按电商模式分类，跨境电商货物可以分为（　　　）。

    A. B2B   B. B2C   C. C2C   D. B2D

2. 跨境电商货物的特征（　　　）。

    A. 销售货物全球性   B. 传输方式无形性

    C. 网络用户匿名性   D. 交易速度即时性

3. 以下属于跨境电商与国内电子商务的区别的是（　　　）。

    A. 交易主体不同   B. 市场空间与范围不同

    C. 卖家竞争程度不同   D. 周期短，效率高

4. 参与跨境电子商务业务的企业应当事先向所在地海关提交以下材料（　　　）。

    A. 企业法人营业执照副本复印件

    B. 组织机构代码证书副本复印件（以统一社会信用代码注册的企业不需要提供）

    C. 企业情况登记表

    D. 外贸合同

5. 下列属于企业情况登记表信息的是（　　　）。

    A. 企业组织机构代码或统一社会信用代码

    B. 中文名称

    C. 工商注册地址

    D. 营业执照注册号

三、判断题

1. B2C 指境内外企业与企业之间通过互联网进行产品、服务及信息的交换进出境货物。（　　　）

2. 跨境电商 2.0 时代的主要商业模式是网上展示、线下交易的外贸信息服务模式。（　　　）

3. 参与跨境电子商务业务的企业如需向海关办理报关业务，应当按照海关对报关单位注册登记管理的相关规定办理注册登记。（　　　）

4. 跨境电子商务零售出口商品申报前，电子商务企业或其代理人、物流企业应当分别通过服务平台如实向海关传输交易、收款、物流等电子信息。（　　　）

5. 《申报清单》与《进（出）口货物报关单》法律效力不同。（　　　）

6. 海关放行后 30 日内未发生退货或修撤单的，代收代缴义务人在放行后第 31 日至第 41 日内向海关办理纳税手续。（　　　）